하버드 중국사 **진·한**
최초의 중화제국

하버드 중국사 진·한_최초의 중화제국

2020년 3월 20일 제1판 1쇄 인쇄
2020년 4월 20일 제1판 1쇄 발행

엮은이   마크 에드워드 루이스
옮긴이   김우영
펴낸이   이재민, 김상미

편집   정진라
디자인   달뜸창작실, 정희정

종이   다올페이퍼
인쇄   천일문화사
제본   국일문화사

펴낸곳   너머북스
주소   서울시 서대문구 증가로20길 3-12
전화   02) 335-3366, 336-5131 팩스 02) 335-5848
홈페이지 www.nermerbooks.com
등록번호 제313-2007-232호

ISBN 978-89-94606-59-0 93910
ISBN 978-89-94606-28-6 (세트)

너머북스와 너머학교는 좋은 서가와 학교를 꿈꾸는 출판사입니다.

하버드 중국사 **진·한**
최초의 중화제국

마크 에드워드 루이스 지음

김우영 옮김

너머북△

차례__

지도와 그림__

한국어판 서문

하나의 문명사를 한 권의 책에 담아내는 일은 제2차 세계대전 이후, 적어도 서양에서는 역사학자가 가장 열정을 쏟았던 작업이다. 중국사 분야에서도 숱한 난관을 이겨내고 뛰어난 작품들을 내놓은 수많은 개척자 — 존 페어뱅크John Fairbank(1907~1991)부터 조너선 스펜스Jonathan Spence(1936~)에 이르기까지 — 가 있다. 나는 세계대전 이후에 태어난 세대로서 우리 세대에게는 그러한 야망이 그다지 많지 않은 것을 당연한 일이라고 생각한다. 내 동료 중에도 이미 몇몇 이들이 포괄적인 역사서를 저술했고, 앞으로도 더 많은 작품이 나올 가능성이 있지만, 우리 가운데 페어뱅크나 스펜스에 버금가는 권위를 얻을 사람은 아마 없을 것으로 본다. 우리에게는 앞선 세대가 겪지 못했던 문제가 있는데, 과거에는 없던 너무나 방대한 지식과 구체적인 정보가 현재 넘쳐나는 것이 그 이유이다. 부지런한 역사학자라면 중국에서 출간된 모든 책을 읽을 수 있던 시절이 있었다. 하지만 적어도 20여 년 전부터는 이러한 일이 어려워졌고, 오늘날은 사실상 불가능하다. 그렇기에 오히려 우리 세대에는 중국의 역사를 특정한 주제에 따라 재조명하여 한 권의 책에 담아내는 일이 얼마든지 가능해졌다. 하지만 중국사 전체를 한 권의 책에 담아내는 작업은 더욱 어려운 일이 되었다.

하버드 대학교 출판부의 캐슬린 맥더모트Kathleen McDermott가 폭넓은 독자층을 위한 중국사를 출간하자고 내게 제안했을 때 나는 그 전체를 나 혼자 다 쓸 수 없음을 직감했다. 원나라 이전의 중국사라면 나는 거의 아마추어 수준에 가까웠기 때문이다. 각 왕조마다 전문가가 필요한 작업이었다. 이 시리즈는 원래 4권으로 기획되었지만, 가장 중요한 왕조 — 한漢, 당唐, 송宋, 명明, 청淸 — 만 해도 이미 5권이 필요한 상황이었다. 그때 (이 시리즈의 저자인) 마크 에드워드 루이스Mark Edward Lewis가 진·한과 당 사이의 남북조 시기에 대해서는 풍부한 서술이 가능할 만큼 새로운 연구가 이루어졌으므로, 따로 한 권으로 정리해줄 필요가 있다고 조언했다. 나 역시 3~6세기에 걸친 중국사를 한 권의 책에 담아내자는 의견에 찬성했고, 결국 이 "하버드 중국사" 시리즈는 중국이 항상 강력하게 중앙 집권화된 정부가 다스리는 지역이라는 기존의 통념과는 다른 곳임을 보여주는 기획이 되었다. 그리하여 총 6권의 시리즈를 기획하게 된 것이다.

나는 이 시리즈의 다른 저자들에게 별다른 지침을 주지 않았다. 내가 가장 중요하게 생각했던 점은 각 시대에 해당하는 연구 자료들의 가장 최근 성과를 조사하여 현재의 자료에 가장 가까운 사실을 서술하는 것이었다. 나는 역사를 시대 순으로 처음부터 차근차근 서술하는 평범한 방식을 되풀이하지 않기를 요청했다. 반대로, 그 당시에 살던 사람과 같은 관점과 같은 생각을 가지고 보고 서술하기를 바랐다.

이미 정형화되고 기정사실화된 역사를 다시 끄집어내는 것이 아니라, 당시의 삶이 구체적으로 어떠했는지 그 복잡 다양함을 오롯이 담아내는 역사서가 되기를 희망했다. 나는 또한 우리가 이미 알고 있고 또 곧 알게 될 지식에 너무 많이 의존하지 않기를 바랐다. 그리고 외부에서 바라보는 역사가 아니라, 역사의 내부에 밀착하여 숱한 세월을 함께 살아내고 자세히 읽어내는 역사서가 되기를 바랐다. 가령 각 시대를 이해하기 위해 일정 부분 정치사가 필요하다는 사실을 인정했지만, 그때에도 황실 정치가 정치사를 독점하지 않도록 주의해줄 것을 각 저자들에게 요청했다. 그렇다고 철학의 흐름이 이야기를 주도하는 것을 원한 것도 아니었다. 일반 서민은 대부분 철학이나 정치와는 동떨어진 삶을 살았던 만큼, 나 역시 이 "하버드 중국사" 시리즈가 일반 서민들의 삶과 경험을 충분히 보여주기를 소망했다. 그러므로 이 책을 읽는 독자들은 황제 중심의 일화보다는 당시의 사회, 경제, 문화, 그리고 백성들의 일상생활에 관해 좀 더 많은 정보를 접하게 될 것이다. 마지막으로, 이 "하버드 중국사" 시리즈가 공통적으로 담아내고자 한 주제는 각 시대의 역사가 형성될 때 비한족非漢族이 맡은 역할과 공헌에 주목하는 일이다. 중국의 역사는 한족漢族만의 역사가 아니기 때문이다.

이러한 지침을 제외하면, 나는 시대마다 중요한 사건의 가치와 활용 가능한 자료에 따라 각 시대를 어떻게 파악해야 하는지에 대해서는 시리즈 저자들의 재량에 맡겼다. 그 결과 중화제국에 관하여 상당히 포괄적인 연구가 이루어졌는데, 각 시대가 하나의 주도적인 주제에 따라 해석된 것이 아니라 여러 시대마다 대두했던 다양한 주제가 전개

될 수 있었다.

바라는 바가 있다면, 이 시리즈의 6권 모두가 독자들에게 서로 다른 방식으로 중국의 과거를 통찰하고 앞으로의 새로운 연구를 자극하는 계기를 제공하는 것이다.

책임 편집 티모시 브룩

일러두기

- 중국의 인명과 지명은 우리말 한자음으로 표기했고, 처음 언급할 때만 한자 병기했다.
- 서양과 일본의 인명과 지명은 국립국어원 외래어표기법을 기준으로 삼았다.
- 중국 사료의 인용은 가능한 한 중국 사료를 참고하여 번역했다.
- 이 책에 등장하는 날짜는 특별한 언급이 없는 한 양력으로 환산된 날짜이며, 음력 날짜는 따로 병기했다.
- 독자 이해를 돕기 위한 역자의 보충설명은 [   ]로 표시하였다.

| 들어가는 말 |

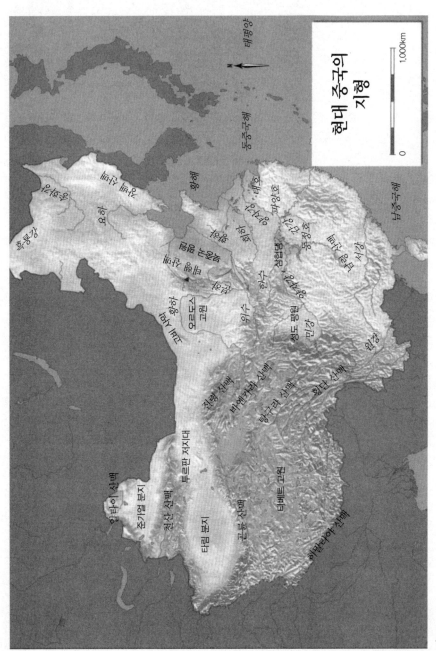

현대 중국의
지형

태평양

동중국해

황해

남중국해

0   1,000km

흑룡강

알타이 산맥

준가얼 분지

아무르강

천산 산맥

투르판 저지대

타림 분지

곤륜 산맥

티베트 고원

히말라야 산맥

외몽골 고원

고비 사막

음산

알라산

하란산

황하

오르도스
고원

친링 산맥

바옌카라 산맥

형두 산맥

횡단 산맥

요하

요동 반도

발해

산동 반도

태호

파양호

동정호

간장

민장

원강

위수

한수

싼샤댐

창장

자링강

우장

뇌공산

묘령

성도 평원

비단강

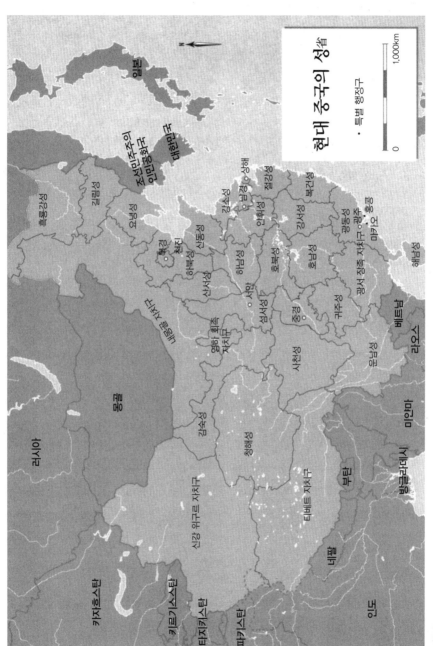

현대 중국의 성省

· 특별 행정구

0   1,000km

러시아

몽골

흑룡강성

카자흐스탄

키르기스스탄

타지키스탄

파키스탄

신장 위구르 자치구

내몽골 자치구

감숙성

청해성

길림성

요녕성

조선민주주의
인민공화국

대한민국

일본

하북성

천진

북경

닝샤 후이족
자치구

섬서성

산서성

산동성

강소성

남경 · 상해

안휘성

하남성

황해

호북성

절강성

티베트 자치구

사천성

중경

호남성

강서성

복건성

부탄

네팔

운남성

귀주성

광서 좡족 자치구

광동성

광주 · 홍콩
마카오

인도

미얀마

방글라데시

라오스

베트남

해남성

N

지도 2

　서양인의 상상 속에서 중국의 역사는 '제국'이라는 개념과 밀접하게
연결되어왔다. 그러나 실제로 중국에서 제국과 유사하다고 할 법한
어떤 정치체제가 나타난 것은 1천여 년의 역사가 흐르고 난 뒤였다. 몇
세기 동안 여섯 나라가 군사적 우위를 차지하기 위해 공방을 벌였고,
기원전 221년이 되어서야 진秦이 마지막 경쟁국을 물리치고 천하를 통
일했다. 하지만 군사적 정복은 제국사의 일부일 따름이다. 중국이 여
러 차례의 분열기를 거친 이후 변신을 거듭하며 오랜 기간에 걸쳐 존
속할 수 있었던 것은 초창기의 제국들인 진과 한漢에 의해 시도된 중국
문화의 근본적인 재구성 덕분이다. 그 시기에 정치와 군사제도는 물
론이거니와 문예활동과 종교적 관습, 친족구조, 향촌생활, 심지어 도

시경관도 재편되었다.

진과 한 두 제국은 중국 문명의 '고전기'를 이루는데, 이는 그리스와 로마가 서양에서 성취했던 바와 유사하다. 그리스—로마 시대의 지중해권 문화와 마찬가지로, 이 시대의 중국 문화는 그 후 그것으로부터 성장해 나온 여러 왕조의 문화와 확연하게 구별된다. 그렇지만 이 시대에 중국 최초의 통일이 이루어진 방식을 파악하지 않고서는, 그 후에 펼쳐진 중국의 역사를 도저히 이해할 수 없다. 이 책의 여러 장에서는 이 고전시대의 다섯 가지 주요 특징을 깊이 있게 다룰 것이다.

그것들은 ① 제국의 질서에 의해 상당히 약화되었지만 완전히 뿌리 뽑히지는 않았던 뚜렷한 지방색, ② 황제 개인을 중심으로 하는 정치구조의 강화, ③ 표의문자인 한자漢字에 기초한 문해력文解力의 함양과, 국가가 그 자체의 존재를 공고히 하기 위해 공인한 경전의 보급, ④ 제국 내부의 비무장화와 변경의 민족들에게 부과된 군역, ⑤ 사회질서를 유지하면서 농촌마을을 권력의 심장부와 연결시켰던 부유한 지방 가문의 융성이다.

중화제국—사실상 모든 제국—의 두드러진 특징은 그 광대한 영토와 구성 민족의 다양성이다. 오늘날에는 중국에 살았던 모든 주민이 소급적으로 '중국인'이라 명명되고 있지만, 이 용어를 제국 이전 시기에 적용하는 것은 시대착오적이다. 그 당시의 사람들은 진인秦人, 제인齊人, 초인楚人처럼 전국시대 열국의 이름을 따서 불리거나, 특정 지역의 주민(예컨대 '관중인關中人')으로 알려졌을 것이다. 진의 정복은 기원전 3세기에 이 집단들을 하나로 통합했지만, 지역 특유의 문화와 '기질'은 잔존했다. 그런데 이런 지역적 변이는 백성의 삶에 불편을 초래했다기보다는 제국의 존재에 불가결한 요소가 되었다. 제국은 그 중심부의 보편적이고 우월한 문화와 각 지방의 특수하고 편협한 문화 사이의 위계적 구분을 정당화함으로써 스스로를 합리화했다. 이 근본적인 구별은 중국인의 정치와 종교, 문예를 비롯한 생활의 많은 국면에서 나타났다.

중국 고전기의 두 번째 기본적 혁신은 황제라는 인물상의 발명이다. 황제는 단순히 최고의 통치자 겸 판관 겸 제사장이 아니라, 정치적 영역의 구현 그 자체였다. 국가는 황제라는 인물로부터 발현되었다. 국가의 모든 관리는 그의 종복이었고, 전적으로 그의 명령에 의해 관직에 등용되었다. 국가가 황제와 그를 떠받드는 신민들로 이루어졌으니, 황제 없이는 국가가 존재할 수도 없었다. 이런 구심성은 그의 일신을 존숭하기 위해 신민의 사치를 금하는 각종 법령에서 잘 드러났다. 황제만이 입을 수 있는 직물 문양을 고안한다거나 황제만이 이용할 수 있는 도로를 만든 것이 그 예이다. 그의 중심성은 또한 새로운 도시 형식인 제국의 수도, 그가 제사장으로서 특권을 행사하는 새로운 숭배 의식, 심지어 그가 하늘과 땅 사이의 유일한 중재자 역할을 하는 우주의 새로운 모델에서도 표출되었다. 이런 개인 중심의 정치체제에서, 황제의 지척에 있는 사람은 누구나 좋은 쪽으로든 나쁜 쪽으로든 막강한 권력을 휘두를 수 있었다.

진의 정복으로 인한 세 번째 결정적인 변화는 단일한 표의문자의 광범위한 사용이다. 서로 말이 통하지 않았던 집단들에게 글을 통한 표

준화된 소통방식을 제공함으로써, 이 혁신은 제국 내의 모든 지역을
하나로 묶고, 국가가 인정하는 경전의 성립을 도와주었다.[1] 심지어 근
대 중국의 일부가 되지 않았던 지역들—한국, 일본, 베트남—도 훗날
한자를 공용문자로 사용함으로써 중요한 문화요소들을 공유하게 되
었다. 국가 경전은 역으로 황제가 제국 내 가치의 창도자이자 수호자
로서 그 가치를 실천하는 모범적인 개인들의 모델임을 확인해주었고,
나아가 만인이 함께 누리는 교육과 지적 생활의 토대를 제공해주었
다. 결과적으로 공통의 문자문화는 관직에 몸담고 있거나 관직에 나
아가기를 염원하는 모든 사람을 연결시켰다. 그 후 몇 세기 동안 중국
의 희곡과 대중소설, 교훈집을 통해 사회 하층의 문해력도 서서히 향
상되었을 것이다.

　진의 정복에 뒤이은 몇 세기 동안, 농민과 도시민의 무장은 점진적으
로 해제되고 군역은 사회의 주변적 구성인자들에게 부과되었다. 상쟁
하는 국가들이 농민층 전체로 병역을 확대했던 과거의 흐름이 뒤바뀐
것이다. 전민개병제全民皆兵制는 기원후 31년에 공식적으로 폐지되었
고, 1911년에 마지막 제국이 붕괴된 뒤에야 다시 등장했다. 전쟁에 동
원되었던 농민의 자리는 국경지대의 전투방식에 특화된 비한족非漢族
부족민들이나 내지에서 변경의 주요 군사작전지구로 보내진 죄수나
폭력배 들로 메워졌다. 이와 같은 내지의 비무장화는 제국에 도전할
수 있는 지방 세력의 대두를 가로막았지만, 이민족들이 중국을 정복

---

1) 한자와 이 문자로 기록된 언어(들)에 관해서는 Qiu, *Chinese Writing*; De
　Francis, *The Chinese Language: Fact and Fantasy*; Norman, *Chinese*; Ramsey,
　*The Languages of China*를 보라.

하고 통치하는 사태가 되풀이되는 현상을 유발하기도 했다.

마지막으로, 고대 중국에서 발달했던 '제국'은 새롭게 부상한 사회 엘리트층에 의존했는데, 이들은 지주제와 교역으로 일군 부를 공직 진출과 연결시킨 전국의 유력 가문들great families이었다. 이 가문들은 주로 토지에 투자한 재산과, 다수의 친척 및 예속민을 동원할 수 있는 능력에 힘입어 지역사회를 지배했다. 그런데 고전기에는 법과 관습에 따라 상속재산이 아들들에게 분할되었으므로, 토지자산이 지속적으로 쪼개졌다. 심지어 대토지(서양의 기준으로 보자면 이 시기에 그들이 보유했던 토지가 그리 넓지도 않았지만)도 몇 세대 만에 다수의 소규모 경작지로 바뀌었다. 장기간에 걸쳐 부를 증식하기 위해, 이들 가문은 농업 이외의 소득원을 찾을 수밖에 없었다. 교역과 대금貸金이 유력 가문의 주업이었지만, 부의 최대 원천은 제국의 관직을 보유하는 것이었다.

시간이 흐르면서 강력한 지방 가문들은 자신들의 지위를 유지하기 위해 경제적으로 벼슬살이에 의존하게 되었다. 그런데 벼슬을 얻기 위해서는 정규 교육이 필요했기에, 그들의 자손은 제국의 문자문화를 익히는 데 몰두하게 되었다. 지방에서 권력을 행사하는 한편 국가에도 충성을 다함으로써, 이 유력 가문들은 향촌과 조정 사이의 주된 연결고리가 되었다. 그들은 제국 전역에서 황제의 뜻을 관철시켰는데, 이는 일손이 달리는 관료사회가 결코 해낼 수 없는 일이었다. 훗날 제국의 인구가 증가하여 인구 대비 관료의 수가 줄어들자, 제국 곳곳에 흩어져 있던 이 유력 가문들은 국가에 더욱 중요한 존재가 되었고, 따라서 국가의 시혜施惠를 한층 강력하게 요구할 수 있었다.

몇 세기가 지나는 동안 중화제국이 부침을 거듭하면서, 고전기에 첫선을 보인 국가와 사회의 다섯 가지 특징은 끊임없는 변화를 겪었다. 황제의 자질과 역할은 물론이고 그의 종교적 성격도 정치의 압력 하에서 변했다. 경전의 내용, 문자문화의 다른 요소들과 경전의 관계, 그리고 경전이 보급된 방식과 관리를 충원하는 데 이용된 방식도 변화무쌍한 정치적 상황에 따라 달라졌다. 중국을 정복하여 새 왕조를 세울 때마다, 이민족들은 국가의 군사조직을 다시 편성하고 군과 조정의 관계를 새롭게 구상했다. 한편 유력 가문들은 부를 증식하고 지방에서 영향력을 행사하는 방식과 관료사회에 진입하는 수단을 수정했는데, 그 방식과 수단은 지역과 시대에 따라 상이했다. 그러나 상기한 다섯 특징은 어떤 형태로든 중화제국의 2,000년 역사를 관류하며 국가와 사회에 대한 이념을 형성하는 데 일조했고, 이 이념은 지금도 중국 문화에 영감을 불어넣으며 오늘날의 세계에 영향을 주고 있다.

1

| 제국의 지리 |

　　지리학은 지형과 강줄기, 토양의 유형뿐만 아니라 인간들이 물리적 환경을 만드는 방식과 그 환경에 의해 만들어지는 방식, 그리고 그들이 공간에서 서로 영향을 주고받는 방식을 연구하는 인문학이다. 신석기 시대 이래 세계 각지의 사람들은 땅에서 생존수단을 찾아왔다. 그러나 중화문명은 유난히 지형과 긴밀한 관계를 맺어왔다. 지형은 중화문명의 적지 않은 기본적 특성을 형성해왔고, 역으로 그 자체는 구석기 시대 이래 수백 세대에 걸쳐 농민들이 흘린 피땀을 통해 변화되어왔다. 이런 식의 자연 정복은 천연자원과 그것에서 생계수단을 얻는 방법의 통제를 통해 타자에 대한 지배권을 주장하는 기반이 된다. 땅과 물의 관리는 진한 제국의 구조와 역사적 경로에 결정적으로 중요하게 작용했다.[1]

---

[1] "중국의 진정한 역사는 위대한 왕조의 흥망사라기보다는 수많은 세대의

초기 중화제국의 판도

중국사의 다른 시기와 마찬가지로, 초기 제국들의 지지地誌는 향토색이 강한 이 나라의 많은 지역에 대한 기록이다. 진 왕조가 만든 국가는 우리가 지도에서 흔히 볼 수 있는 근대 중국이 아니다. 현대 중국의 3분의 1 규모인 서부 지역(오늘날의 신장新疆과 티베트)은 진 제국과 초기 한 제국에는 알려져 있지 않았던 낯선 세계였다. 오늘날의 내몽골과 만주(동북 3성)도 제국의 국경 밖에 있었고, 서남부의 운남雲南과 귀주貴州도 마찬가지였다. 오늘날의 동남부(복건福建, 광동廣東, 광서廣西)도 군사적으로는 점령되었지만, 중화문화권의 바깥에 머물러 있었다. 초기 제국의 시대에, 그리고 후대의 역사 대부분을 통해 중국은 황하黃河와 양자강揚子江의 배수 유역排水流域으로 이루어졌다. 이 지역은 농사에 적합한 평평하고 습윤한 모든 토지를 포함하고 있었고, 따라서 중국 심장부의 역사적 경계를 설정했다.

이 지역에는 몇 가지 뚜렷한 지리적 특징이 있다. 첫째 산이 매우 많기 때문에 아메리카 대륙의 농작물이 도입되기 전에는 토지의 상당 부분이 경작에 적합하지 않았다. 이와 같은 경작지 부족은 고도의 인구 집중을 초래했고, 철도와 항공기가 도입되기 전에는 각지의 주민들이 대부분 서로 단절된 상태였다. 한정된 경작지는 다시 일련의 핵심구역─충적평야, 연안지대, 내륙분지─으로 분할되었는데, 이곳들은

이름 없는 농민들에 의해 중국의 토지가 점차 개척된 역사이다." Buchanan, *Transformation of the Chinese Earth*, pp.5-6. Worster, *Rivers of Empire*, ch. 2, "The Flow of Power in History."

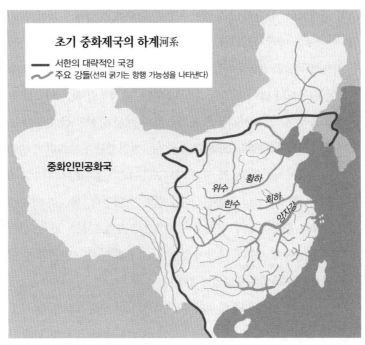

초기 중화제국의 하계河系

━━ 서한의 대략적인 국경
〰️ 주요 강들(선의 굵기는 항행 가능성을 나타낸다)

중화인민공화국

위수   황하
한수   회하
양자강

지도 3

중국의 중심부를 뚜렷이 구분되는 지역들로 갈라놓은 험준한 산맥이
나 고원에 가로막혀 있었다.[2]

로마제국에서는 곡물이나 포도주를 배로 지중해의 한쪽 끝에서 다
른 쪽 끝으로 실어 나르는 것이 마차로 육로를 통해 100리 운반하는 것

2) Skinner, "Marketing and Social Structures in Rural China"; "Regional
   Urbanizationin Nineteenth-Century China"; "Cities and the Hierarchy of
   Local Systems." 초기 제국시대의 각 지역에 대한 논의는 Lewis, *Construction of
   Space*, ch. 4를 보라.

보다 저렴했다. 물길이 닿지 않는 지역은 지중해 경제에 통합될 수 없었다. 중국도 마찬가지였다. 19세기에 철로가 부설되기 전에는, 동물을 이용해 곡물을 100리 이상 운반하는 데 드는 비용이 곡물 자체를 생산하는 비용보다 많이 들었다. 향료나 비단, 보석처럼 적은 양으로 높은 이윤을 낼 수 있는 사치품을 제외하면, 육로를 통한 화물 수송은 터무니없이 비싸게 먹혔다. 또한 북중국에는 천연항구가 부족하여 해안 교역도 비경제적이었다. 그 결과 거의 모든 대량 운송은 내륙수로에 의존했다. 그러나 이런 운송방식에도 한계가 있었다. 황하와 양자강이라는 주요 하천은 모두 서쪽에서 동쪽으로 흘렀으므로, 두 강 사이를 이어주는 항행 가능한 물길이 없었다. 북쪽과 남쪽을 연결할 수 있는 자연적인 교차수로가 없었던 것이다.

강들은 서부 고지대의 바위와 흙을 침식하여 평원으로 실어 나르고, 그것들은 쌓여서 토사土砂, silt가 된다. 황하는 좁은 수로를 통해 산들을 가로질러 빠른 속도로 흐르면서 엄청난 양의 흙을 운반한다. 세계의 강 대부분에서 5퍼센트의 토사 함량은 높은 것으로 여겨지지만, 황하의 토사 함량은 46퍼센트로 알려져 있고, 그 지류들 가운데 하나가 실어 나르는 토사의 함량은 63퍼센트에 달한다. 이 엄청난 양의 토사는 강물을 혼탁하게 만드는데, 황하라는 이름은 여기에서 비롯된 것이다. 큰 지류가 합류하지 않는 하류의 마지막 800킬로미터 구간에서, 강은 점차 느려지면서 토사를 침적시킨다.

세월이 흐르면서 강바닥이 점점 높아지자, 황하는 제방을 무너뜨렸다. 범람을 막기 위해 둑이 점점 높게 축조되었고, 일부 지역에서는 강의 수위가 주변 농촌의 지표보다 높아지기 시작했다. 오늘날 약 1,770 킬로미터에 걸친 구간에서, 황하는 그 수위가 지표보다 10미터 높은 상태로 평원을 가로지른다. 제방이 토사의 침적을 통제하지는 못하므로, 홍수는 계속해서 발생했고 그 규모는 갈수록 커졌다. 황하는 중화 제국의 역사에서 1,500회 이상 제방을 무너뜨리고 논밭을 파괴하고 사람들을 익사시킴으로써, '중국의 걱정거리'라는 별명을 얻었다.

진한 제국하에서 황하는 인구의 약 90퍼센트를 그 유역에 품고 있던 중화문명의 핵심이었다(지도 4). 그곳은 산과 언덕에 의해 서북부 지역(오늘날의 감숙甘肅과 섬서陝西 북부)과 황토고원 지대(섬서, 산서山西, 하남河南 서부), 충적평야 지대(하남, 하북河北 북부, 산동山東, 안휘安徽 북부, 강소江蘇 북부)로 나뉘었다. 이 시기에는 변방에 속했던 양자강의 배수 유역도 자연적으로 세 구역—높은 산으로 둘러싸인 민강岷江 분지(오늘날의 사천四川), 양자강 중류(호북湖北, 호남湖南, 강서江西), 양자강 하류(절강浙江, 안휘 남부, 강소)—으로 분할되었다.

황하 유역에서는 바람에 의해 퇴적된 중부 고원의 황토를 목제 쟁기로 어렵지 않게 갈 수 있었다. 이 균일하고 부서지기 쉬우며 구멍이 많은 토양에서 일어나는 모세관 작용은 연평균 강우량이 250~500밀리미터에 불과한 지역에서 조나 밀과 같은 표준 농작물을 재배하기에 부족함이 없는 수분을 공급했다(진의 정복 당시에는 지금보다 좀 더 습윤했을 것이다). 건조한 기후 덕분에 영양성분이 비에 씻겨 내려가지 않아, 토양은 대단히 비옥한 알칼리성 상태를 유지했다. 주변 지역에 높게 쌓인 황토는 홍수를 어느 정도 방지해주는 또 다른 이점도 지니고 있었다.

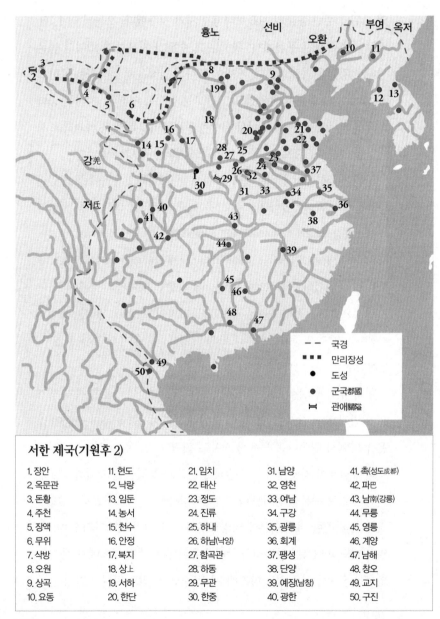

서한 제국(기원후 2)

1. 장안	11. 현도	21. 임치	31. 남양	41. 촉(성도成都)
2. 옥문관	12. 낙랑	22. 태산	32. 영천	42. 파巴
3. 돈황	13. 임둔	23. 정도	33. 여남	43. 남南(강릉)
4. 주천	14. 농서	24. 진류	34. 구강	44. 무릉
5. 장액	15. 천수	25. 하내	35. 광릉	45. 영릉
6. 무위	16. 안정	26. 하남(낙양)	36. 회계	46. 계양
7. 삭방	17. 북지	27. 함곡관	37. 팽성	47. 남해
8. 오원	18. 상上	28. 하동	38. 단양	48. 창오
9. 상곡	19. 서하	29. 무관	39. 예장(남창)	49. 교지
10. 요동	20. 한단	30. 한중	40. 광한	50. 구진

지도 4

이와 대조적으로 동부의 대평원에서는 토양이 강에 의해 침적되었다. 황토보다 더 비옥하지만, 이 퇴적토는 홍수와 염류화鹽類化 작용에 더 취약했다. 비는 우기에 집중되어(변형된 몬순 패턴) 약 70퍼센트가 8월에 내리고, 봄과 초여름에는 아주 적게 내렸다. 작물이 물을 가장 필요로 하는 왕성한 생장기에, 황하는 서부의 산악지대에서 눈이 녹아내린 물을 받아들이고도 그 수위가 상당히 낮아졌기 때문에, 강물로 관개를 하는 것은 불가능했다. 농부들은 작은 무리의 농민이 파낸 부잣집 소유의 우물에 의존할 수밖에 없었다. 한편 거대한 제방 시스템은 제국에 의해 유지되었다. 앞으로 살펴보겠지만, 정부가 지원한 대규모 홍수 방지 시스템과 가족이 보유한 소규모 관개 시스템의 결합은 북중국의 정치경제 구조를 형성했다.

황하 유역의 기복 있는 황토 언덕과 평탄한 충적평야와는 대조적으로, 양자강 이남의 땅을 지배한 것은 고산준령이었다. 농업은 강 하류의 계곡과 삼각주, 습지대에서만 가능했다. 남부의 주된 환경적 위협은 가뭄이나 홍수가 아니라 지나치게 높은 습도였다. 과도한 습기는 저지대를 경작에 적합하지 않은 질퍽한 땅이자, 질병의 온상으로 만들었다. 한나라에서 당나라에 이르는 1,000여 년 동안의 문학작품에서 남방은 습지와 우림, 역병과 독초, 야수와 문신을 한 야만스러운 부족민의 영토로 묘사되고 있다. 주나라에 의해 이미 중국에 흡수된 남쪽 지역조차 전국시대와 진 제국의 시대에 문화적으로 기이하고 완전히 교화되지 않은 곳[화외지지化外之地]으로 취급당했다. 남쪽은 유배의 땅으로, 수치스럽게 그곳으로 추방된 관리들은 대부분 영영 돌아오지

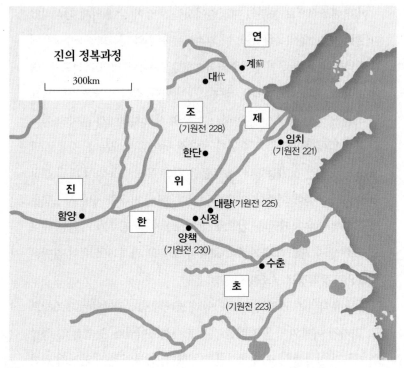

진의 정복과정

300km

연

계薊

대代

조
(기원전 228)

제

한단●

임치
(기원전 221)

진

함양●

위

한

대량(기원전 225)

신정

양책
(기원전 230)

수춘

초
(기원전 223)

지도 5

못했다.

이와 같은 중요한 지역 구분은 기원전 5세기 전국시대의 판도를 형성한 지리적 배경이 되었다. 함곡관 서쪽의 황토고원(기본적으로 위수渭水 유역)은 진나라의 핵심구역을 형성했고, 진은 이후 사천의 민강 분지까지 영토를 확장했다. 황하 유역의 다른 쪽 끝에 있는 충적평야는 제나라에 의해 지배되었다. 두 강대국 사이에 놓인 중부의 황토고원과 충적평야의 서부는 진晉을 계승한 한韓·위魏·조趙 삼국에 의해 분할되었다. 남쪽의 양자강 중류는 초나라의 핵심 지역이었고, 그 하류는 오吳와 월越이 차지했는데, 두 나라는 잠시 번성하다가 초나라에 흡수되었다(지도 5).[3] 비록 지형이라는 물리적 구조에 바탕을 둔 것이기는 하지만, 중국의 지역별 구분과 각 지역의 뚜렷한 특징은 문화적 영역에서 국가의 형태와 그 백성들의 정형화된 성격으로 표출되었다.

한나라 최초의 위대한 역사가 사마천司馬遷(기원전 145~86년경)에 따르면, 진한 시대의 통일 제국은 주요 도시에 기반을 둔 이 지역들을 물려받았다.[4] 가장 중요한 곳은 진국의 도성 함양咸陽(나중에는 이웃한 한나라의 도시 장안)을 둘러싼 지역이었다. 위수를 중심으로 한 이 지역은 서북쪽으로는 감숙 회랑 및 중앙아시아와, 남쪽으로는 사천과, 동쪽으로는 황하 유역의 중부 평원과 연결되었다. 두 번째로 큰 구역은 사라진 제나라의 도성 임치臨淄를 중심으로 한 황하의 범람원(현재의 산동성)이었다. 사천 지방은 성도成都를 중심으로 산이 많은 민강 유역을 경계로 삼고 있었다. 사마천은 양자강의 중류와 하류를 강릉과 오, 수춘을 중심으로 한 세 지방으로 나누어 설명했지만, 상대적으로 발달이 덜 된 그곳들은 경제학적인 면에서 하나의 지방으로 이해하는 것이 타당해 보인다. 대충 오늘날의 광동성과 베트남 북부에 해당하는 영남嶺南 지역에 대해 논할 수도 있다. 그러나 중요한 항구인 번우番禺(광

---

3) Lewis, "Warring States Political History," pp.593-97.

4) 이에 대한 상세한 설명은 Barbieri-Low, *Artisans in Early Imperial China,* ch. 6을 보라.

주(廣州)와 연라連螺(하노이)를 제외하면, 이 지역은 제국의 정부와 느슨하게만 연결된 울창한 숲지대로 남아 있었다.

지역과 풍속

기원전 1140년경부터 기원전 236년까지 존속하여 중국 역사상 가장 긴 수명을 자랑한 주나라는 엇비슷한 문화를 공유한 귀족층에 의해 통치되었다. 이 귀족들이 볼 때 지역별 차이는 하층계급의 특징이었다. 이와 마찬가지로 여러 나라를 정복하고 있던 진나라도 지역과 그 독특한 문화를 통일 대업의 걸림돌로 간주했다. 하지만 지방색에 대한 주나라와 진나라 지배층의 이런 부정적 시각은 전국시대 분열의 기저에 뚜렷한 지역문화가 놓여 있었다는 반증이기도 하다.

이 혼란스러운 시대를 통틀어, 통일에 대한 열망과 지역적 차이의 현실은 긴장상태에 놓여 있었다. 이런 사실을 「우공禹貢」만큼 분명하게 보여주는 글은 없다. 전국시대 중기(기원전 4세기)에 저술된 것으로 짐작되는 이 텍스트는 그때까지 알려진 모든 세계를 묘사하면서, 중국을 9개의 지역(州)으로 나누고, 그 주민들과 물산의 뚜렷한 특징을 제법 상세하게 소개하고 있다. 이 문헌의 핵심 주제는 이들 9개 지역이 어떻게 전설상의 현자 우禹의 여정을 통해 국가로 통일되었는가 하는 것이다. 요컨대 이 통치자는 전국 각지를 돌아다니며 다양하고 풍부한 각 지방의 특산물을 도성에 공물로 바치게 함으로써 산과 강에 의

해 만들어져 지방의 물산과 풍속에 반영된 지역적 분리를 극복했다.[5]

전국시대 후기에 지역적 차이에 대한 논의는 여러 형식을 취했다. 병서兵書는 각국의 강점과 약점을 평가하기 위해 지역문화를 논했다. 다른 책들은「우공」을 본보기로 삼아, 지방의 특산물을 지방색의 물질적 등가물로 이용했다. 한편 치국책을 다룬 저서들은 행정적 관행들에 의거하여 다양한 지방과 그들의 풍습을 구별하면서, 그 관행들을 제국이 주창한 대대적인 법적 개혁(변법變法)과 대비시켰다. 한대에 이르자 이런 치국론은 진의 법률도 과일이나 공예품처럼 지역적 관습의 산물에 불과하다고 비판하는 정형화된 수식어구로 표현되었다.

지방의 풍습을 군사적 측면에서 논한 핵심적인 텍스트는 전국시대의 병법서인『오자吳子』의「요적料敵」이다. 위魏나라의 무후武侯가 자국을 포위한 여섯 적대국에 어떻게 대처해야 할지 묻자, 오기吳起는 이에 답하면서 주민들의 성격이나 기질, 그들의 토지나 영토, 각 정부의 책략, 군대의 행동, 그들을 물리칠 방도라는 일련의 고정된 항목별로 각국에 관해 논했다. 그는 각지의 지형과 특성, 정치 사이의 연관성을 상술했다.

> 진나라는 그 주민들의 성격이 강하고, 지세가 험합니다. 정치는 엄격하고, 상벌은 믿을 만합니다. 그 주민들은 양보를 모르고, 하나같이 호전적입니다. 이 때문에 그들은 흩어져서 제각기 싸웁니다. 그들을 무찌르려면 필히 이득이 될 법한 것을 먼저 보여주고 유인해야 합니

---

5)『尙書正義』篇6,「禹貢」, pp.17a-20a.

다. 그 무사들은 탐욕스럽게 이득을 얻고자 장수의 지휘에서 벗어날
것입니다. 이렇게 군기가 무너진 틈을 타서 각개 격파하고, 매복해
있다가 결정적인 순간을 포착하여 공격하면 적장을 사로잡을 수 있
습니다.

초나라는 그 주민들이 유약하고, 영토가 광활합니다. 정치는 어수
선하고, 주민들은 피로에 젖어 있습니다. 따라서 전열을 갖추고 있어
도, 그것을 오래 유지하지 못합니다. 그들을 격파하려면 진지를 기습
하여 그들을 교란시켜야 합니다. 민첩하게 치고 속히 빠져서 그들의
사기를 떨어뜨려야 합니다. 그들을 수고롭게 하여 지치게 만들되 실
제로 교전하지 않는다면, 적군은 스스로 무너질 것입니다.[6]

이 해석에 의하면, 진나라의 험준한 지형은 주민들의 완고한 성격
을 만들어내고, 이 성격은 극단적인 포상과 징벌로 표출되는 엄격한
정치를 초래한다. 반면에 초나라의 영토는 넓고 탁 트이고 강이 많다.
이런 지형은 유약한 성격과 정치적 난맥상으로 나타나고, 주민들의
나태함을 유발한다. 이런 주민들로 이루어진 군대가 오랫동안 단결할
수는 없다. 오기는 다른 국가들도 유사한 방식으로 분석한다.

이런 사상은 기원전 3세기에 나온 유가의 철학서 『순자荀子』에서도
엿보인다. 이 책은 당시의 군사강국인 제나라와 위나라, 진나라에 대
해서만 논한다. 『오자』와 마찬가지로, 이 텍스트는 진나라의 열악한
지형이 엄격한 상벌 없이는 도저히 통제할 수 없는 불요불굴의 거친

---

6) 『吳子直解』篇2, 「料敵」, pp.17a-20a.

주민을 만들어내었다는 사실을 강조하고 있다. 하지만 『순자』는 진나라의 지형이 공간적으로 격리되어 협소하다는 점을 좀 더 상세히 기술하고 있는데, 이 특징은 진나라에 대한 다음과 같은 논평에서 두드러지게 나타난다. "진나라 사람들에 대해 논하자면, 그들에게 먹을거리를 제공하는 (땅)은 좁고 험악한데, 그들에 대한 통제는 엄혹합니다. 그들은 지리적 조건에 속박되어 고립된 생활을 합니다. 상을 받고 군역을 지는 데 길들여져 있고, 형벌로 다스려집니다."[7]

『순자』는 나아가 전국시대의 군대들은 상商과 주周 왕조를 창건한 성현들의 군대, 규모도 작고 원시적인 무기를 사용하던 그 옛날의 군대에 대적할 수는 없다고 주장한다. 지방 풍속의 영향하에서 싸우는 지방군은 의례와 도덕적 완벽성에 바탕을 두고 모든 것을 정복하는 이상화된 권위에 맞설 수 없기 때문이라는 것이다. 이 권위는 고전적인 전통의 법도와 예의에서 비롯된 것이기 때문에 지방의 풍속을 초월한다. 『순자』는 여러 면에서 『오자』를 따르지만, 지역적 관습의 제약 속에서 행동하는 병사들을 제압할 수 있는 원동력은 지휘관의 전략적 기술이 아니라 성인의 도덕적 힘이라고 강조하는 점이 다르다.

물리적 환경에서 사람들의 성격을 찾는 현상은 중국인과 그 이웃인 북방인 및 남방인 사이의 차이를 설명하는 문헌에도 나온다. 이런 기록에서 북쪽은 극단적인 '음陰'(그늘지고, 어둡고, 추운)의 영역이고, 남쪽은 극단적인 '양陽'(양지바르고, 밝고, 따뜻한)의 세계이다. 이 두 지역에서 생활하는 주민들의 독특한 체형과 문화는 그런 차이에서 비롯된

7) 『荀子集解』 篇10, 「議兵」, p.181.

다. 이에 관련된 기원후 1세기의 한 문헌은 남쪽을 질병과 죽음의 지대로 묘사하고 있고, 나아가 이 유독한 기운이 인간의 천성과 행동에 영향을 미친다고 주장한다.

> 태양의 화기火氣는 언제나 독을 내뿜는다. 이 기운은 뜨겁다. 태양의 땅에 살고 있는 사람들은 성격이 급하다. 이 성급한 사람들의 입과 혀는 독성을 품게 된다. 초나라와 월나라(양자강 중류와 하류)의 주민들은 성급하고 다혈질이다. 다른 사람과 이야기할 때 그들의 침이 상대에게 튀면, 그 사람은 피부가 부풀어 오르고 종기가 나고 부스럼이 돋기 시작한다. 남군南郡은 몹시 더운 지역이다. 그곳의 주민들이 나무에 저주를 퍼부으면 나무가 시들고, 새에게 침을 뱉으면 새가 땅에 떨어져 죽는다.

남방인의 격정적이고 급한 성격에 대한 이런 언급은 다른 문헌에도 나타나고, 특정 지역 사람들의 '주문呪文'이 효력을 발휘한다는 믿음은 진나라의 법률 문서에도 등장한다.[8]

이처럼 다면적인 지역 간 차이는 통일된 한 국가에 바치는 공물을 통해서만 극복될 수 있었다는 것이 「우공」과 『순자』의 주제이다. 각 지방을 차별화시켜주는 특산물을 기술한 다음, 『순자』는 모든 지방의 산물이 중국의 중앙정부나 통치자 개인에게 집중되게 마련이라고 주장

---

8) 王充, 『論衡集解』 篇23, p.457; 『史記』 卷106, p.2823 ; Hulsewé, *Remnants of Ch'in Law*. p.206.

한다.

> 북해北海에는 잘 달리는 말과 잘 짖는 개가 있는데, 중국도 그것들
> 을 얻어서 기르고 부린다. 남해南海에는 깃털과 상아, 코뿔소 가죽, 구
> 리, 진사辰砂가 있는데, 중국도 그것들을 손에 넣어 재물로 삼는다. 동
> 해東海에는 자주색 염료와 백색 비단, 생선, 소금이 있는데, 중국도 그
> 것들을 구해서 입거나 먹는다. 서해西海에는 가죽과 문모文旄가 있는
> 데, 중국도 그것들을 받아서 사용한다.[9]

이런 지리적 도식화는 한대까지 이어졌다. 그런 도식을 가장 명료
하게 표현한 책은 사마천이 기원전 90년경에 완성한 중국 최초의 위대
한 역사서『사기史記』이다. 유명한 상인과 장인을 다룬 편에서, 사마천
은 한나라가 천하를 통일하여 지역 간 교역과 통신의 물꼬를 텄고, 지
방의 호걸들과 제후국의 유력 가문들을 도읍으로 이전시켰다고 말한
다. 그런 다음 중국을 전국시대의 열국에 대응하는 일련의 지역으로
나누고, 각 지역의 위치, 특산물, 그 주민들의 특이한 성정이나 행동을
기술한다.

> 추鄒와 노魯는 수수洙水와 사수泗水 가에 있다. 두 나라는 아직도 주
> 공周公의 유풍遺風을 간직하고 있어서, 그 풍속이 유교를 숭상하고 예

---

9)『荀子集解』篇5「王制」, pp.102-103; 篇15「解蔽」, p.260; 篇12「正論」, pp.219-
220.

를 잘 지킨다. 그래서 그 주민들은 세심하고 꼼꼼하다. 누에를 치고 삼
을 재배하는 산업이 제법 성행하지만, 숲이나 늪에서 나는 산물이 풍
요롭지 못하다. 땅은 좁고 사람이 많은 탓에, 주민들이 대단히 검소하
다. 그들은 죄짓기를 두려워하고, 사악함을 멀리한다. 하지만 나라가
쇠락하자 장사를 좋아하고 이익을 추구하게 되었는데, 그 정도가 주
나라 사람보다 심하다.[10)]

  사마천은 통일된 정체政體가 서로 다른 물산과 풍습으로 특징지어
지는 지역들을 포용하면서 지배한다는 주제를 되풀이하고 있지만, 몇
가지 의미심장한 혁신을 시도한다.
  첫째, 사마천은 지방의 풍습과 주민들의 기질을 매우 중요하게 다
룬다. 재화와 그 교환도 언급되지만, 그의 주된 관심은 주민들의 특유
한 감정과 행동이다. 둘째, 그는 각 지방을 옛 전국시대의 국가들과 동
일시한다. 이때 통일된 한 제국은 『순자』에서 어진 통치자에게 부여된
역할을 하고, 여러 지방은 제국에 흡수된 과거의 독립국들이다. 이런
식으로 지방의 풍습은 정치적·문화적 대격돌기의 판도와 동일시된
다. 예컨대 서한 초기의 학자 가의賈誼(기원전 201~169)는 진에 맞서기
위해 연합한 국가들[항진연맹抗秦聯盟]을 '이속異俗'이라 불렀고, 사마천
은 초나라를 세 개의 다른 지역으로 나누면서 그것들을 '삼속三俗'이라

---

10) 『史記』 卷129, pp.3261-1370, 특히 pp.3264, 3266을 보라. 『漢書』 卷28b,
   pp.1640-1671에 나오는 관련 문구도 보라.

불렀다.[11]

통일의 옹호자들은 지방의 '풍속'을 지적 결함과 문화적 결핍의 표지로 간주했다. 철학적인 면에서 풍속은 인습적 지혜의 오류를 나타내는 것으로, 진한 제국이 표방한 지적 전통에 배치되는 것이었다. 정치적인 면에서 풍속의 노예는 열등한 피지배자였다. 지역의 풍속은 편협하고 제한적인 것으로, 고전문헌에 기초한 성인의 보편적인 지혜와 상반되는 것이었다.

> 공장工匠의 아들은 너나없이 아버지의 일을 물려받아 계속해나가고, 도시와 농촌의 주민들은 자신들의 풍습에 따라 그 옷을 편안하게 입는다. 초나라에 살면 초나라 사람이 되고, 월나라에 살면 월나라 사람이 되며, 하나라(중원)에 살면 하나라 사람이 된다. 천성이 그런 것이 아니라, [습속을] 익히고 따르다 보니 그렇게 되는 것이다. 고로 사람이 자신의 행동을 삼가고 습속에 젖는 것을 경계하며 [학덕을] 크게 쌓고 익히면, 군자가 될 것이다.[12]

사람들을 등급화한 이 지리적 서술에서, 보통 사람들은 풍습의 힘에 얽매여 자신들이 고향에서 물려받은 직업밖에 모른다. 평민은 학자보다 열등하고, 촌사람은 관리보다 열등하다. 하지만 보편적 지혜

---

11) 『史記』 卷6, p.281; 卷129, p.3267; 『漢書』 卷64b, p.2818. 『漢書』 卷28b, p.1663; 『後漢書』 卷4, p.167; 卷3, p.155도 보라.

12) 『荀子集解』 篇4 「儒效」, pp.91-92.

에 의해 진정으로 자유로워진 존재는 어진 통치자뿐이다.

자신들을 둘러싼 물리적 환경에 갇혀, 평민과 촌사람은 물질적 대상에 사로잡히게 된다. 군자는 "자신을 위해 사물을 부리지만(역물役物)" 소인은 "사물에게 부림을 당한다(역어물役於物)." 진나라의 승상 여불위呂不韋가 통일 직전에 편찬한 백과사전적 서적 『여씨춘추呂氏春秋』에 요약된 것처럼, "군주가 되어 백성 위에 군림하며 해외의 땅까지 복종시키고자 하는 자는 마땅히 사물의 사용을 지극히 절제하고 작은 이익에 매달리지 말아야 한다. 풍속의 영향에서 벗어나야 세상을 안정시킬 수 있다." 이 당당한 주장은 진나라의 정복을 정당화했다. 시황제를 위해 새겨진 각석刻石의 내용에 의하면, 이 정복은 '순행'과 '풍속 교화'로 이어졌다.[13]

진한 시대의 문필가들은 철학자들에 의해 발달된 풍속 비판론을 각색하여 제국의 공간에 대한 이론을 정립했는데, 이 이론에서 전국시대의 정부들은 제한적인 지역문화의 산물로 폄하되었다. 전국시대의 좋은 정부가 편협하고 무지하고 탐욕스러운 정부 취급을 받게 되었던 것이다. 제국의 문인들은 그런 정부 대신에, 성인들의 지혜로운 문헌에 입각하여 지형의 중요성을 부정하고 지역적 특성을 극복하는 정부의 새로운 기준을 제시했다.

이런 식으로 진한 제국은 지리와 풍습을 초월한 것처럼 주장했지만, 실제로 이 시대의 역사는 지역 간 세력의 균형이 계속 변하고, 제

---

13) Lewis, *Construction of Space*, pp.192-199. 인용문은 『呂氏春秋』, p.199에 나온다. 시황제의 석각에 언급된 순행과 풍속 교화에 관해서는 Kern, *The Stele Inscriptions of Ch'in Shih-huang*, pp.44, 48을 보라.

국 정부와 그것이 지배한다고 주장하던 영토와의 관계도 계속 달라진 것이 그 특징이었다. 이 장의 나머지 부분에서는 이와 같은 변화와 변이를 간략하게 묘사하고자 하는데, 이 주제에 대한 깊이 있는 논의는 이하의 장들에서 이루어질 것이다.[14]

진과 통일 과정상의 지리적 경계(기원전 897~202)

중화문명의 핵심 지역인 황하 유역은 함곡관의 동쪽(관동關東), 함곡관의 서쪽(관중關中), 그리고 동관潼關의 남쪽으로 구분되었다. 진나라는 관중 지역을 관할했고, 전국시대 중기에 이미 사천 분지를 점령했다. 따라서 진나라가 기원전 221년에 다른 제후국들에 대한 정복을 마무리한 것은 관중 지역이 관동 지역과 양자강 배수 유역에 승리를 거두었음을 의미했다. 중화제국사의 첫 150년은 그런 토대 위에서 형성되었다. 진나라의 통제하에 있던 관중 지역은 황토고원과 산맥, 양대 강 유역으로 이루어진 기나긴 국경지대로, 그 북방과 서방 그리고 나중에는 동방에 있던 적대적인 민족들과 전투를 치르면서 상무 전통을 굳건히 수립했다. 이런 전통은 "관중은 장수를 내고, 관동은 재상을 낸다(관중출장關中出將, 관동출상關東出相)"라는 한대의 유행어로 표현되었다.

사실 관동 지역은 통치술과 문예의 수준이 높은 곳으로 유명했다.

---

14) 진한의 역사에 대한 자세한 설명은 Loewe, ed., *The Cambridge History of China, Vol. 1: The Ch'in and Han Empires*, chs. 1-5를 참조하라.

동방은 모든 주요 철학파의 발원지로, 전적典籍에 기초한 학문의 중심
지로 남아 있었다. 또한 제국의 인구가 집중되어 있던 곳이기도 했다.
서한西漢 말에 그곳에는 150만 명이 넘는 주민을 거느린 군이 여섯 곳
이나 있었지만, 도성 바로 옆의 3개 군에는 각각 100만 명의 인구가 살
고 있었을 따름이다. 10여 개의 가장 큰 도시 가운데 오래된 도성과 성
도를 제외한 나머지는 모두 동부에 있었다. 이 지역은 제국에서 가장
비옥한 농경지였다. 또한 공예품 생산의 중심지였는데, 이는 10개 공
관工官 중 8개가 이곳에 있었다는 사실로 입증된다.

관중 지역이나 관동 지역만큼 중요하지는 않았지만, 양자강 유역
도 초기 초나라에서 물려받은 다채로운 역사와 문화를 간직하고 있었
다. 초나라는 서주西周 후기와 전국시대에 중화문화권의 일부가 되었
지만, 예술·문학·종교 분야에서 고유의 전통을 지니고 있었다. 초나
라가 다른 문화 영역에 속한다는 세간의 인식을 보여주는 예는 좌절한
한 고문이 훗날 진나라를 무너뜨릴 초나라의 장수 항우項羽에게 했다
는 말―"초나라 사람은 관을 쓴 원숭이와 같다"라고 사람들이 수군댑
니다―이다. 무더운 날씨가 성질 급한 주민들을 만들어낸다는 세론
을 뒷받침하는 또 다른 이야기들은 조금만 자극해도 흥분해서 폭력을
행사하려 하는 초나라 사람들의 성향을 언급한다. 이런 고정관념의
근거가 무엇이든, 한 황실은 초나라에서 비롯되었고, 서한 궁정의 복
식과 음악, 시는 그 취향이 대부분 남방 문화에서 유래되었다.[15]

---

15) 『史記』卷7, p.315. Lawson, *New Perspectives on Chu Culture*; Cook and
Major, *Defining Chu*; Knechtges, "The Emperor and Literature."

진나라는 기원전 897년에 주나라의 왕실을 위해 말을 사육하는 작은 속지로 처음 세워졌는데, 이후 2세기 동안 황하 강변까지 세력을 확장했다. 서쪽의 변방에 위치해 있었던 덕에 그 서쪽과 남쪽에 군사적으로 잘 조직된 적이 없었을 뿐만 아니라 천연 방벽의 혜택까지 누렸다. 서한 초기에 가의는 이런 유리한 지리적 상황에 대해 "진의 영토는 산으로 둘러싸이고 황하를 띠처럼 두르고 있어 사방이 견고한 요새이다"라고 말했다.[16]

진나라는 기원전 672년에 중원에 처음 쳐들어갔다. 그러나 기원전 4세기에 이웃한 부족들을 정복함으로써 서부에서 입지를 굳힌 다음에야 비로소 전국시대 열국의 패권 다툼에서 두각을 나타내기 시작했다. 그 후 150년 동안, 진은 모든 적국을 물리쳤다. 새 제국은 36개 군으로 편성되었고, 군들은 다시 1,000개 이상의 현으로 나뉘어졌다. 이런 방식으로, 진은 중화제국 전역의 모든 새로운 정복지를 직접 통치했다.[17]

진나라의 최종적인 군사적·정치적 승리는 기원전 4세기 중엽에 재상으로 봉직한 상앙商鞅에 의해 주도된 농업개혁 덕분이었다. 기원전 350년부터 진나라 정부는 개별 농가의 토지소유권과 매매권을 법적으로 인정했다. 이와 동시에 인구밀도가 높은 동부의 가족들에게 인구가 희박한 서부로 옮겨가 정착할 것을 권장했다. 토지소유권을 획득하는 대가로, 농민은 납세와 국역國役(특히 군역)의 의무를 져야만 했

---

16) 『史記』卷6, p.277.

17) Cottrell, *The First Emperor of China*, chs. 3-4.

다. 위수 유역의 진나라 심장부는 도로와 관개수로의 건설을 통해 반듯한 구획으로 정리되어, 공을 세운 사람들에 대한 보상이나 신민의 충성을 유인하는 수단으로 배분되고는 했다. 농촌 토지의 구조를 개편하고 백성들과 그 구조의 관계를 일신한 정책은 진나라의 국력 상승을 뒷받침했다.

토지소유제의 개혁은 국토를 황제가 임명한 관리에 의해 다스려지는 구역으로 나누는 작업과 병행되었다. 이로 인해 조정의 권위는 농촌 지방에서 강해지고, 세습봉토 보유자의 영향력은 약해졌다. 지방의 행정구역을 조정에서 파견한 관리가 다스리게 하는 방식은 진晉나라의 뒤를 이은 여러 국가에 소개되었지만, 진 제국은 상앙에 의해 도입된 이 제도를 경쟁국들보다 훨씬 체계적으로 시행했다.

이런 성공에도 불구하고, 약간의 세습봉토는 기원전 3세기 말에도 여전히 하사되었다. 관리들이 진시황에게 봉토를 넉넉하게 나누어주지 않는다고, 주나라의 왕들과는 달리 당신의 아들들이나 공신들에게 분봉分封하지 않는다고 불평하자, 승상인 이사李斯가 반박했다. 그는 봉토를 받은 주 왕조의 후손들이 결국에는 왕을 배신하거나 서로 등을 돌려 나라를 쪼갰다고 지적하면서, 새 제국은 더 이상 분봉 왕국을 용납하지 않을 것이고, 전적으로 황제가 임명한 관리들에 의해 직접 관할될 것이라고 덧붙였다.

제국의 토지를 재정리하는 동시에, 진나라는 경작 가능한 새로운 땅을 개척했다. 오늘날의 사천 지방에 살고 있던 촉인蜀人과 파인巴人을 제압하고, 아직까지 사용되고 있는 관개망 건설에 착수하여 성도

평야를 천혜의 비옥한 지역(천부지국天府之國)으로 만들었던 것이다. 정국鄭國에 의해 건설된 운하는 기원전 246년부터 위수의 물을 끌어다가 섬서 중부의 알칼리성 토지에 물을 댔다. 약 32킬로미터 길이에 불과한 이 운하는 후대의 기준으로는 토목공사의 개가라고 말할 정도는 아니었지만, 진나라의 경제력 증강에 지대한 공헌을 했다. "그 후로 관중은 기름진 땅이 되어 흉년이 없어졌다. 진나라는 부강해져 제후들을 복속시켰다." 이 글은 하나의 요인을 과장한 감이 없지 않지만, 성공적인 치수治水가 진의 부상에 결정적으로 중요한 역할을 했다는 주장에는 이론의 여지가 없다.[18]

진나라 정부에 의해 강제로 부과된 행정적 통일성은 진이 여전히 다른 나라들을 지배하고 있는 하나의 나라에 지나지 않고, 진과 진에 의해 최근에 정복된 적국들 사이에 뚜렷한 차이가 존재하고 있다는 사실을 은폐했다. 진이 마지막 제후국을 정복한 지 고작 15년이 지난 뒤인 기원전 206년에 반란을 일으킨 초나라에 돌연 무너지자, 지역에 기반을 둔 국가들을 초월하는 통일된 제국이 과연 가능한가에 대한 논쟁이 일어났다. 진 제국이 붕괴되자, 지역 간 정치권력의 분배 문제가 다시 수면 위로 떠올랐다. 권력을 재분배한다는 생각은 이미 진의 마지막 통치자에 의해 수용되었다. 그는 기원전 207년에 자신이 황제가 아니라 여러 왕 가운데 한 명일 따름이라고 선언함으로써, 허울뿐인 권위나마 지켜내려 했다. 하지만 그의 왕정은 단명했고, 그는 1년 뒤에 역도들 가운데 한 명인 항우에게 살해당했다.

---

18) Sage, *Ancient Sichuan and the Unification of China*; 『史記』 卷29, p.1408.

  그런데 항우는 동주를 모델로 삼아 국가들의 연합체를 부활시키고
자 했다. 서초 패왕西楚 覇王을 자처한 그는 제국의 나머지 지역을 18개
의 작은 제후국으로 나누어 느슨하게 자신의 권위하에 두려고 했다.
이 제후국들은 자신의 휘하 장군들과 그가 달래고자 하는 숙적들에게
분배되었다. 그런 적수들 가운데 한 명이 유방劉邦이었는데, 그는 한
수 유역(한중漢中 분지)에 자리한 나라—옛 진晉나라에서 갈라져 나온
세 나라 가운데 하나—를 다스리는 왕이 되었다. 오늘날 한왕으로 불
리는 유방은 항우를 물리치고 한 왕조를 창건했다.

  항우와는 대조적으로, 유방(훗날의 한고조漢高祖, 재위 기원전 202~195)
은 진의 제도를 거의 그대로 받아들인 제국을 세웠지만, 자신에게 충
성을 바친 지방 세력과 타협하는 동시에 자신의 동맹들에게 보답할 필
요성도 인정했다. 그는 잠시 낙양을 도읍으로 삼았으나, 진나라의 지
리적 이점을 깨닫고는 새로 보수한 장안으로 천도했는데, 위수를 건
너면 그 북쪽에 진의 옛 도성(함양)이 있었다. 제국의 서쪽 절반에서는
진나라 제도를 간소화하여 유지했지만, 유방은 좀 더 인구가 많은 동
부 지역과 양자강 유역을 10개 제후국으로 나누어 주요 공신들에게 분
배했다. 그리고 법률을 제정하여 제국의 직할령을 동쪽의 제후국들과
분리했다. 하지만 고조는 6년 만에 한 명을 제외한 제후국의 모든 왕을
자신의 형제나 아들로 교체함으로써 "천하의 모든 것은 유씨 것이다"
라는 원칙을 확인했다.

  그럼에도 관중 지역과 제국의 나머지 지역 사이의 행정적 구분은 여
전히 남아 있었다. 이 점은 관중의 말을 외부로 유출하는 것을 금지하

고(동부 제후국들의 군사적 위협을 줄이기 위해), 제후국의 궁정에서 일하는 자는 그 누구도 제국의 조정에 봉사할 수 없으며, 고개를 넘으려는 자는 제국이 발부한 출관出關 문서를 보유해야 한다는 등의 각종 규제 조항에서 분명하게 드러났다.[19] 요컨대 초기의 한 제국은 진나라의 제도를 다소 수정하기는 했지만, 관중 지역이 제국의 나머지 지역을 지배하는 구조는 그대로 유지했다.

지방 세력의 억압(기원전 202~87)

황실 일가에게 분봉하는 것도 이사가 경고한 것처럼 위기를 초래했고, 때가 되자 여러 제후국이 제국으로부터 떨어져 나가기 시작했다. 심지어 일부는 한의 국경 북쪽에 살고 있던 유목민족들과 동맹을 맺겠다고 위협하기도 했다. 이런 위협에 맞서기 위해 한나라의 3대 황제인 문제文帝(재위 기원전 179~157)와 4대 황제인 경제景帝(재위 기원전 156~141)는 네 가지 방식으로 제후국들을 약화시켰다.

첫째, 큰 제후국의 왕이 죽었을 때, 그의 땅은 그 자손들이나 유씨 일가에게 배분되었다. 이렇게 해서 제나라는 개창 후 40년 동안 여섯 개의 작은 제후국으로 쪼개졌다. 둘째, 제후왕이 후사 없이 사망한 경우, 그의 영지는 제국의 직할령으로 편입되었다. 셋째, 여러 제후왕의

---

19) Hsu, "The Changing Relationship between Local Society and Central Political Power."

영토 일부는 가상의 범죄에 대한 벌칙으로 몰수되었다. 마지막으로 제국 조정은 반란—조작이든 사실이든—을 일으킨 제후국의 영토를 분할했다. 예를 들어 모반을 꾀했다는 혐의(그의 옛 부하 한 명이 고문을 받고 자백한 내용에 근거한)를 받은 회남왕淮南王은 유형에 처해졌는데, 그는 유배지에서 자살했고, 그의 봉지封地는 몰수되었다. 제후국의 권력에 대한 이런 조직적인 탄압은 기원전 154년에 반란을 촉발했다. 오왕吳王의 주도하에 일곱 제후국이 동맹을 맺고 한나라 조정에 반기를 들었던 것이다[오초칠국吳楚七國의 난]. 이 반란의 진압은 제후왕 봉지의 대대적인 환수와 분할로 이어져, 중앙에 대한 제후국들의 정치적 위협을 종식시켰다.

무제武帝(재위 기원전 140~87)의 통치기에 중국 내부는 황제의 확고한 통제 아래 있었기 때문에, 그는 제국 외부로 관심을 돌렸다. 기원전 134년부터 119년까지, 그의 주된 과제는 한나라의 북부와 서북부 지역을 지배하고 있던 강대한 유목민족 흉노를 상대로 한 전쟁이었다. 장건張騫은 기원전 138년에 흉노와 적대 상태에 있던 유목민족 대월지大月氏와 동맹을 맺기 위해 서역으로 떠났다. 비록 도중에 흉노에게 포로로 잡혀 10년 이상 억류되어 있었지만, 장건은 중앙아시아 동부(오늘날의 신장)에 위치한 여러 도시국가의 사정에 밝아졌는데, 당시 이 지역에는 교역과 관개농업으로 생계를 꾸리던 인도—유럽계 민족들이 살고 있었다. 그 후 수십 년 동안, 이 도시국가들은 경제적·정치적·문화적 측면에서 한 제국과 밀접하게 연결되었다.

같은 시기에 한나라의 군대는 남부와 서남부, 한국, 중앙아시아의 동부까지 진출했고, 제국은 그 영토가 유례없이 넓어져 84개 군과 18개 제후국을 거느리게 되었다. 북중국은 유목민족의 습격을 거의 받지 않았고, 제국이 중앙아시아 동부로 확장됨에 따라 목숙苜蓿과 석류, 포도 같은 새로운 작물뿐 아니라 새로운 양식의 음악과 화장품이 들어왔다. 자신의 업적을 자축하기 위해 무제는 많은 숭배의식을 개혁했는데, 그 절정은 태산에서 거행된 한대 중국의 최대 종교의식인 봉선封禪이었다. 이 의식에서 황제는 세계에 대한 자신의 주권을 주장하고, 최고의 신들에게 본인의 성공을 고하며, 시황제처럼 불로장생이라는 궁극적 보상을 받아 자신의 세속적 승리를 지키고자 했다. 실제로 영토의 획득과 불로장생의 추구는 긴밀하게 연결되어 있었다. 불로초는 땅끝이나 산꼭대기에 자생했기 때문에, 세계를 지배하는 군주만이 그런 곳을 자신의 영토 안에 포함시킬 수 있었다.

지주제와 지역주의의 부활(기원전 87~기원후 88)

한 제국이 재력과 인력을 군사적 팽창에 투입하는 동안, 통치자의 영토 지배권을 정말로 위협한 것은 지주 세력의 점진적 대두이다. 무제의 재위기에, 관리들은 관직생활로 모은 일시적인 부를 토지라는 영구적인 재정적 안전망으로 전환하고자 했다. 문인들은 부유한 지주와 가난한 농민 사이의 점증하는 격차에 주목하기 시작했다. 관리로서는 실패했으나 당대를 대표하는 유학자였던 동중서董仲舒(기원전 179~104년경)는 이와 같은 사태의 진전을 돈 많은 자들이 형편이 어려워진 사람들의 땅을 사들일 수 있게 해준 진나라의 토지 사유제 도입 탓으로 돌렸다. 그 결과 "부자들은 그 논밭이 두렁을 따라 쭉 이어져 있지만, 가난한 자들은 송곳을 꽂을 만한 땅(입추지지立錐之地)조차 없다"는 것이 그의 진단이었다.[20] 이와 같은 토지의 겸병을 억제하기 위해, 그는 기원전 4세기의 철학서『맹자孟子』에 언급된 전설적인 '정전제井田制'를 되살리자고 주장했다.

그러나 동중서의 주장과는 달리, 지주제는 진나라가 아니라 한나라의 농업정책에 뿌리를 둔 것이었다. 무제는 전쟁을 치르기 위해 세금을 부과함으로써 농민들의 빈약한 자원을 축냈는데, 이 부담은 현금으로 인두세를 징수하는 방식에 의해 가중되었다. 풍년이 들어 곡가가 하락하면, 농민은 자신이 수확한 곡물을 더 많이 팔아서 현금을 마련할 수밖에 없었다. 반면에 흉년이 들면 곡가가 상승하지만, 농민은 팔고 싶어도 팔 수 있는 곡물이 별로 없었다. 이럴 때 본인들의 의무를 다하려면 돈을 빌릴 수밖에 없었고, 그러다 보니 빚더미에 오르게 되어 결국 자신들의 유일한 자산인 땅을 팔아야만 했다.

한나라 정책의 두 번째 파괴적인 측면도 전쟁자금 조달과 관련된 것이었다. 무제는 한 가구가 보유한 토지의 가치를 평가하여 재산세를 부과했는데, 재산을 불성실하게 신고한 자는 모든 재산을 몰수당했고, 그런 사실을 고발한 자는 국가가 몰수한 재산의 일부를 상으로 받았다. 상인들의 재산에는 토지세의 두 배에 달하는 세금이 부과되었

---

20)『漢書』卷24a, p.1137.

기 때문에, 자신들의 재산을 보호하려는 상인들은 모두 땅을 사들였다. 관리들도 재임기간의 횡재를 영구적인 재산으로 전환하기 위해 토지와 농지를 구입했다. 이렇게 해서, 정부의 착취에 신음하던 상당수의 농민은 자신들의 땅을 팔아야만 했고, 동일한 정부의 재산세 압박에 시달리던 상인과 관리 들은 그 땅을 사야만 했다. 그 결과는 사회적 불평등의 심화였다.

기술의 발달도 토지의 집중에 한몫했다. 철제 농기구와 소가 끄는 쟁기를 구입할 수 있는 여유 자금을 가진 농부는 목제 농기구에 의지하여 등골이 빠지게 일하는 가난한 농부보다 더 많은 땅을 경작할 수 있었다. 나중에 소가 끄는 쟁기와 파종기를 결합하여 한 사람이 조작할 수 있도록 한 혁신적 기구가 등장하자, 부자와 가난한 사람 사이의 생산성 격차가 더욱 벌어졌다. 황하 유역에서는 관개를 위해 우물이 필요했지만, 벽돌을 쌓아 우물을 만드는 데도 꽤 많은 돈이 들었다. 자본이 있어서 가장 앞선 기술을 채택한 농부들은 그럴 여력이 없는 농부들보다 더 넓은 땅을 경작하고 더 많은 곡물을 수확했다. 그 결과 다수가 아닌 소수의 손에 부와 토지가 집중되었다.

이와 같은 토지 지배권의 변화는 지방의 유력 가문들을 도성 근처, 특히 황릉 근처의 도시로 이주시키던 관행에 마침표를 찍었다. 진시황과 한고조는 지방 세력을 약화시키기 위해 모두 그렇게 했고, 서한에서는 이런 이주가 여섯 차례 반복되었다. 기원전 20년에 한 조신朝臣은 황제에게 일곱 번째 강제 천사遷徙 정책을 시행하라고 권했다. "30년 이상 천하의 백성이 능읍陵邑으로 옮겨가 살지 않습니다. 관동의 부자들은 그 수가 갈수록 늘어나고 있는데, 그들은 대부분 좋은 논을 차지하고 가난한 사람들을 부리고 있습니다. 그들은 반드시 초릉初陵[성제成帝의 무덤]으로 이전시켜야 합니다. 그래야 제국의 수도를 강화하고 제후들을 약화시킬 수 있습니다. 이는 빈부 차이를 없애는 방도이기도 합니다."[21]

황제가 승인했음에도, 이 제안은 실행에 옮겨지지 못했다. 이 무렵에는 유력 가문들의 권력이 조정의 권력에 뒤지지 않았기 때문이다. 이 좌절은 조정과 지방 사이의 권력 균형이 변하고 있다는 점을 생생하게 보여주는 징표였다. 황제도 그의 백성에게 조상의 무덤을 떠나 황제의 묘를 돌보라고 명령할 수 없다는 사실을 인정했다. 거의 같은 시기에, 제국의 모든 군에 건립되어 있던 황가의 사당들은 검약과 효행의 이름으로 억압되었다. 관리와 지방의 유지에게 본인의 조상도 아닌 자에게 제사를 지내라고 강요하는 것은 유교사상의 기본 원칙에 어긋났다.

왕조의 심장부가 쇠약해졌다는 또 다른 징표는 조정에서 외척의 영향력이 갈수록 커지고 있었다는 것이다. 황제가 일찍 사망하면 황태후(오직 결혼을 통해 황족과 연결된 황제의 어머니)는 새 황제를 선택할 뿐 아니라 섭정을 정하고 때로는 황제의 사부까지 지명했다. 섭정과 사부는 보통 태후의 일가였다. 왕정군王政君은 성제(재위 기원전 32~7)의 모친으로, 자기 아들과 그의 후계자인 애제(재위 기원전 6~1)와 평제(재위 기원전 1~기원후 5)가 후사를 남기지 않고 사망했을 때, 본인의 형제

---

21) 『漢書』 卷30, p.3024.

와 조카를 요직에 앉혔다. 그녀는 조카인 왕망王莽에게 갈수록 많은 권한을 부여했는데, 그는 두 차례 섭정에 임명되었고, 결국에는 스스로를 가황제假皇帝라 칭했다. 기원후 9년에 왕망은 한 황실의 기운이 다했다고 선언하고, 서한의 마지막 황제를 퇴위시켰다.

그러나 왕망의 신新 왕조는 17년 만에 무너졌다. 평생 궁정에 드나들면서 『주례周禮』와 다른 유교 경전의 치국책에 매료된 그는 상상 속의 주나라 제도들을 되살리는 개혁적인 복고정책(이는 일찍이 많은 학자들이 주창하던 바였다)을 시행했다. 모든 토지는 몰수되어 공평하게 재분배되었고, 노비제와 소작제는 폐지되었다. 개혁은 강력한 저항에 직면했고, 3년 뒤에 폐기되었다. 그렇지만 유력 가문들 사이에서는 왕망에 대한 적대감이 팽배했다. 따라서 농민들이 왕망의 권위에 도전해 봉기했을 때, 제국 동부 평원의 주요 가문들은 반란에 가담해 신나라를 무너뜨렸고, 유씨의 먼 친척 한 명이 동쪽의 새로운 도성에서 '중흥한' 한나라의 황제로 즉위하는 데 일조했다.

동한의 고립(기원후 25~168)

여러 측면에서, 부흥한 동한 왕조는 그 전조인 서한과 닮은 구석이 별로 없었다. 이 사실이 초기 동한 황제들의 치세에는 드러나지 않았지만, 한의 부흥은 지방의 강력한 가문들이 중앙 조정에 승리를 거두고, 그 결과 권위가 도성에서 지방으로 옮겨갔다는 것을 나타냈다. 전민개병제 같은 기본적인 제도들은 폐지되고, 토지소유권의 집중을 제한하기 위한 모든 시도도 폐기되었다. 광무제光武帝(재위 25~57)는 서한 고조의 9대손으로, 그와 가장 가까운 황족은 고조의 3대손인 경제였다. 그는 모든 제후왕을 폐하고 측근으로 대체했다. 서한 시대의 주요 씨족 가운데 동한에서도 명성을 유지한 것은 10개가 채 되지 않았다.

한고조가 서한을 세웠을 때, 그를 따르던 18명의 주요 인물은 최고위 관직에 올랐지만, 이 공신들이 죽고 나자 그들의 가문은 급속히 쇠락했다. 이에 반해 광무제는 지주 집안 출신으로, 다른 지주들도 그의 입신을 도왔다. 이들이 사망할 경우, 그 가족들은 자신들의 영지에서 권력을 계속 유지했고, 때로는 조정에서 관직도 얻었는데, 이는 그들에게 오랫동안 다진 지역적 기반과 상당한 부가 있었기 때문이다. 따라서 동한의 역사는 오늘날의 하남에 자리를 잡고 있던 남양南陽의 음씨陰氏 가문이나 위수 유역의 마씨馬氏 가문처럼 지방에 권력 기반을 갖고 있던 종족宗族, lineage 내지 벌족의 역사이다.

더욱 의미심장한 일은 도성을 관중 지역에서 함곡관 동쪽의 황하 범람원으로 옮긴 것일지도 모른다. 전국시대와 진나라의 역사를 형성하는 데 크게 영향을 미친 이 두 지역의 대립은 한 제국의 초기와 한나라 법률에서 변함없이 중요한 역할을 했다. 장안에서 낙양으로 천도한 것은 전략적 위치와 군사력을 통해 통치했던 지역에서 문학적·경제적 생산 면에서 우위를 주장하던 곳으로 제국의 구심점이 이동했음을 나타냈다. 이는 서한 시대에 토지를 겸병하고 부를 축적한 지주와 상인들이 정치적 지배권을 장악했고, 나아가 진이 통치했던 지역의 상무尙武 전통을 부정하고 문학적·예술적 소양을 우선시하는 시대가 도래했음을 뜻했다.

도성의 이전은 '유교의 승리'—한 제국의 지적 발전을 묘사하기 위해 종종 사용되는 표현— 를 위한 지리적 기반이었다. 동한의 역사와 문학의 주요 저서들은 새 도읍과 의례적 개혁의 우월성을 상술하면서, 옛 도읍은 진 제국의 연장선상에 있었을 따름이라고 평가했다. 이와 유사하게 기원후 1세기 후반에 나온 반고班固의 저작들은 서한을 폭력과 야만이 난무하던 시기의 진나라와 연관시키면서, 동한에서 이루어진 문화와 의례의 승리를 찬미했다.

그렇지만 새 왕조는 그 정통성의 연원을 유씨 종족의 계보에서 찾았기 때문에, 서한의 질서를 완전히 버릴 수는 없었다. 이 점은 누구를 개국 황제인 광무제의 선조로 간주할 것인지에 대한 논쟁에서 드러났다. 치세 초기에, 그는 황제가 된 적도 없고 제후왕으로 분봉된 적도 없는 조상들을 모시는 사당을 낙양에 세웠다. 이 일로 황실의 혈통을 더럽혔다는 격렬한 항의를 받자, 광무제는 도읍인 낙양 이남의 고향 남양으로 사당을 옮겼고, 그곳에서 고조의 7대손인 선제宣帝(재위 기원전 74~49)와 8대손인 원제元帝(재위 기원전 49~33)를 자신의 부조父祖로 모셨다. 이런 식으로 만들어진 허구의 가족이 후계자를 낳은 서한의 마지막 통치자와 부흥한 왕조를 교묘하게 연결시켰다.

동한 초기의 세 황제가 통치하는 동안 중국의 지리에는 다른 변화도 일어났다. 광무제가 북방 국경에 대한 애초의 공격적 전략을 포기하자, 흉노는 대대적인 습격과 약탈을 감행했다. 남쪽으로의 대이동이 뒤따라, 광범위한 지역의 인구가 격감하고, 수백 개의 현이 없어졌다. 동한의 통치자들은 유목민족들을 국경 내의 버려진 땅에 배치하기 시작했고, 그들을 흉노에 맞서 싸우는 기병으로 활용했다. 군사적인 효과는 있었지만, 이 정책은 남쪽을 향한 이주 압력을 배가시켰다. 기원후 2년에서 기원후 140년 사이에, 서북부 지역의 재적在籍 인구수는 70퍼센트 감소한 반면에 남쪽의 인구는 급증하여, 일부 지역에서는 인구 증가율이 100퍼센트에 달했다. 이와 같은 인구이동에도 불구하고, 양자강 유역과 그 남쪽은 여전히 변방이었고, 그곳의 재적 인구는 대부분 소수의 도심지에 집중되어 있었다.

　동한 왕조가 말기에 접어들 무렵, 학자들은 이미 첫 세 황제의 통치를 되돌아보며 그들의 치세를 황금시대로 평가했다. 화제和帝(재위 89~106)의 즉위 이후 조정은 제국의 변방과 내지 양쪽으로부터 갈수록 고립되었다. 변방에서는 흉노 연합체가 기원후 80년대 말에 영원히 와해되었지만, 과거 그들에게 복속되어 있던 선비鮮卑가 새로운 위협 세력으로 등장했다. 이 부족민들은 흉노를 치는 대가로 엄청난 보수를 받았으나, 흉노에 완승을 거둠으로써 더 이상 중국 조정의 보조금을 받을 수 없었다. 그러자 선비는 무력으로 한인들의 재산을 강탈하기 시작했다. 서부 변경에서는 유목민인 강족羌族이 한나라의 국경 내에 재정착하여 노동력을 제공하고 주민들의 이주로 인한 인구의 공백을 메웠다. 한족 지주와 관리 들의 천대는 110년에 큰 반란을 촉발했다. 동한 조정은 머나먼 '야만적' 서부에서 일어나는 일에 더 이상 관심이 없었기에, 4개 군을 포기해 피해를 줄이기로 결정했다. 이주를 꺼리는 변경의 중국인들은 지방 정부가 자신들의 집과 곡식을 불태우는 것을 바라봐야만 했다. 놀랄 것도 없이, 불만을 품은 변방의 주민들은 한에 맞서는 강족에 대거 합류했다.

관심을 보일 수밖에 없었던 조정은 국지적인 정벌을 시도하고 임시로 군둔軍屯을 설치했지만, 모두 오래가지 않았다. 168년에 이르러서는 오르도스(오늘날의 내몽골 자치구 서남쪽에 해당하는 지역)와 장안 인근의 지역이 함락되었다. 남쪽에서도 137년에 반란이 일어났으나, 조정은 더 이상 지휘에 따르지 않는 군대를 파견하는 대신 고관들을 보내 제후로 봉하겠다는 약속으로 지방의 우두머리들을 달랬다. 이 해결책은 몇 년 동안 먹혔지만, 140년대에 남쪽에서 다시 반란이 일어나, 역도들이 군현의 관리들을 죽이고 황릉을 훼손했다.

이로써 조정은 변경의 주민은 물론이고 변경의 군대에 대한 통제권도 상실했다. 서한 시대와 동한의 첫 번째 세기에, 조정은 장군들을 임명하여 장기간 변방을 지키게 했다. 두 번째 세기에도 전선의 지휘관들은 수십 년 동안 주둔지에 머물렀다. 범죄자와 유목 부족민, 농민군을 대체한 직업군인들로 구성된 그들의 군대는 한 제국과 아무런 관련이 없었다. 대신에 그들은 직속상관들과 직접적으로 끈끈한 개인적 유대를 맺었는데, 그들의 급여를 지급하던 이 지휘관들은 그들을 조정과 이어주는 유일한 연결고리였다. 동한의 마지막 수십 년 동안, 조정은 제국의 군대를 통솔할 수 없는 것은 물론이거니와 국경 내에 자리를 잡은 유목민들을 통제할 수도 없었다.

제국 내부의 상황도 접경지대 못지않게 심각했다. 조정은 재정난과 무능으로 각 군에 대한 통제를 상실했다. 기원후 2세기 초부터 정부의 금고는 바닥을 드러냈고 조정은 지방관들에게 홍수와 다른 재난에 대처하라고 명령했지만, 그렇게 할 수 있는 수단은 제공하지 않았다. 기원후 143년에는 관리의 녹봉이 삭감되었고, 조정은 제후와 귀족 들에게 돈을 빌리기 시작했다. 지방의 감찰관[자사刺史]은 주州 전체를 관할하는 반독립적인 장관으로 행세하기 시작하여, 자신의 뜻대로 병사들을 모집하고 자신이 선택한 정책을 추진했다.

환관으로 구성된 비서기구인 '내정內廷'의 권력이 갈수록 커짐에 따라, 중앙정부는 지역사회로부터 서서히 고립되었다. 지역적 기반을 가진 강력한 종족의 성원들로 채워져 조정과 지역사회 사이의 연결고리 역할을 했던 관료기구는 권위를 완전히 상실했다. 이런 분리는 기원후 169년에 당고黨錮의 화禍가 발생한 이후 더욱 심해졌다. 무력으로 환관 세력을 무너뜨리려는 시도가 실패로 돌아가, 상당수의 관리들이 종신토록 관직을 보유할 수 없게 되었던 것이다. 대지주 출신의 학자 최식崔寔(기원후 ?~170)은 "주와 군 정부의 명령은 벼락같이 당도하지만, 황제의 조서는 (장식용으로) 벽에 걸려 있을 따름이다"[22]라는 유행어를 인용했다.

무질서와 여기에 대처하지 못하는 제국 정부의 무능에 대한 지방의 반응은 합심하여 자구책을 강구하는 것이었다. 강력한 종족에 의해 장악된 지역에서, 지주들은 소작농과 주변의 자유농민들로 구성된 사

---

22) 『全後漢文』 卷46, p.12a.

병을 조직했다. 지주가 없는 지역(대개 더 가난하고 훨씬 낙후된 지역)에서는, 마을 전체가 연장자의 인솔 아래 산으로 옮겨가 요새화된 취락을 형성했다. 이런 식의 이주는 대시인 도연명陶淵明의 영감을 자극하여, 숨겨진 평등한 이상향을 노래한 4세기의 이야기 「도화원기桃花源記」를 탄생시켰다.

군벌과 국가의 해체(169~220)

마침내 일부 지역에서 농민과 지방의 지식인들이 종교집단을 만들고 스스로를 무장단체로 조직화하기 시작했는데, 개중에는 천년왕국의 교의를 지지하는 집단도 있었다. 그 가운데 가장 큰 교단은 장각張角에 의해 결성되었는데, 그는 신도들에게 질병은 죄악에서 비롯되므로 참회를 해야 치유될 수 있다고 설파했다. 그는 한 왕조의 운이 다했다고 보고, 새로운 왕조를 세우는 것이 자신의 운명이라고 믿게 되었다. 그래서 "누런 하늘이 반드시 일어난다"(황천당립黃天當立)는 기치 아래, 자신의 추종자들을 군사단위로 조직하고 그들에게 직함을 주었다.

조정은 황궁 경호대원들 가운데 장각의 신도가 있다는 사실을 알아냈지만, 더욱 충격적인 것은 184년에 16개 군에서 봉기가 일어나 역도들이 지방군을 제압하고 여러 도시를 점령했으며 제후왕들을 납치했다는 소식이었다. 역도들은 새로운 하늘, 즉 누런 하늘에 대한 충성을 다짐한다는 의미로 황색 두건을 둘렀기 때문에 '황건적'이라고 불렸다. 조정은 강력한 종족들이 거느린 사병의 도움을 받아, 1년 만에 그들을 간신히 평정했다. 그렇지만 얼마 지나지 않아 황건적의 난에 고무된 다른 반란들이 속출했다. 가장 유명한 것은 사천의 오두미五斗米 운동이었는데, 이 독립적인 도교 종파는 수십 년 동안 명맥을 유지했다. 188년에 이르자 한 제국의 대부분은 독립적인 주의 장관들과 지방의 실력자들에 의해 양분된 형국이었는데, 실제로 두 집단은 거의 구별되지 않았다.

189년에 서북 전선의 장수 동탁董卓은 군대를 이끌고 낙양에서 110여 킬로미터 떨어진 곳까지 진격했다. 환관들을 죽인 관리들의 초대를 받은 동탁은 기회를 놓치지 않고 도성을 장악한 다음 어린 황제를 납치했다. 자신의 본거지에서 멀리 떨어져 있는 것에 불안감을 느낀 그는 낙양을 잿더미로 만든 다음 황제를 장안으로 데리고 갔다. 이 역도는 192년에 서북부에서 살해되었고, 제국이 8개 지역으로 해체되면서 어린 황제는 여러 군벌의 인질이 되어 각지를 전전하는 신세가 되었다. 197년에는 한 지역의 지도자인 원술袁術이 스스로 황제임을 선언했지만, 수하로부터 버림받고 2년 뒤에 비참하게 죽었다. 그가 실패한 이유는 한의 황제가 비록 실권은 잃었지만 여전히 통일—모든 군벌이 갈망했으나 아무도 성취할 수 없었던— 을 상징하고 있었기 때문이다. 그런 야심가들 가운데 한 명이 타의 추종을 불허하는 우월한 위치에 오를 때까지, 동한의 마지막 황제는 정치적 장기판의 승부를 좌우하는 중요한 졸卒이었다.

군벌들 가운데 한 명이었던 조조는 당시의 무망한 상황을 다음과 같이 묘사했다.

> 갑옷이 낡아빠져 이가 득실대고
> 만백성이 죽어나가네.
> 백골이 들판에 나뒹굴고
> 천 리 안에 닭 울음소리가 들리지 않네.
> 살아남은 자가 백에 하나이니
> 생각할수록 애달프기 그지없네.[23]

조조는 결국 황제를 손아귀에 넣고 20년 이상 포로나 다름없이 다루었다. 그는 감히 황제를 자칭하지는 않았지만, 216년에 자신을 위왕魏王—그때까지 유씨 일족의 전유물이었던 직함—이라 선포함으로써 황실의 특권을 침해했다. 하지만 조조는 진시황이나 한고조처럼 그 땅과 그 땅에 사는 사람들을 직접 다스리는 데 성공하지는 못했다. 대부분의 영토가 지주들에 의해 통제되고 있던 상황에서, 그는 전란과 홍수로 인해 인구가 감소한 지역에 군둔을 설치하는 데 만족해야 했다. 둔전은 그의 군대에서 복무하거나 세금을 납부한 이재민들에게 분배되었는데, 이들은 사실상 황가의 소작인이 된 것이나 마찬가지였다. 정부는 단지 가장 많은 사병을 거느린 최대 지주의 자격으로 권위를 내세우면서, 세습 군인들에 의해 경작되는 국유지에 의존하게 되

---

23) 『先秦漢魏晉南北朝詩』, p.347.

었다.

조조는 황하 유역을 정복하여 중국 북부를 다시 통일했다. 하지만 양자강 유역에서 본인의 권위를 확립하려던 그의 노력은 결실을 보지 못하고, 적벽대전赤壁大戰에서 젊은 군벌 손권孫權에게 참패하는 재앙으로 막을 내렸다. 220년에 동한의 마지막 황제가 마침내 조조의 아들 조비曹조에게 선양했을 때, 전국에는 3명의 군벌만이 남아 있었다. 북쪽의 조비, 양자강 하류의 손권, 사천의 유비劉備가 그들이다. 이 세 사람은 각각 위와 오와 촉의 황제임을 선포함으로써, 이른바 삼국시대를 열었다. 그 후 3세기 동안 초기 제국시대에 하나의 통일체로 다스려졌던 중국은 북방과 남방의 두 지역, 즉 황하 유역과 양자강 유역으로 분할되었다.

2

| 전쟁을 위해 조직된 국가 |

진이 이웃 국가들을 정복하여 통일 제국을 이룰 수 있게 해준 밑거름은 기원전 359년부터 위衛나라 출신의 재상 상앙이 시행한 변법이었다. 진나라의 군사軍事와 민생에 대한 그의 급진적이고 철저한 개혁은 제와 진晉, 그리고 그 뒤를 이은 나라들에서 처음 실시되었던 정책에서 발전해 나왔다. 주나라 왕권의 약화와 낙양으로의 천도(기원전 770년)에 뒤이은 제후국 간의 치열한 전쟁은 제나라와 진나라에 군대의 규모를 키워야 한다는 압력을 가했다. 이 제후국들은 군역의 대상을 귀족과 그 수하들로부터, 도성의 주민 전체, 나아가 농촌의 주민 일부로 점차 확대했다. 이런 조치들을 당대의 상황에 맞게 변형시킨 상앙의 변법 하에서, 군사적 의무를 수행하던 진의 농민들은 가구 단위로 토지를 지급받아 보유하고 경작하면서 세금을 납부했다. 그런데 상앙은 개혁을 추진하면서 신상필벌의 원칙을 엄정하게 적용했다.

1975년에 수호지睡虎地에서 출토된 1,000여 매의 진대 죽간竹簡은 전
국시대 말기의 진나라를 연구하는 데 중요한 새로운 자료를 풍부하게
제공했다. 하지만 이 정보는 기원전 1세기 초엽에 사마천의 『사기』에
기술된 바를 통해 우리가 알고 있는 상앙 변법의 기본 얼개를 바꿀 정
도는 아니었다.

그는 백성을 10호나 5호 단위로 묶어, 서로를 감시하게 하고 연좌책
임을 지게 하라고 명했다. 범죄를 고하지 않는 자는 허리를 자르는 벌
에 처해지고, 고한 자는 적의 수급을 얻은 것과 같은 상을 받으며, 범
죄자를 적극적으로 숨긴 자는 적에게 항복한 자와 똑같은 벌을 받았다
(그는 참수되고 모든 재산은 몰수되었다). 분가하지 않은 성인 남자가 2명
이상 있는 집은 2배의 세금을 내야 했다. 군대에서 공을 세운 자는 그
공의 크고 작음에 따라 (모든 백성을 20등급의 작爵으로 나눈 위계적 체제
에서) 높은 작을 하사받았다. 사사로이 싸움을 벌인 자는 그 싸움의 경
중에 따라 형벌을 받았다. 본업에 전력하여 농사와 길쌈을 통해 곡식
과 옷감을 많이 바치는 자에게는 세금과 요역을 면제해주고, (상공업
에) 종사하며 사익을 추구하는 자와 게을러서 가난한 자는 모두 관노
비로 삼았다. 군주의 일가라 하더라도 군공이 없는 자는 종친 명부에
등재될 수 없었다. …… 그는 논밭 사이에 가로세로로 길을 내고, 경
계를 정했다. 또한 군역과 토지세를 공평하게 부과하고, 도량형을 통
일했다.[1]

---

1) 『史記』 卷68, pp.2230, 2232. 아직까지 남아 있는 다른 관련 문헌으로는

이런 개혁은 여러 면에서 군대와 국가의 성격을 근본적으로 바꿔놓 았다.

첫째, 개혁으로 말미암아 병력의 규모가 실질적으로 증대될 수 있 었는데, 기원전 6세기 중엽부터는 군대에서 보병이 차지하는 비중이 날이 갈수록 커졌다. 기원전 6세기와 5세기에 양자강 하류 유역에 위 치한 오나라와 월나라는 북벌을 도모하는 과정에서 보병 위주의 군대 편성 방식을 황하 유역에 전했다. 보병의 도입에서 상앙의 변법에 이 르는 200년 동안에, 농민군으로 구성된 대규모 보병대(기원전 4세기에 기병에 의해 보완되었다)는 귀족층의 전차부대를 대체했다.

보병들은 전차를 몰던 귀족들과는 달리 특별한 군사적 기술을 익히 거나 상당히 값비싼 장비를 갖출 필요가 없었다. 그리고 군역의 대상 이 농촌 주민들에게로 확대됨에 따라 새로운 인력 공급원을 확보한 국 가와 유력한 종족들은 한물간 전차부대를 제압하는 보병부대를 단기 간에 만들 수 있었다. 끝으로 기술적 혁신—궁노弓弩의 발명, 찰갑札 甲(옻칠한 가죽 조각들을 이어 붙여 만든 갑옷)의 개발, (오와 월에 의해 주도 된) 칼의 성능 향상과 광범위한 보급, 철제 무기 사용의 증가—은 보병 대의 전력을 그야말로 막강하게 만들어주었다. 당대의 치열한 전쟁에 서, 신무기로 무장한 대규모 보병대를 거느린 나라들은 그렇게 하지 못한 경쟁국들을 이내 집어삼켜버렸다.

기원전 7세기의 병력은 1만 명을 넘지 않았을 테고, 6세기 말에 크게

『荀子集解』篇10, p.181; 『韓非子集釋』篇17, p.907; 『漢書』卷23, p.1096; 卷24, p.1126; 卷28b, p.1641 등이 있다.

증강된 군대의 인원도 5만 명이 되지 않았다. 그러나 전국시대에는 군
대가 수십만 명의 규모로 확충된 것으로 보이고, 최대 60만의 병력에
대한 기록도 있다. 물론 실전에 투입된 군대의 병력은 대부분 고작해
야 10만가량이었지만, 이 정도만 해도 상당한 양적 팽창이었다. 결국
모든 국가는 살아남기 위해 더 많은 병사를 차출할 수밖에 없었고, 그
러자니 사회의 하층까지, 또 외딴 농촌까지 군역의 범위를 확대해야
만 했다.

상앙의 변법에서 비롯된 두 번째 변화는 전국시대 이전의 지배적인
정치단위였던 도시국가들이 이들 대군 앞에서 무기력한 존재가 되고
말았다는 것이다. 패배한 도시국가들은 정복자들에 의해 흡수되었고,
승자들은 그 땅을 자신의 백성들에게 재분배하고 그 대가로 병역과 납
세의 의무를 부과했다. 당시에는 이런 정복지와 더불어 숲을 개간한
땅이나 관개를 통해 경작 가능해진 토지가 삶의 터전이었다. 도시국
가들이 사라짐에 따라, 도시에 기반을 두고 국가의 중추 역할을 했던
옛 귀족들이 군대에서 영향력을 상실했듯이 정치적 지위도 상실했다.
국가는 귀족층이 아니라 한 명의 전제적 통치자에 의해 지배되었고,
그의 신료들은 농민들의 호적을 작성하여 그들에게 국역과 조세를 부
담시킴으로써 통치자의 군사적 야망을 뒷받침했다.[2]

셋째, 상앙의 정책은 군역을 기반으로 모든 백성에게 적용되는 일
률적인 행정체계를 수립했다. 5인 1조(오伍)는 자체 내 법률의 실행과
전투에서의 작전 수행에 책임을 져야 하는 최소 단위였다. 사회적 서

---

2) Lewis, *Sanctioned Violence*, pp.54–61.

열과 무훈武勳을 일체화하려는 노력은 만백성에게 부과된 등급제를
통해 강화되었다. 그 어떤 나라도 이 제도를 진나라처럼 체계적으로
시행하지는 못했다. 적을 살해하거나 부대를 승리로 이끌어 전공을
세운 자는 누구나 20등급의 위계적 체제(이십등작제二十等爵制)에서 더 높
은 작을 하사받을 수 있었다. 신민들은 각자의 작위에 따라 법으로 정
해진 수량의 토지와 집과 노비를 받았다. 이 작위는 국법을 위반했을
때 형벌을 감면받거나 노비가 된 친척을 속량하는 데도 사용될 수 있
었다.

　작위는 세습되지 않았지만, 전장에서 영웅적으로 전사한 자의 후손
은 그가 받아 마땅한 작위를 얻을 수 있었다. 이런 작위에 의해 서열이
매겨지는 군공은 진나라 사회에서 영광과 명예를 가늠하는 유일한 잣
대였다. 모든 사회적 지위는 군사적 성취의 직접적인 반영이었다. 심
지어 왕족도 자신의 엘리트 신분을 유지하려면 군에 복무하면서 공을
쌓아야 했다.

　상앙의 주도하에서, 진나라는 현縣이라 불리던 군사구역을 지방정
부의 기반으로 탈바꿈시켰다. 현이라는 단어는 처음에는 귀족층에 예
속된 농부들과 노비들이 살고 있던 성읍 밖의 땅을 가리켰다. 하지만
춘추시대(기원전 770~481)의 말기에, 현은 농민 병사를 징집하는 주요
거점이 되었고, 유력한 종족과 제후국은 그 전략적 중요성을 인식하
기 시작했다. 결국 진나라 전역이 현과 군(원래는 현의 하위단위였다)으
로 나뉘게 되었고, 이에 따라 전민개병제가 국가 행정체제의 근간이
되었다.

그림 1. 관개수로가 있는 격자형 밭에서 농부들이 수확하는 모습. 밭의 가장자리에는 뽕나무가 심어져 있다.

상앙의 마지막 주요 개혁은 도로망을 건설하여 농지를 격자형으로 반듯하게 정리하고 농촌을 같은 면적의 구획으로 나눈 것이었다 (그림 1). 역사적 전거에 따르면, 이 격자무늬가 진나라 전역을 뒤덮었다. 이런 사실은 초대형 지형도를 이용하여 중국의 토지 분포를 검토한 근래의 연구에 의해 입증된다. 이 연구는 북중국의 대부분 지역, 특히 진秦과 진晉 지역에서 도로와 논밭의 두렁이 동서와 남북으로 놀라울 정도의 직선 형태를 이루고 있음을 보여준다. 국가의 개입이 없었다면, 이토록 드넓은 대지에서 규칙성이 나타나기란 사실상 불가능했을 것이다.

농촌을 일정한 구획으로 정비한 것은 진나라의 군역 및 제민制民 체제에 긴밀하게 연결되어 있었다. 상앙은 농업이 모든 부의 근본이라고 주장했고, 그가 생각하던 이상적인 국가는 상세한 율령에 따르는 소농들의 나라였다. 각 가구는 성인 남성 한 명이 경작할 수 있는 크기의 토지를 지급받았다. 이런 식으로 토지를 분배함으로써, 국가는 최대 면적의 토지가 경작되도록 했고, 군역과 납세를 담당할 성인 남성의 수를 최대한 확보할 수 있었다. 20등작제에서 높은 작위를 얻은 자들에게는 토지와 노비를 추가로 지급했기 때문에, 상앙은 토지를 체계적으로 분할하여 표준화된 포상의 기본단위로 삼았던 것이다. 상앙이 볼 때, 상인과 수공업자 같은 비농민은 위험한 기생충이었다. 그들은 별도의 장부에 기록되었고, 때로는 관영官營 작업장에서 노역을 제공하거나 변경의 요새에서 복무해야만 했다.

이런 방식으로, 상앙의 변법은 주나라의 골격을 형성했던 도시와 후배지 사이의 사회적·제도적 장벽을 무너뜨렸다. 그는 농촌 전역을 반듯한 격자형으로 구획했고, 전 인구를 군사단위로 나누었으며, 모든 행정지구를 군사구역으로 개편했다. 그런 다음 전쟁터에서, 또는 농사를 통해 쌓은 공에 따라 개별 가구들을 격자형 경지 위에 분포시켰다. 이와 같이 군민軍民의 질서를 일치시키고, 사회 전체를 군사적 정복에 주력하게 만드는 체제는 전국시대의 뚜렷한 특징이자 최초의 제국을 출현시킨 밑거름이었다. 상앙의 개혁은 궁극적으로 주나라 식의 귀족제도에 종말을 고했고, 반독립적인 도시국가에서 군사적·종교적 힘을 이용하여 자신들의 통제하에 있던 농촌마을들로부터 생존에 필요한 물자들을 강탈했던 무장 종족들에게 치명타를 가했다.

귀족 가문과 더불어, 재정조직 단위로서의 농촌마을도 사라졌다. 모든 군사력과 징병 및 징세의 권한은 이제 영토국가를 다스리는 통치자들의 손에 집중되었고, 혈연의 유대를 규정하거나 국역을 부담하고 세금을 내는 일에 연관된 유일하게 중요한 단위는 개별 가구였다. 예전에는 정치조직과 친족구조가 하나로 합쳐졌지만, 이제 그 둘은 한 명의 절대군주가 지배하는 국가 체제와, 호주가 통제하는 개별 가구들로 구성된 친족의 영역으로 분리되었다.[3]

그때까지 중심부의 국가들에 초점을 맞춘 역사 서술에서 미미하게 다루어진 주변국에 불과했던 진나라는 상앙의 새로운 제도로 면모를 일신하면서 극적으로 정치무대에 등장했다. 기원전 340년에 상앙은 친히 군대를 지휘하여, 황하 유역 한복판에서 위나라를 물리쳤다. 진나라는 연전연승하면서 함곡관 너머로 영토를 확대했고, 마침내 위나라를 진의 예속 '동맹'으로 만들었다.

기원전 316년에 진나라는 130년 전에 시작되었던, 오늘날의 사천 분지에 해당하는 서남부 지역의 파국巴國과 촉국蜀國에 대한 정복을 마무리하고, 자국의 법률과 토지 분배 방식, 군사제도를 비화하非華夏 이웃들에게 강요했다. 기원전 314년에는 마지막까지 버티던 융戎 부족을 물리침으로써 서쪽의 위협을 완전히 제거했다. 기원전 312년에 진나라 군대는 양자강 중류의 초나라를 단양丹陽에서 무찌르고 한중 지역을 손에 넣었다. 그 결과 진의 중심부가 파촉과 하나의 영토권으로 묶이게 되었다. 위나라를 제압하고 중부 평원으로 세력을 확장한 일과 함께, 이 승리들은 진나라를 사실상 난공불락으로 만들어주었다. 산으로 둘러싸인 하나의 통합된 국가가 바야흐로 관중 전역을 호령하게 되었던 것이다.

진의 남진은 경제적 부의 새로운 원천을 마련해주었고, 이를 바탕으로 진나라는 점차 경쟁국들을 압도하게 되었다. 기원전 310년에 진은 촉 지역의 성도에 도성인 함양을 본뜬 도시를 새로 세웠다. 이 도시를 근거지로 삼아, 진나라는 사천 분지를 중요한 곡창지대로 개발했는데, 그 핵심은 현재 도강언都江堰이라 불리는 유명한 관개시설의 건설이었다. 도강언은 민강의 물줄기를 두 갈래로 나누고, 새로운 물길에서 수량水量이 줄어든 강물을 일련의 관개수로로 흐르도록 유도했다(지도 6). 오늘날까지 제몫을 다하고 있는 이 수리시설은 민강 유역을 진나라 군대의 주된 식량 보급원으로 변모시켰다.[4]

전제군주의 출현

상앙의 정책은 귀족 중심의 도시국가를 농민 위주의 대규모 전쟁국가로 탈바꿈시켰지만, 통치자 개인의 지배력을 강화해주지는 못했다. 상앙 자신은 기원전 338년에 새로 즉위한 왕—자신의 스승이 법은 통치 집단의 일원에게도 똑같이 적용되어야 한다는 상앙의 원칙에 희생된 것에 앙심을 품고 있던—에 의해 처형되었다. 기원전 307년에는

---

[4] Lewis, "Warring States Political History," pp.634–635.

왕위 계승을 둘러싼 분쟁이 일어나 진나라 조정이 잠시 공자公子와 대
신들의 연합세력에 휘둘렸는데, 이들은 모두 도시를 지배하는 정치적
권위가 아니라 특정 지역으로부터 세금을 징수할 권리를 부여하는 신
개념 봉지의 수혜자였다.[5]

이러한 좌절로 국력이 약화된 진은 기원전 295년에 제후 연합군에
게 패했다. 짧은 회복기를 거친 뒤에, 진은 전투에서 기병을 활용한 조
나라에게 참패했다. 진나라 군대의 일부가 조나라를 상대로 승산 없
는 싸움을 하고 있는 동안, 다른 군대는 산동반도의 제나라로 파견되
었는데, 그곳에서 진의 상국相國 위염魏冄은 자신의 봉지인 정도定陶
주변의 영토를 확장했다.

이 대목에서 진나라의 역사는 왕권을 강화하는 새로운 정책을 통해
중대한 전환기를 맞았다. 변사辯士인 범수范雎가 진의 조정을 찾아 위
염의 잘못을 비판하면서, 이른바 '원교근공책遠交近攻策'을 제시했던
것이다. "먼 나라(위염이 침공하고 있던 제나라)와 동맹을 맺고 가까운 나
라(처음에는 한韓나라, 궁극적으로는 조나라)를 공격해야 한다"는 것이었
다. 진나라 왕은 이 주장을 받아들이고 범수를 객경客卿에 임명했다.
이어 범수는 기원전 307년부터 태후와 위염이 조정을 좌지우지하고
있다는 사실을 지적하면서, 왕에게 친정親政의 장점을 설명했다. 기원
전 266년에 왕은 친모인 태후를 폐하고 위염과 그의 측근들을 추방했
다. 그 후 범수는 상국으로 임명되었다.

이 사건은 범수가 진나라를 위해 확고한 팽창주의 정책을 주창한 최

---

5) 같은 논문, pp.607~608.

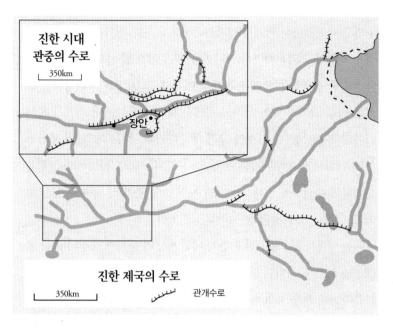

진한 제국의 수로

350km   〰〰〰 관개수로

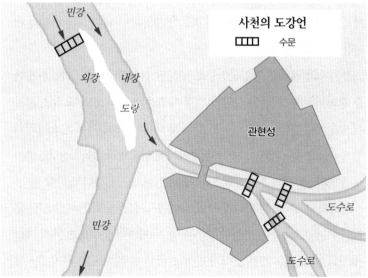

지도 6

초의 정객이었다는 면에서 의미심장하다. 그때그때의 필요에 따라 동맹을 체결하고 파기하면서 머나먼 곳에 흩어져 있는 영토(예컨대 동부의 정도)를 점령하는 오래된 관행을 버리고, 그는 영토를 확장하는 방식은 멀리 떨어져 있는 국가와 동맹을 맺고 이웃나라와 전쟁을 하는 것이라고 주장했다. 이것이 그가 생각하기에 국가를 하나의 통합된 영토 단위로 확대해나가는 유일한 길이었다. 이런 통일국가 정책을 강력하게 추진하기 위해, 그는 "한 치의 땅을 얻어도, 한 자의 땅을 얻어도, 그것은 모두 왕의 땅"이라고 강변했다.

이는 양후穰侯로 봉해진 위염에 대한 비난인 동시에 종친과 고관 들에게 봉토를 하사하는 광범위한 관행에 대한 비판이었다. 그런 봉토 보유자들은 종종 국정을 좌우하고 막대한 재산을 모으고 사병들을 거느림으로써, 군주의 권위에 도전했다. 범수는 권력을 통치자 개인에게 집중시키고 국력을 강화하여 적들을 제압하기 위해 그런 관행에 제동을 걸었다.

통치자의 권력은 직업군인들로 구성된 친위부대의 도입을 통해 한층 강화되었다. 이들은 다양한 법적 특권을 보장받았고, 오직 통치자에게만 복종했다. 이런 엘리트 부대에 대한 최초의 기록은 오나라의 왕 합려闔閭(재위 기원전 510~496)의 치세에 나타난다. 합려는 강인하기로 유명한 500명의 친위대와 3,000명의 전령을 거느렸다고 한다.

철학서인『순자』는 위나라 왕의 정예병들에 대해 서술하면서, 잘 훈련된 이 무졸武卒들은 두툼한 갑옷을 입고, 커다란 궁노와 50개의 화살을 지니고, 등에는 창을 짊어지고, 머리에는 투구를 쓰고, 허리에는 칼을 차고, 3일분의 군량을 휴대하고, 하루에 속보로 100리(약 40킬로미터) 를 간다고 했다. 이런 기준을 충족시킨 자들은 자기 식구 전원의 요역 과 세금을 면제받는 혜택을 누렸다.[6] 상앙도 진나라에서 그런 군단을 양성했는데, 그들은 저 유명한 시황제의 병마용兵馬俑에 묘사된 병사 들의 원형原型이었던 셈이다. 황제의 친위대가 이승에서 무소불위의 권력을 휘두르는 전제군주를 보호했던 것처럼, 그 병사들의 복제물이 저승에서도 황제를 지키기 위해 그의 무덤에 매장되었던 것이다.

범수의 마지막 철칙은 영토만 점령할 것이 아니라 그 땅의 사람들을 살육하라는 것이었다. 그 목적은 단순히 영토를 확장하는 것이 아니 라, 경쟁국들이 재기불능 상태에 빠져 반격할 엄두도 내지 못하도록 적의 군대를 철저히 파괴하는 것이었다. 이 새로운 정책으로 말미암 아, 기원전 3세기에 벌어진 몇 차례의 원정과 전쟁은 중국 역사상 유례 가 없는 수준의 대규모 학살을 초래했다. 당대의 기록에 따르면, 가장 피비린내 나는 전투는 기원전 260년에 장평長平에서 벌어졌는데, 진나 라가 조나라를 물리친 이 대전에서 무려 40만에 달하는 조나라 병사가 목숨을 잃었다고 한다. 진나라도 이 전투에서 막대한 피해를 본 데다 얼마 뒤에 연합군에게 패함에 따라, 최초의 제국을 탄생시킨 마지막 정복은 수십 년 연기되었지만, 조나라의 참패로 진에 대적할 만한 나 라는 사실상 사라졌다. 남아 있는 일이라고는 기원전 230년과 221년 사이에 나머지 여섯 나라를 물리치는 것이었다.[7]

---

6) 같은 논문, p.621.

7) 같은 논문, pp.639–641.

요컨대 진이 세를 키워 패권을 쥐고, 궁극적으로 통일된 제국을 창출하는 데 성공한 것은 두 가지 측면에서 타국에 비해 진일보했기 때문이다. 첫째, 상앙의 주도 아래 진나라는 전국시대를 특징짓는 개혁들 가운데 가장 체계적인 개혁을 이루어냈다. 이 개혁은 호적을 작성하여 모든 성인 남성을 군역에 동원하고 그들로부터 세금을 징수하는 결과를 낳았다. 여타 열국도 전시체제를 갖추었지만, 진은 이 체제를 사회 전체로 확대하고, 정복을 위해 병력을 동원하고 그들에게 식량을 보급하는 데 행정력을 집중했다는 면에서 독보적이었다. 둘째, 오직 진나라만이 범수에 의해 도입된 정책을 통해 통치자 개인에게 권력을 몰아주는 데 성공했다. 다른 나라들이 여전히 봉신封臣과 종친에게 권위와 특권을 나누어주고 있을 때, 진은 통치자 한 명에게 나뉘지 않은 절대적인 권한을 부여할 수 있었다.

진인의 민족 정체성과 '천하'

진나라의 재건이 낳은 중대한 결과 하나는 독특한 민족 정체성의 출현이었다. 진은 날이 갈수록 스스로를 남다른 땅과 백성의 나라로 규정했고, 타국에 의해서도 그런 식으로 정의되었다. 주나라 초창기만 해도 진은 여러 나라들 가운데 한 나라로, 제기祭器, 음악, 시문 같은 엘리트 문화를 공유함으로써 나머지 나라들과 연결되었다. 하지만 진이 귀족층의 세력을 제거하고 사회의 하층을 군역 및 요역 체제에 편

입시킴에 따라, 지역적 전통이 진나라 정체성의 결정적인 부분이 되었던 것이다.[8]

진나라의 독특한 민족문화를 가장 명료하게 보여주는 증거는 진을 비화하 야만족과 관련짓고 야만적 문화를 진의 정치개혁과 연결시키는 새로운 담론인데, 이 담론은 꽤나 신속하게 형성되었다. 전국시대 중기 이전의 문헌들인『춘추좌전春秋左傳』과『국어國語』,『논어論語』,『묵자墨子』,『맹자』는 진에 대해 거의 언급하지 않지만, 어쩌다 언급한다 해도 진의 문화적 이질성을 지적하지는 않는다. 고고학적 기록도 진의 귀족층이 중원의 국가들과 대동소이한 문화를 공유하고 있었음을 보여주고 있다. 자신들의 문자(한자)와 편종編鐘에서, 진나라는 다른 나라들이 수정된 형식의 인기 있는 문자와 종을 도입한 뒤에도 보수적으로 오래된 주나라의 양식을 고수했다.[9] 분명히 진은 자신들을 야만인들과 연관된 문화적 국외자로 여기지 않았다. 진이 야만족처럼 묘사된 것은 기원전 300년 이후, 특히 한대漢代에 접어들어서였다.

전국시대 말기의 문헌들이 진나라 사람들을 중원 사람들에 비해 이국적이고 후진적인 존재로 언급하기 시작했는데, 이런 특성은 진이 야만족들과 뒤섞이면서 아마도 그들의 습속을 받아들인 데서 비롯되었을 것이다. 기원전 320년에서 233년 사이의 어느 시점에 편찬된 유

---

8) 이하의 내용은 주로 Pines, "The Question of Interpretation: Qin History in the Light of New Epigraphic Sources"에 빚진 것이다.

9) Lewis, "Custom and Human Nature in Early China." 예컨대 von Falkenhausen, "Mortuary Behavior in Pre-Imperial China"; Qiu, *Chinese Writing*, pp.78–89; von Falkenhausen, *Suspended Music*, pp.189–190을 참조하라.

가의 경전『춘추공양전春秋公羊傳』은 '중국인(화華)'과 '오랑캐(이夷)'의 대
비를 강조한 최초의 문헌들 가운데 하나로, 명백하게 진을 오랑캐로
인식하고 있다. "진의 군주가 죽었을 때,『춘추』는 그의 이름을 기록하
지 않았다. 이유가 무엇인가? 진나라 사람은 오랑캐이기 때문이다."[10]

전국시대가 끝날 무렵에 나온 문헌들도 종종 진이 원래부터, 또는
오랑캐의 문화를 흡수하여 야만적 풍속을 갖고 있다고 언급하고 있
다. 전국시대에 실존했다고 전하는 인물들의 유명한 언설을 모아놓은
『전국책戰國策』에 의하면, "진은 그 풍속이 융적戎狄과 같다. 사람들은
범이나 늑대의 마음을 품고 있고, 탐욕스럽게 이익만 좇아 믿을 수 없
으며, 예의와 덕행은 전혀 모른다." 한 유세가는 같은 책에서 진을 "천
하를 집어삼킬" 욕심을 품은 "범과 늑대의 나라"로 묘사하는 데 그치
지 않고, 한 걸음 더 나아가 "진은 '천하'의 원수"라고 단언함으로써, 이
나라를 단순히 오랑캐로 간주하는 것이 아니라 문명과 인간성의 대척
점에 있는 존재로 취급한다.[11]

10)『春秋公羊傳注疏』篇22, 소공昭公 5년 p.11a; 篇14, 문공文公 12년, p.3b; 篇22,
소공 1년, p.3b.

11)『戰國策』篇24, p.869. 이와 밀접하게 관련된 문구가 마왕퇴馬王堆에서
출토된『戰國縱橫家書』—『戰國策』과 엇비슷한 내용을 담은 자료—에 나온다.
『馬王堆漢墓出土帛書』卷3, p.52. 진의 풍속에 대한 한나라의 비판은 Lewis,
Construction of Space, pp.201–210에서 논의되고 있다. 인자함과 거리가 멀고
예의도 모른다는 식으로 진을 특징지은 글은『荀子集解』篇10, p.186; 篇17,
p.295;『戰國策』篇20, p.696; 篇14, p.503을 참조하라. 진을 금수나 오랑캐로
묘사한 다른 촌평에 대해서는『戰國策』篇2, p.50; 篇20, p.696을 보라. 특별히
진을 비판할 의도 없이 진을 천하의 적으로 보는 견해는『韓非子集釋』篇1,
pp.1–3에도 나온다. 이런 견해에 관해서는 Pines, "Changing View of Tianxia in
Pre-Imperial Discourse"를 보라.

한 제국에서 진의 야만성에 대한 이런 평가는 진의 지세에 대한 설명과 함께, 상앙의 강압적인 변법과 진시황의 잔혹함, 진의 몰락이 어디에서 비롯된 것인지를 설명하는 일반론으로 수렴되었다. 한나라 초기의 철학 편람인『회남자淮南子』는 다음과 같이 적고 있다.

> 진의 풍속은 늑대와 같이 탐욕스럽고 거칠었다. 사람들은 의로움이 부족하고 이로움만 추구했다. 형벌로 위협할 수는 있으나 선善으로 교화시킬 수는 없었고, 상으로 격려할 수는 있어도 명예로 독려할 수는 없었다. 주변의 지형이 험준한 데다 황하를 띠처럼 두르고 있어, 사방이 요새처럼 견고했다. 땅이 풍족하고 지세가 유리한 덕에, 진은 막대한 부를 축적했다. 효공孝公은 범과 늑대 같은 기세로 제후들의 영토를 병탄하고자 했다. 이런 상황에서 상앙의 변법이 생겨났다.[12]

사마천도 전국시대 각국의 연표를 비교한 글의 서두에서 진나라에 대해 유사한 의견을 개진했다. "당시 진은 융적의 풍속에 물들어, 포악함을 앞세우고 인의仁義는 멀리했다. 변경의 번신藩臣 주제에 (마치 천자처럼) 교사郊祀[고대 중국의 황제가 도성 밖에서 올리던 제천의식]를 행하니, 군자들은 경악을 금치 못했다." 여기에서 사마천은 진나라 법률의 엄혹함과 그 백성들의 호전성이 진나라가 비화하 민족이 거주하는 지역에 위치한 변경국가라는 사실에 기인한다고 명시적으로 밝히고 있다.

---

12)『淮南子』篇21, p.376.

사마천은 또한 상앙의 입을 빌려 진나라에 대해 『회남자』와 유사한
평가를 내리고 있다. "진은 융적의 풍습을 받아들여 부자가 구별도 없
이 한방에서 기거했다. 나는 그런 풍습을 뜯어고쳐, 남녀의 구별이 있
게 했다. 또 기궐冀闕[법령을 적어서 게시하던 궁문 밖의 망루]을 크게 축조
했고, 노魯나라나 위衛나라의 도성을 본떠 도읍을 세웠다."[13] 진의 야
만성이라는 주제는 동일하지만, 여기에서 상앙은 자신의 정책이 그런
풍속을 교정하기 위한 것이었다고 주장하고 있다. 궁정과 도성을 세
울 때 동부의 국가인 노와 위의 양식을 모방했다는 것은 진나라가 문
화적 선진국들을 흉내 내려 애쓰던 낙후된 국가였음을 뜻한다.

진을 야만적 풍속의 산물로, 진의 법률을 무지몽매한 지역적 관행
의 표출로 보는 한대의 비판은 가의의 글에서 절정에 달했는데, 문제
의 치세에 활동한 그는 진나라를 비판한 최초의 위대한 논객이었다.
명문으로 칭송받는 그의 「과진론過秦論」(진나라의 허물을 논하는 글)은 진
의 지세, 그 풍속, 그 통치자 들을 서로 연결시켜 설명하고, 이 요인들
이 복합적으로 작용하여 진의 궁극적인 붕괴를 초래한 것으로 진단한
다. 진나라의 역사에 대한 그의 서술은 다음과 같이 시작된다. "진의
영토는 산으로 둘러싸이고 황하를 띠처럼 두르고 있어 사방이 견고한
요새이다." 그런데 진나라의 탁월한 전략적 위치는 안전의 원천이기
도 했지만 고립의 근원이기도 했다.

---

13) 『史記』 卷15, p.685. 같은 면에 사마천은 "처음에 진은 외딴 지역의 작은
    나라였다. 한인들은 그 나라를 융적과 같은 수준의 이방인으로 취급했다"라고
    적고 있다. 그는 안전을 보장하는 진의 지형도 언급하고 있다. 『史記』 卷122,
    p.3149도 보라.

 이런 고립성은 진 제국의 통치자에 대한 가의의 묘사에서 다시 나타난다. "진나라 왕(시황제)은 자신에게 만족하여 다른 이들에게는 묻지도 않았고, 잘못을 해도 고치는 법이 없었다. 2세 황제도 이를 이어받아 고치지 않고, 포악함으로 화를 가중시켰다. 자영子嬰(세 번째 황제)은 완전히 외톨이가 되어, 어리고 위태로워도 보필할 사람이 없었다."[14] 가의는 통치자들의 고립무친孤立無親에 대한 이 서술에다, '진의 풍속'이 모든 비판을 금기시한 까닭에 군주들이 잘못을 저질러도 감히 간언할 관리들이 없었다는 설명을 덧붙이고 있다.[15] 주 왕조에서는 봉토를 받은 제후들이 나라가 쇠락한 뒤에도 그 사직社稷을 보존하기 위해 애썼지만, 이와 대조적으로 "번잡한 율령과 엄한 형벌"에만 의존했던 진나라에서는 결국 민심이 완전히 등을 돌렸다. 지리적 요인으로 인한 진의 고립이 그 풍속을 낳고, 그 풍속이 다시 통치자들의 고립과 가혹한 형벌에 의존하는 상황을 초래했다. 이런 이국적 풍속은 중화의 문명을 정의해왔던 주나라의 관행과 극명하게 대조되었다.

 가의의 다른 저술은 진의 풍속과 법률, 운명 사이의 관계를 더욱 실감나게 묘사했다. 그가 쓴『신서新書』의「시변時變」편은 진의 풍속이 타락한 현상을 다음과 같은 방식으로 설명하고 있다.

　상군商君은 예의를 무시하고 인간의 도리를 버린 채, 침략과 정복에

---

14)『史記』卷68, p.2234. 기궐과, 함양에 진의 새 도성을 건설할 때 상앙이 맡은 역할에 대해서는 Wu, *Monumentality in Early Chinese Art and Architecture*, pp.105-108을 보라.

15)『史記』卷6, pp.277-278.

여념이 없었다. 이런 정책을 2년 동안 시행하자, 진의 풍속은 날이 갈수록 타락했다. 진나라의 경우 아들이 장성하면, 부유한 집에서는 그를 분가시켰고, 가난한 집에서는 그를 노비나 다름없는 데릴사위로 보냈다. 아버지에게 괭이나 호미, 지팡이, 빗자루를 빌려주는 자는 대단한 인심이라도 쓰는 듯이 생색을 내고, 어머니가 표주박이나 사발, 쓰레받기, 빗자루를 가져가려 하면 자식들은 당장 욕을 퍼부었다. 며느리는 시아버지 앞에서 갓난아기에게 젖을 물렸고, 사이가 좋지 않은 시어머니와 며느리는 서로 노려보며 으르렁댔다. 자기 자식을 사랑하고 물질적 이득은 좋아하면서 부모를 업신여기고 인륜은 저버리니, 그들은 거의 금수와 다를 바가 없었다.[16]

상앙의 개혁은 진나라의 가족을 독립적인 핵가족 단위로 해체하여 혈연의 유대를 약화시켰다. 초기의 문헌에서는 진나라 사람들의 탐욕과 금수 같은 성격이 천성처럼 묘사되었지만, 여기에서는 문화, 특히 상앙 변법의 산물로 설명된다. 가의는 이처럼 타락한 풍속이 한 왕조에서도 계속되고 있음을 개탄한다.[17]

이런 견해들 가운데 다수는 『춘추곡량전春秋穀梁傳』에도 나타나는데, 이 책은 한대에 편찬된 것으로 추정되며, 『춘추공양전』과 밀접한

---

16) 『賈子新書校釋』, pp.303, 315, 317. 『漢書』 卷48, p.2244에는 글의 순서가 다소 뒤바뀐 이 글의 다른 버전이 실려 있다.

17) 한나라의 다른 문인들은 진의 풍속과 법률에 대한 이 비판을 한의 법적 관습이나 간언에 귀를 기울이지 않는 한의 행정체제를 비판하는 데 이용했다. 『漢書』 卷48, p.2251; 卷51, pp.2351, 2362, 2369~2370을 보라.

관련이 있다. 이 문헌은 진의 야만성이 역사시대에 형성된 것으로 보지만, 야만성을 상앙의 변법에 연결시키지는 않는다. 대신에 그 기원을 기원전 627년에 목공穆公이 주도한 원칙 없는 출정出征[적군에게 참패한 진나라 병사들이 퇴각하면서 보여준 무분별한 행동]에서 찾는다. 하지만 이 책은 가의의 견해도 수용하여, 진나라 정부의 실패가 적절한 가족관계의 붕괴로 나타나 특히 자녀의 교육이 어지럽혀지고 남녀의 구별이 없어졌다고 본다.[18]

진나라의 야만적이고 후진적이며 이국적인 문화에 대한 이런 의견들은 진나라가 지역의 패권을 장악한 이후 진에 대한 비판적인 논의가 대두된 것으로 단순하게 해석할 수도 있다. 하지만 여러 경전에 흩어져 있는 증거와 새로 발견된 자료들은 그 시기에 진나라가 중원의 문화와 확연하게 구별되고 그것에 적대적인 국가상을 스스로 정립했음을 시사한다. 따라서 진이 '천하'의 공적이라는 『전국책』의 비난은 전국시대 말기의 철학서인 『한비자韓非子』의 첫 장에도 등장한다. 그런데 이 글을 진나라 왕(훗날의 시황제)에게 바칠 때 한비는 분명히 진나라가 이런 적대적인 관계를 받아들였고, 심지어 자랑스러워했을지도 모른다고 생각했을 것이다.[19]

자신들의 이질적 문화에 대한 진인들의 자각을 잘 보여주는 예는 진나라의 음악에 대한 이사의 진술이다. 다른 나라 출신으로 진의 객경이 된 이사는 진이 외국의 음악을 수용했던 선례를 제시함으로써 외국

---

18) 『春秋穀梁傳注疏』 篇9, 희공僖公 33년, pp.16b-17a.

19) 『韓非子集釋』 篇1, pp.1-4.

인을 추방하자는 제안에 반대하는 주장을 펼쳤다. "무릇 물동이를 치
고 질그릇을 두드리고 쟁箏을 튕기고 넓적다리를 치면서 목청 높이 노
래를 불러 귀를 즐겁게 하는 것이 참다운 진의 음악입니다. 정鄭·위衛·
상한桑間·소昭·우虞·무武·상象의 음악은 모두 다른 나라의 음악입니
다. 그런데 오늘날 진나라 사람들은 물동이 치기와 질그릇 두드리기를
그만두고 정과 위의 음악을 연주하며, 쟁을 튕기고 넓적다리 치는 것
을 그만두고 소와 우의 음악을 받아들이고 있습니다." 이 인용문은 진
나라 조정을 설득하기 위해 올린 글의 일부이므로, 여기에서 "다른
나라의 음악"은 과거의 일화에서 묘사된 것과는 달리, 결코 모욕을
위해 언급된 것이 아니었다. 이사와 진의 대신들이 중원 국가들의 음
악이 최근에 도입된 것이라는 그릇된 주장을 받아들이고 있다는 사
실은 진나라가 자신들의 문화가 독특하다는 점을 자랑스러워하게 되
었음을 시사한다. '참된' 진나라 음악의 통속성도 조정의 우아한 음악
에 대비되는 대중적인 토속 음악에 대한 자부심을 시사하는 것일지
도 모른다.[20]

진과 나머지 국가들 사이의 문화적 분리에 대한 인식은 무덤에서 출
토된 여러 공적·사적 문서에서도 확인된다. 정복된 지 얼마 되지 않은
초 지역에서 일했던 지방관의 무덤에서 발견된 수호지 진간秦簡은 다

---

20) 『史記』 卷87, pp.2543-2544. 『韓非子集釋』 篇3, p.187에 나오는 이야기는
　　진나라가 기원전 7세기에 "중원 국가들의 음악"을 향유하고 있었고, 그 음악을
　　이용하여 그런 음악을 갖지 못한 야만족 왕(융왕戎王)을 함정에 빠뜨렸다고
　　묘사하고 있다. 『史記』 卷81, p.2442에 소개된 일화는 분부盆缶[옹기로 만든
　　악기] 두드리기를 진나라 음악의 특징으로 언급하는 것을 일종의 모욕으로
　　간주하고 있다.

음과 같이 말하고 있다.

> 옛날에 각 지방에는 고유의 풍속이 있었고, 그래서 각지의 백성이
> 이롭다고 여기는 것과 좋아하거나 싫어하는 것이 달랐다. 이는 백성
> 에게 도움이 되지도 않았고, 나라에도 해로웠다. 이에 성왕聖王들께서
> 법도를 만드시어 백성을 교화하고 그들의 괴벽을 없애고 그들의 사악
> 한 풍속을 일소하셨다. …… 오늘날 법령은 완전히 갖추어져 있으나,
> 백성이 쓰지를 않는다. 향속鄕俗에 좌우되는 방탕한 백성이 사라지지
> 않는다는 것은 곧 군주의 밝은 법을 버린다는 뜻이다.[21]

　성왕의 명법明法과 우매한 향속의 이런 대비는 진의 중앙정부가 그
뜻을 지방의 유력 가문들과 정복된 영토에 강요하는 데 큰 어려움을
겪었음을 잘 보여준다.[22] 이 주장은 진나라 사람들과 초나라 사람들
사이의 문화적 간극을 전제하고 있다(물론 초도 중원 국가들 가운데 하나
는 아니었다).

　또 다른 증거는 같은 시기에 같은 장소의 다른 무덤에서 나온 진나
라 병사들의 서신에서도 확인된다. 한 서신의 주인공은 최근에 정복
된 영토의 현지인들이 점령군에게 복종하지 않는다고 불평하고 있다.
그러면서 서신의 수신자에게 '도적들'이 출몰하는 이 '새로운 영토'로
여행하지 말라고 경고하고 있다. 이런 상호 적대감은 권위를 인정받

---

21) 『睡虎地秦墓竹簡』, p.15.

22) 『漢書』 卷64b, p.2821.

고 있는 전거에 나오는, "초에 세 가구만 남아 있어도, 진을 멸망시키
는 것은 초일 것이다"라는 예언에서도 잘 나타난다. 이런 감정은 대부
분의 군사 점령지에서 발견되겠지만, 양측이 이질적이고 적대적인 문
화를 대표한다는 의식을 고조시키는 데 틀림없이 한몫했을 것이다.[23]

진과 중원 국가들 사이의 이런 분열은 진율秦律로 문서화되었는데,
이는 운몽雲夢에서 발견된 법률 문서에서도 확인된다.[24] 그래서 전국
시대 말기에 접어들면, 진이 옛 주나라 영토의 다른 나라들은 물론이
고 남쪽의 초나라와도 문화적으로 구별된다는 관념이 진나라 안팎에
서 당연히 받아들여졌을 뿐만 아니라 진의 행정에서 공식적인 원칙으
로 통용되기에 이르렀다.

이런 식의 사태 진전은 제국 이전의 중국사에 대한 현재의 모델과
도 잘 맞아떨어진다. 서주 시대에는 황하 유역의 대부분과 양자강 중
류와 하류 지역, 그리고 오늘날의 사천에 해당하는 지역을 포함한 광
활한 지역이 공통의 엘리트 문화로 연결되었다. 전국시대를 거치면서
세습귀족층이 점차 사라짐에 따라 그 문화의 옹호자와 화신들도 자연
히 제거되었다. 이와 동시에 일차적으로 전민개병제를 통해 평민들이

---

23) 『雲夢睡虎地秦墓』, pp.25~26. 이 서신들은 Shaughnessy, "Military Histories
of Early China," p.181에 번역되어 있다. 『史記』 卷7, p.300. 진의 점령에 대한
현지인들의 저항(이 경우에는 한韓나라에서 벌어진)에 대해서는 『전국책』 篇5,
pp.204~205를 보라.

24) 『睡虎地秦墓竹簡』, p.135. Pines, "The Question of Interpretation"에 나오는
논의를 참조하라. 합종연횡과, '횡적' 연맹을 맺은 국가들 사이의 근본적인
불평등에 대해서는 Lewis, "Warring States Political History," pp.632~634를
보라.

국가에 편입됨으로써 지방색이 국역에 동원되는 자들의 결정적인 특징이 되었다. 진나라는 가장 포괄적인 형태의 새로운 제도들을 도입했기 때문에, 아마도 가장 높은 수준의 지역적 일체감과 자의식을 이루어냈을 것이다.

이 모델에서 한 가지 중요한 요소는 이 시기에 사회적 유동성이 증가했다는 것이다. 세습되는 관직이 사라짐에 따라, 하층 귀족이나 심지어 평민들도 작위제를 통해 군대와 정부에서 지위가 상승할 수 있었고, 그들은 음악, 음식, 문학, 종교를 비롯한 생활의 여러 측면에 대한 토착적 관념을 지니고 있었다. 이런 새로운 사회적 유동성은 무덤에서 발견된 「일서日書」에도 반영되고 있다. 수호지와 방마탄放馬灘에서 나온 문헌은 전형적인 진나라 신생아 앞에 펼쳐진 다양한 삶의 가능성─노비나 첩에서 무뢰배나 관리, 재상이나 귀족에 이르는─을 보여준다. 무덤에서 나온 또 다른 증거는 기원전 4세기에 진나라의 장례 풍습이 변했음을 보여준다. 지하묘에 시신을 매장하는 방식(이는 몇 세기 전의 지역적 특징이었다)이 도입되거나 재도입되었고, 주나라 식으로 시신의 사지를 반듯이 펴서 묻는 직지장直肢葬보다 그것을 굽혀서 묻는 굴지장屈肢葬이 선호되었다. 이는 지역의 풍습이 엘리트 문화에 통합되었음을 뜻한다.[25]

군역을 함께 치르며 비진인非秦人을 적이나 적대적 피지배자로 접하게 되면서, 진나라 사람들은 '우리─그들'이라는 관념을 발달시켰다.

---

25) 이는 Hsu, *Ancient China in Transition*의 핵심 주제이다. 吳小强 編, 『秦簡日書集釋』, pp.291-311.

이런 배타적 의식은 국가들 사이의 경계를 따라 성벽을 쌓던 시기에 다양한 관습으로 가시화되었다. 「일서」에 따르면 진나라를 떠나 다른 나라로 갈 때, 사람들은 귀신을 쫓는 의식을 치러야 했는데, 이 의식은 사람들이 고향을 떠나기 전에 치르던 것과 유사했다.[26]

갈수록 확실해지던 국가들 사이의 구분은 통일 직전의 수십 년 동안 최고조에 달했다. 기원전 250년경에 저술된 것으로 보이는 전국시대 말기의 전략서 『상군서』의 「내민來民」 편에서, 상앙은 진의 토박이 백성만 병사로 징발하고 새로 이주해온 자들은 농사에만 종사시켜야 한다고 주장하고 있다. 얼마 뒤에 진나라의 대신들은 외국인 관리와 고문들은 십중팔구 자신의 고국을 위해 일하는 첩자이므로 모두 추방해야 한다고 상주했다. 이사는 이 배외정책을 논박하여 무효화시켰지만, 시황제의 초빙으로 철학자인 한비가 진나라 조정에 오자, 이사는 정반대의 논리를 펼쳤다. "한비는 한나라 왕실의 일원입니다. 지금 왕께서 천하를 통일하려 하시는데, 한비는 결국 진이 아니라 한을 위해 일할 것입니다. 이것은 인간의 본성입니다. …… 법을 위반했다는 구실로 그를 처형하시는 것이 좋을 것입니다." 고국에 충성하는 것이 인지상정이라는 가정에 근거한 이사의 주장은 한비의 죽음으로 이어졌다.[27]

이런 증거는 물론 드물기는 하지만 통일은 전국시대에 열국 사이의

---

26) Lewis, "Warring States Political History," pp.629-630. 『睡虎地秦墓竹簡』, p.203.

27) 『商君書注譯』 篇15, p.323. 『史記』 卷87, p.2541. 이사의 반론은 pp.2541-2545에 나온다. 『史記』 卷63, p.2155.

교역과 문화교류가 증가한 데 따른 당연하고 불가피한 결과였다는 근대 중국인 학자들의 주장에 의문을 제기한다. 그 반대로 전국시대를 통해 민족주의 내지 지역주의 정서가 더욱 부각되었고, 그 말기에는 현저하게 강화되었던 것 같다. 이런 경향은 지식인들의 유세를 통해 어느 정도 완화되었는데, 이들은 여러 나라를 전전하며 교육의 기회를 찾고 후원자를 물색하고 관직을 구하는 과정에서 더욱 폭넓은 '천하' 관념을 형성하는 데 일조했다.[28] 실제로 진나라 조정의 배외감정은 '객경들'이 조정의 일부 세력을 밀어내고 갈수록 중용되던 상황에 대한 반작용이었을지도 모른다.

스스로를 이역異域으로 간주하는 진나라의 명료한 자기 정의도 국경의 끊임없는 변화로 인해 다소 희미해졌다. 심지어 변경의 굳건한 장성도 새로운 국경선을 따라 다시 구축되어야 했다.[29] 하지만 모든 점을 고려할 때 전국시대 말기의 뚜렷한 추세는 열국 사이의 구분이 더욱 분명해지는 것이었고, 그 반대의 경향은 소규모의 엘리트 지식인층에 국한되었던 것으로 보인다.

『상군서』와 진의 딜레마

우리는 지금까지 진나라를 천하의 패자로 이끈 개혁의 창조자이자,

---

28) Pines, "Friends or Foes."

29) Lewis, "Warring States Political History", p.630

야만성으로 얼룩진 독특한 진 문화의 원천이나 상징으로 후대에 평가
받은 반신화적인 인물인 상앙을 만나보았다. 『상군서』라 불리는 정치
적 사상 및 방법에 관한 저서의 제목도 그의 이름을 따서 명명된 것이
다. 이 책은 대부분 그의 사후에 편찬되었고, 일부는 아마도 한대에 이
르러 수찬된 듯하다. 하지만 책의 제목이 자의적인 것은 아니다. 왜냐
하면 책의 주요 편목篇目들은 상앙이 전국시대 후기에 구상한 제도들
의 밑바탕에 있는 원칙들을 이론적으로 체계화하고 있기 때문이다.
일부 편목은 실질적인 진의 정책과 율령을 담고 있지만, 가장 중요한
것은 이상적인 제후국을 운용하는 기본 원칙을 상세하게 설명하고 있
는 편목들이다.[30)

　대원칙은 군대와 농촌인구를 일체화함으로써 진나라의 백성 전체
를 전쟁에 동원될 수 있게끔 하는 것이다. "군주가 백성을 독려할 수
있는 수단은 관직과 작위이고, 국가를 흥하게 하는 수단은 농사와 전
쟁이다."[31)] 이 비전은 책 전체에 나타난다. 『상군서』는 백성을 농업과
전쟁에 전념하도록 권면할 방법은 무엇인지, 그것에 전력할 때 받게
될 상은 무엇이고 그렇게 하지 못할 때 입게 될 화는 무엇인지에 대해
끊임없이 논하고 있다.

---

30) 『商君書』에 관한 가장 흥미로운 성찰은 Dean and Massumi, *First and Last
　　Emperors*의 첫 부분이다. 이 책의 단점이라면 지나치게 이론적이고 역사적
　　오류가 많다는 것이다.

31) 『商君書注譯』 篇3, p.56. 농민의 보편적 동원이라는 사실은 다양한 형태로
　　사상에 반영되었다. 여기에 대해서는 Lewis, *Sanctioned Violence*, pp.64-67을
　　보라.

백성이 바라는 것은 수만 가지이나 이익[관작]이 나오는 곳은 하나 [농전]이니, 백성이 그 하나에 힘쓰지 않는다면 바라는 것을 얻을 수 없다. 그들이 그 하나에 힘쓰면, 그들의 힘이 모인다. 그들의 힘이 모이면 나라가 강성해진다. 나라가 강성한데, 그들의 힘을 사용한다면, 나라는 더욱 강성해진다. 고로 힘을 기를 수 있고 그것을 소진할 수 있는 나라를 '적을 공격하는 나라'라고 말하는데, 그런 나라는 필히 강성해진다. 백성이 야심을 충족시킬 수 있는 사사로운 길을 모조리 막고, 바라는 것을 얻을 수 있는 단 하나의 문만 열어둔다면, 그들은 자신들이 싫어하는 것부터 먼저 하게 된다. 그래야만 자신들이 원하는 것을 얻게 되기 때문이다. 이렇게 되면 나라의 힘이 커진다.[32]

농업이 힘의 유일한 원천('하나의 문')이고, 전쟁이 힘의 유일한 배출구일 때, 백성은 고역과 죽음('자신들이 싫어하는 것')을 불사하고 국가에 봉사할 것이다. 백성의 모든 노력을 이 두 가지 활동에 집중시킴으로써, 국가는 전쟁에 필요한 힘과 인력을 만들어낸다. 유능한 군주는 백성을 "군주를 위해 생사를 잊고 싸우게" 만들고, "전쟁을 즐기게" 하며, "굶주린 늑대가 고기를 본 것처럼 행동하게" 만든다.[33] 그 밖의 모든 인간적 가치나 활동은 국가 질서에 위협이 된다.

이런 위협은 '이(蝨)'와 '악' 내지 '해'로 다양하게 묘사되고 있다. '여

---

32) 『商君書注譯』篇13, pp.285−286; 篇20, p.44 ; 篇5, p.135. 사람들이 싫어하는 전쟁에 관해서는 篇18, p.378을 보라.

33) 『商君書注譯』篇3, p.61; 篇18, p.378

섯 가지 이'는 장수長壽, 좋은 음식, 아름다움, 사랑, 야심, 덕행이고, '열 가지 악'은 예의, 음악, 시, 서, 선행, 수양, 효도, 형제애, 정렴貞廉, 변혜辯慧이며, '열두 가지 이'는 예의, 음악, 시, 서, 수양, 효도, 형제애, 성신誠信, 인자함, 의로움, 군대 비판(비병非兵), 전쟁을 부끄러워함(수전羞戰)이다.[34] 이런 해악들의 대부분은 특히 유가의 경전에서 덕목으로 제시된 것들이었다. 『상군서』에서 반복적으로 비판의 대상이 된 것은 학자들에게 관직이나 후원을 제공하는 관행으로, 이것은 백성으로 하여금 농사와 전쟁을 회피하게 만든다.

『상군서』는 때때로 전체주의적 관료체제를 위한 저작으로 묘사되지만, 관료제 자체는 농전을 회피하는 또 다른 방식이라는 면에서 의혹과 비판의 대상이 되고 있다. 이 책의 두 번째 편은 직무를 게을리 하는 '사악한 관리들'과 그들의 후한 녹봉을 국가를 위협하는 요인으로 꼽으면서, 이로 인한 폐해는 학문적 성취를 이룬 자에게 관직을 주거나 상인들에게 곡물을 팔아 이득을 취하는 것을 허용하는 것이나 부자들을 위해 사치품을 만드는 것보다 크다고 지적한다. 거대한 관료체제는 군주를 자신이 다스리는 영토의 실정에 어둡게 만들기 때문에 군주에게 해가 된다. "눈이 자신이 본 것을 마음에서 감출 수 없듯이, 잘 통치되는 국가의 제도에서는 백성이 형벌을 피할 수 없다. 그러나 오늘날의 문란한 국가에서는 그렇지 않다. 그들은 다수의 관리에 의존하고 있다. 비록 그 수는 많지만, 관리들은 똑같은 업무를 수행하고 한

---

34) 『商君書注譯』 篇4, p.93; 篇13, pp.276, 281; 篇20, p.445.

몸을 이루고 있다. 결국 그들은 서로를 감독할 수 없다."[35]

수호지에서 발견된 진율과, 전국시대 말기의 정치논집인 『한비자』도 관리들에 대한 의혹을 표명한다. 『상군서』는 군주를 기만하고 농사와 전쟁을 회피하면서 자신들의 지위를 강화하는 데 급급한 관료들에 의존하기보다는, 상앙에 의해 수립된 5인 1조의 상호 감시 체제를 수용할 것을 주장한다. 백성이 서로를 감독하고 고발하게 만들 수 있다면, 관료제는 폐기되고 국가는 군주와 백성으로 축소될 수 있다.

나라를 다스리는 문제에 관해 말하자면, 법적 판단이 가구에서 내려지면 그 나라는 천하를 얻게 되고, 관리들에 의해 내려지면 그 나라는 단지 강해질 뿐이며, 군주에 의해 내려지면 그 나라는 약해질 것이다. …… 죄인이 반드시 고발당한다면, 백성은 마음속으로 판단을 내리게 된다. 군주가 명령하면 백성이 반응한다. 법을 집행하는 방법은 가구에서 만들어지고 관리들에 의해 시행될 따름이니, 결국 매사에 대한 판단은 가구에서 이루어지는 셈이다. 그러므로 천하의 왕 노릇을 하는 나라에서는 포상과 형벌이 백성의 마음에서 결정되고, 법을 집행하는 수단이 가구에서 결정된다.[36]

잘 다스려지는 나라에서, 백성은 군주의 눈과 귀이자 판단의 도구

---

35) 『商君書注譯』篇2, pp.20, 21-22, 23, 25, 27. 『商君書注譯』篇24, pp.497-498.
   篇25, p.509도 보라.

36) 『商君書注譯』篇5, pp.140-141; 篇24, p.498. Lewis, *Sanctioned Violence*,
   pp.92-94도 보라.

이다. 상인과 학자, 관리는 기껏해야 필요악이므로, 그 수를 최소한으로 줄이고 엄격한 통제하에 두어야 한다.

하지만 판단이 백성의 가구에서 이루어진다면, 군주 자신은 국가의 통치에서 아무런 적극적인 역할도 하지 못하게 된다. 군주는 백성을 농전에 전념하게 하고 각종 기생충을 퇴치해야만 한다는 주장을 빼고 나면, 군주의 통치술이나 성격에 대한 논의는 사실상 없다. 이 점에서 상앙의 책은 『한비자』와 대부분의 문화권에서 발견되는 정치철학서들과 극명하게 대비된다. 군주에게 부여된 유일한 적극적 역할은 그가 법의 원천이라는 것이다.

이것이 『상군서』 첫 편의 주제로, 상앙은 진의 효공에게 세상사의 변화를 고려할 때 새로운 법률과 제도가 필요하다는 점을 납득시키고 있다. "보통 사람은 오래된 풍습에 안주하고, 학자는 자신이 배운 것에 빠지게 마련입니다. 이 두 부류는 관직에 앉아 법을 지키지만, 법 밖의 것을 더불어 논할 사람들은 아닙니다. 하夏·상商·주周 세 왕조는 예제가 달랐지만 모두 왕 노릇을 했고, 춘추 5패五覇는 법이 달랐지만 모두 천하를 제패했습니다. 그러므로 지혜로운 자는 법을 만들지만, 어리석은 자는 그 법의 제재를 받습니다. 현명한 자는 예제를 고치지만, 우매한 자는 그 예제에 구속받습니다."[37] 군주는 법의 제정자 역할만 하고, 법이 백성에게 반포되고 나면 백성이 상호 감시를 통해 그것을 실행하는 것이다.

---

[37] 『商君書注譯』 篇1, p.10. 통치자는 변화에 대처하는 능력, 특히 법을 적절히 고치는 능력을 통해 평가되었다는 관념에 대해서는 Lewis, *Writing and Authority*, pp.39~40을 보라.

그러나 이는 역설을 낳는다. 한편으로는 완전한 한 꾸러미의 법률 문서가 궁전의 특별한 밀실에 보관될 테고, 허가 없이 밀실에 들어가거나 법문의 한 글자라도 위조한 자는 누구나 처형될 것이다(사면의 가능성은 전혀 없다). 다른 한편으로 통치자의 임무는 특별 관리(법관)들에게 법을 공포하는 것인데, 이들은 일반 백성이 그들에게 제기한 법의 의미에 대한 질문들에 답해야만 하고, 적절한 답변을 제시하지 못하면 처벌을 받게 된다. "그래서 천하의 모든 관리와 백성은 예외 없이 그 법률을 알게 됩니다. 관리들은 백성이 법률을 알고 있다는 사실을 분명히 알기 때문에, 감히 법이 아닌 것으로 백성을 대할 수 없을 것이고, 백성도 함부로 법을 위반하지 못할 것입니다. …… 천하의 모든 관리와 백성은 그들이 아무리 현명하고 똑똑하고 말을 잘한다고 해도 법률을 왜곡하는 말은 한마디도 할 수 없을 것입니다." 관리들과, 법에 대해 질문하는 백성에 관한 이런 강조는 진나라의 법률 문서들에 반영되어, 그 문서들의 상당 부분이 그런 질문과 답변으로 구성되어 있다.[38]

따라서 『상군서』에서 말하는 법은 군주와 함께 궁전에 숨겨져 있는 것인 동시에 만백성에게 완전히 공개된 것이기도 했다. 어느 경우이든, 법률 조항은 단 한 자도 고치거나 왜곡할 수 없었다. 이는 군주가 곧 법이라는 관념을 강화시켜주었다. 궁전에 감추어져 있던 군주와 법이 한꺼번에 제국 전역의 자치적 신민들에게 직접 전달되었기 때문

---

38) 『商君書注譯』 篇26, pp.527-528, 533, 536-537. Hulsewé, *Remnants of Ch'in Law*, pp.120-182.

이다.

　아마도 『상군서』에서 가장 인상적이고 의미심장한 사상은 국가 내의 잉여가 사회의 기능적 구성 요소들을 자기 방종적인 기생충들로 만들어버린다는 관념일 것이다. '여섯 가지 이'는 농업, 상업, 벼슬살이라는 '세 가지 항구적인 직업'으로부터 생겨난다. 농민은 잉여 농산물이 있으면 잘 먹고 오래 사는 일에 관심을 쏟게 되고, 상인은 잉여 이윤이 생기면 아름다운 여성과 애정을 추구하게 되며, 관리들은 여유가 생기면 개인적 야망과 공명심에 사로잡히게 된다는 것이다. 농업과 전쟁을 제외한 나머지 직업들은 억제되어야 하고, 백성의 손에 잉여가 있으면 위험하다는 사실을 인식해야 한다. 전쟁은 적을 무찔러 그들의 자원을 획득하는 방식일 뿐 아니라, 국내의 잉여를 소모함으로써 그 잉여가 나라를 망칠 여지를 없애는 수단이기도 하다. 정말로 강한 나라는 에너지를 창출하는 방법뿐 아니라 그것을 파괴하는 방법도 반드시 알아야 한다.

　이런 논의는 책의 곳곳에 나오는데, 에너지와 자원의 축적을 일종의 '독소'라고 묘사하는 것이 가장 흔한 예이다. "강한 백성을 이용하여 강국을 공격하면 망하고, 약한 백성을 이용하여 강국을 공격하면 왕이 될 것이다. 나라가 강성한데도 전쟁을 하지 않으면 독소가 국내에 퍼지고, 예의와 음악, 기생충 같은 관리(슬관蝨官)가 생겨나 나라가 반드시 쇠약해질 것이다. 그러나 강한 나라가 전쟁을 수행하면 독소는 적국으로 전파되고, 예악과 슬관이 사라져 나라는 반드시 강성해질 것이다." 이 교훈은 군주가 적을 공격함으로써 백성의 에너지를 고갈시키지 못하면 악이 판치고 기생충이 늘어날 것이라는 식으로 달리 표현되기도 한다. 나라가 질서를 유지하려면 백성이 약해야만 하고, 그들의 부와 에너지를 끊임없이 전쟁에 쏟아부어야만 그들을 약한 상태에 머물게 할 수 있다는 것이다.[39]

따라서 『상군서』에서 분석되었듯이 전쟁을 위해 조직된 국가에 필요한 조건은 백성의 모든 에너지가 농전에 집중되어야 한다는 것과, 싸워야 할 전쟁과 물리쳐야 할 적이 상존해야 한다는 것이다. 궁극적으로 전쟁은 얻기 위해서가 아니라 잃기 위해서, 즉 에너지와 부를 소비하기 위해 수행되었다. 다시 말해서 그 에너지와 부가 국익보다는 사익을 위해 일할 잘나가는 사람들의 손에 들어가게 되는 사태를 막기 위한 것이었다.

그런 국가는 전쟁에서 소진될 자원을 점점 더 많이 빨아들이는데, 전쟁은 이제 국가라는 기계를 계속 돌아가게 하는 것 외에는 그 어떤 목적에도 봉사하지 않는다. 오래지 않아 전쟁에 지출되는 에너지와 자원은 국가가 감당할 수 없을 정도의 규모로 커지고, 이 시점에서 국가는 내파된다. 그것은 "저절로 폭발하게 될 운명을 지닌 자멸국가"이다.[40] 앞으로 살펴보겠지만, 『상군서』에 암시된 그 운명은 진 제국의 몰락에서 분명하게 실체를 드러내게 된다.

---

39) 『商君書注譯』篇4, p.93. 『商君書注譯』篇8, p.210; 篇13, p.276; 篇20, pp.434, 436.

40) Dean and Massumi, *First and Last Emperors*, pp.19, 42.

3
| 제국의 역설 |

마지막 경쟁국의 몰락으로 진나라의 왕이 문명세계의 패자가 되었을 때, 그와 그의 조정은 자신들이 미증유의 업적을 이루었다는 사실을 명확하게 인식하고 있었다. 한 정신이 표현한 것처럼, 그들은 고대의 전설적인 성인들이 성취한 위업을 뛰어넘었다. 그리고 바야흐로 인간사의 새로운 시대, 곧 완전한 통일의 시대를 제도화하기 위한 청사진을 실행에 옮기려 하고 있었다.[1]

그렇지만 훗날 가의가 지적했듯이, 진 왕조는 충분히 변하지 않았기 때문에 채 20년도 지나지 않아 무너졌다. 철저하게 바뀐 세계에서 새롭게 출발하겠다고 공언했지만, 진은 전국시대의 기본 제도들을 그대로 물려받아 열국을 정복할 때 사용했던 방법으로 통일된 영토를 통

---

1) 이런 개혁들은 Bodde, *China's First Unifier*; Bodde, "The State and Empire of Ch'in," pp.52-72; Cottrell, *The First Emperor of China*, chs. 6-7에서 논의되고 있다.

치하려고 했다. 진의 원대한 변혁 구상은 장기간의 전쟁이 끝나면서 생겨난 광범위한 변화에 대처하는 데 실패했다. 중요한 제도를 확립하고 문화적 혁신을 이루어 세계제국의 구상을 실현할 임무는 진 왕조가 무너진 다음 그 영토를 접수한 한나라로 넘어갔다.

제국의 질서를 세우는 과정에서 진나라가 봉착했던 여러 문제는 그들이 그 짧은 통치 기간에 시도했던 개혁에서 찾아볼 수 있다.

시황제 치하의 중앙집권

진이 시도한 첫 번째 변화는 통치자를 위한 새로운 호칭과 전범을 만드는 것이었다. 통일은 지역적 연대를 초월하는 새로운 제도와 가치를 요구했고, 이런 제도와 가치의 궁극적 근거는 천상의 신을 대리하여 천하를 지배하는 반인반신의 군주였다. 천명을 받은 그런 통치자의 왕조는 그가 다스리는 영토로부터 분리되어야만 했다. 이 성스러운 군주의 종복이 되기 위해, 국가의 심부름꾼들은 가족과 고향에 대한 충성을 버릴 것을 요구받았다. 황제의 관리들은 지역 사회를 관할하는 지위에 올랐지만 어디까지나 그의 하인으로, 그로부터 자신들의 권위를 이끌어냈다.

진왕은 자신을 '황제皇帝'라고 칭했는데, 'emperor'라는 번역어는 그 칭호의 의미를 충분히 전달하지 못한다. 제帝는 기원전 1천년기 후반에 황하 중류 유역을 통치했던 중국 최초의 역사시대 국가인 상商나라의 최고신이었다. 하지만 전국시대에 이르면 그 의미가 바뀌었다. 인간의 문명을 창조했다고 믿어지는 신화적 문화영웅인 성인들이 제라고 불리게 되었는데, 이때 이 글자는 그들의 초인적인 힘을 나타냈다. 그리고 진나라 종교의 네 신도 제라고 불렸는데, 이들은 네 방위를 가리키면서 우주를 상징했다.

진왕은 제라는 칭호를 사용함으로써 자신이 신과 같은 권력을 갖고 있다고 주장했는데, 그의 위상은 '황皇'이라는 단어를 추가함으로써 더욱 강화되었다. 황은 '빛나는' 또는 '장대한'이라는 뜻인데, 하늘의 별칭으로 굉장히 자주 사용되었다. 자신을 첫 번째 황제로 선언하면서, 시황제는 자신이 새로운 시대의 창시자이자 2세·3세·4세 황제의 시조, 그리고 한 왕조—그의 영토가 공간의 끝까지 뻗어 있는 것처럼, 시간의 끝(만세)까지 이어질—의 개창자임을 천명했다. 인간의 한계를 뛰어넘는 불멸의 존재가 되기 위해, 시황제는 태산에 올라 봉선의식을 거행하며 하늘과 소통했다.

그 지고한 칭호의 기초를 다지기 위해, 시황제는 자신의 영토를 순행하면서 여러 산의 정상에 자신의 공덕을 글로 새긴 각석을 세웠다. 이런 각석들의 비문 여섯 편이 아직까지 남아 있는데, 황제는 그 글들에서 자신의 은덕이 사해四海 안의 모든 곳, 즉 "해와 달이 비치는 모든 곳"과 "사람의 발길이 닿는 모든 곳"에, 심지어 금수와 초목에까지 미치고 있다고 공언했다. 그의 권력과 은혜가 미치는 범위는 만천하였다.[2]

---

2) Kern, *The Stele Inscriptions of Ch'in Shih-huang*. 『史記』 卷6, pp.261-262.

　이런 새로운 군주상은 진왕의 상국인 여불위의 후원으로 편찬된 철학서에서도 명확하게 표현되었다. 계절의 순서에 따라 편성된『여씨춘추』에서, 황제는 하늘을 본보기로 삼은 것으로 상정되었다. 유사한 맥락에서, 시황제는 이른바 오행五行의 운행 주기, 곧 우주의 순환 주기가 자신을 권좌에 올려주었고, 이는 거역할 수 없는 하늘의 뜻이었다고 주장했다.

　도성을 우주의 축약판으로 바꾸기 위한 거대한 건축공사가 진행되었다. 새 황궁은 고정된 우주의 중심인 북극성과 북두칠성의 별자리에 맞추어 지어졌다. 패전국으로부터 몰수한 무기들을 녹여 만든 거대한 금인金人들은 각 별자리를 재현했고, 피정복국의 궁전들을 모방해 만든 행궁들은 지상의 축소판 역할을 했다.

　이와 같이 의례와 건축을 통해 황제의 신성함을 강화하려는 작업은 중국인 생활의 모든 측면을 중앙집권화하고 통일하기 위한 제도의 수립과 병행되었다. 가장 중요한 노력은 지적 영역에서 이루어졌다. 전국시대에 각국은 자신들만의 서체를 갖추고 있었는데, 진나라 정부는 단순화된 표의문자를 새로 만들어 제국 전역에서 통용되도록 했다. 서주의 제기에 사용되었던 복잡하고 다양한 곡선 형태의 대전체大篆體를 좀 더 단순하고 직선에 가까운 서체로 바꿨던 것이다. 진의 서체는 진나라 이전의 문자를 많게는 25퍼센트 정도 대체했던 것으로 보인다.

　표준화된 새 서체는 붓과 먹으로 글씨를 쓰는 속도를 높여주었고, 이는 제국의 기록을 보존하는 데 큰 몫을 했다. 새로운 필기체는 비문이나 관영 작업장에서 제작된 기물, 공문서를 통해 널리 알려지면서 제국 전역에 보급되었다. 그 결과는 문자의 공용이었다. 그 어떤 민족의 모국어가 아니면서도 여러 민족에 의해 공유되는 언어가 생겼던 것이다. 이 인공적인 문어는 서면에만 존재했고, 제국의 각지에서 사용되던, 서로 뜻이 통하지 않던 구어들과는 별개의 것이었다. 그것은 억양과 발음이 서로 달라 구어로는 소통이 불가능했던 사람들에게 문서로 교류할 수 있는 길을 열어주었다. 서한 시대의 대부분 기간에 통용되었던 이 서체는 결국에는 좀 더 단순하고 더욱 빠르게 쓸 수 있는 '예서체隸書體'로 대체되었다.

범제국적인 문자의 발전은 문헌의 전파와 그 의미의 해석을 통제하는 관학의 형성으로 이어졌다. 한대와 그 이후에 이 사건은 '분서焚書'로 규정되었지만, 사실 분서는 파괴보다는 통일을 위한 정책이었다. 한 학자가 시황제에게 주나라의 창건자들을 본받아 황족들에게 분봉해야 한다고 상주했을 때, 승상 이사는 이를 반박하면서 국가가 마땅히 해야 할 일은 이상화된 고대를 인용하며 당대의 제도를 비판하는 풍조를 종식시키는 것이라고 주장했다.

이 원칙에 입각하여, 이사는 개인들의 수중에 있던 『시경詩經』과 『상서尙書』, 기타 제자서諸子書를 모조리 몰수하여 황궁의 서고에 보관하고, 정부가 지명한 학자들만 연구 목적으로 이용할 수 있게 했다. 의약·점술·농업·임업에 관한 실용서적들은 압수되지 않았다. 통일 제국은 통일된 신념체계를 필요로 한다고 확신했기에, 진나라 정부는 경전에 접근할 자격을 제한함으로써 정치사상을 통제하려고 노력했지만, 책들을 체계적으로 없애버리지는 않았다. 정말로 큰 피해는 기원전 206년에 항우가 진의 수도를 약탈하면서 황가의 장서를 불태웠을 때 발생했다.

국가가 정치적 논의를 통제할 때 가장 중요한 것은 현안과 관련된 문헌을 연구하고 자신들의 지식을 학생들에게 전수할 학자들을 지명하는 일이었다. 한나라의 기록은 진나라가 학문, 특히 유교의 전통에 기초한 고전 연구를 적대시한 것처럼 묘사했지만, 사실은 그렇지 않았다. 시황제는 봉선의식의 거행에 관해 경학자들에게 자문을 구했는데, 이 때문에 그의 석각 비문은 『시경』과 동일한 운율을 이용하여 지어지고, 고전에서 따온 문구로 가득하다. 이미 언급한 『여씨춘추』는 경학을 비롯한 모든 지적 전통을 망라하고 있다. 한대 논객들의 주장과는 반대로, 한대 초기의 문화정책은 진의 선례를 답습했고, 그 시기의 학자들은 대부분 진나라의 학자였거나 그들의 지적 후계자들이었다. 한이 고전적인 유가의 사상을 국학으로 삼은 것은 진의 관행을 근본적으로 전도한 것이 아니라, 단지 정통성의 범위를 좁힌 것이었다.

표준화는 중량과 치수의 단일한 척도를 전국적으로 보급함으로써 행정과 상업으로 확대되었다. 심지어 수레와 전차가 같은 바퀴자국을 따라 도로를 달릴 수 있도록 차축車軸의 폭까지 통일할 참이었다. 무게·길이·부피를 재는 청동 주형鑄型이 지방의 관청에 배급되었고, 모든 상인에게 그것의 사용이 강요되었다. 그 결과 교역이 활발해졌다. 이 공인된 청동 주형들은 발굴을 통해 머나먼 만주에서도 발견되었다. 관영 작업장은 해마다 의무적으로 도량형을 점검하고 수정했으며, 모든 도구는 길이와 폭이 동일해야 했다. 관청이나 작업장, 담당관의 표지가 모든 도구의 바닥에 새겨지거나 부착되어 그것들이 규격품임을 보증했다. 이런 기준을 충족시키지 못하면 법에 따라 처벌되었다.[3]

가치의 척도를 균일화하기 위해, 진은 '반량半兩'이라는 글자가 새겨진 동전을 주조했는데, 그 이름은 동전의 실제 무게(약 8그램)와 같았다. 전국시대의 동전에는 그 무게와는 무관한 액면가가 각인되어 있었다. 『한서』는 동전이 나타나자 "진주나 옥, 귀각龜殻, 조개껍질, 은, 주석은 장식용으로 사용되거나 보물로 소장되고, 더 이상 화폐로 사용되지 않았다"라고 적고 있다.[4]

문자, 경전, 도량형, 화폐, 법률(10장에서 살펴볼 것이다)의 표준화는 오늘날에는 당연해 보이므로, 기원전 3세기에 그것이 얼마나 혁신적이었는지를 깨닫는 데는 상상력의 도약이 필요하다. 유럽에서는 이런 진보적 조치들 가운데 다수가 2,000여 년 뒤 프랑스 혁명이 일어나기 전까지 나타나지 않았다. 통일 제국은 중국에서 완전히 새로운 정치체제였고, 표준화는 광대한 영토의 효율적인 통치와 제국 내 백성들의 일상생활에 대단히 중요했다. 이런 혁신의 상당수는 새로운 황제체제에 구체적인 형식을 부여했고, 통치자와 그의 정부에 복종해야 한다는 관념을 전해주었다.

자신의 영토를 하나로 묶고 그 바깥에 있는 사람들을 배제하기 위해, 시황제는 도읍인 함양으로부터 부채꼴로 뻗어나간 도로망을 구

3) Hulsewé, *Remnants of Ch'in Law*, pp.19, 42~43, 57~58, 88~89, 93~94, 161.

4) 『漢書』卷24b, p.1152.

축했다. 이 도로망은 군대와 관리, 사신을 파견하고 상업을 촉진하는 데 이용되었다. '직도直道'라 불리던 한 도로는 수도 함양에서 내몽골까지 약 960킬로미터에 걸쳐 있었다.[5] 만리장성 축조를 위한 자재들을 운반하던 이 도로의 일부는 오늘날까지 남아 있다(지도 7). 진 제국의 도로는 약 6,800킬로미터에 달했고, 한나라는 이 도로망을 더욱 확충했다. 이 도로들은 단순한 흙길이 아니었다. 중국의 변화무쌍한 지형에 맞추어 돌다리와 가대架臺를 설치하고, 산 위로, 또는 산들을 가로질러 보강재를 대고, 골짜기와 골짜기 사이에 잔도棧道를 놓아야만 했다. 한대에 조영된 무덤의 벽에는 이를 묘사한 그림들이 보인다(그림 2). 마찬가지로 한나라의 지방관이나 유지의 묘비명은 도로망을 만들 때 그들이 기울인 노력을 언급하고 있다. 교통체계는 여행객이 먹고 잘 수 있는 객사와 전령이 지친 말을 새 말로 교체하는 역참을 포함하고 있었다.

수호지 법률 문서를 통해, 우리는 진나라가 도로변에 관소關所를 세웠고, 여행객들은 그곳에서 통행세를 내고 통행증을 보여주어야만 여정을 계속할 수 있었음을 알 수 있다. 이 제도는 한대까지 그대로 이어졌다. 기록에 따르면, 통행증은 종종 위조되었고, 기근이 들면 곡물을 운송하는 자들에게는 통행 규제가 유보되었다.[6] 여러 문헌이 도성 지역을 출입하는 데 필요한 통행증, 겨울철의 여행 금지, 변경지역 거주

---

5) 『史記』 卷110, p.2886; 卷6, p.241.

6) Hulsewé, *Remnants of Ch'in Law*, pp.44–45, 54–55, 83–86, 178; Loewe, *Records of Han Administration*, pp.110–114; 『漢書』 卷4, p.123; 卷5, p.143; 卷8, p.245; 『史記』 卷49, p.1973; 卷106, p.2833; 卷107, p.2850; 卷122, p.3135.

그림2. 관리를 태운 마차가 다리를 건너는 모습. 가마 덮개와 말을 탄 시종이 마차 주인의 신분을 말해준다.

가족의 경외 이주 금지령, 여행 중인 이방인의 구금에 대해 서술하고
있다. 필요한 경우에는 통행증을 검사하는 관소가 감옥으로 이용되기
도 했다. 도로망은 중국 전역을 연결시켰지만, 도로를 통한 이동은 국
가의 목적에 맞게 엄격하게 통제되었다.

　도로망은 통일된 영토를 직접 확인하는 중요한 의식인 황제의 순행
을 손쉽게 해주었는데, 황제는 이를 통해 진행 중인 자신의 개혁을 친
히 점검했다. 시황제는 10년 동안에 새로 획득한 동부의 군현들을 다
섯 차례 이상 순행했다(지도 8). 한나라의 여러 황제도 특히 서한 시대
에 그런 순행을 했다. 지방 차원에서, 한 관리의 지위는 그가 공무로

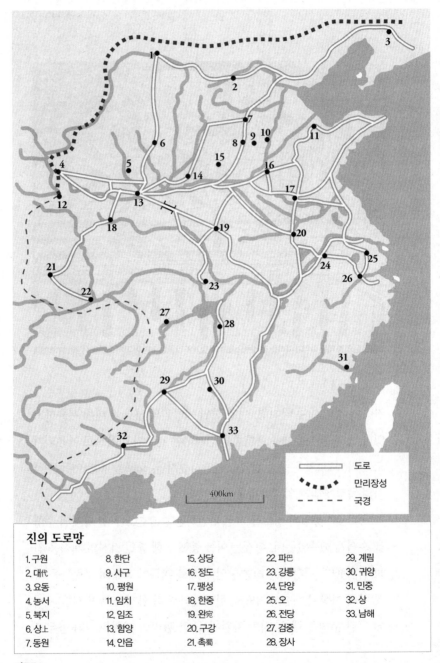

진의 도로망

1. 구원	8. 한단	15. 상당	22. 파巴	29. 계림
2. 대代	9. 사구	16. 정도	23. 강릉	30. 귀양
3. 요동	10. 평원	17. 팽성	24. 단양	31. 민중
4. 농서	11. 임치	18. 한중	25. 오	32. 상
5. 북지	12. 임조	19. 완宛	26. 전당	33. 남해
6. 상上	13. 함양	20. 구강	27. 검중	
7. 동원	14. 안읍	21. 촉蜀	28. 장사	

지도 7

제국 각지를 누빌 때 그를 따르는 수행원의 수로 판단할 수 있었다. 한
대에 축조된 무덤의 벽화들은 그런 마차 행렬 장면을 묘사하고 있다.

도로 외에, 진나라는 북쪽에서는 운송을 위해 강을 이용했고, 관중
지역에는 여러 개의 운하를 만들었다. 지형적 요인 탓에 도로 건설이
어려운 남쪽에서는 수로를 통해 배로 이동하는 것이 더욱 보편적이
었다.

진은 새 영토의 각 지방을 연결하는 방대한 건축공사를 진행했지
만, 이와 동시에 자신들의 영토와 그 경계 밖에 있는 지역 사이의 이동
을 제한했다. 기원전 1천년기의 전반에, 중국의 일부가 된 북부 지역
의 많은 민족이 계절에 따라 가축을 한 목초지에서 다른 목초지로 이
동시키는 유목에 바탕을 둔 새로운 생활방식을 점차 발전시켰다. 전
국시대에 북중국의 국가들은 이 북방 민족들에 의해 사용되던 초원지
대로 세력을 넓혀나갔고, 확장된 영토를 지키기 위해 장성을 쌓았다.
날이 갈수록 이 북방의 민족들과 그들의 독특한 생활방식을 의식하게
된 중국인들은 자신들의 나라를 '중심'으로 '정의'하면서, 지리적 측면
뿐 아니라 문화적 측면에서도 중심에 속하지 않는 '바깥' 세계와 대비
시키기 시작했다. 그리스인이 적군인 페르시아인과 대비되는 일련의
특징을 통해 스스로를 정의했듯이(자유로운/예속적인, 단호하고 강인한/
나약하고 감각적인), 중국인은 자신들이 '오랑캐들'과 확실히 다르다고
생각하게 되었던 것이다. 이렇게 형성된 '화이華夷' 관념은 중화제국의
창출에 결정적인 역할을 했다.

이런 관념은 장성의 건축으로 표면화되었고, 과거에 건조된 북방

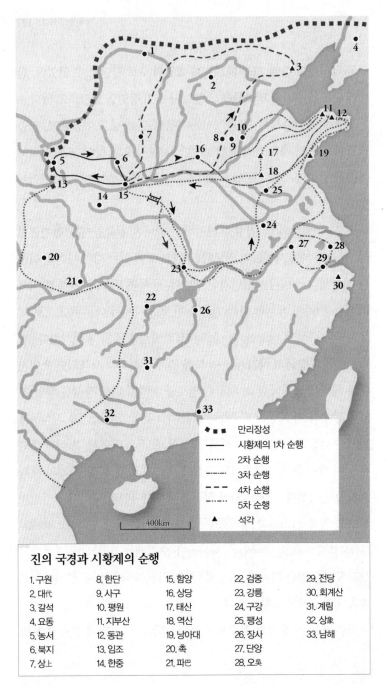

범례	
■■■	만리장성
───	시황제의 1차 순행
······	2차 순행
─·─	3차 순행
─ ─ ─	4차 순행
─··─	5차 순행
▲	석각

400km

진의 국경과 시황제의 순행

1. 구원	8. 한단	15. 함양	22. 검중	29. 전당
2. 대代	9. 사구	16. 상당	23. 강릉	30. 회계산
3. 갈석	10. 평원	17. 태산	24. 구강	31. 계림
4. 요동	11. 지부산	18. 역산	25. 팽성	32. 상象
5. 농서	12. 동관	19. 낭아대	26. 장사	33. 남해
6. 북지	13. 임조	20. 촉	27. 단양	
7. 상上	14. 한중	21. 파巴	28. 오吳	

지도 8

변경의 성벽들을 연결하여 하나의 방어체제를 구축함으로써 자신의
영토를 보호하려던 진나라의 시도로 귀결되었다. 북방의 부족민을
황하의 만곡부(오르도스)로부터 완전히 내쫓은 다음, 진은 이 새로운
정복지와 북방 변경의 나머지 지역을 지키기 위해, 도로를 닦은 바 있
던 몽염蒙恬을 파견하여 다져서 말린 흙으로 장성과 망루를 건설하게
했다. 장성의 목적은 북방의 부족민들, 특히 흉노를 막는 것, 다시 말
해 그들이 "감히 남쪽으로 내려와 말을 방목하지 못하게 하고, 그 병
사들이 감히 활을 잡고 복수를 도모하지 못하게 하는 것"이었다.[7] 사
마천의 『사기』는 몽염이 이 공사에 30만 명을 동원했고, 공사는 사람
의 발길이 닿기 어려운 험준한 지형에서 이루어졌다고 적고 있다. 게
다가 공사 현장에서 실제로 일한 사람 1명당, 도로를 놓고 건축자재
를 운반하는 인부 수십 명이 필요했을 것이다. 이 구조물은 종종 진한
장성秦漢長城이라고 묘사되지만, 당시의 장성이 나중에 축조된 명대
의 장성처럼 중앙아시아에서 동해까지 쭉 연결되어 있었다는 증거는
없다.

　중앙집권화의 마지막 국면은 농민의 세금과 노역을 체계화하는 작
업이었다. 조세는 전조田租와 인두세라는 두 가지 형식을 취했다. 초
기 한 왕조의 전조는 수확량의 15분의 1에 해당했고, 나중에는 30분의
1로 인하되었다. 이 세금은 공식적으로는 생산된 곡물의 양에 부과되
었지만, 국가가 개별 농가의 수확량을 파악할 여력이 없었기 때문에,
실제로는 보유한 경작지의 면적에 필지당 예상 생산량을 곱하여 부과

7) 『史記』卷88, pp.2565-2566; 卷6, p.280.

되었다. 이 세금은 평균 수확량의 일부분이었지만, 흉년이라도 들어 생산량이 크게 줄어들었을 때는 상당히 큰 부담이었을 것이다.

인두세는 해마다 주로 화폐로 납부되었다. 아이들 몫의 세금은 성인의 절반이었다. 진나라는 개인에게 부과되는 이 세금을 이용하여 백성의 행동을 교정했다. 예를 들어 아버지와 장성한 아들이 함께 살고 있으면 2배의 세금을 내야 한다는 법규는 그들이 독립된 가구를 형성할 동기로 작용했고, 그 결과 그들이 경작하는 토지의 면적이 최대화되었다. 또한 가구의 수가 갑절이 되면, 군역을 담당할 장정의 수도 늘어났다.

납세 외에, 농민의 두 번째 의무는 해마다 국가의 공사에 노역을 제공하는 것이었다. 시대에 따라 노역에 징발되는 남성의 연령대는 달라졌지만, 원칙적으로 모든 성인 남성은 정해진 기간 동안(한 왕조 치하에서는 한 해에 한 달) 군현의 건축 공사나 잡역에 무상으로 노동력을 제공해야만 했다. 그들은 곡물이나 삼베 같은 화물을 운송하고, 궁전이나 관사를 짓고, 국가 독점 광산에서 생산되는 소금과 철을 캐고 나르며, 도로와 교량, 수로를 보수했다. 동한 시대에 이르면 이 의무는 으레 현금 납부로 대체되었고, 그 돈은 전업 노동자들을 고용하는 데 사용되었으며, 이들은 순번제로 일하던 농민들보다 훨씬 수준 높은 기술을 습득할 수 있었다.

한: 진나라 제도의 계승과 부정

진나라가 고작 20년 만에 붕괴되었을 때, 이 왕조는 몇 년 동안의 내전을 거쳐 한 왕조로 대체되었다. 진나라는 중국 전역을 통치한 최초의 국가였기 때문에, 어떻게 제국을 다스려야 하는지를 보여주는 유일무이한 본보기로 남아 있었다. 따라서 한 왕조는 진나라의 많은 제도를 답습했다. 하지만 한 왕조가 오랫동안 존속할 수 있었던 것은 진의 제도를 신중하게 점진적으로 개선하고, 가끔은 어쩔 수 없이 새로운 통제방식을 채택한 덕분이었다.

한 세대도 넘기지 못한 진나라의 통치 기간은 지방의 세력을 뿌리 뽑아 제국 전역이 절대적 전제군주를 받아들이게 만들기에는 너무 짧았다. 시황제의 통치는 사실상 하나의 지역 국가가 다른 지역 국가들을 다스리는 형태를 취하고 있었다. 그리고 진이 자신의 독보적인 지위를 고수한 것도 통일된 제국의 창출을 가로막았다. 옛 전국시대의 왕가와 지배 가문들은 진 왕조를 무너뜨린 반란에서 주역이자 구심점 역할을 했고, 그 후 한나라는 분봉 정책을 취해 전국시대 열국의 잔재가 청산되지 않은 현실을 인정했다. 진정한 황권의 출현에는 상당한 변화가 필요했다.

한고조 유방의 미천한 출신은 처음에는 약점처럼 보였지만, 결국에는 그의 자산으로 밝혀졌다. 유씨 일족은 초나라 출신이었으나, 유방(훗날의 한고조)은 첫 도읍을 낙양에 세웠고, 그 후 전략상 관중으로 천도했다. 따라서 한 왕조는 출발부터 모든 지역적 연고로부터 자유로웠다. 통치권 주장은 전적으로 왕조 창건자의 공적과 능력, 그리고 이런 특징을 유씨 가문의 후손에게 성공적으로 대물림하는 것에 근거했다.

통치자상을 재발명하는 초기의 정황은 유방이 숙적인 항우를 어떻게 물리쳤는지에 대한 『사기』의 서술에 나타난다.

고조는 낙양의 남궁南宮에서 주연을 베풀면서 이렇게 말했다. "여러 제후와 장수들이여, 짐에게 아무것도 숨기지 말고 솔직하게 말해주시오. 내가 천하를 얻은 까닭은 무엇이고, 항우가 천하를 잃은 까닭은 무엇이오?" 고기高起와 왕릉王陵이 답했다. "폐하께서는 오만하시어 다른 사람을 모욕하지만, 항우는 정이 많아 사람을 아꼈습니다. 그러나 폐하는 사람들을 보내 성을 공격하거나 영토를 점령하고 나면, 그들이 얻은 것은 그들에게 주어, 천하와 이로움을 나누셨습니다. 항우는 현명하고 유능한 자를 시샘했습니다. 공을 세운 자를 해쳤고, 어진 자를 의심했습니다. 전투에서 승리해도 타인에게 공을 돌리지 않았고, 땅을 얻어도 다른 이에게 이로움을 나눠주지 않았습니다. 이것이 그가 천하를 잃은 까닭입니다."

…… 고조가 말했다. "공들은 하나만 알지 둘은 모르는구려. 무릇 군막에서 전략을 짜내어 천 리 밖에서 승리를 보장하는 데는 내가 장량張良만 못하오. 나라를 안정시키고 백성을 위로하며 군량을 공급하고 보급로가 끊어지지 않게 하는 데는 내가 소하蕭何만 못하오. 백만의 군사를 통솔하여 싸울 때마다 반드시 이기고, 공격하는 도시를 모

조리 빼앗는 데는 내가 한신韓信만 못하오. 이들은 모두 빼어난 인재이지만, 나는 그들을 부릴 수 있었소. 이것이 내가 천하를 얻을 수 있었던 까닭이오. 항우는 범증范增만 거느리고 있으면서, 그마저 제대로 부리지 못했소. 이것이 그가 내게 패한 까닭이오."[8]

왕조의 창건자, 나아가 통치자의 특장은 진을 물리친 것과 자신의 성공을 추종자들과 기꺼이 공유한 것이었다. 이 통치자는 천하에 평화를 가져왔고, 제국의 최고 인재들을 휘하에 모았다. 이에 관련된 사상은 전국시대 정치이론가들에 의해 구체화되었고, 그 일부는 이미 진의 석각에도 나타났다. 이 사상에 입각하여, 군주는 자신이 가장 탁월한 존재라는 주장을 통해 통치를 정당화했는데, 그의 우월성은 천하의 질서를 세운 공적과 그 성취의 열매를 공유한 관대함에 의해 입증되었다.

시황제와 마찬가지로 한고조도 자신의 세속적 성공을 하늘의 승인을 얻었다는 주장으로 뒷받침했지만, 한 왕조에서는 우주의 순환주기보다는 초자연적인 힘의 도움이 조금 더 강조되었다. 한 왕조가 개창되고 나서 100년이 지난 뒤에 쓴 글에서, 사마천은 고조의 모친이 용, 곧 적제赤帝의 자식을 잉태한 것으로 기록했다. 그래서 고조는 장차 세상을 호령할 것임을 예상케 하는 범상치 않은 관상을 지녔고, 형형색색의 상서로운 구름이나 용의 기운이 그의 주위를 맴돌았다는 것이다. 죽기 직전에 고조는 자신의 기적에 가까운 입신은 천우신조였다

---

8) 『史記』 卷8, pp.379, 380-381.

고 말했다.[9] 마지막으로 한나라의 조정은 오행설을 채택한 진을 뒤쫓아 자신들이 패권을 잡은 것은 천지의 운행이 새로운 단계에 접어들었음을 나타낸다고 주장했다. 이 이론의 예고편은 적제의 아들인 고조가 처음으로 진에 반기를 들었을 때 거대한 뱀 한 마리를 죽였는데, 알고 보니 이 뱀이 백제白帝의 아들이었다는 이야기이다. 어떤 색의 신(제帝)이 다른 색의 신으로 교체된 것은 한 단계가 후속 단계에 의해 정복되었음을 뜻했다.

시간이 지날수록 한 왕조가 황권을 정당화하는 방식은 더 거창해졌다. 무제는 황제의 권위를 드높이기 위해 새로운 숭배의식을 여럿 도입했는데, 대표적인 것은 태일太一(하늘의 최고신)과 후토后土(대지의 여신)에게 지내는 제사였다. 그는 또 시황제처럼 봉선의식도 거행했다. 경학의 지적 위상이 제고된 현상은 종교적 영역에서 제천의식의 확립으로 표현되었다. 동한 시대에는 황제가 천상의 최고신으로부터 '명'을 받아 '천자'로서 통치한다는 오래된 주나라의 신조가 부활했다. 이신조는 황권은 하늘에 의해 부여되고, 황제는 하늘을 대신하여 지상에서 통치한다는 주장으로 정형화되었다.

이 독보적인 황제의 지위는 갖가지 관례와 제도로 구체화되었다. 황제는 정부의 구현체로, 동한의 일부 저술에서는 심지어 '국가'라고 불리기도 했다. 모든 관직과 녹봉은 그가 베푸는 은혜였고, 비록 하급관리를 임명할 수 있는 권한은 [중신에게] 위임했지만 모든 관리는 그의 '신臣'이었다. 게다가 농민에게 수여되는 민작民爵과 70세가 넘은 노인

---

9) 『史記』 卷8, pp.341-348, 391.

에게 하사되는 지팡이도 황제의 시혜였다. 황제는 최고 법관이자 최종 심판관이었고, 자신의 뜻대로 사형을 명할 수 있었다. 또한 사형을 선고받은 자를 사면할 수 있는 권한도 가지고 있었는데, 그는 이 권한을 대단히 자주 행사했다. 왕조의 법제는 창건자의 법령에 기초하고 있었고, 황제의 포고는 자동적으로 법적 효력을 지녔다. 경작지를 제외한 모든 토지는 그의 사유재산으로 여겨졌는데, 이 관념은 한대의 시인들로부터 칭송받은 드넓은 황실 사냥터를 조성하고 철과 소금을 국가가 독점하는 것을 정당화했다.[10]

이런 행정적·법적·경제적 특권 외에, 일련의 의례적 관행과 사치 금지령도 황제를 차별화했다. 황가의 궁전들과 조정에 딸린 시설들이 도성의 절반을 차지하고 있었다. 이 건물들은 문무백관이 황제 앞에서 무릎을 꿇고 있는 가운데 정교한 의식이 치러지던 곳이었다. 또한 황릉들은 장안을 내려다보는 일련의 인공 산을 형성했는데, 이곳에서는 가무가 곁들여진 제례가 수시로 거행되었다. 황릉은 오직 그것의 유지 및 보수를 위해 만들어진 위성도시, 곧 능읍의 주민들에 의해 관리되었다. 서한 시대에는 초대 및 2대 황제를 모시는 사당이 모든 군에 세워졌다. 황제에게는 스스로를 칭하는 용어(짐朕)와 그의 죽음을 가리키는 단어(붕崩)가 따로 있었다. 장식물의 특정 색상과 문양, 그리고 특별한 종류의 깃발과 전차는 황제만이 사용할 수 있는 것이었다. 도성의 모든 성문 옆에는 통로가 세 갈래인 길이 있었는데, 그중에서 가운

---

10) Ch'ü, *Han Social Structure*, pp.66–75; Wang, "An Outline of the Central Government of the Former Han Dynasty," pp.137–143.

데 통로는 황제 전용이었다. 궁성에 들어가려는 자는 누구나 황제의 허가를 받아야 했고, 황제에게 위협이 되는 자나 황실과 관련된 것을 해하려는 자는 누구든지 사형에 처해질 수 있었다.

이런 식으로 황제는 제국의 중심이자 정치적 권위의 원천으로 자리 매김했다. 서양의 일부 학자는 '동양적 전제주의'라는 케케묵은 표현을 비판하면서, 중국의 관료들은 자연재해가 실정失政에 대한 하늘의 경고라는 논리를 개발함으로써 황제의 권한을 견제하여 일종의 '권력 분할'을 이루어냈다고 주장해왔다. 어떤 학자들은 한술 더 떠서 진정한 권력은 관료집단의 손에 있었고, 황제는 오늘날의 영국 여왕처럼 "군림하되 통치하지 않았다"라고 주장한다. 이런 논의의 의도가 아무리 칭찬받을 만한 것이라 하더라도, 그들의 주장은 잘못된 것이다.

이 사실을 가장 명백하게 보여주는 예는 제국의 정책 결정권이 공식 관료집단으로부터 황제의 주변에 있는 사람들의 집단, 곧 환관과 외척으로 넘어갔던 현상이다. '외조外朝'에서 '내정內廷'으로의 권력 이동은 무제의 치세에 제도화되었는데, 황제들이 중화제국의 말기에 비해 덜 독단적이었던 중세까지는 같은 양상이 거듭되었다. 공식적인 관료 체제는 독립적인 권력의 실질적 기반을 갖추지 못했다. 황제를 견제하거나 정책에 중대한 영향을 미치는 힘을 키우기는커녕, 초기 중화 제국의 관료들은 무기력증에 빠져 다른 사람들이 세워놓은 정책을 실행에 옮기기에 급급했다.

최고 행정관이자 최종 판관, 최고 제사장인 황제는 무소불위의 권한을 가지고 있었지만, 그런 그도 생물학적으로 부과된 중대한 제약

만은 피할 수 없었다. 그는 선황先皇들의 후손이었기 때문에, 법이나 의식을 크게 바꾸려 했다가는 불효라는 비판을 받을 수 있었다. 그렇지만 한 왕조 내내, 선조의 관례를 바꾸고자 했던 황제는 늘 자기 뜻을 이룰 수 있었다. 그럼에도 황제들은 자신들에게 정보를 제공하는 다른 사람들에게 의지했기에, 조정 바깥의 세상에 대해 무지하다는 한계를 안고 있었다. 또한 멀리 떨어진 주州에서 자신들의 명령을 수행하는 관리들에게 의존했다. 대부분의 황제는 다른 사람들과 마찬가지로 일하기보다는 놀기를 좋아했고, 그래서 나라를 다스리는 일은 기꺼이 다른 사람들에게 맡겼다.

아마도 가장 중요한 것은 황제가 어릴 경우에 권력은 그의 이름을 빌려 말할 수 있는 누구에게나 양도될 수 있었다는 사실일 것이다. 조정 대신들의 입장에서는 힘이 약한 황제를 갖는 것이 자신들의 이익에 부합했기 때문에, 한 왕조의 역사를 통해 어린 황제를 세우려는 추세는 날이 갈수록 두드러졌다. 심지어 몇몇 황제와 태자의 이른 죽음은 암살로 인한 것이었을 가능성도 제기되고 있다. 암살이 고분고분한 통치자를 즉위시키기 위한 수단으로 이용되었다는 것이다. 이런 현상은 제위에 오른 성인이 단 한 명도 없었던 왕조의 마지막 세기에 절정에 달했다. 그러나 황제가 스스로 통치할 능력이 없었을 때에도, 그는 조정에서 권위의 유일한 원천으로 남아 있었고, 따라서 그의 일신을 통제하던 환관이나 외척이 정부 정책을 주도했다. 황제는 한나라가 멸망하기 직전에 상쟁하는 군벌들이 마지막 소년 황제를 손아귀에 넣기 위해 다투고 있을 때에도 여전히 유일한 권위의 소재지였다.

　황제 제도를 강화한 것 외에도, 한 정부는 진나라가 새로 정복한 영토를 하나로 묶기 위해 시도했던 거의 모든 정책을 답습했다. 통일된 진나라의 문자는 여전히 문서 작성용으로 사용되었는데, 다만 간소화는 계속되었다. 도성을 지적 생활의 중심지로 삼기 위해 세워졌던 국립 교육기관도 명맥을 이었다. 다만, 관학의 지적 범위와 관직 보유와의 연계는 수정되었다. 마찬가지로 범제국적인 율령은 제국 통합의 핵심적인 도구로 남아 있었다. 한나라는 처음에는 진의 법률을 간소화하고 덜 가혹하게 만들려고 노력했지만, 곧 진의 모델로 되돌아가 그 법제를 대체로 따랐다.

　한나라는 또한 도량형과 화폐를 통일한 진나라의 정책을 물려받았다. 법정 도량 기준을 충족하는 모형이 시장에서 사용되었고, 이런 모형들이 한대의 묘지 여러 곳에서 출토되었다. 진나라의 반량전은 한대에 오수전五銖錢으로 대체되었다. 이 주화는 무게가 약 3그램에 해당하는 5수(1수는 약 0.6그램이다)였기에 그렇게 불렸고, 당 왕조(618~906)까지 유통되었다. 정부가 화폐의 주조를 독점했고 동전의 질이 높았기 때문에, 위조로 이득을 보기는 사실상 어려웠다. 또한 주화의 가장자리 면을 단단하게 처리하여, 위조자들이 동전의 가장자리를 긁어서 그 부스러기로 새 동전을 만드는 것을 방지했다.

　기록에 따르면 서한의 마지막 세기에 주조된 동전은 280억 개에 달했다. 인두세와 다른 세금을 동전으로 납부하도록 의무화한 것이 동전의 수요를 늘린 주된 요인이었다는 사실을 감안하더라도, 이런 대단한 규모의 주조는 그저 놀라울 따름이다. 아무튼 이 막대한 통화량은 당시에 화폐경제가 상당히 진전되어 있었음을 말해주는 것이고, 이는 정부가 일률적이고 추상적인 가치의 척도를 명목가가 표시된 금속 조각의 형태로 강요할 능력이 있을 때에만 가능한 일이었다. 동한 시대에는 황제의 하사품이나 개인의 재산이 으레 현금으로 계산되었고, 홍수 피해자들의 매장을 위한 구호 예산도 한 사람 몫의 동전 개수를 셈하여 책정되었다. 동전은 또한 한 달의 노역과 군역을 현금 납부로 대신하는 작업을 수월하게 해주었고, 정부는 그 돈으로 전업 노동자와 군인을 고용했다.

여러 다른 면에서도 그랬듯이, 한은 진의 역법曆法도 이어받았다. 하지만 기원전 104년에 무제는 오행 순환의 새로운 단계를 맞아 '태초太初'라는 연호의 사용을 선언하고, 이에 맞추어 역법을 수정했다. 또한 황제 자신이 영원히 기리고 싶은 중대한 사건이나 위대한 업적의 이름을 딴 연호를 여럿 제정했다. 역법 수정을 기념하여 '태초'를 연호로 쓰고, 처음으로 봉선의식을 거행한 것을 기념하여 '원봉元封'이란 연호를 사용하겠노라고 선언한 것이 그 예이다. 이처럼 황제와 그의 치적을 시간의 구조에 새겨 넣는 방식은 공통된 제국의 문화를 창출하는 데 중요한 요소가 되었다. 시간의 측정과 천문의 관측이 갈수록 정확해짐에 따라, 역법은 신新 왕조와 동한 왕조에서 두 차례 더 개선되었다.

오늘날 우리는 정확한 달력을 당연하게 받아들이지만, 그것은 수천 년 동안의 사려 깊은 천문학적 관측과 수정을 거친 산물이다. 한나라에서는 녹봉의 지급일과 전직이나 승직의 시기, 휴직의 허가 등을 조율하기 위해 정확한 달력이 필요했다. 변경에서도 군역의 이행을 감독하고 북방 국경지대에서의 군사작전을 통일하기 위해서 달력이 반드시 필요했다. 중국의 역법은 삭망월朔望月에 기초하고 있었는데, 음력으로 따진 한 달은 29일인 때도 있고 30일인 경우도 있기 때문에, 공식적인 달력이 제국의 모든 사람에게 어느 달이 29일이고 어느 달이 30일인지를 확실하게 알려주어야 했다. 그리고 계절을 결정하는 양력의 1년은 약 365일인데, 이는 음력으로 계산한 열두 달의 날짜수와 일치하지 않기 때문에, 양자의 차이를 조정하기 위해 몇 년에 한 번씩 '윤달'이 추가되었다. 우리가 오늘날 '윤년'이라 부르는 것과 시간을 일치시킬 수 없었다면, 봄의 시작을 알리는 새해의 첫 달이 해마다 며칠씩 일찍 찾아오다가 결국에는 한겨울에 돌아오게 되었을 것이다.

한은 인두세를 현금으로 징수하고, 백성의 행동에 영향을 미치기 위해 세율을 조정한 진나라의 방식을 계승했다. 서한 초기에는 결혼을 장려하기 위해 15세에서 30세 사이의 미혼여성에게 정상적인 세금의 5배에 달하는 인두세를 부과했다. 동한 시대에 출산을 한 여성은 3년 동안, 그 남편은 1년 동안 세금을 면제받았는데, 이는 인구를 늘리기 위한 조치였다. 상인에게 2배의 세금을 물린 것은 상업을 억제하기 위한 것이었고, 노인들에게 면세 혜택을 준 것은 그들에 대한 공경을 통해 효의 중요성을 강조하기 위한 것이었다. 하지만 때로는 조세정책이 전혀 예기치 못한 사태를 유발하기도 했다. 일부 부모가 세금 부담을 줄이기 위해 유아들을 살해하기 시작하자, 결국 정부는 6세 이하의 어린이에게는 인두세를 면제해주는 조치를 취했다.[11]

---

11) Nishijima, "The Economic and Social History of Former Han," pp.598~601.

정부가 화폐로 세금을 징수한 것은 그것이 부피가 큰 곡물보다 운송하기 쉬웠기 때문일 것이다. 하지만 세금을 내기에 부족함이 없는 현금을 마련하려면, 농민들은 돈을 받고 가외로 일하거나 곡물을 팔아야 했다. 임노동이 때로는 가능했지만, 농산물을 판매하는 것이 세금 낼 돈을 버는 가장 흔한 방식이었다. 풍년이 들어 곡물가가 하락하면 농민들은 세금을 내기 위해 수확물의 상당량을 팔아야만 했다. 흉년에는 납세 의무를 다하기 위해 굶주림을 무릅쓰고 얼마 되지도 않는 곡물을 팔았다. 현금 납세는 결국 농민을 파산시키고 지주제를 확산시킨 주된 요인이었다. 풀리지 않는 의문 하나는 농민들이 어떻게 또는 어디에다 곡물을 팔았을까 하는 것이다. 크고 작은 도시 주변에 살던 이들은 농산물을 장터에 가지고 갔겠지만, 벽지의 가난한 농민들은 아마도 현금이 필요한 자신들의 사정을 알고 헐값을 강요한 지역의 부유한 가문이나 행상에게 곡물을 팔았을 것이다.

진이 멸망한 가운데 맹우들에게 의존해야 했던 한 왕조의 창건자는 전략적 핵심지인 관중 지역만 남겨두고, 나머지 땅은 주요 추종자들에게 분봉했다. 물론 그는 옛 동지들을 숙청할 구실을 마련하고 그들을 자신의 친척으로 대체했지만, 왕조 수립 이후 50년 동안은 반독립적인 제후왕들이 제국의 절반 이상을 통치했다. 기원전 154년에 제후들의 난[오초칠국의 난]을 진압한 연후에야, 한은 진정한 통일 제국을 재창출했다. 정치적 통일을 이룬 결과, 한나라는 그 후 250여 년 동안 몇 가지 근본적인 면에서 진의 체제로부터 서서히 벗어났다.

첫 번째 변화는 전민개병제의 폐지와, 이와 관련된 농민 인구에 대한 직접 통치였다. 전국시대 제후국과 진나라의 조직 원리였던 농병의 대대적인 동원은 기원전 154년에 제후들의 난을 진압할 때까지는 유용했다. 하지만 그 후 중국에서 전면전이 벌어질 가능성은 사실상 없어졌다. 한이 북쪽 변경에서 유목민인 흉노를 상대로 치러야만 했던 전쟁에서 보병대는 쓸모가 없었고, 그들에게 병참을 지원하기도 불가능했다. 더욱이 단기 복무로는 주둔군을 유지하기 어려웠고, 이 시대의 필수적인 군사기술이 된 마술과 궁술은 1~2년의 실질적인 복무와 그 후의 짧은 연례 훈련으로 이루어진 낡은 군대 관리 방식하에서는 도저히 익힐 수가 없었다. 주둔지에 병력을 배치하고 초원지대로 장거리 원정을 보내기 위해서는 새로운 형태의 군대가 필요했다 (그림 3).

점차 한 제국은 농민들을 동원하고 훈련시키는 체제를 버리고, 세금을 징수하여 장기간 복무할 직업군인을 고용하고 비한족 기병을 모집하는 방향으로 선회했다. 왕망에 맞서 일어난 반란으로 중국 내의 무장 농병들이 제국의 조정을 위협할 수 있다는 사실이 입증되었을 때, 관례화된 농민의 동원과 훈련은 완전히 폐지되었고, 이 일과 관련된 정부기관도 철폐되었다. 이때부터 중화제국이 멸망할 때까지, 어떤 정부도 농민에게 군역을 부과하는 관행을 부활시키지 않았다.[12]

기원전 154년 이후 일어난 두 번째 주요 변화는 예술과 학문에 대한 국가의 적극적인 후원이었다. 전국시대의 정체政體는 전쟁의 도구였고, 열국의 정책을 인도하고 권위를 정당화한 대원칙은 '부국강병'이

---

12) Lewis, "The Han Abolition of Universal Military Service."

그림 3. 흉노족과 유목민의 기병전

었다. 기원전 154년에 제후국들이 사라짐에 따라, 군사력을 통해 정권을 정당화하던 구닥다리 방식은 빛을 잃었다. 대신에 국가는 경전과 태학太學과 고전적 미덕에 구현된 중국 문명의 후원자 자격으로 통치한다는 주장을 점차 내세우게 되었다. 국가와 정부기관들이 문화유산의 수호와 확장에 헌신하는 것이 제국의 핵심 과업이 되었던 것이다. 무제의 치세에, 박사관博士官은 주나라의 고전(사실상 유교의 경전)을 연구하는 학자에게 한정되었다. 서한 말에는 3만 명 이상의 학생들이 태학에 다녔고, 태학은 조정의 관직을 얻는 지름길 가운데 하나가 되었다. 경전은 왕망의 치세에 더욱 존중받았는데, 그는 자신이 유교 성인의 예지로 통치한다고 주장했고 제천의식을 거행했다. 동한 시대에는 주나라에서 물려받은 경전이 제국 학문체계의 왕좌에 올랐다. [13]

한의 질서 속에서 나타난 마지막 중대 변화는 제국에 대한 헌신적인 봉사와, 토지 및 사회적 연결망에 기초한 지방의 권력을 결합한 새로운 엘리트층의 출현이었다. 농민 징집의 폐지나 태학의 발달과는 달리, 이 변화는 제국의 정책과는 무관했고, 사실상 서한 조정의 강력한 반대에 부딪혔다. 하지만 결국 그것은 가장 결정적인 변화로 밝혀졌고, 개별 왕조들이 명멸하는 와중에도 제국의 체제를 존속시켜준 요인이었다.

진은 열국의 엘리트층을 수도권으로 천사시킴으로써 그들의 힘을 약화시키고자 했다. 지방의 유력한 가문들이 내전 기간과 한나라 초기에 세력을 회복했지만, 무제는 특별한 법률관료들을 임명하여 그들

---

13) Lewis, *Writing and Authority*, ch. 8.

을 무력화시켰다. 하지만 그의 정책은 옛 엘리트들의 흔적을 제거하는 동시에 새로운 지방 권력을 만들어내고 있었다. 그의 상업 억제책은 사람들이 장사해서 번 돈으로 토지를 사도록 유도했다. 마찬가지로 조정의 고위직이나 군현을 다스리는 직책에 앉아 큰돈을 벌고 있던 개인은 부동산 투자를 통해 덧없이 사라질 이 거금을 영속적인 재산으로 바꿔놓으려고 했다. 인상된 세금은 궁지에 몰린 농민들을 고리대금업자의 손아귀에 몰아넣어 결국 파산에 이르게 했다. 현금을 가진 자들에게 토지를 헐값에 팔 수밖에 없었던 그들은 이제 소작인이 되어 이 지주들을 위해 일해야만 했다.

기원전 마지막 세기에, 정부는 일련의 법을 제정하여 보유 토지의 집중을 제한하고 소규모 자영농이 소작인이 되는 것을 막고자 했다. 이 정책은 농민에 대한 동정—국가는 이들을 무자비하게 착취했다—보다는 세금과 요역의 원천을 유지하려는 바람에서 비롯된 것이었다. 왕망은 모든 토지를 국유화하고 노비제를 폐지함으로써, 토지의 겸병과 지방 유력 가문의 부상을 저지하고자 했다. 그의 실패는 지주제의 발달을 억제하려는 정부의 노력에 마침표를 찍었다.

몇 가지 사태의 진전은 지주제가 승리한 이유를 설명해준다. 아마도 가장 중요한 요인은 동한이 초대 황제를 포함한 대지주들의 연합세력에 의해 세워졌다는 것이다. 동부에 중심을 둔 조정은 관중 지역의 군사적 전통을 버렸는데, 이 전통은 국가가 소규모 자작농에게 크게 의존하는 현상과 밀접한 관련을 맺고 있었다. 전민개병제가 폐지됨에 따라, 개별 농가의 통제는 더 이상 국가 권력의 기반이 될 수 없었고,

자유농민에 대한 조정의 관심도 거의 사그라졌다.

예전의 지역 엘리트들은 제국 정부로부터 유리되었고 종종 반정부적이었지만, 신흥 지주들의 대다수는 국가에 봉사함으로써 부와 명성을 얻었다. 학문과 높은 도덕성을 중시하는 새로운 가풍은 그들에게 벼슬길이 트여 있다는 희망을 안겨주었다. 지방의 명문가들은 자신들을 익히 알고 있는 중앙의 조정이나 지방관들에게 간청하여 정기적으로 천거를 받음으로써 태학에 입학하거나 벼슬에 이르는 다른 길에 진입했다. 이 천거제도를 독점적으로 활용함으로써, 강력한 지주 가문들은 관직에 계속 진출할 수 있는 교두보를 마련했던 셈이다. 호주의 사후에 재산이 분할된 뒤에도, 관리들은 녹봉을 받아 토지자산을 상속 이전의 규모로 회복할 수 있었다. 귀족층이 사라진 이후, 오직 황실만이 장자상속을 실시했고, 일반 가정은 부친의 재산을 아들들이 나누어 갖는 분할상속을 실천했다.

부를 토지로 전환시킨 상인들도 동일한 행동을 취했다. 결과적으로 같은 가문이 토지를 경영하고, 그 토지의 산물을 유통하거나 고리대금업에 종사하고, 벼슬살이를 시킬 요량으로 자식들에게 경전을 교육시켰다. 더 이상 농민의 국역에 의존하지 않게 된 국가는 군사적 보호와 수지맞는 관직 임용을 기대하는 유력한 가문들의 충성을 통해 정권의 기반을 다졌다. 이와 같은 제국 정부의 통제 방식은 후대의 여러 왕조에서도 변함없이 남아 있었다.

진의 붕괴와 훗날의 신화

제국의 본보기이자 비판의 표적이라는 진의 이중적 역할은 그 이중성을 둘러싸고 생겨나온 역사적 신화에 반영되었다. 진의 급속한 부상과 멸망은 진나라와 제국의 성격에 대한 후대 중국인의 사고에 깊이 각인되었다.

기원전 210년에 시황제가 사망하고 나서 채 4년도 지나지 않았을 때, 새로 세워진 제국은 전국적으로 반란이 일어난 가운데 무너지고 말았다. 한때 무적이었던 제국의 군대는 패전을 거듭했고, 새로 지은 도성은 불타버렸으며, 진의 마지막 통치자는 살해당했다. 이 비극적 결말의 원인은 한 제국의 초기 수십 년 동안 끊임없는 논쟁의 주제가 되었다. 이런 논의는 종종 진의 도덕적·지적 결함이라 여겨지는 것, 예컨대 법률이 지나치게 가혹했다거나 고대 성현의 지혜를 수용하지 않았다는 것에 초점을 두었지만, 고고학적·문헌학적 증거들은 그런 비판이 한나라의 이익에 봉사하는 선전일 뿐, 진의 정책이나 멸망과는 무관하다는 사실을 보여주고 있다. 사실 한나라는 애초에 진나라의 제도를 거의 그대로 받아들였고, 법률의 간소화나 분봉제의 실행 같은 약간의 정책적 수정도 이내 폐기했다.

그렇다면 진 왕조가 패망한 까닭은 무엇이었을까? 이 파국에 대한 가장 통찰력 있는 논의는 일찌감치 나왔다. 진이 붕괴되고 나서 20년이 지난 뒤에, 한나라 초기의 학자 가의는 다음과 같이 주장했다. "타인의 영토를 정복한 자는 기만과 무력을 우선시하지만, 평화와 안정을 가져온 자는 권위에 대한 복종을 귀하게 여긴다. 이는 얻는 것과 얻은 것을 지키는 것은 같은 기술이 아님을 뜻한다. 진은 전국시대를 뒤로하고 천하의 패자가 되었지만, 그 도를 바꾸지 않았고 정치도 개혁하지 않았다. 고로 정복할 때의 수단과 정복한 것을 지킬 때의 수단에 차이가 없었다."[14]

도량형과 법과 진리의 발원지가 하나인 새로운 세계를 꿈꾸며 이루어진 진나라의 개혁은 그야말로 야심만만했지만, 그 개혁의 집행자들은 전국시대의 기본적인 제도와 관례를 손도 대지 않고 제국에 이식했다. 군역에 동원되는 농민 가구에 대한 직접적인 통제는 변함없는 국가의 조직 원리였고, 강제노역에 투입되는 대규모 집단은 각종 법률을 어긴 범법자들로 구성되었다. 더 이상 내전에 필요하지도 않은 이 거대한 수취체제는 용도를 찾아야 하는 하나의 도구로 전락하고 말았다.

이 징집된 병사들과 징발된 노동자들에게 일을 시키기 위해, 진은 그 어떤 논리적 근거도 없이 전국시대의 제도—소기의 성과를 달성했기에 이미 쓸모없어진—를 채택하여 무절제한 팽창과 건설에 매달렸다. 군대는 제국의 남쪽과 북쪽, 동북쪽으로 무의미한 대규모 원정을 감행했다. 도로를 건설하고 새 도읍을 세우고 시황제의 무덤을 축조하는 엄청난 규모의 공사가 개시되었다. 노동자들은 오래된 요새들을 연결하는 최초의 장성을 축조하기 위해 북방의 변경으로 파견되었다. 전쟁과 팽창을 위해 만들어진 국가인 진은 정복할 만한 가치가 있는

14) 『史記』 卷6, p.283.

지역이 존재하지도 않는 시대에 싸우고 팽창하느라 국력을 소진하면서, 기왕에 정복한 땅의 백성들은 소외시켰다. 한 무리의 인부들에 의해 시작된 폭동은 통치자에게 반기를 든 진나라 장수들과 백성의 전국적인 반란으로 이어졌고, 중국 최초의 제국은 창건된 지 불과 15년 만에 화염 속으로 사라져갔다.

한은 진의 계승자였지만 비참하게 붕괴된 첫 번째 황조皇朝와 일정한 선을 그을 필요가 있었다. 하지만 진의 제도를 받아들이면서도 그 것을 비판하는 태도는 근본적인 모순을 낳았다. 이 모순을 해결하기 위해, 마침내 한은 진에 대한 비판을 포기하고 대신에 시황제를 악의 화신으로 만들었다. 진의 패망은 그 창건자의 무자비함과 과대망상증, 그리고 진 왕조의 야만적인 정치적 전통에서 비롯된 것으로 설명되었다. 그 결과로 탄생한 것이 중국의 지적·정치적 유산을 야만적으로 훼손한 진나라의 잔인한 법률에 대한 신화였다. 한나라는 스스로를 시황제가 파괴하고자 했던 고전적인 지적 전통과 도덕 정치의 수호자로 포장했다.

하지만 이 신화는 한 제국의 모순적인 입장을 은폐했을 따름이다. 시황제를 괴물로 묘사하면서, 한대의 문인들은 후대의 문인들과 더불어 제국의 제도와 이념에 모델을 제공했던 정책을 과대망상과 극악무도함의 증거로 제시하는 문학적 수사를 발달시켰다. 그 결과 중화제국의 역사를 통해 시황제에 의해 규정된 정치체제의 실질적인 특성들은 죄악으로 비난받았다. 하지만 그 특성들은 도덕적 외관으로 포장되어 숨겨졌을 뿐 폐기되지는 않았는데, 혹자는 이를 중국적 정치문화의 '위선화僞善化, hypocritization'라고 표현한다. 이렇게 해서 중화제국의 나머지 역사는 제국 통치의 본보기를 제시한 인물을 괴물로 만드는 데 역점을 두는 그릇된 비판의식에 사로잡히게 되었다.

예를 들어 한나라 초기의 기록은 진나라의 정복을 자연에 맞서 싸우면서 시황제의 뜻을 천지에 강요하려는 시도로 묘사한다. 가의는 시황제가 "긴 채찍을 휘둘러 우주를 몰아냈고, 천하를 매질하여 위세가 사해四海에 떨쳤다"라고 적고 있다. "그는 유명한 성곽들을 무너뜨렸고, 지방의 호걸과 준재를 죽였으며, 천하의 무기들을 함양에 모아놓고 그것들을 녹여 종과 12개의 금인을 주조함으로써 천하의 백성을 위압했다. 그런 다음 화산華山을 밟고 올라가 성으로 삼고 황하의 물을 해자로 이용했다. 그는 이 높디높은 성에서 헤아릴 수 없이 깊은 골짜기를 내려다보며 비로소 자신이 안전하다고 생각했다."[15)]

사마천은 이런 식의 논의를 연장하여, 한 사당의 여신이 만들어낸 폭풍우로 인해 강을 건너지 못하게 되자 화가 난 시황제가 상산湘山을 벌거숭이로 만들어버린 이야기를 전하고 있다. 그는 산의 나무를 모조리 베어 골짜기를 메워서 서북부의 구원九原에서 진의 옛 수도 인근에 있는 운양雲陽까지 직도를 내게 했다. 장생불사의 섬을 찾고 있을 때, 그는 자신을 가로막는 바다의 신과 싸우는 꿈을 꾸었다. 그는 탐색을 방해하는 고래들을 죽이기 위해 스스로 연노連弩로 무장했고(자신이 보낸 배에도 연노를 싣게 했다), 한 지점에서 화살을 쏘아 한 마리를 죽였다. 그가 여러 차례 산의 정상에 올라 자신의 치적을 열거하는 석각 비

---

15) 『史記』卷6, pp.280-281; 『賈子新書校釋』, pp.15-19.

문을 남긴 것도 자신의 의지를 자연세계에 강요하려는, 또는 글자 그
대로 새기려는 시도의 또 다른 형태이다.[16]

　여러 비문은 자연을 지배하는 주제에 관한 표현들을 포함하고 있
다. 한 비문은 시황제의 법과 기준이 "해와 달이 비치는 모든 곳"에서
통하고(마치 해와 달이 그의 대리인인 것처럼), "그의 은덕은 소나 말에게
까지 미친다"라고 적고 있다. 다른 비문은 황제의 권력이 "지상의 사
방을 뒤흔들고, 천하를 운영한다"라고 서술하고 있다. 세 번째 비문은
황제가 성곽을 허물었고, 제방을 터서 물길을 통하게 했으며, 깊고 험
한 골짜기를 평평하게 만들었다고 전하고 있다. 이 모든 과정은 "지세
地勢를 정하는 것"으로 묘사된다.[17]

　시황제가 오만하게 우주를 통제하려 했다는 관념은 후대 중국 문학
의 표준적인 주제가 되었다. 4세기에 남경南京이 수도가 되었을 때, 당
시의 문헌은 시황제가 순행 중에 남경 지역을 지나다가 이곳이 미래의
수도가 될 지형을 지니고 있음을 알게 되었고, 진 왕조의 멸망을 초래
할 이 예언의 적중을 무산시키기 위해 산꼭대기의 나무들을 베라고 명
했다고 전한다. 또 다른 기록은 시황제가 장생불사의 섬에 가기 위해
동해에 다리를 설치하려 했다고 기술하고 있다. 강엄江淹이 6세기에
쓴 「한부恨賦」도 가의나 사마천의 비판을 되풀이하면서, 시황제가 어
떻게 바다거북을 이용해 다리를 놓았는지를 노래하고 있다. 한 세기
뒤에 시인 이백李白은 신선이 돌에 생명을 불어넣자, 시황제가 채찍을

16) 『史記』 卷6, pp.242, 248, 256, 263.

17) 『史記』 卷6, pp.245, 250, 252.

휘두르며 돌들을 바다로 몰아넣어 다리를 쌓게 했다는 이야기를 인용했다. 이 이야기에서도 시황제는 불로의 섬으로 가는 그의 길을 막는 고래를 쇠뇌로 죽이려 했다.[18]

초기의 일화들은 시황제를 과대망상증 환자로 취급한다. 후대의 시들은 그를 왕중왕 람세스 2세와 같은 인물로 묘사하면서, 그의 죽음과 그가 일군 제국의 몰락에 관한 성찰로 끝을 맺는다. 그럼에도 그것들은 공인되지 않은 황권의 일면을 조명해준다. 첫째, 황제의 통치가 나무와 바위를 비롯한 자연세계 전체에 미친다는 관념은 중화제국에서 일반적으로 수용되었다. 둘째, 강력한 신령을 뜻대로 부리고 신들과 싸우는 황제의 모습은 시황제에게만 국한되지 않았다. 예컨대 서한의 위대한 시인 사마상여司馬相如는 「대인부大人賦」에서 무제가 신선들을 거느린 채 천문天門을 부수고 들어가 옥녀玉女를 데려왔다고 묘사했다. 무제는 황하의 둑이 터진 것을 막은 일에 대한 본인의 시에서 그가 강의 신에게 어떻게 명령을 내렸는지 묘사하고 있다.[19] 끝으로 장방형의 성벽과 성가퀴, 망루를 갖춘 표준적인 황성의 건설은 황제의 뜻을 자연경관에 강요한 결과이다. 도성을 설계하면서 시황제가 채택한 방식, 곧 별자리에 맞추어 궁궐을 축조하고, 제국 전역의 궁전이나 그 양식을 모방하여 행궁을 짓는 방식은 한나라와 그 후의 왕조들에 의해 계승되었다.

---

18) 『太平御覽』 卷156, 「吳錄」, p.3a; 『三國志』 卷53, p.1246의 주2; 『晉書』 卷6,
    p.157; 卷53, p.1457; 『梁江文通文集』 篇1, p.5; 『李白集校注』 卷1, p.97.

19) 『史記』 卷117, pp.3056~3060; 卷29, p.1413.

시황제의 행적은 한편으로는 비난의 대상이었지만, 다른 한편으로는 후대의 황권을 위한 공인되지 않은 양식을 제시했고, 이 순수하거나 이상적인 원초적 형식은 후대의 통치자들에 의해 완화되거나 위장된 방식으로 모방되었다. 공인되지 않은 모델로서 이런 역할을 수행한 시황제는 영원한 중화제국의 원형이라는 진나라의 숨은 역할을 체현한 신화적 인물이다.

4

| 제국의 도시들 |

도시는 지상 최대의 구조물이자 탁월한 설계의 산물로, 사람들이 이상적인 사회와 우주에 대한 상상을 구체화할 수 있는 장소이다. 성벽으로 사람들을 그 주변 환경으로부터 분리시켜주는 도시는 문명을 구성하는 생산품과 관행으로 가득한 독특하게 인간적인 공간이다. 정치권력의 주요 소재지인 도심은 통치자와 행정관들이 모이는 장소이자 그들이 권위를 과시하는 무대이기도 하다. 교역 분야에서, 도시는 유통과 교환의 구심점으로, 사람과 귀한 물자를 끌어 모아 새로운 상품을 생산하여 다른 도시나 좀 더 규모가 작은 인간의 주거지들로 내보낸다.

전국시대 이전에, 중국의 도시들은 귀족들과 그들의 추종자들이 거주하던 의례와 정치의 공간이었다. 대부분의 도시는 종족宗族의 집결지로, 한 겹의 성벽으로 둘러싸이고 기껏해야 수만 명의 인구를 거느

리고 있었다. 주나라 왕실의 권위가 실추되면서, 이 의례 중심지들의
대부분은 배후지의 백성들을 다스리는 제후와 그를 따르는 귀족들에
의해 지배되는 독립적인 도시국가가 되었다. 이 도시국가들은 아주
서서히 기원전 5세기 전국시대 열국의 광대한 영토로 통합되어 갔다.

전국시대 열국과 초기 제국의 도시들

최근의 고고학 발굴은 전국시대에 도시의 인구가 증가하고 공예품
생산이 늘어나고 교역이 활발해짐에 따라, 도시의 수와 복합성도 증
대되었음을 보여준다. 방어용 성벽은 더 길어졌고, 도시 안에는 정치
및 제례의 공간을 상업 및 거주를 위한 구역과 구분하기 위해 내성이
축조되었다.[1] 정치적 활동과 일상생활의 물리적 분리는 중국의 도시
역사에서 중대한 전환점이 된 순간—열국이 도시를 거대한 행정망에
편입시키고, 지방의 귀족층을 자신들의 대리인들로 대체한—을 상징
적으로 보여준다. 이때부터 중국의 도시는 그 공간이 물리적·정치적
으로 구분되어, 도시의 일부는 수공업과 교역에 할당되었고, 다른 일
부는 정치적 권위와 연결되었다. 도시의 이 두 영역은 어느 정도 서로
를 견제하며 공존했다.

---

1) Steinhardt, *Chinese Imperial City Planning*, pp.46–53; Wu Hung, "The Art
   and Architecture of the Warring States Period," pp.653–665. 초기 중화제국의
   도시들에 대한 보다 상세한 논의와 문헌자료는 Lewis, *Construction of Space*,
   ch. 3을 참조하라.

이런 견제는 법률로 구체화되었다. 상인들은 특별한 장부(시적市籍)
에 등록되어야 했고, 그들과 그들의 후손은 관직을 보유하거나 비단
옷을 입거나 마차를 타거나 토지를 소유할 수 없었다.[2] 하지만 실제로
는 영세한 상인들만 장부에 올랐고, 장거리 무역에 종사하며 사치품
을 취급하던 부유한 상인들은 금지령을 피했다. 그렇다 하더라도, 갈
수록 뚜렷해지던 상인과 관리—양자 모두 도시에 거주할 수밖에 없었
다—의 구분은 도시민과 농촌 주민의 오래된 구분을 대체하여 제국시
대의 핵심적인 법적 분기선이 되었다.

이런 법적·물리적 구분은 당대의 철학자들에 의해 개진된 새로운
사회적 모델에 부응하는 것으로, 이 모델에서 통치자의 관리들은 정
신 수양을 통해 나머지 도시민들에 의해 만들어지고 교환되는 사물에
속박되지 않는다는 점에서, 다른 모든 형태의 일과 명확하게 구별되
는 직업적 범주에 속했다.[3] 이렇게 해서 비록 도시와 농촌 사이의 경
계는 영토국가의 행정적 모델 안에서 허물어졌지만, 새롭고 더욱 분
명한 경계선이 도시 자체의 내부에 그어졌다.

이런 식으로 도시가 구획되었고 정치 구역이 훨씬 돋보였다는 증거
는 오환교위烏桓校尉(한나라의 동북쪽에 살고 있던 유목민인 오환의 방어를
담당하던 군관)의 동한 시대 무덤에서 확인되고 있다. 무덤 주인의 생애
를 추적한 벽화는 그가 군관으로 복무했던 5개의 도시를 묘사하고 있
는데, 모두 일반 백성을 위한 외성外城 구역과 관아가 있는 내성內城 구

---

2) 『史記』 卷30, pp.1418, 1430.

3) Lewis, *Writing and Authority*, pp.79–83, 287–336, 358, 495와 주60–62.

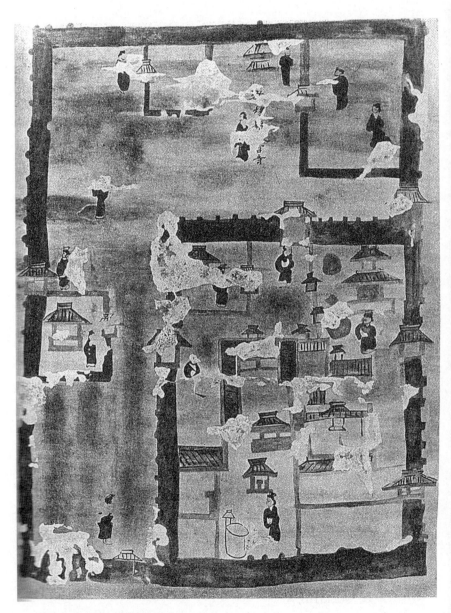

그림 4. 유주 수도 범양의 성벽과 관아

역으로 나뉜 성곽도시였다. 성벽과 망루를 제외하면 백성의 주거 구역에 대한 정보는 거의 없지만, 관아 구역의 배치·건물·거주자·활동은 꽤 상세하게 묘사되고 있다(그림 4). 많은 건물에는 그 성격과 기능을 말해주는 표호標號가 있다. 벽화에 표현된 한 도시의 시장은 교위가 오환에서 말을 사들이는 교역을 감독했던 곳으로, 이 교역 덕분에 2세기 후반에 그 지방은 제국에서 가장 부유한 곳 가운데 하나가 되었다. 도시에 대한 이런 정형화된 묘사는 문헌에 언급되어 있는 바대로 제국의 도시들이 둘로 분리되어 있었고, 가장 중요한 부분은 관아들과 정치 엘리트들이 모여 있던 궁성 구역이었다는 사실을 확증해준다.

전국시대의 도시들에서는 수직으로 높이 솟은 건물을 통해 통치자의 권력을 강조하는 새로운 건축 양식이 나타났다. 망루와 주문柱門, 노대露臺, 높이 올린 건물들은 황제의 권력을 시각적으로 보여주면서, 그가 조상신보다는 하늘의 신성한 힘과 연결되어 있음을 암시했다. 높이와 탁 트인 시야의 중요성은 동한의 학자 왕충王充(27~100년경)이 전하는 이야기에서 입증된다. "높은 망루에 올라 사방을 두루 살피는 것은 사람들이 바라는 바이다. 두문불출하며 어두컴컴한 쪽으로 굴을 파고 황천(죽은 자들의 땅) 가기를 기다리는 양 누워 있는 것은 사람들이 싫어하는 바이다. 마음을 닫고 생각을 틀어막은 채 높은 곳에서 내려다보지 못하는 자는 죽은 사람과 다를 바가 없다."[4]

망루의 높이를 과장한 일화에 따르면, 어떤 망루는 그 높이가 160미

---

4) Wu, *Monumentality in Early Chinese Art and Architecture*, pp.102-110. 여기부터 주12에 이르기까지 제시된 자료들은 Lewis, *Construction of Space*, pp.153-159에서 논의되고 있다. 王充, 『論衡集解』 篇13, p.273.

터에 달해 구름에 닿을 정도였다고 한다. 그 정도의 높이라면 통치자
가 자신의 영토를 감시할 뿐 아니라 이웃나라의 동정을 살피는 데도
부족함이 없었을 것이다. 높이 치솟은 망루가 건축자의 심오한 기술
을 입증하고, 나아가 도성을 방문한 제후들의 집단적인 찬사와 충성
맹세를 이끌어낸다고 묘사한 문헌도 있다.[5]

전국시대에는 성벽의 주문이나 문루(궐闕)도 통치자의 권위를 나타
내기 위해 높게 만들어졌다. 기원전 4세기 중엽에 상앙이 함양에 진의
새로운 도성을 건설하면서 처음으로 축조한 것도 기궐이었다. 마찬가
지로 기원전 3세기 말에 한의 새로운 도성 장안에서도 문루가 단연 주
목을 받았다. 의전에 관한 한대의 문헌과 시는 천자만이 성문의 양쪽
에 두 개의 문루를 갖출 자격이 있고, 문루의 높이는 궁전 주인의 격에
상응해야만 하며, 성문 양편의 문루가 필요한 이유는 그것들이 "신분
의 고하와 존비를 구별해주기 때문"이라고 주장하고 있다. 전국시대
부터 한대에 이르기까지, 문루를 갖춘 성문은 성벽보다 훨씬 돋보이
는 권위의 상징이 되었다. 도시나 유력 가문의 방어시설로 통하는 문
에 세워진 망루는 동한의 무덤 장식에서 가장 일반적으로 묘사된 건축
학적 구조물이다(그림 5).[6]

노대도 축조되어 그 주인의 재력과 넓은 시야를 과시함으로써 외국

---

5) Lewis, *Construction of Space*, 3장의 주69에 나오는 인용문을 보라.

6) Lewis, *Construction of Space*, 3장의 주73에 나오는 인용문을 보라.
　　『禮記注疏』篇10, p.25b; Finsterbusch, *Verzeichnis und Motivindex der Han-*
　　Darstellungen, 도판 34, 103, 124, 128, 141, 151, 155, 164, 179, 198, 223,
　　240, 459, 625, 639, 652, 1016, 1017, 1018.

그림 5. 관리의 양쪽으로 솟아 있는 성문의 망루

의 방문객들을 위압했다. 고고학 발굴을 통해 노대를 지탱하기 위해 흙을 다져 만든 거대한 기단基壇이 발견되었는데, 그 연대는 전국시대로 거슬러 올라간다. 이 시기의 청동기 문양은 그 토대의 양옆에 계단이 있고 그 위로 의식이 거행되던 대형 목재 단상이 설치된 모습을 묘사하고 있다. 때로는 여러 개의 노대를 층층이 쌓아올리는 방법이 사용되기도 했다. 이런 노대 주변의 고고학 유물들은 노대가 전국시대의 드넓은 궁궐터에서 가장 눈에 띄는 요소였음을 말해준다.

노대는 토대 주변에 지어진 일련의 방과 회랑으로 구성된 건물군의 중심부에 세워졌는데, 이는 복층 건축물이라는 인상을 주기 위해서였다. 진정한 복층 건물을 건설할 능력이 없었던 시대에, 이런 설계는 건물이 도시 위로 우뚝 솟아 있는 것처럼 보이게 해주었다. 가장 중요한

예는 진의 도성에 축조된 기궐로, 이 구조물의 재구성된 형상은 지금까지 가장 빈번하게 재현되어왔다.[7]

주거 구역과 상업 구역의 나지막한 수평면 위로 높이 솟아 오른 궁궐 건물들은 통치자의 감시 능력을 과시했다. 그는 본인의 시야에 들어오는 모든 것을 응시할 수 있었고, 이와 동시에 백성들에게 자신들이 감시당하고 있다는 사실을 보여줄 수 있었다. 그러나 이에 못지않게 중요한 것은 이 거대한 새로운 구조물이 은폐의 도구로도 사용되었다는 점이다. 그것은 통치자의 존재를 백성에게 알렸으나, 백성으로부터 그의 모습을 감추었다. 다시 말해서 그가 자신은 관찰당하지 않으면서 백성의 일거수일투족과 적의 동태를 살필 수 있는 능력의 소유자임을 입증했다. 모든 것을 보는, 보이지 않는 눈을 가진 통치자의 이미지(벤담의 원형감옥panopticon에 관한 푸코의 성찰을 2,000년이나 앞지른)는 『도덕경道德經』이나 『한비자』 같은 철학서에 표현된, 성인이나 통치자는 스스로를 드러내지 않는 불가지한 존재로 남아 있어야만 한다는 관념을 구체화했다.[8]

시황제를 모셨던 방사方士 한 명은 그에게 통치자는 사악한 기운을 피하기 위해 은밀하게 움직여야 하고 그가 어디에 있는지 아무도 모르게 해야 한다고 아뢰었다. 또한 물리적 상승을 통해 천상의 신령에게 가까이 다가갈 수 있으므로, 그들을 만나 영생을 얻기 위해서 통치자는 필히 높은 망루에 거하고 구름다리(각도閣道)로 이동해야 한다고 했

---

7) Wu, *Monumentality*, p.106.

8) Lewis, *Construction of Space*, 3장의 주80에 나오는 인용문을 참조하라.

다. 이 조언에 따라, 시황제는 구름다리와 용도甬道(양쪽에 담장이 쳐진 도로)를 만들어 자신의 궁전과 망루 270개를 연결했다. 이 거대한 건물 복합체에서 황제가 어디에 있는지를 누설하는 자는 사형에 처해졌다. 황제는 함양의 정전正殿에서 황명을 내릴 때만 모습을 드러내고 그 밖의 경우에는 철저하게 몸을 숨겼다. 마찬가지로 황제가 동부 연안을 순시하던 중에 사망했을 때에도, 그의 시신은 밀폐된 마차에 실려 도성으로 옮겨졌고, 시체가 썩는 냄새를 감추고 황제의 죽음을 숨기기 위해 마차에는 생선이 가득 채워졌다고 한다.[9]

황제의 행적을 감추기 위해 각도를 이용하는 방식은 한대에도 이어졌고, 황제가 백성의 시선은 물론이고 심지어 조정 대신들의 시선에서도 멀어지는 것이 결국 황제의 권위를 지키기 위한 철칙이 되었다. 제국의 시대를 통틀어, 중국의 통치자는 '금성禁城'의 높은 벽(이것의 신화화된 버전이 카프카의 우화적 소설에 나온다) 뒤에 격리되어 있었다.[10] 알현을 허락받는 것은 관리들에게도 특혜였고, 실제로 어전에 나가는 것은 최고의 영광이었다. 고대 로마나 중세 유럽, 또는 인도의 통치자가 백성 앞에 친히 나타나 탄원을 듣고 공개리에 정의를 베풀며 의례적으로 위엄을 과시했던 것과는 달리, 중국의 통치자는 감춰지거나 눈에 보이지 않음으로써 그 지고한 지위를 보장받았다.

---

9) 『史記』 卷6, pp.239, 241(주석서인 『史記正義』에는 담장이 쳐진 도로 덕분에 황제가 다른 사람들의 눈에 띄지 않고 순행할 수 있었다는 應劭의 발언이 인용되어 있다), 251, 256, 257, 264.

10) 『文選』 卷1, 「西都賦」, pp.10, 11; 卷2, 「西京賦」, p.30. '금禁'이라는 용어는 이미 한대부터 황실의 정원과 삼림을 가리키는 수식어였다. 『文選』 卷1, 「西都賦」, pp.6, 12; 卷2, 「西京賦」, p.35; 卷6, 「魏都賦」, pp.121, 123.

성곽도시의 다른 부분, 곧 주거와 상업, 수공업을 위한 공간에 대해서는 알려진 바가 별로 없다. 정치 영역에서 멀어질수록, 문서 기록과 고고학 자료는 빈약해진다. 한나라 도성들의 주거용 공간은 격자형의 주요 도로에 의해 구획되었고, 다시 담벼락이 쳐진 구역으로 세분되어 하급관리와 몇몇 유력인사에 의해 관리되고 있었다. 이런 체제가 초기 중화제국의 다른 도시들에도 존재했는지는 확실하지 않지만, 격자형 구조는 주민을 통제하는 방법이었으므로 당대의 주요 도시들도 유사한 방식으로 조직되었을 것이다.

대로변에는 명문가와 부유층의 주택들이 즐비했고, 뒷골목에는 "가난한 동네의 누추한 골목에서 짚신을 꼬아 잎에 풀칠하며 살았던" 철학자 장주莊周 같은 빈민들이 거주하고 있었다. 골목들은 너무 좁아서 대로를 오가는 큰 수레는 다닐 수도 없었고, 집들은 낡고 허름했다. 그곳의 거주자들은 종종 무일푼의 작가, 노래와 값싼 술에 빠진 탕아, 범죄자로 묘사되곤 했다. 이와 대조적으로 대로에는 관복을 차려입은 고위관리들이 가득했다.[11]

주거 구역의 중심은 시장이었다. 고분벽화는 도성 시장의 주요 특징이 각 주의 주요 도시들에서도 나타났다는 사실을 보여준다(물론 지역적 편차는 있었다). 시장과 그 주변은 상인과 공장工匠의 주요 활동 무대였지만, 정부의 권력이 외성에 구현되는 장이기도 했다. 다시 말해서 성곽도시를 규정하는 백성과 정부 사이의 구분을 압축적으로 재현했다. 시장의 복층 망루는 수직적 높이의 상징이자 황궁과 같은 권위

---

11) Lewis, *Construction of Space*, pp.159-160.

의 소재지로 기능했고, 그 격자형 구조는 외성에 강요된 정부의 질서를 나타냈다. 그렇지만 이와 같은 권위의 물리적 구현에도 불구하고, 시장은 대중이 모이는 곳이자 기존 질서에 도전하는 다양한 활동이 이루어지는 장으로 남아 있었다.

정부의 통제를 가장 생생하게 보여준 것은 시장을 담당하는 관원들이 지키고 있던 복층의 망루였다. 동한의 수도 낙양의 경우, 시장을 관리하는 시서市署의 장과 부관에게 36명의 관원이 딸려 있었다. 이들의 책무는 시장에서 팔리는 상품의 품질이 좋은지, 또 모든 가격이 일정한 기준에 부합하는지 감독하는 것이었는데, 이 기준은 구매자와 판매자가 권한을 위임받아 합의한 바를 관원들이 매달 검토한 다음 부과한 것이었다. 진의 법률에 따르면 시장에서 거래되는 상품에는 정가가 적힌 가격표가 부착되어 있어야 했다. 모든 거래 및 입출금 내역서는 별도의 상자에 보관되었고, 시서의 관원들은 날마다 장사가 끝난 뒤에 그 기록을 검사하여 상업세[시조市租]를 징수했다.[12]

관원들은 여분의 관급품官給品이나 관영 작업장의 생산품도 팔았고, 어쩌면 상인들의 거래 기록을 공증해주고 수수료를 챙겼을지도 모른다. 망루의 꼭대기에 꽂힌 깃발과 위층에 걸린 큰북은 시장이 열고 닫는 시간을 알려주었다. 장안 시장의 망루는 동한의 시부詩賦에 5층 높이였다고 기록되어 있지만, 한대 무덤의 벽돌에 새겨진 성도 시장의 그림에 나오는 망루의 높이는 2층에 불과하다.[13] 어느 경우이든, 그 망

---

12) Barbieri-Low, *Artisans in Early Imperial China*, ch. 3.

13) Bielenstein, "Lo-yang in Later Han times," pp.58-59; 『文選』 卷2, 「西京賦」.

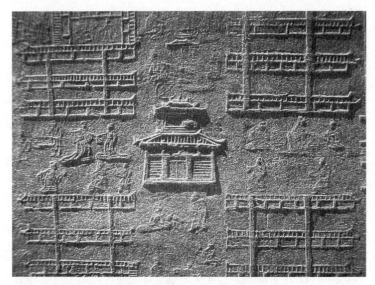

그림 6. 망루를 중앙에 둔 성도 시장의 격자형 구조

루는 틀림없이 누구나 볼 수 있는, 시장에서 가장 높은 구조물이었을
것이다.

시장에서 정부의 권력이 구체화된 두 번째 예는 주거지와 유사한 격
자형의 구조였다. 무덤의 벽돌에 묘사된 성도의 시장은 완벽한 정방
형 구도를 이루고 있는데, 그 사방에는 문이 하나씩 있고, 문과 문 사
이는 두 대로에 의해 단순한 십자형으로 연결되고 있다. 2층 망루는 정
확하게 중앙에 위치해 있다. 이와 같은 시장의 이미지는 『주례周禮』에
첨부된 전국시대 말기의 건축 개론인 「고공기考工記」가 제시하는 도성
의 고전적 이상형을 축약해서 보여주고 있다(그림 6).

---

p.34; Lim, *Stories from China's Past*, p.101.

시장의 네 구역은 다시 여러 줄로 늘어선 단층 건물들로 분할되어 있다. 아마도 이 건물들은 판매하는 상품에 따라 분류된 일군의 점포였을 것이다. 네 개의 주요 도로에는 사람들이 오가고 있다. 가장 중요한 상점들은 대로를 따라 배열되어 있었을 테고, 작은 점포나 노점 들은 골목에 모여 있었을 것이다. 이런 양상은 당나라 수도의 시장에서 발견되는데, 한나라의 시장도 크게 다르지 않았을 것이다. 시장 상가의 격자형 배치는 당대의 시나 다른 문헌에도 언급되고 있는데, 이런 기록은 상점의 규칙적인 배치를 제국의 강대함과 사회의 질서정연함을 보여주는 증거라고 강조한다. 무덤 속의 그림들 중에는 노점들이 일렬로, 또는 격자형으로 정렬된 모습을 묘사한 것이 꽤 있는데, 진나라의 법률 문서도 노점의 규칙적인 배열을 강조하고 있다.

고고학 발굴과 새로 발견된 문서들은 한대 도성의 시장에 대한 추가적인 증거를 제시해준다. 장안에는 두 개의 시장이 있었는데, 동시東市는 그 면적이 50만 평방미터(현재 미국에서 가장 큰 쇼핑몰보다 25퍼센트 넓다), 서시西市는 25만 평방미터였다. 둘 다 5~6미터 두께의 담장에 둘러싸여 있었고, 상인들은 담장 근처에 창고를 지었다. 동시는 주로 점포들이 집중되어 있던 곳이었지만, 서시는 황릉에 부장할 토용土俑을 구워내는 가마, 화폐 주조소, 관영 주철소鑄鐵所, 장례에 쓸 사람·말·새의 모형을 만드는 사설 공작소가 있던 주요 생산 구역이었다.

무덤의 벽돌에 묘사된 성도의 시장은 네 구역으로 나뉘었으나, 도성의 시장은 아홉 구역으로 나뉘었다. 이 구역들은 다시 진율에 규정된 것처럼 가지런히 정렬된 점포군으로 구분되었다(그림 7). 특정 범주

그림 7. 시장 점포의 모습. 오른쪽에 시장 망루와 신호용 북이 보인다.

의 상품을 파는 모든 상인은 함께 모여 있었고, 각 열의 점포들은 그 열
에 속한 모든 상인의 정직성을 책임지고 보장해야 하는 고참 상인의
감독하에 있었다. 전체 백성과 마찬가지로, 이 상인들도 5인 1조를 이
루어 서로를 감시하고 잘못을 고발해야 하는 법적 연좌제의 대상이었
다.[14]

　시장은 태형과 사형이 공개적으로 집행되는 장소로도 이용되었고,
주요 범죄자의 목과 시신이 종종 전시되었다. 예에 관한 한대의 편저
인『예기禮記』와 전국시대의 병법서인『사마법司馬法』에는 시장을 조정
과 짝지어 전자를 처벌의 장, 후자를 포상의 장에 비유하는 구절이 나
오는데, 벌과 상은 법가의 정치이론에서 통치자가 휘두르는 권력의

---

14) Barbieri-Low, *Artisans in Early Imperial China*, ch. 3.

'양날'이었다.[15]

시장은 국가의 권위가 좀 덜 폭력적인 방식으로 과시되고, 더 많은 관중의 주의를 끌기 위한 정치적 공연이 이루어지던 장소이기도 했다. 시황제의 젊은 시절에 진나라의 승상이었던 여불위는 자신의 후원으로 편찬된 철학적 백과전서 『여씨춘추』가 완성된 것을 기념하고, 그것이 중요한 지식을 총망라하고 있다는 사실을 널리 알리기 위해, 그 책을 함양의 시장 입구에 걸어놓고 그 옆에 천금이 든 자루를 매단 다음, 이 책에서 단 한 글자라도 첨삭할 수 있는 자에게 그 돈을 주겠다고 공언했다. 비슷한 일화는 상앙이 변법의 실행을 앞두고 진나라의 백성들에게 자신의 법령이 믿을 수 있는 것임을 입증하기 위해, 시장에서 단순한 작업[나무를 남문에서 북문으로 옮기는 일]을 수행한 자에게는 상금을 주겠다고 선언했던 것인데, 실제로 그는 그 일을 한 자에게 상금을 주었다.[16]

많은 사람이 합법적으로 모일 수 있었던 시장은 군주가 백성에게 메시지를 전달하는 특별한 공간이었는데, 그 메시지는 말과 글, 화폐, 또는 토막 난 시신의 형식을 취할 수 있었다. 하지만 군중과 상인의 부, 공개적인 구경거리가 넘쳐나던 장소로서, 시장은 완벽하게 국가의 통제하에 있지는 않았다. 시장에서는 상인, 유협游俠, 불량배, 방술方術 전문가, 특히 점술사나 무의巫醫와 관련된 범법행위가 끊이지 않았다. 이 모든 집단은 자신들만의 방식으로 국가에 도전했다.

---

15) Lewis, *Construction of Space*, pp.160-161.

16) 『史記』 卷85, p.2510; 卷68, p.2231.

상인들이 국가에 대놓고 정치적으로 도전하지는 않았지만, 그들의 부는 정치적 지배층을 능가하는 사치스러운 생활의 원천이었다. 그들이 보란 듯이 과시하던 부는 관리들의 부패를 부추겼고, 가난한 농민들로 하여금 힘들게 일해 세금을 내고 국역까지 담당하던 생활에 환멸을 느끼게 만들었다. 부에 의해 정의되는 상인 집단과 직급에 의해 정의되는 관리 집단 사이의 긴장과 갈등은 이중적인 도시의 구조에 반영되었고, 시적에 오른 상인들과 그 후손들의 관직 보유를 금지한 법률에 의해 고조되었다. 당대의 문헌에는 상인들이 사치 금지령을 위반했고, 자유농민의 토지와 노동력을 구입할 능력이 있었다는 기록이 숱하게 남아 있다.

사치 금지령을 비웃은 데 이어, 상인들은 재산을 무기 삼아 법의 실효성에 도전했다. 이론상으로는 형벌이 만인에게 똑같이 적용되었지만, 부유한 집안의 자식들은 시장에서 공개 처형되지 않는다는 것이 불문율이었다. 화폐의 주조를 담당한 관리들은 때때로 상인들과 작당하여 화폐를 위조함으로써 통화 질서를 어지럽혔다. 그래서 국가의 옹호자들은 시장을 사람들이 정부에 의해 인정되지 않는 권력과 지위를 얻을 수 있는 장소, 이런 권력과 부가 공공연히 사치 금지령을 위반하며 과시되는 장소, 부 자체가 형법과 정부의 행정에 해를 끼치는 방향으로 악용되는 장소로 보고 우려를 금치 못했다.[17]

군중은 정기적으로 시장에 모여 볼거리와 오락을 즐기거나 정치적 야심가의 화려한 언변에 귀를 기울였다. 가장 흔한 구경거리는 멋지

---

17) Lewis, *Construction of Space*, pp.161–162.

게 차려입은 저명인사들이 호화로운 가마를 타고 도착하거나 떠나는 장면이었다. 그다음으로 즐길 만한 것은 사람들의 관심을 끌거나 지지를 얻으려는 정객들의 유세였다. 다른 사회에서도 그렇듯이, 사람들은 도시 상류층의 복장을 본떴다.

> 성안의 사람들이 높은 쪽머리를 좋아하니
> 사방의 사람들이 쪽머리를 한 자씩 높이고
> 성안의 사람들이 긴 눈썹을 좋아하니
> 사방의 사람들의 눈썹으로 이마의 반을 가리며
> 성안의 사람들이 넓은 옷소매를 좋아하니
> 사방의 사람들이 비단 한 필로 소매를 넓힌다네.

　도시 주민들이 패션을 선도하는 현상은 국가에 대한 일종의 도전이었다. 당대의 정치적 문헌에 의하면, 사람들이 모방해야 할 대상은 통치자의 복식 취향이었기 때문이다.[18]

　시장의 폭력과 범죄는 보통 푸주한 및 악소惡少와 연관되었지만, 더 중요한 관련자는 '유협'이라 불리던 떠돌이 검객이었다. 한나라의 도성에 대한 시에서, 유협과 그를 따르기로 맹세한 일당의 주된 활동무대는 시장이다. 역사적 기록에서도 그들은 주요 도시의 '뒷골목'과 '저잣거리'에서 암약한다. 시장의 다른 주민들과 마찬가지로 그들도 이익을 추구하는 것으로 묘사되지만, 그들은 상인이 아니라 비적, 납치범,

---

18) 같은 책, pp.162–163.

도굴꾼, 고용된 자객으로 활동하며 이익을 취한다. 유협들은 살인청부업자들의 조직을 결성하여 관리들을 협박하거나 뇌물로 회유했다. 동한의 문헌은 그들을 복수를 위해 '사형私刑'을 자행함으로써 국법을 유명무실하게 만드는 존재로 기록했다.[19]

생살을 도려내어 피를 보는 데 익숙한 푸주한은 시장에서 또 다른 범주의 폭력배 집단을 형성했다. 그들은 특정 구역에 거주했는데, 그들이 판매하는 상품뿐 아니라, 그들을 찾아온 고객들의 위세와 부에 의해서도 다른 상인들과 구별되었다. 고객들이 원한 것은 신선한 고기 말고 다른 것도 기꺼이 자를 의향이 있는 자들이었다.

'악소' 또는 '소년악자少年惡子'는 폭력 성향을 통해 다른 두 집단과 밀접하게 연결된 좀 더 넓은 범주의 사회집단이었다. 악소들은 사마천의 『사기』에 등장하는 대표적인 범죄자들을 숭배했고, 그들을 모방하거나 그들의 불법행위를 도와주었다. '저잣거리와 뒷골목의 젊은이들'은 때로는 돈을 벌기 위해 유협이 되었고, 일단의 젊은이들은 취미

---

19) 『史記』卷124; 『漢書』卷92. Lewis, *Sanctioned Violence*, pp.80, 88–91, p.281의 주 137; James J. Y. Liu, *The Chinese Knight Errant*; Ch'ü, *Han Social Structure*, pp.161, 188–198, 232, 245–247; 『文選』卷1, 「西都賦」, p.5; 卷2, 「西京賦」, pp.34–35; 『史記』卷86, pp.2522, 2523, 2525, 2528; 卷 95, pp.2651, 2673; 卷124, pp.3181, 3183–3184; 卷129, p.3271; 『漢書』卷94, pp.3698, 3699; 『韓非子集釋』篇19, pp.1057, 1058, 1091, 1095(2); 『後漢書』卷28a, p.958; 卷67, p.2184. 유협이라는 단어는 중국 문학에서 허세를 부리는 무술인으로 자주 등장하는데, 이런 맥락에서 위에서 언급한 Liu의 저서 제목에도 나오듯이 종종 '협객俠客, *knight errant*'으로 번역되기도 한다. 이 용어를 한대의 이 인물들에게 적용하는 것은 시대착오적이다. 그런데 우리의 대중문화에서도 '악당'이라는 말은 낭만적인 어감을 지니고 있고, 사마천이 묘사한 자들과 비슷한 폭력적인 '로빈 후드' 부류의 인물들을 어느 정도 인정하는 정서를 함축하고 있다.

로 절도와 살인을 일삼는 황자皇子의 똘마니 역할을 했다. 지방의 유력 가문들을 억압하기 위해 국가에 고용된 '혹리酷吏'들은 때때로 이런 젊은이들 중에서 뽑히거나 그들과 함께 일했다. 상당수의 악소는 징집 되어 중앙아시아로 보내졌는데, 이는 그들을 도시에서 추방하기 위한 조치였다.

평상시에 '악소'들은 특별한 직업 없이 시장에서 도박과 닭싸움, 개 경주로 소일하는 건달로 그려졌다. 이런 일들은 매우 일상적이었기 때 문에 무덤의 벽돌에도 묘사되었다. 하지만 사회가 혼란스러워지면 이 도시의 악당들은 피의 복수나 대규모 봉기에 동원되는 인력시장을 형 성했다. 진나라에 맞서 봉기를 일으킨 지도자들의 전기는 그들을 추종 했던 최초의 무리가 이런 젊은이들로부터 모집되었음을 보여준다.

한의 창건자 자신도 가업은 거들떠보지도 않고 친구들과 술집에서 먹고 마시며 시간을 때워 부친으로부터 "쓸모없고 믿을 수 없다"는 소 리를 듣던 전형적인 한량으로 묘사되고 있다. 한편 일찍부터 그를 추 종했던 자들(소하, 조참曹參, 번쾌樊噲)은 '젊고 과감한 하급관리'—하급 관직을 지닌 패기만만한 젊은이 내지 큰 뜻을 품은 검객—로 기술되 고 있다. 왕망을 무너뜨린 반란에서도 이 한가한 젊은이들이 큰 몫을 했다. 초기의 역사는 시장에 모인 협객과 악소 들이 사회적 안정기에 는 단순한 범죄자에 불과하지만, 혼란기에는 왕조를 전복시키는 데 중요한 역할을 했음을 보여주고 있다.[20]

20) Lewis, *Sanctioned Violence*, pp.147, 154, 155, 224, 321의 주49; Lewis, *Construction of Space*, pp.164-165; 林巳奈夫, 『中國古代の生活史』, pp.110-111.

시장에 모여들어 국가의 권위에 도전했던 마지막 사회적 부류는 방사, 특히 점술사와 '무의'로 구성되었다. 이 집단은 초자연적인 힘을 가졌다고 주장하면서 농민들을 속인다는 비난을 받았다. 점복과 의술, 이와 관련된 종교적 의식은 부의 원천이었기 때문에, 이들은 젊은이들이 번듯한 직업을 외면하고 황당한 일을 추구하도록 유혹한다는 비판에 휩싸였다.

그런 비판의 대표적인 예는 기원전 1세기에 국가의 전매에 관한 논쟁을 기록한 『염철론鹽鐵論』이다. "시류에 편승하여, 위선자들이 사기를 치며 백성을 상대하는 무의와 점술가가 되어 그들의 돈을 갈취하고 있습니다. 후안무치한 태도와 화려한 언변으로, 그들 가운데 일부는 사업에 성공하여 부를 쌓았습니다. 그래서 일하기 싫어하는 자들은 농사를 내팽개치고 그들의 잡술을 배우려 한다고 합니다." 동한 말기의 학자 왕부王符(90~165년경)가 쓴 글을 모은 『잠부론潛夫論』도 유사한 비판을 가하고 있는데, 다만 차이가 있다면 이 책은 여성이 무당의 추종자인 동시에 피해자라는 점에 초점을 두고, 무당이 백성을 속이고 추종자를 끌어들이는 방법은 신령에게 호소하여 병을 고치는 행위라고 주장한다는 점이다.

붐비고 시끌벅적한 시장은 사람들이 폭도로 돌변할 위험이 큰 장소였다. 매춘부들은 시장과, 단골을 위해 특별히 마련된 주점이나 객잔에서 손님을 유치했다. 물론 이런 곳에는 기껏해야 성가실 따름인 불쌍한 거지들도 있었지만, 최악의 경우 자신의 폭력적 의도를 숨기고 음식을 구걸하던 오자서伍子胥나 예양豫讓 같은 유명한 자객도 있

었다.[21]

　요컨대 전국시대 도시의 물리적 구획은 영속적인 법적·사회적 구분으로 이어져, 중화제국 도시 설계의 본보기가 되었다. 초기 제국의 시대에, 국가는 배후에 농경지를 갖춘 궁전도시들의 위계적 연결망으로부터 형성되었다. 주거지·작업장·시장으로 구성된 도시의 외성은 재화의 생산과 교환을 위해 필요했지만, 이념과 재정 양면에서 주변적인 공간이었기에 잠재적으로 국가에 위협적이었다. 국가는 거리와 시장을 격자형으로 구획하여 질서를 부여하려고 노력했지만, 외성의 주민들은 정부가 구상한 용역과 위계의 이상형과는 거리가 먼 존재로 남아 있었다. 시적에 등록된 상인들과 공장들조차도 부에 기초한 대안적 위계를 만들어내어 비참한 농촌 주민들로 하여금 본업을 버리고 돈을 벌기 위해 도시로 떠나도록 유혹함으로써 국가를 위협했다.

　게다가 시장은 불법적인 일을 해서라도 한밑천 마련해보려는 주변인들을 도시로 끌어들였다. 대부분의 문필가에 의해 "게으르거나 사악하다"는 비난을 받은 이 사람들은 밀거래·범죄·점술·매춘을 통해 살아남았다. 시장이라는 같은 공간 속에서 비공인 내지 미등록 사업에 종사한다는 면에서 처지가 비슷했던 이들은 국가의 영향력 바깥에 있던 독특한 도시 문화를 형성하는 데 일조했다. 또한 제국 전역에 퍼져 있던 교역 및 범죄의 그물망—공식적인 도시의 네트워크에 필적했

21) Harper, "Warring States Natural Philosophy," pp.874-875; Harper, *Early Chinese Medical Literature,* pp.43-44, 152-153, 155-159, 166, 168, 174-175, 177; Lewis, *Construction of Space*, pp.165-169; 『鹽鐵論』, p.68; 『潛夫論箋』 篇3 「浮侈」, p.125. 잠부에 대한 논의는 Kinney, *The Art of the Han Essay: Wang Fu's Ch'ien-fu Lun*을 보라.

던, 그러나 언제나 그 네트워크와 별도로 존재했던— 을 통해 서로 연결되어 있었다.

제국 도성의 발명

진의 세력 기반을 다진 재상 상앙은 기원전 4세기 중엽에 진의 도성 함양을 건설하기 시작했다. 이 도시는 전국시대 열국의 도성을 본떠 지어졌는데, 후대의 통치자들에 의해 기존의 성벽 너머로 계속 확장되었다. 이 확장은 중국 전역을 통치하는 최초의 국가가 탄생한 것을 상징하는 새로운 유형의 도성을 만들기 위해 대대적인 재건을 개시한 시황제의 치세에 절정에 달했다. 기원전 220년에 시황제는 위수의 남쪽(도성 자체는 이 강의 북쪽에 있었다)에 신궁信宮을 지었는데, 그 후 북극성을 지상에 구현했다는 뜻을 담아 이 궁전을 극묘極廟로 개명했다. 천추성天樞星이라고도 불리는 이 별은 우주의 중심이자 상제上帝의 궁전이었다. 사마천은 이 별부터 언급하면서 천상의 구조를 설명하기 시작했다.[22] 시황제는 천상의 권력을 지상에서 실천하는 대리인이라는 자신의 역할을 강조하기 위해 도성의 건물들을 하늘의 구도를 본떠 배치했고, 이로써 자신이 이룬 전인미답의 업적을 기리는 새로운 양식의 도성을 만들어냈다.

기원전 212년에 시황제는 위수의 남쪽 상림원上林苑에 거대한 궁궐

---

22) 『史記』 卷6, p.241; 卷27, pp.1289-1290.

을 건설했다. 남산의 두 봉우리가 이 궁궐의 남문 역할을 했고, 그 전
전前殿은 1만 명을 수용할 수 있었다. 시황제는 이 전전에서 남산으로
통하는 각도를 만들 계획이었는데, 그는 이미 산의 정상에 이 산이 궁
궐의 망루임을 알리는 현판懸板을 걸어두었다. 황제의 은밀한 행차를
위한 또 다른 각도가 건설되어, 이 새로운 궁궐을 위수 북쪽의 옛 궁궐
과 연결했다. 이는 "천상의 회랑이 북극성으로부터 은하수를 가로질
러 영실성營室星까지 다다르는 모습을 모방한" 것이었다. 『사기』에 의
하면, 시황제는 공사를 독려하여 "관중에 300개의 궁실宮室을 짓고" 구
름다리와 담장도로로 그것들을 연결하여, 본인이 신령이나 진인眞人
처럼 다른 사람들의 눈에 띄지 않고 궁궐에서 행궁이나 망루로 이동할
수 있도록 했다.[23]

　도성이 우주를 재현하는 것만으로는 부족했다. 그것은 지상에 펼쳐
진 중화제국의 축약판이 되어야만 했다. 진은 전국시대 열국을 정복
할 때마다 그 나라의 왕궁을 모방한 궁전을 위수 북안에 만들어 남쪽
의 새 궁궐을 바라보게 했다. 이 복제 궁전들도 구름다리와 담장도로
로 연결되었고, 멸망한 국가들의 악기와 가녀歌女로 채워졌다. 궁전은
나라의 화신이나 다름없었기 때문에, 진나라는 그 나라의 원궁原宮을
파괴하고 본국의 도성에 '이궁離宮'을 다시 지음으로써 그 나라를 상징
적으로 병합했다.[24]

　이런 정책의 연장선상에서, 시황제는 피정복국의 유력 가문 12만

23) 『史記』 卷6, p.256; 『三輔黃圖』, pp.4~7.

24) 『史記』 卷6, p.239; 『文選』 卷2, 「西京賦」, pp.2 7, 28, 29(2), 31.

호를 함양으로 이주시켰다. 이후에도 그는 백성을 강제로 이주시켜 미래의 황릉, 감천의 여름 별궁, 심지어 순행 중에 동방의 산에 세운 비석까지 돌보게 했다.[25] 제국의 백성을 중심부로 이동시킨 이 정책은 이제 막 주州로 편입된 각 지방의 저항 가능성을 줄였고[옛 열국의 잔존세력을 약화시켰고], 요주의 인물들을 황제와 조정의 직접적인 감시하에 두었으며, 도성의 새로운 주민들과 건물들을 통해 함양이 제국의 심장부이자 축약판이라는 사실을 입증했다. 또한 통치자의 권력은 먼 곳의 백성을 자신의 조정으로 데려오는 능력에서 드러난다는 초기 중국인의 사상을 구체적으로 표현했다.

시황제는 제국 전역에서 몰수한 병기들을 모아서 12개의 거대한 금인을 주조했다. 불사신으로 묘사된 금인의 형상은 시황제의 위대한 업적을 영원히 기리고, 그가 장차 불로장생하리라는 사실을 널리 알리기 위한 것이었을지도 모른다.[26]

새 정복지의 복제는 시황제의 또 다른 건설공사인 여산酈山 황릉에서도 반복되었다. 『여씨춘추』에 따르면, 전국시대 말기의 통치자들은 도성을 모방한 대규모의 능원陵園을 건설했다. 이는 기원전 4세기의 중산왕릉中山王陵에서 출토된 모형에 의해 확인된다. 이런 관행의 절정은 인위적으로 산을 쌓아 만든 시황제의 능으로, 이 무덤은 현재 병마용 덕분에 유명하다. 진나라의 전통에 따라 흙으로 봉분을 만들었고, 그 옆에 목곽木槨 구조의 건물군을 지었다. 또한 동부 지역의 전통

---

25) 『史記』卷6, pp.239, 244, 256.

26) 『史記』卷6, p.239; 卷28, pp.1396, 1397, 1399, 1403; 『三輔黃圖』, p.5.

을 받아들여 이 건물군을 이중의 성벽으로 둘러쌈으로써, 무덤에 도성의 지위를 부여했다.

그러나 시황제는 전국시대 열국의 모방 개념을 채택하되, 이 개념을 자신이 일국의 통치자가 아니라 천하의 지배자라는 새로운 주장을 뒷받침하는 데 이용했다. 그의 중심 묘실墓室은 궁궐과 망루의 모형, 문무백관의 조각, 그리고 수많은 진귀한 물건들로 채워졌다. 황자를 출산하지 못한 후궁들은 살해되어 이 복제된 조정에 매장되었다. 그 주위에는 수은으로 만든 강과 바다로 땅의 형상이 갖추어졌고, 천장에는 천상의 모습이 재현되었다.[27] 최근의 발굴(아직까지 황릉의 일부만 발굴되었을 따름이다)을 통해, 우리는 내벽과 외벽 사이에 더 많은 관리 및 광대의 조각과 6,000개 이상의 병마용이 있다는 사실을 알게 되었다. 이것들은 다시 고위관리들과 황족의 실제 무덤들과 황실의 마구간을 복제한 마구갱馬廐坑에 둘러싸여 있었다. 이런 식으로 무덤군은 진나라와 천하를 모두 모사했다.

이 모든 건물을 마련했음에도, 도성의 여러 특징은 진나라가 전시체제 국가로부터 보편적인 제국으로 이행하는 데 한계가 있었음을 보여준다. 첫째, 함양은 의례적인 면에서 대단히 부족한 곳이었다. 나라의 주요 제단은 모두 다른 곳에 있었다. 가장 중요한 곳은 부치鄜畤와 옛 수도인 옹雍 근처의 구릉지에 있던 오산吳山의 사치四畤였다. 이 제단들은 사방신四方神(진나라의 최고신)과 진보신陳寶神에게 제사를 드리

---

27) 『呂氏春秋校釋』 篇10, pp.535-536; Wu, "Art and Architecture," pp.709-717;
   『史記』 卷6, p.265.

고, 천문 및 기상 현상과 관련된 의식을 거행하던 곳이었다. 농서隴西
에 위치한 옛 수도에는 수십 개의 신묘神廟가 있었고, 미미한 신령들을
모시는 사당은 진나라 전역에 분포되어 있었다.[28]

시황제는 새로 정복한 땅들을 순행하면서 산에 올라 자신의 치적을
기리기 위해 비문을 남겼지만, 한편으로는 지방의 주요 신, 특히 제나
라의 팔신八神에게 제물을 바쳤다. 그는 태산에서 하늘에 봉封 제사를,
양보산梁父山에서 땅에 선禪 제사를 올림으로써, 진나라의 도성에서
멀리 떨어진 곳에서 최고의 신들에게 제물을 바쳤다. 끝으로 그는 명
산대천名山大川에서 행하는 제사를 표준화했고, 어떤 중요한 자연 요
소—당연히 그의 영토 전역에 흩어져 있었다—가 제물을 받아 마땅
한지를 결정했다.

그나마 도성에 가까운 성스러운 장소로는 화산이 거의 유일했다.
황제가 함양에 의례적 중요성을 부여한 유일한 시도는 이 도시 근처의
작은 하천 7개—패수霸水·산수滻水·장수長水·풍수灃水·노수澇水·경
수涇水·위수渭水—에 그가 주요 강에 부여한 것과 동일한 의례적 지위
를 부여한 것이었다. 그러나 실제로 작은 강들은 큰 강들에 바쳐진 제
물을 모두 받지는 못했다.[29]

따라서 진나라와 정복된 영토에서 이루어진 종교정책은 각 지방에
존재하고 있던 신앙과 의식을 인정하고 합리화하는 것이었다. 다시
말해서, 새로운 제국의 중앙집권화를 도모한 것이 아니라, 각 지방의

---

28) 『史記』 卷28, pp .1358-1360, 1364, 1375-1377.

29) 『史記』 卷28, pp.1367-1368, 1371-1374, 1377; 『文選』 卷1,「東都賦」, p.22.

지리적 특성을 감안하여 곳곳에 분산된 채 지난 몇 세기 동안 변화해온 제의들을 받아들였던 것이다. 이런 양상이 시황제가 종교적 의례에 별로 관심이 없었음을 의미하든 공인된 관행을 그대로 수용했음을 뜻하든, 그 저변에 깔린 관념은 수도를 최고의 의례 중심지로 보는, 한제국에서 출현한 사고방식과는 확연하게 다르다.

함양이 제국의 도성으로 변모하는 과정에서 노정한 두 번째 한계는 시황제가 새로운 양식의 도성을 만들기 위해 그곳에 부여한 특징들 그 자체이다. 복제 궁전, 몰수한 무기로 주조한 금인, 주민 이주정책 등의 일차적인 목적은 열국에 대한 진의 승리를 기념하는 것이었다. 복제 궁전과 거대한 조각상은 이 승리를 영원히 전하려 했지만, 그렇게 함으로써 오히려 승자와 패자 모두에게 전쟁이 결코 끝나지 않을 것이라는 생각을 심어주었다. 마찬가지로 시황제의 각석은 그가 새로운 세계를 창건했다고 주장했지만, 어떻게 보면 경쟁국들에 대한 진의 승리를 돌에 새겨 기념했던 것이다. 따라서 시황제의 도성은 진나라가 열국을 물리칠 때 사용했던 것과는 다른 방식으로 피정복민들을 다스리는 데 실패했다는 사실을 극적으로 보여주었다.

진 제국은 야심만만한 건설 계획을 마무리하지 못한 상태에서 기원전 206년에 항우의 공격을 받았고, 그 결과 도성은 거의 파괴되었다. 한의 창건자 유방이 안전을 위해 진나라의 내지에 도읍을 정하기로 마음먹었을 때, 그는 거의 백지상태에서 새로운 도시를 건설해야만 했다. 그때까지 남아 있던 시황제의 여름 별궁들 가운데 하나인 위수 남안의 흥락궁興樂宮이 장락궁長樂宮으로 개명되어 한고조의 주요 궁전으로 사용되었다. 결과적으로 한의 도성인 장안은 위수의 남쪽에 세워졌다. 이곳에서 진나라를 섬겼던 경학자 숙손통叔孫通은 한나라 최초의 장대한 황궁 의례를 주관했는데, 이 조회에서 조정의 모든 관리가 한의 개창자 앞에 엎드려 그의 공적을 찬양했다.[30] 이렇게 해서 의례의 수행을 중시하는 한나라 도성의 창건이 시작되었다.

남쪽의 초나라 출신인 한고조가 도읍을 위수 유역에 두기로 결정한 것은 자신의 왕조를 그 발원지로부터 멀리 떨어뜨려놓기 위함이었다. 지리적·문화적 연결고리를 끊어버린 이 신중한 조치는 지역 연고의 부재로 특징지어지는 제국 문화를 인위적으로 조성하기 위한 첫걸음이었다.[31] 『사기』는 한고조 유방을 가족과 고향에 대한 귀속의식이 없는 인물로 묘사하면서, 바로 이런 성격 덕분에 그가 승리할 수 있었다고 지적한다. 고조의 이런 면모는 여러 방식으로 표현되었다.

첫째, 그는 자신의 진짜 아버지가 용이라는 신화를 차용했다. 이런 신성한 부계는 고대의 성왕들과 왕조 창건자들의 신화에 언제나 등장했던 기본 요소로, 현세의 아버지와 선조의 고향에 대한 유방의 애착심 결여를 정당화했다. 젊은 시절에 고조는 가업은 거들떠보지도 않고 뜻이 맞는 친구들과 흥청망청 놀고 마시며 소일했다. 권세를 얻는

---

30) 영어로 된 논저는 Steinhardt, *Chinese Imperial City Planning*, ch. 3; Wu, *Monumentality*, ch. 3; Wang Zhongshu, *Han Civilization*, Chs. 1-2; Xiong, *Sui-Tang Chang'an*, ch. 1; Hughes, *Two Chinese Poets*; Bielenstein, "Lo-yang in Later Han Time,"; Hotaling, "The City Walls of Han Ch'ang-an"을 보라. 『史記』 卷99, p.2723; 『漢書』 卷43, pp.2126-2128.

31) Knechtges, "The Emperor and Literature"; Sukhu, "Monkeys, Shamans, Emperors, and Poets."

과정에서, 그는 손쉽게 도주하기 위해 자신의 자식들을 수레 밖으로 던지려 한 적도 있다. 그의 부친을 사로잡은 항우가 그를 삶아 먹겠다고 협박하자, 고조는 태연하게 그 국물을 나눠달라고 부탁했다. 황제가 된 뒤에는, 고조의 부친에게 고조의 제국에서 한 명의 신하로 일하라고 설득한 부하에게 후한 상을 내렸다.[32]

사마천이 들려주는 이야기에서, 가족과 고향에 대한 고조의 애정 결핍은 그의 숙적인 항우의 경우와 극명하게 대비된다. 진의 도성을 점령하여 약탈하고 나서 그곳을 도읍으로 삼아야 한다고 신하들이 상주하자, 항우는 그 충고를 무시하고 중국의 북부를 자신의 동지들에게 분봉한 다음 초나라로 돌아가 자신의 고향에서 통치하는 길을 택했다. "부귀를 이루고 나서도 귀향하지 않는 것은 비단옷을 입고 밤중에 나가 돌아다니는 것과 같다. 누가 그것을 알아주겠는가?"[33] 그는 제국을 위해 고향을 버릴 수는 없었다. 고조는 그럴 수 있었고, 그래서 승리했다. 항우와 전혀 다른 고조의 행동양식이 드러나는 이 우화는 사마천이 지연 타파를 제국 창설의 관건으로 간주했다는 점을 보여준다.

고조는 대부분의 시간을 장안이 아닌 다른 곳에서 보냈지만, 이 새로운 도시를 어엿한 도성으로 만들기 위해 상당한 노력이 경주되었

32) 『史記』 卷7, pp.311, 322, 327-328; 卷8, pp.341, 342, 347, 350, 358, 371, 372, 381, 382, 386-387; 卷50, p.1987. 전국시대 한나라의 신화에 나오는 성현들의 신성한 부계에 대해서는 Lewis, *Writing and Authority*, pp.219, 447의 주117을 보라.

33) 『史記』 卷7, p.315. 사마천은 "관중을 버리고 초나라를 그리워한 것"을 항우의 최대 패착으로 꼽는다. 『史記』 卷7, p.359.

다. 한나라 정부는 무고武庫와 태창太倉, 관시官市를 건설했다. 그러나 가묘에 대한 기록은 없는데, 이는 아마도 평민 출신인 고조가 자신의 족보를 할아버지 세대 이상으로 거슬러 올라갈 수 없었기 때문일 것이다. 승상 소하는 장락궁의 서남쪽에 있던 용수산龍首山―용은 황제의 상징이었기에, 적절한 명명이라 아니할 수 없다―에 웅려한 미앙궁未央宮을 지었다. 그 산의 기슭에는 계단식 노대가 만들어졌고, 높은 곳에 위치한 궁궐은 도시를 굽어보았다.

제국이 안정기에 접어들지도 않았는데 도성 건설에 너무 많은 돈을 쏟아부었다고 고조가 나무라자, 소하는 이렇게 답했다. "천하의 운명이 여전히 불투명하기 때문에 우리는 이런 궁실을 지어야만 합니다. 진정한 천자는 사해 안의 모든 곳을 집으로 삼는 법이온데, 그가 웅장하고 아름다운 곳에 기거하지 않는다면, 위엄을 세울 방도도 없거니와 후손이 더 장려한 궁전을 지을 여지도 없사옵니다." 도성을 내려다보는 궁궐의 건축은 황제의 권위와 제국의 불멸을 표현했다. 궁궐은 제국의 '토대'였고, 황제는 새 국가의 중심이었다. 기원전 4세기의 『좌전』은 도성을 "종묘宗廟가 있는 도시"로 정의했지만, 한대의 사서辭書인 『석명釋名』은 "도성이란 군주가 거처하는 곳"이라고 말했다.[34]

한의 2대 통치자로서 태부太傅인 숙손통의 보좌를 받고 있던 어린 혜제惠帝는 『주례』의 「고공기」에 기술된 이상적인 도성 조영造營의 범례에 따라 도시를 건설하기 시작했다. "장인匠人이 도성을 건설할 때

---

34) 『史記』卷8, pp.385-386. 『釋名疏證補』篇2, p.10b; 『左傳注疏』, 장공莊公 28년, p.242.

는, 그것을 사방 9리의 정방형으로 하고, 사방에는 문을 3개씩 둔다. 도성 내에 남북 방향으로 9개의 도로(9경九經), 동서 방향으로 9개의 도로(9위九緯)를 두는데, 남북 도로의 폭은 수레바퀴 9개(9궤九軌)가 지나갈 수 있는 넓이로 한다. 왼쪽에는 종묘, 오른쪽에는 사직, 앞에는 조정, 뒤에는 시장이 있다."35) 혜제는 이 설계안의 일부를 채택했다.

일단 그는 미앙궁의 동쪽에 고조의 종묘를 지었고, 이어서 궁전의 북쪽에 새 시장인 서시西市를 건설했다. 또한 미앙궁 안에 빙고氷庫를 만들고, 끝으로 궁전과 종묘와 시장을 둘러싸는 외벽을 축조했다. 고조의 치세에도 황궁은 성벽으로 에워싸여 있었지만, 외성이 도시 전체를 아우르지는 않았다. 혜제가 축조한 외성은 기존 구조물의 벽들을 이어서 만들었기 때문에, 「고공기」에 규정된 정방형이 아니라 불규칙한 형태를 띠게 되었다. 하지만 외성은 12개의 성문을 갖추었다는 점에서 「고공기」의 규정을 따랐다. 다만 그 가운데 4개는 미앙궁과 장락궁에 가로막혀, 오직 정통성을 지키기 위해 존재했을 따름이다.

혜제는 정통성에 집착하지는 않았다. 궁궐 건물군의 규모와 위치로 인해, 주요 도로들은 격자형을 이루지 못했다. 하지만 황제 전용의 특별한 도로가 마련되어 있었는데, 이 어도御道는 문헌상 근거가 없는 것이었다. 고조의 의관을 그의 능에서 종묘로 옮기는 행렬이 혜제가 사용하던 구름다리 밑을 지나야만 한다는 사실이 발견되었을 때, 이런 불효를 피하기 위해 종묘는 도성에서 위수 북쪽의 능으로 이전되었

35) 『周禮注疏』篇41, pp.24b-25a; Steinhardt, *Chinese Imperial City Planning*, pp.33-36; Xu, *The Chinese City in Space and Time*, pp.31-39; Wheatley, *The Pivot of the Four Quarters*, pp.411-419.

다. 이 중요한 의례적 개혁은 이후 한나라 황실의 제사 제도에 영향을
미쳤다.[36]

장안의 건설에 크게 기여한 마지막 인물은 5대 황제 무제였다. 그의
두 선임자는 검소한 통치자로, 부를 축적하여 제국의 재정을 튼튼하
게 했고, 주요 번왕藩王들을 제압했으며, 제국의 조정에 권력을 집중
시켰다. 무제는 기존의 두 궁궐을 개축했고, 세 개의 궁전을 신축하여
성벽 내의 빈 공간을 채웠다. 또한 진의 여름 별궁이 있던 도성의 서북
쪽에 거대한 제의 장소를 만들었다. 하지만 가장 야심찬 그의 공사는
장안 서남쪽에 위치한 상림원의 부활이었다(지도 9).

한때 진의 궁궐과 누각 들이 있었던 상림원은 이 무렵에는 거의 버
려진 상태였다. 무제는 이곳에 수십 개의 건물을 새로 지었고, 거대한
인공호수를 조성했으며, 은하를 모방하기 위해 견우와 직녀의 조각상
을 세웠다. 그리고 호수 가운데에는 고래 조각상을 설치하여, 호수를
은하에 대응하는 축소판 바다로 만들었다. 이 세 조각상은 근래의 발
굴로 발견되었다. 그는 상림원에 웅장한 건장궁建章宮을 세웠는데, 그
정문은 하늘의 문을 본떠 창합閶闔이라 불렀고, 그 중심 건물은 상제의
궁전 이름을 따서 옥당玉堂이라 칭했다. 이 건물은 미로 같은 회랑으로
둘러싸여 있었고, 그 꼭대기에는 금박 봉황이 바람개비처럼 돌고 있
었다고 한다. 건장궁은 심지어 미앙궁보다 높게 솟아 있어서, 마치 천
상의 궁전 같았다. 상림원은 황제의 주요 거처이자 의례의 중심지로
서, 여러 면에서 도성 자체를 대신했다.

---

36) Wu, *Monumentality*, pp.157-162.

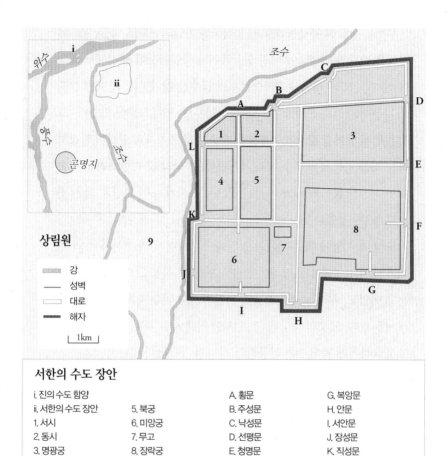

* Wang Zhongshu, *Han Civilization*, tr, K. C. Chang(New Haven: Yale University, 1982) 참조

지도 9

무제는 상림원 곳곳을 희귀한 동식물과 기암괴석으로 채웠는데, 이것들은 변방의 백성들이 바친 진상품이나 중앙아시아 원정에서 획득한 전리품, 또는 개인 수집가들로부터 몰수한 것이었다. 황제의 진귀품 가운데는 검은 코뿔소, 흰 코끼리, 앵무새, 열대식물이 있었다. 그것은 멀리 떨어진 장소에서 공물을 받을 만큼 통치자의 권력이 막강하다는 것을 입증했을 뿐 아니라, 상림원을 신선의 땅—한나라의 미술에서 기이한 동물과 새가 가득한 곳으로 묘사된—이 부럽지 않은 곳으로 바꾸어놓았다.

도성 바로 옆에 이런 거대한 정원을 조성하면서, 무제는 우주의 주재에 대한 상상과 불로장생의 꿈을 표현했다. 물론 그의 꿈은 부질없는 것이었고, 무제는 선임자들과 마찬가지로 위수 북쪽의 인공산 아래에 묻혔다. 고조의 장릉長陵을 위시한 역대 서한 황제의 능은 서서히 도성의 북쪽에 높이 솟은 인공적인 '산맥'을 형성했다(지도 10).

각 능묘에는 의례를 수행하기 위한 목조건물들이 있었고, 이 건물들은 황릉의 관리를 위해 만들어진 능읍의 주민들에 의해 간수되었다. 고조는 진나라의 제도를 본떠 제국의 유력 가문들을 부친의 묘 근처로 이주시킴으로써 이 정책을 처음 실시했다. 그의 후계자들도 이 정책을 계속 시행했다. 각 능읍의 주민은 30만 명에 달했을 것으로 추정된다. 기원후 2년의 조사에 따르면, 무제와 선제의 능읍에 거주하고 있던 인구가 장안의 성내에 살고 있던 인구보다 많았다고 한다. 한 왕조의 대표적인 관리와 학자 상당수가 능읍 출신이거나 조정에서 일하면서 능읍에 거주했다. 황릉의 증가와 이로 인한 유지 및 관리의 필요

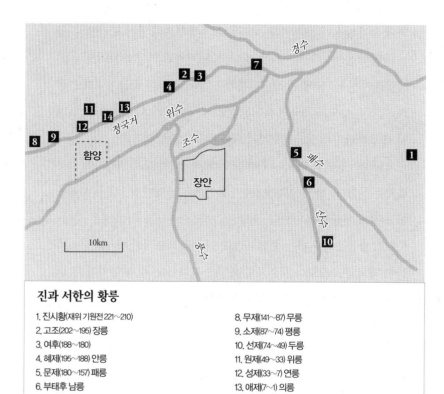

진과 서한의 황릉

1. 진시황(재위 기원전 221~210)
2. 고조(202~195) 장릉
3. 여후(188~180)
4. 혜제(195~188) 안릉
5. 문제(180~157) 패릉
6. 부태후 남릉
7. 경제(157~141) 양릉

8. 무제(141~87) 무릉
9. 소제(87~74) 평릉
10. 선제(74~49) 두릉
11. 원제(49~33) 위릉
12. 성제(33~7) 연릉
13. 애제(7~1) 의릉
14. 평제(기원전 1~기원후 6) 강릉

지도 10

성은 인구와 부를 도성 지구로 흡수하는 데 일조했다.

2세기에 걸친 이주는 관중의 인구를 크게 증가시켰고, 이에 따라 이 지역은 외부에서 들여온 곡물에 갈수록 의존하게 되었다. 새로 유입된 이들은 제국의 관리로 충원될 인재를 공급하는 최대의 단일집단을 형성했다. 황실의 성원들과 마찬가지로, 그들도 처음에는 관중 지역

의 풍속이 낯설게 느껴졌다. 하지만 이주정책은 중앙에 도전할 수 있
는 지방의 능력을 약화시켰을 뿐 아니라, 지역적 연고가 거의 없는 이
사람들의 출사出仕에 기초한 독특한 도성의 문화를 만들어내기도 했
다. 장안은 수도가 제국의 특별한 물리적 구현체가 되고, 수도의 주민
이 제국 문화의 진정한 옹호자가 되는 방식을 정립했다.

그렇지만 장안은 몇 가지 한계로 인해 제국의 수도로 원활하게 기능
하지는 못했다. 한 제국의 첫 1세기 동안에는 권력이 제후국들 사이에
어느 정도 분산되어 있었다. 회남淮南·하간河間·양梁의 조정은 지적·
종교적 활동을 후원하는 중심지였고, 다수의 대표적인 학자와 문필가
들이 제국의 조정보다 제후국의 조정을 선택했다. 한의 통치가 두 번
째 세기에 접어들어 제후국들이 쇠잔하고 나서야, 비로소 제국의 수
도에 맞설 만한 경쟁자들이 사라졌다.

좀 더 중요한 한계는 능읍의 중요성에서 확인되듯이, 한의 첫 번째
도성도 함양처럼 의례적 비중이 매우 약했다는 것이다. 장안 성내의
태묘太廟는 황릉 근처의 제묘祭廟에 비해 의례적 역할이 미미했다. 더
욱이 고조와 후임 황제들의 사당이 제국 각지에 설치됨에 따라, 황실
의 제사와 이와 관련된 의례에서 도성의 구심성은 약화되었다.

우주와 자연의 신들에 대한 주요 의례는 진대의 양식에 따라 제국의
곳곳에서 거행되었다. 명산대천에 대한 제의는 관례에 따라 예전의
장소에서 행해졌다. 한대에도 변함없이 가장 중요한 신들로 통했던
방위의 신들을 모시는 제사는 옹雍 근처의 제단에서 이루어졌다. 고
조가 다섯 번째 제帝(흑제黑帝)를 추가한 것은 오래된 장소인 옹의 중요

성을 배가시켰다. 그는 후직后稷에 대한 제례를 중앙에 집중시키지 않고, 그를 모시는 제단을 제국의 모든 현과 군국에 설치하도록 했다. 장안 자체에는 전국의 무축巫祝들을 불러 모아 황궁에서 제사를 지내게 했고, 전쟁의 신 치우蚩尤를 위한 제단도 마련했는데, 이 제단은 오래 가지는 않았다.[37]

한의 세 번째 통치자 문제는 수도의 북쪽에 오제五帝를 모시는 사당을 세웠지만, 교사는 여전히 옹에서 거행되었고, '제'에 대한 제사도 그곳에서 계속 거행되었다. 무제는 장안에서 혹은 가깝고 혹은 먼 곳에 많은 제사를 도입했다. 태일에 대한 제사는 도성의 동남쪽에서 처음 거행되었고, 후토를 모시는 제단은 장안에서 제법 멀리 떨어진 분음汾陰에 설치되었다. 무제는 또한 감천에 있던 진의 여름 별궁을 의례의 중심지로 변모시켜, 태일을 모시는 주요 제단을 감천으로 옮겼다. 서한의 최대 제의인 봉선은 산동의 태산에서 거행되었고, 많은 학자들이 도성에 지어야만 한다고 건의했던 명당明堂[고대에 천자가 정사를 펼치고 의식을 거행하던 건물]도 태산 부근에 세워졌다.

서한 말기의 수십 년 동안 조정에서 영향력이 커진 경학자들은 제국 전역에 흩어져 있는 사당들을 유지하는 비용을 감당할 수 없다고 비판하면서, 이런 제사에서 비친족이 바치는 제물에 효성이나 정성이 깃들 리가 없다고 주장했다. 그들은 황제가 중요한 국가제례를 집전하기 위해 옹과 감천, 분음, 태산으로 행차해야만 하는 것도 못마땅했다. 심지어 상림원에 사당과 궁궐이 집중된 것도 도성 자체의 의례적 위상

---

37) 『史記』 卷28, pp.1378-1380.

을 격하시킨다고 주장했다.[38]

무제의 사후에 장안에 새로 들어선 건물은 거의 없었다. 서한 말에
는 왕망이 상림원의 건장궁과 많은 건물을 헐어서 자신의 명당과 부속
의례 시설을 경전에 규정된 대로 짓기 위한 자재로 사용했다. 왕망이
만든 건물들은 그를 무너뜨린 내전에서 거의 파괴되었고, 이런 과정
을 거쳐 탄생한 동한은 도읍을 낙양으로 옮겼다.

이 수도는 장안에 비해 면적은 좁았지만 인구밀도는 높았다. 그 성벽
은 적절한 방향으로 설계된 완벽한 장방형에 가까웠고, 필수적인 12개
의 성문을 갖추고 있었다. 다만 성문들 사이의 간격이 일정하지는 않
았다. 낙양에도 장안과 마찬가지로 남북의 축을 따라 적절하게 배치
된 두 개의 궁궐 구역이 있었다. 궁전과 관아가 도시 전체에서 차지하
는 면적이 상대적으로 좁았고, 이 덕분에 주요 도로를 규칙적인 격자
형으로 만들 수 있었다. 낙양의 건축은 장안의 건축보다 훨씬 간소했
다. 낙양은 그 소박함과 규칙적인 공간 배치를 통해 경학이 국학으로
확립되었음을 입증하고자 했다(지도 11).[39]

이 점은 탁월한 역사가이자 시인이었던 반고(32~92)의 「양도부兩都
賦」에 분명하게 나타나고 있다. 기원후 65년에 한나라 조정에 바쳐진
이 작품은 외견상으로는 화려한 수사로 유명한 서한의 대표적인 시인
사마상여의 시부를 본뜬 것이다. 사마상여는 「상림부上林賦」에서 가상

---

38) 『史記』 卷28, pp.1382, 1384, 1386-1389, 1393-1395, 1397-1398, 1402-
1404.

39) Powers, *Art and Political Expression in Early China*, pp.160-161, 171-180.

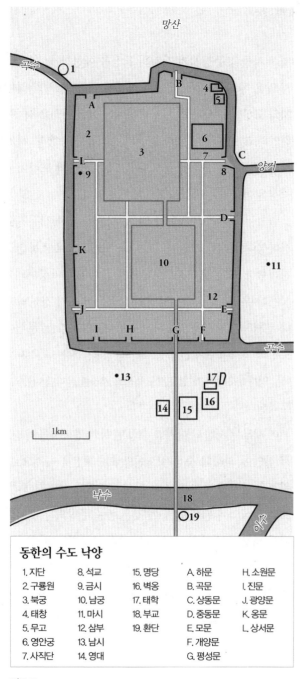

망산

곡수

1

B

4

5

A

2

6

3

7

C 양거

L

9

8

K

D

11

10

J

12

E

I   H   G   F

곡수

13

17

14   15   16

1km

낙수

18

19

양거

동한의 수도 낙양

1. 지단	8. 석교	15. 명당	A. 하문	H. 소원문
2. 구룡원	9. 금시	16. 벽옹	B. 곡문	I. 진문
3. 북궁	10. 남궁	17. 태학	C. 상동문	J. 광양문
4. 태창	11. 마시	18. 부교	D. 중동문	K. 옹문
5. 무고	12. 삼부	19. 환단	E. 모문	L. 상서문
6. 영안궁	13. 남시		F. 개양문	
7. 사직단	14. 영대		G. 평성문	

지도 11

의 화자들을 등장시켜 각자의 조정을 예찬하게 한다. 끝부분에서 앞서 말을 한 두 사람은 세 번째 화자에게 패배를 인정하며 자신들의 무지와 고루함을 사과한다. 사마상여는 이런 형식을 사용하여 상림원을 찬양하고, 제후들에 대한 황권의 승리를 칭송했다. 하지만 도시 자체보다 상림원에 초점을 둠으로써, 그는 서한의 도성이 제국의 진정한 중심은 아니라는 사실을 확인해주고 있다.

반고는 시부라는 장르를 빌려, 서한에 대한 시적 승리는 물론이고 사마상여에 대한 개인적인 승리를 노래함으로써 동한 조정의 영광을 찬미했다. 그는 도덕적으로 진지한 문학이 사마상여의 자유분방한 상상보다 우월하다는 점, 낙양의 적절한 의례가 장안의 타락한 장식보다 우월하다는 점을 입증하고자 했다. 「양도부」는 문헌에 의해 공인된 도성의 의례 복합체인 삼옹三雍, 즉 명당, 벽옹辟雍[천자가 도성에 세운 대학], 영대靈臺[천자가 천문을 관측하고 지리를 살피던 대]를 찬양하면서 마무리된다.

이 시부는 서한의 마지막 수십 년 동안 경학자들의 영향력이 커지면서 장안이 의례의 중심지로 변모하는 과정을 극적으로 보여준다. 기원전 30년경에 각 현에서 한 황실의 종묘가 사라지고 천제天祭가 처음으로 황실의 후원을 받게 된 것은 종종 주장되는 것처럼 경제적 고려에서 비롯된 것만은 아니었다. 그것에 못지않게 중요한 요인은 직계 후손만이 조상에게 제사를 지낼 수 있으며, 따라서 지방관들에게 한 황실의 조상을 모시게 하는 것은 옳지 못한 일이라는 경학자들의 믿음이 갈수록 힘을 얻었다는 사실이다. 이를 계기로 한편으로는 황실의

제사가 도성 주변에 집중되기 시작했다. 그러나 다른 한편으로는 공
식적인 제의로서의 조상숭배가 전반적으로 그 중요성이 하락하고, 좀
더 공적인 목적을 위하거나 자연신을 섬기는 의례가 점차 강조되는 현
상이 나타났다.

왕망의 치세에 나타난 자연신에 대한 가장 큰 제사는 제천의식이었
다. 이는 흔히 주나라로의 복귀로 간주되지만, 사실은 제국의 성격이
의례적으로 실현된 것이었다. 수도 낙양(혹은 그 후에 도성이 된 곳)의 남
쪽 교외에서 거행된 제사는 도성의 의례적 중심성을 부각시켰다. 수
도를 어디로 옮기든 제단은 이전될 수 있었기 때문에, 최고의 국가제
의는 특정 지역에 얽매이지 않게 되었고, 그 결과 한 왕조 및 그 후의
모든 왕조에서 간단없이 거행될 수 있었다. 이 제사는 산이나 하천 같
은 자연경관의 고정된 특성이 아니라 도처에 편재하는 하늘에 바치는
것이므로 융통성이 있었다. 한대의 제천의식은 옛 제도의 부활이 아
니라, 지역성과 풍속의 초월이라는 제국과 그 도성의 특성에 어울리
는 숭배 형식을 만들어낸 의례적 혁신이었다.

이 새로운 양식의 도성은 몇 가지 뚜렷한 특징을 노정했다. 첫째, 한
대의 시부에도 묘사되어 있듯이 그것은 왕조 또는 그 창건자의 창조물
이었다. 이 점은 교역이나 한정된 지방 세력으로부터 자연스럽게 성
장해 나온 다른 도시들과 도성을 구별해주었다.[40] 따라서 수도의 창출
은 율령, 도량형, 서체, 관복 그리고 무엇보다도 도성에 연결된 예제와
더불어 특정 왕조의 제도적 정립에 반드시 필요한 또 하나의 요소였

---

40) 『文選』 卷1, 「西都賦」, p.16; 卷2, 「西京賦」, p.28.

다. 그리고 제국의 경전이 확립된 시대에, 이 모든 요소는 공인된 문헌 유산의 권위에 관련되어 있었다.

둘째, 이처럼 도성을 정치적 창조물로 보는 시각의 직접적인 귀결은 그것의 인위성에 대한 강조이다. 성벽과 성문, 격자형 도로는 모두 인간의 설계를 자연세계에 강요한 결과였다. 그것들은 위계질서의 확립과 고분고분하지 않은 백성의 통제를 나타냈다. 이런 인위적 장치는 패션과 취향의 영역에서도 나타났는데, 통치자와 그의 조정은 패션과 취향의 궁극적인 원천이자 표본이었다.

새 수도의 마지막 특징은 숨겨진 주제라 할 수 있는 무상함이다. 누구도 황제의 죽음이나 왕조의 몰락을 입에 담을 수 없었지만, 누구나 그런 사건이 불가피하다는 사실을 알고 있었다. 왕조의 산물인 수도는 그것을 창조한 통치가문과 함께 무너져 내렸다. 칙령에 의해 무에서 창조된 인위적이고 덧없는 존재인 도성은 그 칙령의 효력이 사라지면 다시 무로 돌아갔다. 목조건물에 의존한 것도 이런 일시성에 일조했다. 고대 로마와 그리스의 석조 유물들은 살아남아 서양에서 연구와 성찰의 원천이 되었지만, 중국의 고대 수도들은 새 왕조가 들어설 때마다 잿더미로 변했다. 함양은 항우에 의해 파괴되었고, 장안은 서한 말기의 내란으로 황폐화되었으며, 낙양은 동한 말기에 동탁에 의해 소실되었다.[41]

동한의 수도 낙양은 오직 문학 속에서만 살아남았다. 조식曹植이 3세기에 지은 유명한 시는 그 대표적인 예인데, 그는 평생 낙양에 가본 적

---

41) 『文選』 卷3, 「東京賦」, p.67; 『漢書』 卷99b, p.4193.

이 없었지만, 옛 주민의 시적 목소리를 빌리는 형식으로 낙양의 쇠락
을 다음과 같이 한탄했다.

> 북망산北邙山 마루에 올라
>
> 저 멀리 낙양을 굽어보니,
>
> 낙양은 적막하기 그지없고
>
> 궁실은 불에 타 재만 남았네.
>
> 담벼락은 모두 무너져 내리고
>
> 가시나무만 하늘을 찌르는데,
>
> 옛 노인은 보이지 않고
>
> 낯선 젊은이만 눈에 띄네.
>
> 옆으로 발을 디뎌 거닐 길도 없고
>
> 거칠어진 전답은 더는 갈지 않으니,
>
> 떠나온 지 오래된 나그네가
>
> 논밭의 두렁을 분간할 길이 없네.
>
> 들판은 황량하기 짝이 없고
>
> 천 리의 인가에 연기조차 없어,
>
> 오랫동안 머물렀던 옛집을 생각하니
>
> 만감이 교차해 말문이 막히네.[42]

42) 『先秦漢魏晉南北朝詩』 卷1, p.454. 한나라의 도성이 후대에 물리적 흔적을
남기지 않은 사실에 관해서는 Yang, *A Record of Buddhist Monasteries in Lo-
yang*, p.133을 참조하라. 사라진 도성에 대한 회고를 문학적 주제로 삼는 경향에
대해서는 Owen, *Remembrances*, pp.58-65를 보라.

5

| 농촌사회 |

진한 제국의 시대에 인구의 90퍼센트 이상이 땅을 일구고 있었지만, 농민에 대한 기록은 거의 없다. 엘리트들은 도시의 다채롭고 흥미진진한 생활과 조정의 권력투쟁에 관심이 더 많았다. 토지에 얽매인 농촌의 일상은 야만적이고 조야한 느낌을 주었다.

하지만 이른바 신성한 농부인 신농神農은 한대의 신화에 농업의 발명자로 등장했고, 모든 사람은 마땅히 자신의 식량을 스스로 재배해야 한다는 전국시대의 전통을 뒷받침한 성왕이었다. 한나라 초기의 철학 편람 『회남자』는 그를 법 제정자로 소개하고 있다. "고로 신농의 법에 이르기를, '성년 남자가 경작을 하지 않으면 천하의 누군가가 굶주리게 될 테고, 성인 여성이 길쌈을 하지 않으면 천하의 누군가가 추위에 떨게 될 것이다'라고 했다. 그래서 신농은 친히 경작을 하고 그 부인은 길쌈을 하여, 천하에 모범을 보이셨다.”[1]

일부 문인은 이 신조를 활용하여 농가의 생산성에 의존하고 상인들의 부에 의심의 눈초리를 보내던 진나라 정권을 지지했는데, 이런 정책적 기조는 한대에도 계속 이어졌다. 농사는 드물게 거행되는 의례의 일부가 되어, 한나라의 황제들은 농사철의 시작을 알리기 위해 적전籍田에서 쟁기를 세 번 밀었다. 고위관리들도 이 친경親耕 의식에 동참하여, 모의 경작을 통해 조정이 농업에 관심이 있음을 보여주었다. 황후도 누에치기의 창시자인 누조嫘祖를 기리는 의례적 길쌈을 행했다.[2] 비록 이 두 의례가 정기적으로 거행되지는 않았지만, 국가는 자유로운 소농으로 구성된 농촌체제를 유지하기 위해 몇 가지 정책을 추진했다.

철, 관개, 규모의 경제

진 제국이 출현하기 이전의 몇 세기 동안, 관개시설과 비료, 철제 농기구(예컨대 짐승이 끄는 쟁기) 같은 진일보한 몇 가지 주요 기술이 도입되었다. 기원전 3세기의 제자서 『여씨춘추』에 따르면, 특히 유기비료는 생산량을 증가시켜 “척박한 땅을 기름진 땅으로 바꿔놓는” 중요한

---

1) 『淮南子』篇11, p.185. 신농과 관련된 학설에 대해서는 Graham, *Disputers of the Tao*, pp.64~74; Graham, "The Nung-chia School of the Tillers and the Origins of Peasant Utopianism in China"를 보라.

2) Bodde, *Festivals in Classical China*, pp.223~241, 263~272.

역할을 했다. 그러나 새로운 기술의 도입이 곧장 광범위한 사용으로 이어지지는 않았다. 철제 보습은 특히 소 두 마리가 끌 경우에는 논밭을 더 깊게 갈 수 있었고, 점토로 구워낸 벽돌은 관개용 우물을 만드는 데 유용했지만, 한대에는 신기술을 받아들일 때 지역별 편차가 상당히 컸다. 당시의 사료에는 가장 앞선 기술이 여전히 사용되지 않고 있던 지역과, 관리들이 신기술을 개발하고 장려하기 위해 노력하던 지역이 열거되어 있다.[3]

예를 들어 서한 초기에, 농부들은 갈퀴로 흙을 부순 다음 삽을 써서 좁은 고랑(약 20센티미터 넓이)을 파고, 그것들 사이에 넓은 이랑(약 165센티미터)을 만들었다. 그런 뒤에 이 이랑 위에 기장, 밀, 보리의 종자를 뿌렸고, 나중에 고랑에 서서 주변의 잡초를 제거했다. 물은 도랑을 타고 흘러 작물의 뿌리에까지 닿았다. 이런 방식에서는 처음 토양을 갈아엎을 때를 제외하면 소와 쟁기는 거의 쓸모가 없었고, 대부분의 농부는 그것들을 갖고 있지도 않았다.

무제의 치세에 조과趙過는 새로운 농법인 대전법代田法을 시행했다. 고랑은 더 넓게 파여지고, 씨앗은 이랑이 아닌 고랑에 파종되었다. 김을 매는 과정에서 이랑의 흙이 고랑에 떨어져 작물은 더 깊이 뿌리를 내렸고, 그 결과 여름에 가뭄을 더 잘 견딜 수 있었다. 한여름에 접어들면 논밭은 평평하게 갈아엎어졌다. 이듬해에는 고랑과 이랑의 자리가 바뀌었는데(이 때문에 '대전법'이라 불린다), 덕분에 지력이 보존되고

---

3) 『呂氏春秋校釋』篇26, pp.1731-1732, 1756; Cho-yun Hsu, *Han Agriculture*,
   pp.7-9. Hsu, *Han Agriculture*, pp.109-128, 298-299, 300, 307.

그림 8. 한 사람이 모두 소 두 마리가 철제 쟁기를 끄는 모습. 그의 옆에는 물을 지고 가는 사람과 쟁기를 사용하는 사람이 보인다.

비료나 휴경(일정 기간 논밭을 경작하지 않고 묵혀두는 것)의 필요성이 줄어들었을 것이다. 바람이 이랑 위의 씨앗을 날려버리는 일도 없어졌고, 수분도 더 잘 보존되었다. 소를 사용하면 예전과 똑같은 인간의 노동력을 투입하여 더 넓은 지역을 경작할 수 있었다.

하지만 이 생산성 혁신—처음에는 죄수들에 의해 경작되던 국유지에 도입되었고, 그 후 관리들에 의해 수도 인근 지역에 보급되었다—은 상당한 자본의 투입을 요구했다. 소 두 마리와 철제 쟁기를 장만할 여력이 있는 농민만이 신기술을 활용할 수 있었다(그림 8). 이론상으로는 일군의 농민들이 소와 쟁기를 단체로 구매하면 될 것 같지만, 이것은 실질적인 소유권이나 가축의 사육과 도구의 관리 같은 문제로 인해 현실적으로는 불가능한 일이었다. 따라서 부농과 지주 들은 생산성 면에서 가난한 이웃들에 비해 압도적으로 유리했다. 목제 농기구와 자신의 손발에 의존하는 가난한 농민들은 해마다 크게 뒤쳐졌고, 불가피하게 찾아오는 흉년을 견뎌낼 가능성도 훨씬 낮았다.

벽돌내장 기법의 도입은 우물을 더 깊게 파서 더 많은 물을 얻을 수 있음을 뜻했다. 북중국의 평원, 특히 황하 범람원의 관개는 그런 우물에서 퍼 올린 물에 의존했다. 이런 관개 기술의 발전은 철제 쟁기의 사용과 마찬가지로 생산성에 영향을 미쳤다. 부농은 우물을 더 깊게 파서 더 많은 물을 얻음으로써, 더 많은 수확을 올리고 강수량 부족을 견딜 수 있었다. 외국과의 전쟁을 위해 계속 늘어나고 있던 세금을 내야 하는 데다 우물을 만들 돈도 없던 소농들은 이내 빚더미에 올라앉았다. 사채는 이자가 높았으므로, 일단 돈을 빌리고 나면 그것을 되갚기란 거의 불가능했다. 결국 많은 농민은 어쩔 수 없이 지방의 실력가에게 토지를 팔거나 빼앗겨, 그 토호의 소작농으로 전락했다. 그러나 신기술은 더 적은 인력으로 토지를 경작할 수 있게 해주었기 때문에, 농업노동자에 대한 수요는 점점 줄어들었고, 다수의 농민은 궁극적으로 본인의 의사와 무관하게 토지에서 완전히 밀려나게 되었다.

조과의 대전법하에서 쟁기를 사용하려면 두 마리의 소와 세 명의 농부가 필요했지만, 동한의 농부들은 코뚜레를 개발하여 한 사람이 쟁기와 소를 모두 제어할 수 있도록 했다. 또한 쟁기와 파종기를 결합한 기구가 발명되자, 한 사람이 쟁기질과 씨뿌리기를 동시에 할 수 있었다.[4] 그러나 이런 기술적 진보는 부농들과 그들의 소작농들만이 이용할 수 있는 것이었다. 이와 같이 부농이 누리는 상대적 이점이 갈수록 커짐에 따라, 더 많은 농민이 땅을 떠나게 되었다.

농사를 짓는 전체 과정의 몇 단계만이 기계화되어 있었다. 정지작업, 제초, 시비, 관개, 수확은 여전히 노동집약적인 구식 수작업으로 이루어졌다. 많은 자본의 투입을 통해 규모의 경제를 실현할 수 있는 단계는 밭을 갈고 씨를 뿌리는 과정뿐이었다.

한편 양자강 유역에서는 농업 및 그것과 관련된 사회사가 상당히 달랐다. 남쪽 지방은 습윤하여 가뭄을 거의 겪지 않았다. 가장 큰 문제는 물이 넘쳐난다는 것으로, 동한이 몰락한 이후 새로운 배수 기술이 개발되기 전까지 대부분의 땅은 너무 질어서 경작되지 않고 남아 있었다. 이 지역의 농부들은 대부분 잡초와 초목을 태워 비료가 될 재를 남

---

4) Hsu, *Han Agriculture*, pp.297-298, 300.

기고, 그 땅에 벼를 심고 나서 물을 댔다. 작물이 조금 자란 뒤에는, 잡초를 제거하고 물을 더 대주었다. 못자리에서 자란 모를 논에 옮겨 심는, 후대에 중국과 일본에서 실행된 모내기는 아직 보급되지 않았다. 타고 남은 재를 비료로 활용하기 때문에, 이 방법을 쓰려면 초목이 다시 자랄 수 있도록 한 해 걸러 논을 묵혀둘 필요가 있었다. 그 결과 수확량은 북쪽에 비해 현저히 낮았다.

그렇지만 홍수와 이민족의 침입을 피해 남쪽으로 피신한 농민들이 양자강 중류와 하류에 정착함에 따라, 남부 지역의 벼농사 면적은 갈수록 넓어졌다. 이 난민의 대부분은 가난한 농부였고, 벼 생산기술은 대규모 자본 투입을 필요로 하지 않았기 때문에, 북쪽에 비해 지주제는 뚜렷이 발달하지 않았다. 일부 유력 가문은 작은 골짜기의 한쪽 끝을 둑으로 막아 호수를 만들고, 이 호수로부터 수문을 통해 방류되는 물을 논에 대는 새로운 관개 방법을 도입했다. 하지만 관개가 아닌 배수가 주된 문제였기에, 이 혁신은 남쪽의 농업을 탈바꿈시키지 못했다. 4세기 초에 대규모 인구가 유입된 이후에야 상당수의 유력 가문이 남쪽에 자리를 잡았고, 그 직후에 도입된 새로운 배수 기술은 광활한 토지의 개발과 지주제의 확산으로 이어졌다.

아직까지 남아 있는 글을 쓴 진한 시대의 문필가들 대부분은 정부의 최우선 경제과제가 농업을 장려하고 농민을 보호하는 것이라는 데 동의했다. 근대 초기 유럽의 중농주의자들처럼, 그들은 농업이 유일하게 진정한 부의 원천이라고 믿었다. 수공업은 신중하게 통제되지 않으면 농민들이 토지를 버리도록 유혹하거나 그들을 소작인으로 전락

시켜 더 이상 국가에 세금과 요역을 바치지 않도록 만들 위험을 안고
있었다. 일부 사상가가 분업의 이점에 주목했지만, 이 이점은 기본적
으로 상인들이 아니라 학자와 관리 들의 활동을 정당화하기 위해 강조
되었다.[5]

전국시대와 초기 제국시대에 농민의 세금과 요역은 왕실/황실과 관
리들에게 필요한 물자와 노동력을 제공했다. 동서고금을 막론하고,
상대적으로 재산을 은닉하기 쉬운 상인들에게 세금을 부과하기는 어
려웠다. 농민의 땅은 눈에 띄고, 측량하기도 쉽고, 움직일 수도 없고,
연간 생산량을 추산하기도 어렵지 않았다. 상인은 자신의 재산을 상
품이나 화폐의 형태로 보관할 수 있었고, 한 장소에서 다른 장소로 옮
길 수도 있었다. 신고 재산에 대한 과세를 통해 국가는 일시적으로 상
인들로부터 세금을 징수할 수 있었지만, 이런 압박정책은 그들의 토
지에 대한 투자를 부추겨 지주를 양산하는 대가를 치러야만 했다. 지
주제는 호적에 등록된 농민의 수를 감소시켜 국가의 항구적인 기반을
약화시켰다. 신고 재산에 대한 강압적인 과세는 정부와 가장 유력한
가문들 사이의 실질적인 전쟁을 촉발할 위험이 있었다. 무제의 치세
가 끝난 뒤에, 이 강제 징세는 폐지되었다.

따라서 제국의 재정적 기반에 대한 정확한 인식과 생산성의 토대에
대한 잘못된 관념(농업을 부의 유일한 원천으로 보는 관념)의 혼재로 인해,
상업을 억제하고 지주제를 저지하고 소농을 보호하려는 정책이 추진
되었지만, 이 정책이 이루고자 했던 첫 번째 목적은 나머지 두 목적에

---

5) Lewis, *Construction of Space*, pp.101–104.

배치되었다.

진 제국의 시대와 한고조의 치세에 부세와 요역은 여러 형태를 취하고 있었다. 모든 성인 남성은 15세와 17세 사이에 국가에 등록되었다. 일정한 기준의 키에 미치지 못하는 자는 '소남小男'으로 등록되어 가벼운 노역만 부담하거나 장애인으로 등록되어 노역을 완전히 면제받았다.[6] 기원전 186년 이후에 남성은 20세에서 24세 사이에 그 부친이 20등작제에서 차지하는 지위에 따라 등록되었고, 58세와 65세 사이의 어느 시점에 본인의 작위에 따라 요역에서 면제되었다. 여성은 법적으로 요역을 제공할 의무가 없었지만, 예외적인 경우에는 국가의 건설 공사에 동원되기도 했다.

등록된 남성은 2년 동안 군역을 져야 했는데, 1년은 수도나 접경지대에서 [위사衛士나 수졸戍卒로] 복무하고, 다른 1년은 자신의 군에서 정규병사[군병郡兵]로 복무했다. 따로 선발된 자들은 '재사才士'(석궁에 숙달한 병사)나 '기병'이나 '누선樓船'을 타는 수병으로 훈련받았다. 이들은 일반 보병보다는 높은 계급과 급여를 받았다. 군역을 마치고 나면, 매년 한 달씩 노역을 제공했다. 가구당 1명의 성인만이 요역에 징발되었고, 9등작 이상의 관리와 귀족들, 일정액의 돈을 낸 사람들, 황제의 사면을 받은 자들은 모두 요역을 면했다. 이 요역은 2년의 군 복무와 별개의 것으로 간주되지 않았다. 둘 다 국가에 대한 단일한 의무체계의 일부였다.

---

6) 가장 최근에 발견된 자료에 근거한 진한의 노역에 관한 훌륭한 조사는 Barbieri-Low, *Artisans in Early Imperial China*, ch. 5, sec 1, "The Conscripted Artisan"을 보라.

자유로운 모든 성인 남성이 군역을 제공했지만, 원정대는 재사, 기병, 누선사라는 3대 정예집단에서 차출된 병사들로 구성되었다. 수송이나 경계, 호위 등의 임무는 일반 병사들이 맡았지만, 전투의 부담은 특별히 훈련받은 엘리트 병사들의 몫이었다. 이와 같이 무장병력을 최전선에서 주요 전투를 책임지는 정예부대와, 이런 부대를 지원하는 징집병들로 구분하는 관행은 진 제국이 전국시대의 열국으로부터 물려받은 것이었다.

전선에서 복무하는 것 말고도, 군대는 후방의 방위를 책임져야 했다. 매년 8월에 모든 군현은 열병식을 개최했고, 병사들은 지방 군관의 지휘하에 자신들이 익힌 군사기술을 각지의 최고 행정관에게 보여주었다. 이런 연례적인 훈련 상태의 검열은 상당수의 농민군이 무기를 능숙하게 다루어 대규모의 도적떼나 소규모의 침략군을 맞아 지방의 치안을 담당할 수 있는지 확인하기 위한 것이었다.[7]

대부분의 농민이 일상에서 접할 수 있는 유일한 국가 관리는 현관縣官이었다. 현은 일반적으로 하나의 성읍을 포함하고 있었고, 그 인구는 많게는 20만 명에서 적게는 1만 명에 이르기까지 다양했다. 인구가 적다고 하더라도 현관들이 자신의 관할하에 있는 백성을 일일이 대면하기란 불가능했으므로, 그들은 지역 명문가의 도움에 의존할 수밖에 없었다.[8] 그렇지만 농민의 고통을 덜어주고, 그들이 빚을 져서 소

7) Lewis, "The Han Abolition of Universal Military Service," pp.34-39.

8) 현령과 그 수하들의 의무에 관해서는 Bielenstein, *The Beaurocracy of Han Times*, pp.99-104를 보라.

작농으로 전락하는 것을 잠시나마 늦추기 위해, 일부 지방관은 기근이 들면 창고를 열어 곡식을 풀었고, 재난이 발생하면 중앙 조정의 구제금을 나누어주었다.

그런 구휼활동은 선량한 지방관의 공덕을 기리는 많은 석각에 두드러지게 나타나는데, 동한의 관리 조전曹全을 위한 비문은 좋은 예이다. "그는 백성을 긍휼히 여겨, 노인을 위로하고 과부와 홀아비를 돌보았다. 사재를 털어 곡물을 사서 병자와 맹인에게 나누어주었다. …… 그의 관대한 정치는 파발꾼이 전하는 문서보다 빠르게 퍼져나갔고, 백성들은 아이들을 등에 업고 구름처럼 몰려들었다. 그는 가옥과 담장을 수리하고, 시장에 상점을 설치했다. 계절에 맞게 비가 오고 바람이 불어 풍년이 드니, 농부와 직녀와 공인貢人이 그 은혜로운 정치에 감사를 표했다."[9]

물론 이런 비문들은 사망한 관리의 친척이나 아랫사람의 주도로 작성되었기 때문에 민심을 반영한 믿을 만한 지표라고 속단할 수는 없지만, 일부 지방관이 조정의 고위관리들보다 자신들의 관할하에 있던 농민들의 복리와 생계를 보호하는 일을 더 잘 해냈을 가능성은 충분히 있다.

---

9) 高文, 『漢碑集釋』, p.489.

마을과 농가

현은 향鄕으로 나뉘었고, 향은 정亭(그 우두머리는 지방의 치안을 담당했다)으로 나뉘었으며, 정은 이里(도시의 '행정구역'을 뜻하기도 했다)로 세분되었다. 이 모든 행정단위에는 지방에서 임명된 반관반민의 지도자들이 있었는데, 최하급 지도자는 마을의 이장(이괴里魁)이었다.

공문서, 특히 수호지에서 출토된 진율은 진대 향촌의 생활상을 상세하게 전해주고 있다. 대표적인 예는 외양간과 목장에 관한 법률인 「구원율廐苑律」의 한 구절이다.

매년 4월, 7월, 10월, 1월에 밭을 가는 소(전우田牛)의 상태를 점검한다. 한 해를 마감하고 나서 맞이하는 정월에는 전우들에 대한 엄정한 평가가 내려진다. 결과가 좋으면 전색부田嗇夫(밭에 관한 업무를 총괄하는 자)는 술과 육포를 상으로 받고, 축사 관리자는 한 차례의 경역更役을 면제받으며, 우장牛長은 30일의 휴가를 받는다. 결과가 나쁘면 전색부는 견책을 당하고, 축사 관리자는 2개월의 추가 근무를 명받는다. 전우의 몸통 치수가 줄어들면 담당자는 1치당 10대씩 곤장을 맞는다. 전우에 대한 평가는 이 단위에서도 이루어진다. 좋은 평가를 받으면 전전田典은 10일의 휴가를 받는다. 나쁜 평가를 받으면 그는 곤장 30대를 맞는다.[10]

---

10) Hulsewé, *Remnants of Ch'in Law*, pp.26-27.

　　지방 정부와 농민들에 대한 감독과 통제의 수준은 다음 글에서 분명하게 나타난다. "창고에 쥐구멍이 몇 개일 때 처벌이나 문책을 하는가? 조정의 관행에 따르면, 쥐구멍이 3개 이상이면 방패 하나의 값에 해당하는 벌금을 물어야 하고, 쥐구멍이 2개 이하면 (담당관은) 문책을 당한다. 생쥐의 구멍 3개는 쥐구멍 1개로 친다."[11] 한나라가 진의 제도를 계승하기는 했지만, 이런 법령이 한대의 마을 생활에서 얼마나 충실하게 지켜졌는지는 알 수 없다.

　　우리가 알 수 있는 것은 한나라의 농민들이 호구를 등록할 때, 주화나 현물로 세금을 낼 때(지정된 장소로 가지고 가야 했다), 요역을 이행할 때, 한 해 농사에 쓸 종자種子를 빌릴 때 관리들을 만났을 것이라는 사실이다. 농민들은 또한 연좌제를 통해, 또는 불운하게 법에 저촉되었을 때 관리와 대면했을 것이다. 현존하는 유일한 한대의 유언장은 부모와 자식이 토지의 분배에 관한 문서를 작성하는 현장에 관리들이 입회했음을 알려준다.

　　전형적인 마을은 약 100가구로 구성되어 있었고, 각 호는 소규모의 토지를 소유하고 있었다. 강력한 종족이 발달해 있던 경우를 제외하면, 이웃들은 대개 친척이 아니었다. 개인의 지위는 작위체제에 의해 등급화되어 있었고, 이 체제는 마을 사람들 사이에서 국가가 부여한 질서를 확립했다. 한나라에는 20등급의 작위가 있었는데, 8개의 낮은 작위는 노비를 제외한 평민 남성에게 부여되었고, 높은 작위는 관리들의 몫이었다. 이런 작위제도는 군공을 세우거나 군량미를 바친 사

11) 같은 책, pp.162-163.

람에게 작위를 부여하던 진나라에서 유래했다. 한 제국에서는 태자의 책봉 같은 특별한 경우에 모든 성인 남성에게 작위가 부여되었기 때문에 등급은 종종 연령과 관련이 있었다. 한대에 이루어진 약 200건의 작위 사여賜與에 대한 기록이 아직까지 남아 있다. 게다가 특정 지역이나 집단, 또는 개인이 특별한 공을 세워 작을 받을 수도 있었다. 개인의 공에 대한 보상은 일반적으로 관리나 군관에게 주어졌다. 하지만 돈이 필요할 경우, 국가는 대놓고 작위를 팔았다.

작위에는 몇 가지 특권이 뒤따랐다. 첫째, 높은 작위의 보유자들은 일부 법정 요역을 면제받았다. 또한 작위를 국가에 반납하면 법에 규정된 혜택—예컨대 특정 범죄의 형량을 감면받거나 부모를 노역으로부터 해방시키는—을 누릴 수 있었다. 마지막으로, 작위는 마을 내에서의 지위를 결정했으므로 작위가 높은 자는 경사스러운 날에 국가가 베푼 잔치에서 상석에 앉아 더 많은 술과 고기를 대접받았다. 한대의 한 산술서에는 다음과 같은 질문이 나온다. "1등에서 5등에 이르는 상이한 작위를 가진 다섯 명이 다섯 마리의 사슴을 잡았다. 그들의 작위에 따라 고기를 분배한다면, 각자의 몫은 얼마나 될까?"[12] 작위와 그것에 관련된 특권을 규정함으로써, 국가는 '자연발생적인' 지방의 위계를 뿌리째 뽑고 그 자리에 자체의 권위와 기준을 이식하고자 했다.

한대 농가의 상황은 시대와 장소, 사회계층에 따라 다양했지만, 가

---

12) Nishijima, "The Economic and Social History of Former Han," pp.552–553; Loewe, "The Structure and Practice of Government," pp.484–486; Loewe, "The Orders of Aristocratic Ranks of Han China."

장 일반적인 경우는 4~5명의 가족으로 이루어진 자유 소농이었다. 제국의 어사대부御史大夫 조조晁錯(?~기원전 154)는 언제나 파산 직전에 있던 농민의 삶을 다음과 같이 묘사하고 있다.

> 오늘날 다섯 명이 살고 있는 농가에서 적어도 두 명은 요역에 나가야 합니다. 가구당 경작지는 100묘畝(약 4만 5,700제곱미터)를 넘지 못하고, 수확량도 100석石을 넘기기 어렵습니다. 농민들은 봄에는 밭을 갈고, 여름에는 김을 매며, 가을에는 수확하고, 겨울에는 저장합니다. 또 땔감을 마련하고 관청에 노역을 제공해야 합니다. 봄에는 바람과 먼지, 여름에는 무더위, 가을에는 축축한 장마, 겨울에는 한파를 피할 수 없습니다. 따라서 사시사철 단 하루도 쉴 틈이 없습니다. ……
>
> 더욱이 손님을 맞이하고 보내야 하며, 죽은 자를 조문해야 하고, 병든 자를 돌보아야 하며, 어린아이들을 양육해야 합니다. 이토록 고단하게 일하면서 홍수와 가뭄 같은 재해를 견뎌야만 합니다. 때로는 예상치 못한 (가외의) 세금을 내야 합니다. 아침에 부과된 세금을 저녁까지 준비해서 납부해야 하는 경우도 있습니다. 이런 요구에 응하기 위해, 농민은 양식을 반값에 팔아야만 하고, 그나마 양식도 없는 사람은 곱절의 이자를 내고 돈을 빌려야만 합니다. 결국 그들은 빚을 갚기 위해 논밭과 집을 팔아야 하고, 때로는 자식과 손자를 노비로 팔아야 합니다.[13]

---

13) 『漢書』 卷24a, p.1132(晁錯, 「論貴粟疏」); Hsu, *Han Agriculture*, pp.160-163.

동한의 통계에 따르면, 농가의 평균 경작지는 조조가 추정했던 것
보다 더욱 좁아져, 보통 60~70묘 정도였다.

이와 대조적으로 동한 말기 어떤 지주의 삶은 상당히 안락했다. "주
변에 도랑이 흐르고 사방이 대나무에 둘러싸인 배산임수의 터에, 좋
은 밭과 널찍한 집이 있는 곳에 살고 싶네. 앞에는 탈곡장과 채소밭이
있고, 뒤에는 과수원이 있으면 더 좋겠지. 수레와 배가 넉넉히 있어 걷
고 물을 건너는 어려움을 덜어주고, 하인들이 많아 사지의 수고로움
을 덜어주면 얼마나 편할까. 친척들을 봉양할 좋은 음식이 있고, 처자
식을 고생시키지 않는다면 무엇을 더 바라랴."[14] 물론 이상의 두 이미
지―전자는 너무 분석적이고 후자는 지나치게 서정적이다―는 실제
의 농가와는 거리가 멀다. 전자는 도식화된 유형을 제시한 것이고, 후
자는 낭만적인 이상을 표현한 것이다.

땅을 잃은 농민이 운 좋게 소작농으로 남아 있었다면, 그는 수확량
의 절반 내지 3분의 2를 바치는 대가로, 지주의 토지와 농기구, 소, 집
을 사용할 수 있었을 것이다. 만약 지주에 의해 호적에서 말소되어 세
금과 부역을 면했다면(이런 일은 자주 일어났다), 그의 생활은 오히려 향
상되었을 것이다. 소작료가 수확량의 일정 비율로 고정되어 있었기
때문에, 그는 흉년이 심하게 든 해를 제외하고는 비참한 생활을 피할
수 있었고, 국가에 인두세를 내기 위해 곡물을 팔아 현금을 마련할 필
요도 없었다(그림 9). 또한 자력으로는 결코 장만할 수 없었던 소와 농
기구를 이용할 수도 있었다(그림 10).

---

14) 『後漢書』卷49, p.1644(仲長統, 「樂志論」); Hsu, *Han Agriculture*, p.214.

그림 9. 소작농이 수레에 싣고 온 지대용 곡식을 수거함으로 옮기는 모습. 지주는 계산용 막대를 들고 바닥을 높이 올린 곡물창고 앞에 앉아서 그를 지켜보고 있다.

그림 10. 농민들이 바닥을 높이 올린 곡식창고 앞에서 디딜방아로 곡식을 빻고 있는 모습

한대 농가의 생산물에는 기장, 보리, 밀, 콩 같은 곡물뿐 아니라 여성이 짜낸 옷감도 있었다. 남자는 밭을 갈고 여자는 베를 짠다는 남경여직男耕女織은 '신농의 법'에 명확하게 표현되었고, 한 제국이 수립되기 오래전부터 관례화된 성별 직분이었다. 대부분의 옷감은 삼이나 모시로 직조되었고, 직물은 교환의 수단으로 사용되었다. 진의 법률은 화폐로 유통될 수 있는 옷감 한 필의 모양과 품질을 규정했고, 현금과의 교환비율도 정했다. 무제는 물가를 안정시키기 위해 물건이 많고 값이 쌀 때 그것을 사두었다가 물건이 귀해졌을 때 그것을 시장에 푸는 '평준법平準法'을 시행했는데, 그가 수백만 필의 옷감을 사들일 수 있었다는 것은 민간에서 제작된 직물이 그만큼 대량으로 유통되고 있었다는 증거이다.[15]

모든 옷감 가운데, 가장 귀한 것은 비단이었다. 일찍이『시경』(기원전 1000~600)에도 뽕잎 따기부터 직조와 염색에 이르는 비단의 생산과정이 시로 표현되어 있다. 국가나 유력 가문이 소유한 작업장에서 이루어진 대규모 비단 생산에는 남성 노동력도 이용되었지만, 양잠업 종사자의 대부분은 여성이었다. 유력 가문들이 안주인을 위해, 또 시판을 위해 무려 700명의 여성을 고용하여 명주를 짰다는 한대의 기록도 있다. 한대의 시부와 고분벽화에 묘사되어 있듯이, 부잣집 아낙네들도 비단을 생산했다(그림 11). 방직이 여성의 직분이라는 관념은 심지어 천문도에도 반영되어, 직녀성(작은 별자리)은 하늘에서 중요한 역할

15) Hulsewé, *Remnants of Ch'in Law*, pp.52~53.『史記』卷30, p.1441.

그림 11. 여성들이 실을 지어 베를 짜는 모습. 그림 위쪽의 선반에는 그녀들이 만든 옷감들이 두루마리 형태로 놓여 있다.

을 맡았다.[16)]

비단은 길이가 수백 미터에 이르는 누에고치의 생사生絲를 자아서 만든다. 이를 위해서는 누에의 성장과정을 면밀하게 지켜보아야 하고, 생사가 상하거나 끊어지기 전에 뽑아내야 한다. 결정적인 순간에, 주부들은 누에 곁에 있어야 했다. 이 벌레들은 한대 경제와 사회의 중요한 부분을 담당하고 있었다. 철학서『순자』는「부賦」편에서 누에를 다음과 같이 묘사하고 있다.

> 그 겉모습은 실로 벌거숭이 같으나,
>
> 신과 같이 끊임없이 변하네.
>
> 그 공로는 천하를 입히고,
>
> 만세를 꾸미고 있네.
>
> 그것으로 인해 예악이 이루어지고,
>
> 귀천이 구별된다네.
>
> 키우고 모시는 일이 그것에 달렸으니,

---

16) 『毛詩正義』卷1의 2,「葛覃」, p.2b; 卷2의 1,「綠衣」, p.4b; 卷4의 2,「緇衣」, p.4b; 卷5의 3,「葛屨」, p.2b; 卷8의 1「七月」, pp.11b~14a; 卷8의 2,「東山」, p.7a; 卷15의 2,「采綠」, pp.6a~6b. Lewis, *Construction of Space*, pp.104~105. 여성이 뽕잎을 따서 베를 짜는 과정을 묘사한 한나라의 고분벽화에 대한 연구는 Lim, *Stories from China's Past*, pp.95~98, 152, 155; Finsterbusch, *Verzeichnis und Motivindex*, vol. 2, 그림 33, 594, 부록 5; 林巳奈夫,『中國古代の生活史』, pp.75~78; Wu, *Monumentality in Early Chinese Art*, p.233을 보라. 직물 생산에서 여성의 역할이 중요하다는 것은 진부한 이야기가 되었지만, 여성은 논밭과 여러 종류의 수공업장에서도 부지런히 일했다. Barbieri-Low, *Artisans in Early Imperial China*, ch. 2, sec 8, "Female Artisans"를 보라.

그것과 함께해야 살아남을 수 있다네.[17]

비단은 금속화폐를 보완하는 교환의 수단이 되었고, 정부는 때때로 비단을 군사비로 사용하기도 했다. 유목 연맹체에 보내는 가장 중요한 물품—흉노에게 바친 공물(연간 3만 포)이나 동맹 부족에게 내린 하사품—도 비단이었다. 비단은 영성寧城과 같은 변경의 시장에서 중국인에 의해 거래된 주요 물품이기도 했다. 이 직물은 다시 중앙아시아와 인도로 팔려나갔고, 그 판로는 서서히 로마까지 확대되었다. 대人 플리니우스는 로마의 여성이 그 영묘한 옷감을 사서 자신의 매력을 과시하느라 로마의 금과 은이 모조리 동방으로 유출되고 있다고 투덜댔다. 로마의 금, 양털, 호박琥珀, 상아, 유리는 근동에서 비단과 맞바꾸어졌고, 고대의 '실크로드'를 따라 늘어서 있던 교역의 거점들을 거쳐 서서히 한 제국으로 유입되었다. 물론 이런 사치품 무역은 농민들의 생활과는 무관했다.

유력 가문

유력한 지주 및 상인—이 두 집단은 한나라의 역사를 거치면서 하나로 합쳐졌다—의 가문들은 농민들의 토지를 매입했지만, 노동자들을 고용하여 경작시킬 정도로 넓은 농장을 조성하지는 않았다. 한대

---

17) 『荀子集解』篇18, pp.316-317.

의 기록에 남아 있는 가장 큰 장원도 그 면적이 로마의 귀족이나 중세의 수도원이 소유하고 있던 장원의 10분의 1에도 미치지 못한다. 한 덩어리의 장원을 확장하는 대신에, 유력 가문들은 분할상속을 통해 자식들에게 땅을 계속 나누어주었다. 이 작은 농장들은 친척과 소작농에 의해 경작되었다. 유력 가문들의 포부는 단순히 토지와 부를 축적하는 것이 아니라, 이 토지와 부를 이용해서 자신들에게 충성을 바칠 친척과 문객, 이웃의 광범위한 네트워크를 형성하는 것이었다.

조조가 언급했듯이, 한대 중국의 전형적인 농가는 4~6인으로 구성된 핵가족이었지만, 연로한 부모의 말년에는 식구가 8명까지 늘 수도 있었다. 일부 학자는 부유한 집안의 경우 자산이 많은 덕택에 한 지붕 아래 여러 세대가 모여 살았다고(중화제국의 후기에는 실제로 그랬다) 주장한다. 하지만 얼마 남지 않은 자료를 보면 3대 이상이 함께 생활한 가족은 극히 드물고, 부유하다고 해서 큰 집에서 형제들이 부모를 모시고 같이 살고자 했다는 증거도 없다. 정반대로 가난한 가족일수록 함께 모여 살았다. 넓지도 않은 가족 소유의 땅을 형제들이 나누게 되면 그 좁아빠진 땅으로는 입에 풀칠하기도 힘들었기 때문이다. 가족 구성원들 사이의 재산 분할은 그런 분배를 감당할 수 있는 부유한 가문에서나 있음직한 일이었다. 유력한 가문의 가구 규모가 큰 것은 많은 가신과 하인을 거느렸기 때문이다.[18]

지방의 유력 가문들은 스스로를 다수의 핵가족—경우에 따라서는

---

18) 『論衡集解』 篇27, p.543. 한대 중국의 유력 가문에 대한 구체적인 논의와, 이와 관련된 당대의 문헌에 대해서는 Lewis, *Construction of Space*, ch. 4, sec. 3, "Regions and Great Families"를 보라.

수백 가구—으로 나누었고, 이 가구들의 연대와 다른 큰 성씨들과의 혼맥을 통해 자신들이 살고 있던 군현이나 지방을 사실상 지배했다. 이런 네트워크나 파당에 포함되지 못한 가문은 '소가小家'·'고문孤門'· '한문寒門'·'고한孤寒'·'고미孤微'·'한미寒微'·'한루寒陋' 등으로 불렸다. 고립을 뜻하는 이런 용어들은 사회적 지위가 낮거나 영향력이 없는 부유한 가문에도 적용되었다.

『염철론』은 인간관계에서 배제되는 것이 가장 큰 형벌이라고 주장한다. "『춘추』에서 죄인들은 이름이 없고, 단지 '도盜'라고 지칭된다. 이런 식으로 『춘추』는 죄인들을 비하하고, 그들을 인간관계에서 배제시킨다. 따라서 통치자는 그들을 신하로 삼지 않고, 학자는 그들을 벗으로 삼지 않으며, 마을과 동네는 그들을 주민으로 받아들이지 않는다."[19] 격리를 통해 낮은 지위와 범죄를 정의하는 것은 중화제국에서 지위가 가족의 폭넓은 네트워크에 달려 있었음을 말해준다.

사회적 유대의 중요성은 관계 형성과 친분 쌓기를 강조하는 풍부한 어휘에 반영된다. '결結'이나 '교交'나 '통通' 같은 단어가 반복적으로 나타나는 것이 그 예인데, 이 단어들은 종종 합성되어 광범위한 의미로 사용된다. 이 용어들은 사람들이 명시적인 약속을 통해 친구관계를 맺게 되었음을 가리킬 수 있다. 따라서 왕단王丹이라는 인물의 전기에서, 두 사람이 그에게 '결교結交'를 청하지만, 왕단은 그들을 인정하지 않기 때문에 그 청을 거절한다. 내란이 일어났을 때 군대를 만들거나 반란을 모의하는 것 같은, 공동의 목적을 추구하기 위해 맺어지는 거

19) 『鹽鐵論』, p.118.

의 모든 신중한 결사도 그런 용어들로 정의되었다. 주군과 가신의 관계, 협객들의 제휴, 악소들의 유대도 마찬가지였다.[20]

개인적 유대와 사회적 네트워크가 지나치게 중시되자, 동한의 학자 주목朱穆은 「절교론」이라는 글을 써서 옛날에는 사람들이 사사로이 교제하지 않고 조정에서만 서로 만나거나 법도에 맞는 공적 모임에만 참석했다고 주장했다. 이와 대조적으로 당대의 사람들은 사익을 위해 관계를 맺는 데 열중한다는 것이었다. 주목은 유백종劉伯宗에게 절교를 선언하는 시를 보내기도 했다. 부패한 시대에 군자는 사회적 관계 망에서 발을 빼고 고독하게 스스로를 수양해야 한다고 주목은 역설했다. 유명한 문필가 채옹蔡邕은 「절교론」에 화답하는 「정교론正交論」을 써서 부패한 도당의 만연은 정부의 타락에 기인한 것이고, 부나 권력이 아니라 도덕적 가치에 기초한 사회관계는 받아들일 수 있다고 주장했다. 그는 사사로운 이익과 권력을 추구하는 도당을 배격한다는 면에서는 주목과 뜻을 같이했지만, 공자와 그 문하생들을 본받아 마음이 맞는 학자들이 모여서 학문을 논하고 덕성을 함양하는 것은 바람직하다고 주장했다.[21]

오늘날 그 일부만 전하는 철학서 『태공음부太公陰符』는 적절하고 부적절한 관계 맺기에 관한 이런 논의에서 한걸음 더 나아간다. 이 책은 국가를 파멸시킬 수도 있는 10가지 잘못을 열거하고 있는데, 여기에는

---

20) Lewis, *Construction of Space*, pp.215–216.

21) 『後漢書』卷49, pp.1467–1468, 주1. 『論衡集解』篇27, p.537을 보라. 『後漢書』 卷43, pp.1474–1475, 주2.

농민들을 억압하는 강력한 부계친족과 국가의 부를 능가하는 사유재산이 포함되었다. "백 리에 떨치는 명성과 천 리에 미치는 사회적 연결망"도 그 항목들 가운데 하나이다. 이는 먼 곳에까지 영향을 미치는 네트워크가 형성되면 지역 전체가 사적인 동맹의 지배하에 들어가게 될 위험이 있음을 강조한 것이다. 이 책은 네트워크를 도덕적인 문제가 아니라 정치적인 문제로 보는데, 최대 관건은 영향의 지리적 범위이다. 네트워크의 위험은 강력한 종족과 과도한 사유재산으로 인한 위험의 연장선상에 있다.

종족들은 몇 가지 방식으로 자신들의 연계와 지리적 범위를 확대했다. 혼인을 가문의 지위를 높이는 수단으로 이용하는 것은 사실상 모든 문명에서 발견되는 현상으로, 고전적인 선례는 한나라에서 찾을 수 있다. 고조의 장인이 고조에게 딸을 시집보낸 것은 그의 관상에서 자신의 친척들에게 부귀영화를 안겨줄 눈부신 미래를 읽었기 때문이다. 한대의 사료를 보면, 유력한 종족들 사이의 혼인은 그들이 힘을 키우는 통상적인 절차였다. 왕망에 반기를 든 봉기에서, 반군들은 종종 그 지도자의 종족 구성원들과 인척들로 구성되었다.

한대의 종족들은 집안의 배경이 좋거나 본인의 능력과 명망이 남다른 귀한 사윗감에게 딸을 시집보내려고 애썼다. 이런 식의 혼인은 공공연히 "결연을 통해 하나의 당을 이루는" 수단으로 묘사되고 있다. 물론 사위 후보가 집안이 주선한 정략결혼을 거부함으로써 본인의 고상한 인품을 과시했다는 이야기도 있다. 그러나 심지어 그런 우화에서도 부계를 강화하기 위해 출중한 개인이나 유력한 종족과의 혼인을

주선하는 관행은 당연한 것으로 받아들여졌다.[22]

중화제국 말기와 현대 중국을 연구하는 학자들은 분가의 관행이 일반적으로 혼인 유대에 대한 관심을 반영한 것이라는 점에 주목해왔다. 아들이 결혼할 때 분가시켜주는 것은 부부간의 유대를 강조하고, 처가 친척들과의 관계를 강화하며, 물리적 거리를 통해 아내를 시어머니로부터 보호함으로써 그녀의 지위를 높여주기 위한 것이다. 고부 갈등은 분명히 한대 중국의 중요한 사회문제였다. 이는 당대의 시가에도 묘사되어 있거니와, 마왕퇴馬王堆에서 출토된 의료 및 주술 '처방서'에 이 문제를 예방하는 주문이 포함되어 있다는 사실로도 확인된다.

한대의 부계친족은 상대적으로 미약하여, 후대에 등장하는 묘제墓祭나 종족의 공동묘역, 공동재산 등의 특징을 결여하고 있었다. 혼인 유대를 중시하는 관행과 함께, 이 요인으로 인해 한대의 가족은 광범위한 사회적 네트워크에 더욱 크게 의존하게 되었을 것이다.[23]

유력 가문과 그 가문이 농촌사회에서 권력을 확보하는 방법에 대한 고전적인 사례는 남양南陽의 번씨樊氏 일족이다. 그들은 "누대에 걸쳐 농사로 재물을 늘린" 향촌의 명망가로 알려졌다. 예속 농가들의 노동

22) Lewis, *Construction of Space*, pp.217-218.

23) Wakefield, *Fenjia*; Yan, *The Flow of Gifts*, pp.39-42, 109, 115-119, 178-209 , 특히 p.196; Kipnis, *Producing Guanxi*, pp.87-90, 99, 138; 馬繼興, 『馬王堆古醫書考釋』, p.1008; Harper, *Early Chinese Medical Literature*, p.423. 고부 갈등은 앞서 인용한 가의의 「시변」에도 언급된 바 있다. Ebrey, "Early Stages," pp.18-29; Holzman, "The Cold Food Festival in Early Medieval China," pp.51-79; Wu, *The Wu Liang Shrine*, pp.30-37.

력을 이용하여, 그들은 양어장과 축사를 갖춘 약 12제곱킬로미터 넓이의 농장을 세웠는데, 유럽 기준으로는 규모가 비교적 작은 편이었다. 가구의 구성원은 20명을 넘지 않았을 것이다. 가구원 수와 그들이 지배하는 토지의 면적 면에서, 이 씨족은 이웃들에 비하면 대단히 강력했지만 지방의 수준을 넘어설 정도는 아니었다. 하지만 번씨는 그 재산으로 "종족을 구휼했고, 자신들이 살고 있던 마을들에 은혜를 베풀었다."

왕망에 맞서 반란이 일어났을 때, 번굉樊宏의 아내가 인질로 사로잡혔다. 그러나 번씨 일가는 큰 은덕을 베풀어 지역의 민심을 확실하게 얻고 있었기 때문에, 정부는 그녀를 함부로 처형할 수 없었다. 그녀가 석방되고 나서, 번씨는 부계친족의 가족들과 친척들을 이끌고 요새를 구축했고, 1,000호 이상의 가족이 그곳에 은신하며 적미군赤眉軍(왕망 정부를 무너뜨리는 전쟁의 계기가 된 봉기를 일으킨 농민 반란군)의 공격을 피했다.[24]

이처럼 번씨 일가가 그들의 지방에서 중요한 역할을 하고 제국 차원에서도 제몫을 다할 수 있었던 것은 비교적 좁은 그들 소유의 농장이나 가족의 구성원 및 하인 들 때문이 아니었다. 그것은 바로 그들이 수많은 가구와 맺고 있던 의무와 충성의 유대 때문이었다. 이 네트워크는 그들과 성姓을 공유하는 사람들과의 사이에서 형성되기 시작했지만, 결국에는 그들의 이웃 전체로 확대되었다. 처음에는 같은 조상을 모시는 가구들과, 그다음에는 지역의 주민들과 관계망을 구축하는 이

---

24) 『後漢書』 卷32, pp.1119-1120.

런 관행 덕분에, 유력한 가문들은 수천에 달하는 사람들의 봉사를 요청할 수 있었고, 나아가 비교적 평범한 그 이웃들을 지배할 수 있었다.

이 관행은 넓은 역사적 맥락에 놓고 살펴볼 필요가 있다. 전국시대 열국과 진한 제국은 개인들 사이의 인위적인 연대를 구축함으로써 창출되었다. 국가의 멸망과 씨족의 해체가 만들어낸 떠돌이 문객門客들을 등용하는 과정에서 처음 출현한 그런 개인적 유대─맹세나 임명에 의해 엄숙하게 형성되고, 인정認定과 헌신의 교환에 기초한─는 관료체제와 악당들의 패거리, 학파의 근간을 이루었다.[25] 새로운 형태의 정체政體, 조직화된 범죄단체, 지적 결사체가 모두 개인적 관계망을 형성하고 유지함으로써 권력을 얻었듯이, 특정 가문이나 종족도 자신들의 물질적·지적 자본을 이용하여 타인들을 채무자로 만들고 나서 채권자의 자격으로 그들의 봉사를 받았다.

하지만 관리와 협객, 학자의 유대와 달리, 유력 가문의 네트워크는 전적으로 개인들 사이의 결연을 통해 창출되지는 않았다. 그 네트워크는 등급화된 일련의 연결고리로 이루어졌는데, 이 연계는 해당 가구에서 시작하여 같은 시조를 모시는 다른 가구들, 다음에는 문객들, 그다음에는 같은 마을이나 이웃마을의 주민들, 마지막으로 그 지방의 곳곳에 흩어져 있는 사람들, 또는 멀리 떨어져 있지만 학문이나 정치적 관계로 연결된 다른 가문들로 확대되었다.

이와 같이 점진적으로 네트워크가 확장된 결과, 동한에서는 범죄에 대한 집단적인 법적 책임의 범위가 관습적으로 대가구를 정의하는

25) Lewis, *Sanctioned Violence*, ch. 2.

기준인 3대를 넘어섰다. 160년대에 당고의 화가 일어났을 때, 관직 보유 금지조치는 당사자뿐 아니라 그와 5대조를 공유하는 친척들, 심지어 주객patron-client 관계로 연결된 사람들에게까지 확대되었다. 다른 민감한 범죄도 가구의 범위를 훌쩍 뛰어넘어, 정치 세력을 형성한 광범위한 친척과 사회적 연결망까지 포함하는 집단 처벌을 초래했다. 그런 집단 행동과 그에 따른 처벌의 규모는 워낙 커서, 중대한 정치 사건들의 경우에는 1만 명이 넘는 사람들이 연좌되어 처형될 수도 있었다.[26]

사회적 네트워크가 갈수록 넓어지고 있던 추세를 보여주는 다른 정황도 있다. 동한의 지주 최식崔寔(?~170년경)이 쓴 『사민월령四民月令』은 새해에 문안인사를 받는 사람들의 명단을 기록하고 있는데, 그들에게 인사를 하러 오는 자들의 수는 그들의 사회적 지위에 비례했다. 번씨 일가는 자신들의 후원을 받는 사람들의 목록을 작성했는데, 그것은 성이 같은 먼 친척과 이웃 주민을 망라하고 있었다. 음씨陰氏 종족이 유백승劉伯升과 동맹을 맺고 왕망에게 반기를 들었을 때, 그들은 "아들들과 동생들, 부계의 다른 종족들, 문객들"로 구성된 2,000명의 반란군을 이끌었다. 이통李通이 유백승 및 유수劉秀와 연합하여 항거했을 때, 왕망은 도성과 남양에 있던 그의 모든 일가붙이를 처형했다. 남양에서 처형당한 64명은 "형제와 부계 가구원"으로 분류되어 시장에서 불태워졌다. 이씨의 친척이 장안과 남양에 있었다는 것은 거물

---

26)『後漢書』卷8, p.330; 卷48, pp.1598-1599; 卷67, p.2189; 志10, p.3221;『漢書』卷60, p.2660.

급 인사나 주요 종족이 정치적으로 동원할 수 있는 집단의 범위가 가
구와 농장을 훌쩍 뛰어넘었다는 사실을 말해준다.[27]

대표적인 가문들이 선물을 주고 봉사를 받는 방식에 기초한 네트워
크를 통해 권위를 확대했다는 것은 큰 종족의 세력이 군과 현, 나아가
지방 전체에 미칠 수 있었음을 뜻한다. 따라서 한나라 조정이 지방을
감시할 때 주요 대상으로 삼은 것은 사실 그 지방에 살고 있던 강력한
종족들, 좀 더 정확히 말하자면 그들을 중심으로 형성된 가구들과 마
을들의 연합이었다. 최초의 명문가는 전국시대의 엘리트층을 형성
한 유서 깊은 지배 가문들이었다. 진나라를 상대로 한 수많은 반란에
앞장섰던 이 가문들은 그 후 도성으로 강제 이주를 당했고, 무제의
치세인 기원전 2세기에 제거되었다. 한대의 사회사에서 중요한 역할
을 한 번씨와 음씨 같은 종족들은 관직 보유와 상업, 토지의 축적을
통해 재산을 모았고, 이 재산을 이용하여 자신들의 위세와 영향력을
키웠다.[28]

한 제국이 중국을 통치하기 시작한 지 한 세기가 지나자, 몇몇 성씨
집단은 동일한 조상을 모시는 300가구 이상의 작은 종족으로 갈라졌
다. 이런 분파는 여러 세대에 걸쳐 형제들이 재산을 분할함에 따라 거
의 틀림없이 일어났다. 그들은 같은 지역에 남아 옹기종기 모여 살면
서 중앙정부에 대항하는 정치단위를 이루었다. 이 유력 가문들을 도
성 근처로 강제로 이주시켰을 때, 무제는 그런 식의 위험한 연대를 방

---

27) Lewis, *Construction of Space*, pp.219~220.

28) 『漢書』 卷90, p.3647; 卷92, p.3700. 『史記』 卷122, p.3133.

지하기 위해 그들이 서로 가까운 곳에 사는 것을 금지했다. 한나라 말기가 되자 어떤 부계친족은 1,000개 이상의 가족으로 구성되기에 이르렀는데, 예를 들어 한융韓融은 그 많은 수의 종족 구성원들과 먼 친척들을 데리고 요새화된 취락에서 생활했다.[29]

한대의 대표적인 역사서인『사기』와『한서』는 부자들을 그들의 본관과 성씨로 언급한다. 그래서 지방의 풍속에 대한 설명에 뒤따르는 장에서,『사기』는 [임공臨邛의] 탁씨卓氏, [남양의] 공씨孔氏, [조曹 땅의] 병씨邴氏, [선곡宣曲의] 임씨任氏, [관중의] 전씨田氏, [안릉安陵의] 두씨杜氏 등을 열거하고 있다. 전씨는 다수의 가문으로 구성되어 있었고, 두씨는 그 지파들이 여러 지역에 뿌리를 내리고 있었다. 도성으로 옮겨진 유력 종족들도 종종 본관과 성씨로 기록되었다. 경제와 무제의 치세에 '혹리들'의 공격을 받았던 지방의 강력한 종족들, 지하세계에 개입하거나 군현을 지배하던 대표적인 종족들, 황실의 외척에게도 같은 용어가 적용되었다.[30]

『한서』의 저자 반고는 자신의 지리지를 지역과 그곳의 습속이나 특징에 대한 사마천의 설명을 연상시키는 장으로 마무리하는데, 그는 그런 특성들을 부계친족과 좀 더 긴밀하게 연결시킨다. 예컨대 하내河內에서는 "풍속이 불굴의 강건함을 부추기는 탓에, 토지를 침탈하는

29)『後漢書』卷31 p.1114; 卷33, p.1155, 주2(사승謝承의 판본을 인용하고 있다); 卷70, p.2281.『三國志』卷11, p.343; 卷36, p.947.

30) Lewis, *Construction of Space*, pp.221–222. Ebrey, "The Economic and Social History of the Later Han," pp.637–640; Ebrey, "Later Han Stone Inscriptions," pp.325–353.

다수의 유력 가문이 있다. 그들은 은혜를 예로 갚는 일이 드물고, 자식들은 부친이 살아 있어도 재산 나누기를 좋아한다." 영천潁川 사람의 풍속은 사치스럽고 야만적이다. 그들은 정부 몰래 재산을 숨기기 때문에 다스리기 힘들다. 게다가 탐욕스러워서 끊임없이 송사를 벌이고 부친이 죽기도 전에 재산을 분할한다. 태원군太原郡과 상당군上黨郡의 유력 가문들은 계략과 무력으로 서로 싸운다. 그들은 적대적인 가문의 식솔들과 먼 친척들에게 피의 복수를 자주 감행한다. 제 지역의 사람들은 낭비벽이 있고 붕당을 만든다. 반고에 따르면 많은 지역에서 부유한 가문들은 혼례와 장례에 헤프게 돈을 쓴다.[31]

지방주의의 위험에 대한 서술에서 『사기』와 『한서』가 보여주는 차이는 두 세기 동안의 변화만큼이나 의미심장하다. 전자에서는 지방에 의해 제기되는 문제가 주민의 성격과 관련되고, 그 역사 및 지형을 반영하는 것으로 간주된다. 하지만 후자의 경우 지역 주민의 약점과 그들을 통치하는 어려움을 설명하면서, 강력한 가문들과 부유한 상인들이 만들어낸 문제를 자주 거론한다. 다시 말해서 동한의 중기에 이르면 지방주의의 문제가 자신들의 부나 무력을 사용해서 마을과 군현, 심지어 지방의 수준에서 정부의 권위에 도전하는 광범위한 연합체를 형성한 주요 종족들의 존재와 불가분의 관계를 맺게 되었다.[32]

마을은 주로 100여 가구로 구성되었고, 강력한 종족에 의해 지배되는 마을에서는 상당수의 가구가 같은 성을 갖고 있었을 것이다. 그 부

---

31) Lewis, *Construction of Space*, pp.220-221.

32) 같은 책, pp.222-223.

계친족에 속하지 않은 가족은 십중팔구 협력자나 피보호자가 되었을 것이다. 따라서 마을 전체가 사실상 유력 가문의 확대판이었다. 국가도 이 점을 인지하여, 지방의 실력자들을 '부로父老'로 지명하여 국가와 마을 사이의 매개자 역할을 하게 했다. 같은 맥락에서, 마을의 연로한 여성들은 '이모里母'나 '제모諸母'라고 불렸다.[33]

부계친족과 마을이 겹칠 수 있다는 사실은 종종 끔찍한 정치적 결과를 초래했다. 동한의 학자 왕충은 이와 같은 중첩을 지적하면서 시황제가 자신을 암살하려 했던 형가의 마을 사람을 모조리 처형했다는 소문을 설명했다. "진왕秦王 20년에 연나라는 진왕을 암살하기 위해 형가를 보냈다. 진왕에게 발각되어 그의 시도는 실패했고, 백성에게 교훈을 주기 위해 그의 시신은 토막이 나서 전시되었다. (문헌에는) 형가의 마을 사람들을 처형했다는 기록이 없다. 어쩌면 형가의 부계친족, 즉 구족九族이 처형 대상이었을 것이다. 구족은 그 수가 상당히 많았을 테고, 같은 마을에 살고 있었을 것이다. 따라서 만일에 구족을 멸했다면, 사실상 마을 전체가 공동화되었을 것이다."[34]

퇴직하는 관리 소광疏廣은 황제로부터 황금을 작별 선물로 하사받았다. 낙향 후 이 금으로 치러진 마을잔치에 초대받은 사람들의 명단에는 그의 "족인族人, 옛 친구, 빈객賓客"이 포함되어 있었다. 소광의

---

33) 진나라의 부로에 관해서는 『睡虎地秦墓竹簡』, pp.143, 193, 230을 보라. 한나라에 관해서는 『史記』 卷8, p.362; 『漢書』 卷24a, p.1139; 卷71, p.3046; 卷89, p.3629를 보라. 여성을 지칭한 용어에 대해서는 『漢書』 卷45, p.2166; 『後漢書』 卷43, p.1457을 보라.

34) 『論衡集解』 篇7, p.164.

직계가족은 그가 가산을 탕진할 것을 우려해, 그와 가까운 "형제와 마을 어른들"에게 가문의 앞날을 위해 그 돈으로 토지를 매입하도록 설득해달라고 부탁했다. 소광은 다음과 같이 답했다.

> 내가 아무리 늙어서 어리석어졌다 한들 자손을 생각하지 않겠는가? 내게는 오래된 밭과 오두막이 있으니, 자손이 부지런히 일한다면 남부럽지 않게 먹고 입을 수 있을 것이다. 재산을 늘려 더 많은 몫을 물려주면, 자손은 그만큼 더 게을러질 것이다. 어진 자에게 재산이 많으면 그의 뜻이 작아지고, 어리석은 자에게 재산이 많으면 그의 허물만 커질 뿐이다. 무릇 부라는 것은 뭇사람의 원망을 사게 마련이다. 나는 자손을 교화시킬 능력도 없거니와, 그들의 허물을 늘려 사람들이 그들을 원망하게 만들고 싶지도 않다. 더욱이 내가 지금 쓰고 있는 이 돈은 성스러운 군주가 오래된 신하를 위무하기 위해 하사하신 것이다. 고로 나는 마을 사람들 및 종족과 더불어 행복한 마음으로 그 하사금을 향유하며 여생을 다하려 한다.[35]

잔치에 참석한 사람들은 마을 사람들과 부계친족의 구성원들이었고, 소광은 자신의 부를 직계가족을 위해 남겨두지 않고 이 사람들을 위해 쓰는 것이 옳다고 느꼈다. 강력하고 야심찬 종족들에게, 부계와

---

35) 『漢書』 卷71, p.3040. 『東觀漢記校注』 篇15, pp.598-599; 『後漢書』 卷82a, pp.2720-2721도 보라. 마을 사람들과 부계친족(때로는 가신과 예속민들까지 포함)을 하나의 집단으로 열거한 예로는 『漢書』 卷21, p.792; 『後漢書』 卷41, p.1395; 卷81, pp.2690, 2696; 『三國志』 卷11, p.341을 보라.

마을은 상반되는 개념이 아니었다. 오히려 최대한 확장된 범위의 친족집단이 마을사회의 구조를 결정하는 것으로 인식되었다.

번씨 종족에 대한 설명과 마찬가지로, 위의 인용문도 눈에 띄는 관대함이 명문가의 처신에서 중요하다는 사실을 보여준다. 사마천도 일찌감치 이 점에 주목하여, 지방 세력이 영속성을 유지하는 비결은 자선이라고 역설했다. 소광은 나아가 농촌마을에는 '도덕경제moral economy'가 존재한다고 주장함으로써, 마을 전체에 정기적으로 부를 나누어주는 행위를 정당화했다. 향촌사회는 자선과 봉사의 정기적인 교환에 의해 만들어지는 호혜적 의무를 기반으로 성립되었다. 부유한 성원들은 가난한 이웃들에게 자신들의 부를 분배해야 한다는 도덕적 압력을 느끼고 있었고, 그 대가로 그들은 높은 지위를 누리고 특정 형태의 관습화된 봉사를 받았다.[36] 불평등을 완화하고 도덕적·감정적 유대를 형성하는 이런 방식은 후기의 중화제국이나 중화민국에서도 여전히 남아 있었다. 부유한 가문들은 연회나 공연, 종교적 축제를 후원함으로써 자신들의 지위를 공고히 하고 이웃의 지지를 확보했다.

소광이 주장했던 대로, 부는 순환되어야 비로소 가치를 발했다. 쌓이기만 하면 가구와 마을에 독이 되지만, 분배되면 잠재적인 적을 동맹과 예속민으로 만들어주었다. 황제의 선물을 공유하는 과정에서, 소광은 선물을 준 통치자의 역할을 모방하는 동시에 황제의 은혜를 마을 수준까지 확대했다. 황제 자신은 관리에게 상을 내림으로써 가난한 자, 고아, 과부에게 자선을 베푸는 효과를 거두었다. 중심에서 주변

---

36) 『史記』 卷129, pp.3271-3272; Scott, *The Moral Economy of the Peasant*, ch. 6.

그림 12. 지주는 앉아 있고, 하인이 지팡이를 쥐고 무릎 꿇은 늙은 농부의 용기에 곡물을 부어주고 있다.

으로 퍼져나가는 자선에 대한 강조는 동한 말기의 지주인 최식의 『사민월령』이나 한나라 지주들의 고분벽화에서도 확인되는데, 이는 선행이 이상화된 그들의 자아상 구축에 대단히 중요했음을 시사한다(그림 12). 지역 수준의 희사에 대한 설명은 비문에도 나타난다. 무종산無終山에 살던 한 인물은 가난한 자들에게 돈을 빌려주었지만 결코 상환을 요구하지 않았고, 잔치에서 남은 음식을 남몰래 고아들에게 주었다고 한다. 또한 어떤 장군은 황제로부터 받은 모든 상을 부하들에게 나누어 주었다고 한다.

관직을 거부하고 은거하며 덕을 쌓았던 사람들을 소개하는 『후한서』의 「독행열전獨行列傳」에는 관대함의 본보기가 되는 여러 고사가 실려 있다. 이 이야기들 가운데 일부는 꾸준히 이웃을 돕거나 기근이 들고 내전이 일어났을 때 수백 명의 목숨을 구한 부유한 가문들을 다루고 있다. 개인들에게 베푼 선행에 초점을 둔 이야기도 있다. 그리고 왕조의 역사를 서술한 대목들에서는 재산을 몽땅 털어 가난한 자들을 구제한 개인이나 종족들도 등장한다. 결과적으로 관대한 가문들은 곳간이 거의 비게 되었지만, 그 덕분에 "고아와 과부는 부계친족의 범주 안에 들든 아니든 모두 그들에게 일신을 의탁할 수 있었다."[37]

관대한 조상 덕분에 특정 씨족이 부와 권력을 얻게 되었다는 전설적인 이야기에서, 그 핵심은 자선과 선행이었다. 이런 관대함은 낯선 사람―나중에 알고 보면 신령이다―에 대한 '은밀한 선행'이나 정성이 깃든 제사의 형식을 취했다. 하비간何比干이라는 사람이 백발이 성성한 노파에게 폭우를 피해 쉴 자리를 마련해주었을 때, 백발이 성성한 이 노파는 답례로 부책符策 990매를 그에게 주면서 그의 후손 990명이 관직에 오를 것이라고 말했다. 또 다른 이야기에서는 장씨張氏 가문의 한 사람이 새 한 마리를 가슴에 품어주었는데, 이 새가 대구帶鉤로 변했다. 이 대구를 간직하고 있는 한, 이 종족의 재산은 계속 불어났다. 음씨陰氏 가문은 해마다 제나라의 관중管仲에게 제사를 드렸다. 그러던 중 어느 설날 아침에 부뚜막 신이 나타나 그들을 축복했고, 음씨는 그에게 노란 양 한 마리를 바쳤다. 이때부터 음씨 일가는 놀라우리만치 부유해졌고, 새해에 부뚜막 신에게 노란 양을 제물로 바치는 것은

37) Lewis, *Construction of Space*, pp.225-226; Lim, *Stories from China's Past*, pp.110-111, 도판 25. 한 왕조 역사의 「본기」는 관리들과 가난한 자들에 대한 황제의 포상과 은전에 대한 언급으로 가득하다.

이 가문의 전통이 되었다. 이런 종류의 이야기들은 장안의 화제가 되었다. 착한 일을 했더니 신기하게도 큰 부자가 되었다는 이런 이야기들은 종족들이 공적인 관대함을 이용하여 위세와 권력을 확보하던 사회적 현실을 우화나 민담의 형식을 빌려 표현한 것이다.

유력 가문의 관대함은 권력과 영향력을 획득하는 수상쩍은 통로가 되기도 했다. 가난한 이웃들에게 부를 분배하는 행위 외에도, 종족들은 권세가에게 뇌물이나 선물을 주고 관직을 얻었다. 이런 일은 상납을 통해 네트워크를 형성함으로써 종족의 힘을 키우려는 이런 행위도 일종의 관대함으로 간주되었다. 저명한 지방의 학자 한 명은 훌륭한 지방관에게 선물을 보내는 마을 사람들의 관행(관리가 먼저 요구한 것이 아니라면)을 옹호했다. 고위관리들은 지지자들의 비위를 맞추고 본인이 속한 종족의 세력을 강화하기 위해 문객이나 잠재적 식객에게 선물을 아끼지 않았다. 상인 가문은 명망가들에게 선물 공세를 펴서 권력가들에게 연줄을 댔고, 이런 인맥을 과시하며 채무자들을 협박함으로써 빚을 받아낼 수 있었다.

탐욕스럽고 부도덕한 인물로 알려진 유명한 학자 마융馬融은 일설에 의하면 아들과 함께 관직을 매수했다고 한다. 한나라 말기의 한 하급관리는 자신의 재산을 몽땅 털어 조정을 쥐락펴락하던 고관의 하인들에게 뇌물을 바쳐 "그들과 친밀한 관계를 맺었다." 그의 관대함으로 형성된 채권채무 관계에 힘입어, 그는 결국 무수히 많은 청원자를 제치고 그 고관을 직접 만나 관직을 얻었다.[38] 이 일화는 자선과 뇌물이

---

38) Lewis, *Construction of Space*, pp.226–227.

한 끗 차이임을 보여준다. 그의 선물은 장기간에 걸쳐 주어지고 상당 기간이 지난 뒤에야 보상을 받은 까닭에, 뇌물이 아닌 것처럼 생각된 다. 그리고 그것을 받은 자들의 지위가 낮았다는(주인이 고관일 뿐 본인 들은 하인에 불과하다는) 사실도 이 사례를 일종의 '자선'처럼 보이게 만 든다.

친척과 마을 사람들에 대한 도움은 주로 서로가 서로를 아는 지역 공동체 안에서 이루어졌고, 기껏해야 군현으로 확대되었다. 이에 반 해 관리 및 문객과의 유대는 지리적인 거리를 초월했다. 이런 네트워 크의 광대한 범위를 가장 분명하게 보여주는 증거는 송덕비인데, 이 것은 호의를 베푼 후원자에 대해 문객들이 느끼고 있던 감사한 마음 의 표현이었다. 이를테면 [동한의 관리] 유관劉寬을 기리는 비석에는 300명이 넘는 중국 북중부 출신 문객의 이름이 새겨져 있었고, [공자의 후손] 공주孔宙를 위한 비석은 10개 군 출신의 문하생 43인에 의해 세워 졌다.[39]

주요 정치인들의 비석에 이름을 올린 문객들 가운데 다수는 학생으 로 기록되어 있다. 이는 그들이 반드시 사제지간임을 뜻하는 것은 아 니지만, 관직을 멀리하고 후학 양성에 전념함으로써 수백, 수천 명의 공손한 제자를 거느리게 된 사람들에 대한 기록은 실로 많다. 범진范縝 의 경우에는 "제자들이 먼 곳에서 찾아왔고" 이들 가운데 일부는 뜻을 모아 그가 사망하기도 전에 송덕비를 세웠다.

최고의 스승을 찾아 머나먼 길을 마다하지 않았던 학자들과 이런 과

---

39) 『隸釋』 篇7, pp.5b-7b, 篇11, pp.4a-6a; 『隸續』 篇12, pp.5b-18b.

정에서 맺어진 사회적 연대에 대해 상세하게 설명한 문헌도 많다. 저명한 학자 정현鄭玄은 고향인 산동에서 마땅한 스승을 찾지 못하자, 관중으로 가서 이미 400명 이상의 제자를 거느리고 있던 마융의 문하에 들어갔다. 정현은 제국의 각지에서 10년 이상 공부한 다음 고향으로 돌아갔고, 그의 곁에는 수백 명의 제자가 모여들었다. 사제관계는 워낙 중요했기 때문에, 이 관계를 굳히기 위해 수제자에게 딸을 시집보내는 스승도 있었다.[40] 이런 식으로 정치와 교육은 종족들이 고향을 넘어 광범위한 지역으로 영향력을 확대할 수 있는 수단을 제공했다.

유력 가문들이 사용하던 연대의 마지막 형식은 지방의 제례였다. 적어도 기원전 2천년기의 상나라 이래 한대를 거쳐 중화제국의 말기에 이르기까지, 특정 신에게 제사를 드릴 권리는 중국에서 권력과 지위의 상징이었다. 『예기』의 「왕제王制」 편은 다음과 같이 규정하고 있다. "천자는 천지에 제사를 올리고, 제후는 사직에 제사를 올리며, 대부는 오사五祀[출입문·길·지게문·부엌·방안의 신]에 제사를 올린다. 천자는 천하의 명산대천에 제사를 올리는데, 오악五嶽[태산, 화산, 형산衡山, 항산恒山, 숭산嵩山]에 대한 제사는 삼공三公의 예로 지내고, 사독四瀆[양자강, 회수, 황하, 제수濟水]에 대한 제사는 제후의 예로 지낸다. 제후는 자신의 영지 안에 있는 명산대천에 제사한다."[41] 유력 가문들은 이 논리를 이용하여 산이나 신령, 기타 지방의 명소에 제사를 드릴 권리를 획

---

40) Lewis, *Construction of Space*, p.228.

41) 『禮記注疏』 卷12, pp.16a−16b. 한대 말에 이 인용구가 지방의 제사에 적용된 방식에 대해서는 應劭, 『風俗通義』, p.325를 보라.

득했는데, 이런 제례가 국가의 승인을 받은 것은 아니었고 사후에 승인되었을 따름이다.

형제간의 재산 분할, 혼인을 통한 연대의 형성, 연회와 자선에 의한 부의 재분배, 학자들의 교류, 지방의 제사는 모두 유력 가문에 의존하는 가구의 수를 늘려주었고, 그 가문을 위해 봉사할 사람의 수를 최대화했다. 부와 권력을 극대화하기 위해, 종족들은 국가와 마찬가지로 토지나 현금보다 사람을 모으려고 노력했다. 당시의 농업은 원예에 가까운 노동집약적인 방식으로 이루어졌고, 규모의 경제가 실현된 작업은 쟁기질과 파종뿐이었으므로, 소규모 경지들을 모아서 하나의 거대한 농장으로 만들어봐야 별다른 이점이 없었다. 유력 가문들은 소작농에게 경작을 맡기고, 소작료를 받아서 자신들의 네트워크를 넓히는 데 사용했다.

동한이 멸망하고 중앙정부의 권력이 무너진 뒤에도, 지방의 강력한 가문들은 농장의 분할을 막기 위해 장자상속으로 전환하지는 않았다. 대신에 계속해서 아들들에게 재산을 나누어주고, 혼인을 통한 연대를 강화함으로써 지지자들의 수를 늘리고, 자신들의 영향력이 미치는 지리적 범위를 확대했다.

6

| 외부세계 |

　진 제국의 지리적 경계는 중국인과 그 문화의 항구적인 경계를 정의
했다고 해도 과언이 아니다. 중화제국이 때로는 북방의 초원, 중앙아
시아, 남만주, 한국, 그리고 동남아시아 대륙까지 확대되기도 했지만,
이런 팽창은 보통 단기적이었다. 이 지역의 민족들은 마지막 비한족
왕조인 청나라가 등장하기 전까지는 중국의 통제 밖에 있었다.

　중국 주변의 민족은 두 집단으로 나뉠 수 있다. 그 북쪽과 서쪽에는
초원에 살면서 중국의 모델과는 전혀 다른 국가를 형성한 유목사회들
이 있었다. 중앙아시아의 오아시스 도시국가들을 제외하면, 이 지역
들은 중국 문화권 바깥에 남아 있었다. 반면에 남쪽과 동남쪽의 물이
풍부한 지역과 서남쪽의 고원지대는 점차 많은 수의 중국인 이주자들
에 의해 채워졌다. 이 지역과 동북부에서는 정주 농경국가들이 중국
의 문자(한자)와 국가조직을 서서히 받아들였지만, 이런 식의 발달은

진한 제국시대에는 거의 이루어지지 않았다.[1]

진한 시대에는 서로 연결되어 있지만 대립되는 상황 인식이 형성되었다. 한편으로는 농사를 짓는 정주 중국인과 북방의 유목민을 갈라놓는 영구적인 변경지대의 관념이 나타났고, 다른 한편으로는 외국의 민족들이 복종의 표시로 바치는 조공을 받는, 천하를 호령하는 세계제국의 이상도 생겨났다. 중국의 황제들에게 이 이민족들을 중국에 순종하게 만드는 능력은 자신들의 권위를 가늠하는 척도의 일부였다. 따라서 주변의 민족들이 중국의 국책은 물론이고 중국 문명의 여러 특징을 형성하는 데 한몫했던 셈이다. 공통의 '중국' 문화라는 개념 자체도 이 이민족들, 특히 북방 유목민들과의 체계적인 대립을 통해 정립되었다고 볼 수 있다.

유목과 흉노

생활방식으로서의 유목이 발달한 역사에 대한 우리의 이해는 전적으로 고고학적 증거에 의존하고 있고, 몇 가지 쟁점의 해석은 논란의 여지를 안고 있다. 그렇지만 충분한 풀과 물을 찾아 계절에 따라 이동하며 목축에 의존하는 본격적인 유목생활이 기원전 1천년기(동주 왕조 시대와 거의 일치하는 기원전 770~221)에 북방 민족들의 사회경제적 기반

---

1) Barfield, *The Perilous Frontier*, ch. 1; Lattimore, *Inner Asian Frontiers of China*, chs. 15–16; Wiens, *China's March to Tropics*.

으로 발달했던 것은 분명하다. 기원전 2천년기에 중앙아시아 사람들은 농경과 목축을 병행하여 오아시스나 하천 주변에서는 작물을 키우고 인접한 초원에서는 가축을 길렀다. 아마도 인구과잉과 기후 건조화로 인해 일부 집단은 농경을 포기하고 이동식 목축에 전념하면서 종종 사냥과 교역을 하게 되었고, 다른 집단은 여러 강의 유역으로 이주하여 농경을 생계수단으로 삼게 되었다.[2]

상나라의 고분에서 발견되는 비한족의 청동기들, 특히 칼과 다른 무기들은 '북방'이라 불리던 경계가 모호한 지역, 다시 말해서 초원지대와 황하 유역 사이에서 상나라와 그 북쪽의 청동기 문화권이 활발하게 교류했음을 말해준다. 마차는 상나라 후기인 기원전 1200년경에 중앙아시아에서 이른바 '북방'을 거쳐 중국에 도입되었다.[3] 기원전 9세기에서 7세기 사이에 북방에서 본격적인 유목문화가 출현했음을 보여주는 증거로는 무덤의 부장품들 가운데 다량 섞여 있던 마구馬具와 무기류, 그리고 경제가 점차 목축에 의존하게 되었음을 보여주는 다른 지표들을 들 수 있다.

기원전 5세기 중엽에는 중원의 열국이 북쪽으로 영토를 확장함에 따라 중국인들과 유목민족들의 접촉이 점차 증가했는데, 전자는 후자를 오랑캐(호胡)라고 불렀다. 조나라는 기마 전술을 도입했고, 유목민들이 말을 탈 때 입던 복장(호복胡服)을 착용했다. 기병이 중국 군대의

2) Di Cosmo, "The Northern Frontier in Pre-Imperial China"; Di Cosmo, *Ancient China and Its Enemies*, ch. 1.

3) Di Cosmo, *Ancient China and Its Enemies*, ch. 2.

주력부대가 되면서, 변경의 시장에서는 말의 거래가 주된 경제활동이 되었다.[4] 북방의 무덤에서 출토된 기원전 6세기에서 4세기 사이의 유물들은 일찍이 헤로도토스가 유목민들의 특징이라고 기술했던 '스키타이 3요소'—무기, 마구, 동물문양 장식—의 초기 모습을 보여준다. 이 시대는 청동보다는 철의 제련이 갈수록 중요해지던 시대이기도 하다.

전국시대 후기에 중국과 외부세계와의 관계는 변경을 따라 축조된 장성에 의해 규정되었다. 군마를 기를 초원지대를 확보하는 데 혈안이 된 북부 지역의 중국 국가들은 그전까지 유목민들이 사용하던 영토를 점령했고, 성벽은 이 영토를 지키는 역할을 했다. 이 시기에 성벽은 주로 산과 언덕의 능선을 따라 다진 흙과 돌을 쌓아 축조되었다. 그것은 우리에게 친숙한 명대의 벽돌 성벽과는 천양지차였고, 일부 학자의 주장과는 달리 스텝지대와 농경지대의 생태적 경계를 나타내지도 않았다.

유목민의 침입을 막기 위해 성벽을 이용한 것은 널리 퍼져 있던 문화적 관행의 한 가지 형식에 지나지 않았다. 전국시대의 열국은 북방뿐 아니라 다른 나라와의 국경에도 성벽과 망루를 건설했다.[5] 북방에 장성 공사는 진나라가 초원지대로 영토를 확대했음을 과시하기 위해 일련의 성벽과 망루로 이루어진 체계적인 방어체제를 구축한 것에서

---

4) 같은 책, pp. 131-138.

5) Lewis, "Warring States Political History," pp.629-630; Di Cosmo, *Ancient China and Its Enemies*, pp.138-158; Waldron, *The Great Wall of China*, ch. 2.

절정에 달했다. 이런 식으로 사태가 전개된 직후에, 그리고 어느 정도
는 그런 현실에 대한 반발로, 유목민족들은 하나로 뭉쳐 흉노족이 이
끄는 통일된 대제국을 만들어냈다. 중국이 통일된 지 불과 20년 만에
유목제국이 흥기한 현상에 대해 그동안 두 가지 이론이 제시되었다.

첫 번째 이론은 유목국가의 부상이 중국 덕분이었다는 주장이다.
가축을 기르고 수공예품을 만드는 것이 삶의 전부였던 유목 부족들은
생존을 위해, 또는 생활수준을 향상시키기 위해 남쪽의 정주민들이
생산하는 다른 상품들이 필요했다. 능숙하게 활을 쏘고 말을 타던 유
목민들은 모든 성인 남성이 군사적 의무를 완수할 수 있는 군대를 자
연스럽게 형성했다. 정치권력은 주로 다른 부족들과의 전투에서 승리
하거나 정주 중국인들에 대한 약탈에 성공함으로써 확보되었고, 작
전을 성공리에 이끈 우두머리는 전리품을 분배함으로써 추종자들의
충성을 얻어냈다. 이와 같이 그 지배층의 권력이 중국인으로부터 탈
취한 물품의 분배에 달려 있었기 때문에, 유목민들의 정치체제는 중
국 왕조와의 긴밀한 관계 속에서 발달했다. 중원 국가들의 국력 증강
은 유목민들이 스스로를 더욱 강력한 군대로 무장하는 계기가 되었
고, 통일된 중국의 번영은 강대해진 유목 제국들이 중국의 통치자로
부터 세폐歲幣라는 형식으로 받아가던 부를 제공했다. 이렇게 북방으
로 재분배된 부는 유목민 통치자들에게 정치권력의 발판을 마련해주
었다.[6]

다른 학자들은 변경에서 유목민과 정주민 사이의 명확한 구분은 존

---

6) 이 이론적 모델의 가장 설득력 있는 버전은 Barfield, *The Perilous Frontier*이다.

재하지 않았고, 흉노와 같은 유목민족들의 영토에도 농경민이 살고 있었으며, 유목민들과 그들에게 의존하는 농경민들에게 부족한 모든 물자는 중앙아시아의 오아시스 도시국가들이 공급할 수 있었다고 주장한다. 따라서 유목국가들은 존속을 위해 서쪽의 페르시아나 동쪽의 중국과 같은 거대한 정주 왕국들에 의존하지 않았다는 것이다. 물론 그들이 교역과 약탈, 세폐를 통해 중국의 상품들을 구하거나 획득했던 것은 사실이지만, 이런 상품들이 유목민족의 생존이나 그 통치자들의 특권적 지위에 반드시 필요한 것은 아니었다는 입장이다.[7]

이 이론적 모델에 따르면, 유목사회에서는 경제적 잉여가 적었기 때문에(그것을 휴대하고 다녀야 하므로 당연히 적을 수밖에 없었다), 일반 백성과 확연하게 구분되는 지배계급이 나타날 가능성이 거의 없었다. 그런 사회에서 폭력은 본격적인 전쟁이 아니라, 부당행위를 응징하거나 가축을 빼앗거나 남의 아내를 훔치기 위한 소규모 약탈이나 보복으로 이루어졌다. 반면에 자연재해, 지배 부족에 대한 내부의 반란, 정주민들의 영토 확장에 의해 야기된 중대 위기는 가까스로 유지되고 있던 그 사회의 수지균형을 무너뜨릴 수 있었다. 새로운 지역으로 쫓겨나거나 무장 세력의 위협에 직면한 부족들이 생존할 수 있는 유일한 방법은 대규모 군사조직을 만드는 것이었다. 이런 군대는 카리스마 있는 전사 족장에 의해 편성되었는데, 그는 전사들을 모아 호위부대를 만든 다음 군사적 성공을 통해 얻은 위세와 전리품을 이용하여 더 많

---

7) 이 주장에 대해서는 Di Cosmo, *Ancient China and Its Enemies*, 특히 pp.167-174를 보라.

은 전사를 충원했다. 이런 점진적인 군사화 과정은 초-부족적인 지도자에 의한 중앙집권국가의 수립으로 귀결되었고, 이 지도자는 그의 승리로 입증되는 '하늘의 가호'를 받아 '칸'의 자격으로 나라를 통치했다. 이 새로운 최고지도자는 추종자들의 충성심을 확보하기 위해 전리품을 분배함으로써 부족 차원의 귀족층을 국가 차원의 귀족층으로 바꿔놓았다.

흉노 국가의 출현은 이런 양식에 따른 것이다. 진나라가 황하 만곡부 남쪽의 모든 영토를 차지하고 흉노와 다른 주민들을 몰아냈을 때, 이 일은 경제위기를 야기했다. 『사기』에 의하면 흉노 제국의 창건자 묵돌冒頓은 목숨을 바쳐 자신에게 복종하는 호위대를 양성한 다음, 이 세력을 이용하여 자신의 아버지를 살해하고 '최고지도자'를 뜻하는 선우單于 칭호를 빼앗았다.[8] 이후 묵돌이 만주에서 중앙아시아에 이르는 각지에서 연전연승하자, 유목 부족들은 급부상하는 흉노 세력에 차례로 무릎을 꿇었다. 이런 과정을 통해 최고지도자와 그에게 복종하는 세습적 왕이나 귀족들로 이루어진 피라미드 구조가 형성되었다.

이 피라미드 구조는 『사기』에 다음과 같이 기술되고 있다. "좌우현왕左右賢王이 있고, 좌우곡려왕左右谷蠡王과 좌우대장左右大將, 좌우대도위左右大都尉와 좌우대당호左右大當戶와 좌우골도후左右骨都侯가 있다. 흉노에서는 '현명함'을 '도기屠耆'라 표현하므로, 그들은 태자를 주로 좌도기왕左屠耆王이라고 칭한다. 좌우현왕에서 당호에 이르기까지, 가장 중요한 자는 기병 1만을 거느리고, 덜 중요한 자는 수천을 거느

8) 『史記』 卷6, p.252; 卷88, pp.2565-2566; 卷110, pp.2886, 2888.

린다. 합쳐서 24인의 장長이 있는데, 이들은 모두 '만기萬騎'라고 불린다."9) 흉노의 '왕들'은 제국의 일부를 봉지로 소유한 부족장들로, 이들은 선우에게 받은 그 땅에 대해 반독립적인 통치권을 행사했다. 그들보다 지위가 낮은 족장들은 최고회의의 성원이었다. 이 제도의 기본적 특징인 분봉제와 고위관직의 좌우 짝짓기, 십진법 단위의 군대 구조, 소수의 고위관리로 구성된 회의 등은 후대의 중앙아시아 국가들에서도 반복적으로 나타났다.

이와 같은 흉노 국가의 두 가지 모델, 곧 중화제국에의 경제적 의존과 중화제국에 대한 군사적 대응은 서로 배타적인 것이 아니다. 후자는 선우를 중심으로 중앙집권적인 국가가 등장한 방식을 기술하고 있고, 전자는 그 권력의 재정적 기반을 강조하고 있다. 두 번째 모델의 옹호자들도 흉노 국가가 인근 국가들로부터 걷어 들인 세수로 궁정과 군대를 유지하는 경비를 댔다는 데 동의한다. 하지만 첫 번째 모델의 지지자들은 중국이 유목민들의 유일하거나 가장 중요한 수입원이라는 점을 강조하는 반면에, 두 번째 모델의 주창자들은 흉노가 자신들에게 정복당한 유목국가들뿐 아니라 타림 분지의 오아시스 국가들로부터도 공물을 받았다는 점에 주목한다.[10] 중국의 풍부한 재력을 감안할 때, 그것이 흉노 통치자들의 최대 수입원이 되었다는 점은 의심할여지가 없고, 중화제국으로부터 부를 획득하는 선우의 능력은 그를

---

9) 『史記』 卷110, pp.2890~2891.

10) 타림 분지의 주민들과, 그들과 주변 지역과의 관계에 대해서는 Mallory and Mair, *The Tarim Mummies*, chs. 1~2, 8~9; Barber, *The Mummies of Ürümuchi*, chs. 6~10을 보라.

흉노 국가 내의 다른 경쟁자들과 차별화시켜준 요인이었다. 그럼에도, 흉노 국가가 생존을 위해 중국의 부에 의존했다는 주장은 분명히 과장이다.

묵돌의 새 제국은 중국과 인접한 유목민들 사이의 세력균형을 역전시켰다. 이전의 수세기 동안 중원의 열국은 유목민들을 희생시키며 북쪽으로 영토를 확장했다. 그러나 기원전 200년에 한 제국의 창건자는 흉노에게 처참하게 패배했다. 결과적으로 한은 '화친'정책을 택하여 해마다 선우에게 황금과 비단, 곡물을 바치고 주기적으로 한나라의 공주를 선우의 후궁으로 보냈다. 이에 대한 보답으로 흉노는 한나라를 공격하지 않기로 약속했다. 이는 기본적으로 공물을 바쳐 평화를 도모하는 방식이었지만, 일부 중국인은 이 정책이 결국에는 흉노를 약화시킬 것이라고 주장했다. 부족민들이 중국의 사치품에 빠져 타락할 테고, 그러면 중국에 의존하게 된다는 것이다. 그리고 한의 공주가 낳은 아들이 흉노 국가의 통치자가 된다면, 그 부족장들은 한 황실의 손아래 친척뻘이 될 수도 있다는 것이다. 이런 주장의 핵심적인 가정은 흉노는 중국인과 문화적으로만 다를 뿐 근본적인 면에서 다르지 않기 때문에 중국의 문화적 전통을 수용하면 궁극적으로 중화제국에 동화된다는 것이었다.[11]

공물을 바치고 여성을 선물하는 것 외에도, 화친체제는 중국과 흉

11) 화친정책에 관해서는 Di Cosmo, *Ancient China and Its Enemies*, pp.190-227; Barfield, *The Perilous Frontier*, pp.45-67; Yü, *Trade and Expansion in Han China*, pp.10-12, 36-43; Yü, "Han Foreign Relations," pp.386-389, 394-398;『漢書』卷48, p.2265, 주 3 ;『賈子新書校釋』卷4 , pp.433-478을 보라.

노가 외교적으로 동등하다는 인식을 낳았다. 흉노의 지도자는 중국의 황제와 서신을 교환할 때 자신의 성을 사용할 권리를 부여받았는데, 황제의 신민인 중국인들은 이름만 사용할 수 있었다. 게다가 선우라는 칭호는 중국의 황제와 대등한 것으로 인정되었고, 두 통치자는 '형제'로 표현되었다. 기원전 162년에 한나라의 문제는 다음과 같이 적었다. "짐과 선우는 백성의 부모입니다. 신하들의 잘못으로 인해 지난날에 일어났던 문제들이 우리의 화목한 형제관계에 누를 끼쳐서는 안 될 것입니다. 짐이 듣건대 하늘은 한쪽으로 치우쳐 덮지 않고, 땅은 한쪽으로 치우쳐 받들지 않는다고 합니다. 짐과 선우는 지난날의 사소한 문제들을 제쳐두고, 함께 대도를 걸어야 할 것입니다."[12] 이처럼 두 통치자는 허구적 친척관계에서 동등했고, 하늘과 땅에 대한 언급은 양국이 천지 내지 천하를 양분하고 있었음을 시사한다.

비슷한 세계관은 선우가 문제에게 보낸 외교문서에서도 표출되었다. "하늘이 내리신 복과 뛰어난 장졸, 강력한 말로, 우현왕은 월지를 전멸시키고 그들을 무참히 살해하여 복종시켰습니다. 또한 누란樓蘭, 오손烏孫, 호갈呼揭과 주변의 26국을 평정한 바, 이들은 이제 흉노의 일부가 되었습니다. 활을 당기는 모든 민족이 일가가 되었고, 북쪽 지역은 안정되었습니다." 몇 년 뒤에 양국이 맺은 조약은 이 원칙을 수용했다. 만리장성 북쪽의 모든 궁수는 선우가 통치하고, '관대冠帶를 한' 그 남쪽의 정주민들은 중국의 황제가 지배하기로 합의한 것이

---

12) 『漢書』 卷94a, pp.3762-3763.

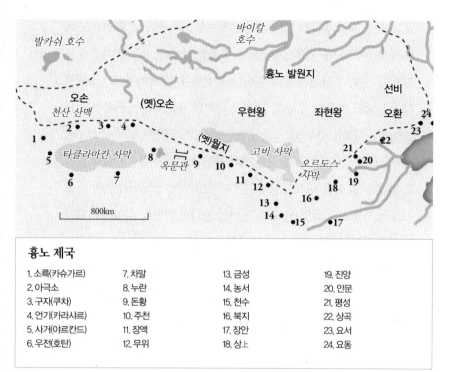

흥노 제국

1. 소륵(카슈가르)	7. 차말	13. 금성	19. 진양
2. 아극소	8. 누란	14. 농서	20. 안문
3. 구자(쿠차)	9. 돈황	15. 천수	21. 평성
4. 언기(카라샤르)	10. 주천	16. 북지	22. 상곡
5. 사거(야르칸드)	11. 장액	17. 장안	23. 요서
6. 우전(호탄)	12. 무위	18. 상上	24. 요동

지도 12

다.[13] 이 조약은 각자의 제국을 형성한 유목민의 영역과 중국인의 영역이라는 2개의 거대한 문화권으로 천하를 갈라놓았다. 또한 두 통치자는 각각의 범위에 속한 중소 국가들에 대한 서로의 지배권을 인정했다(지도 12).

양극의 두 문화권을 상정하는 이런 세계관은 중국인의 사상에도 반영되었다. 경제의 치세에 조조晁錯는 흥노와 중국인을 체계적으로 비

---

13) 『史記』 卷110, pp.2896, 2902; 『漢書』 卷94a, pp.3756-3757; 3762-3763.

교하여, 전자를 후자의 전도 내지 부정으로 묘사했다. 유목민은 고기를 먹고 유유를 마시는데, 중국인은 곡물을 먹었다. 흉노는 가죽과 모피를 입는데, 중국인은 삼베와 비단을 걸쳤다. 중국인에게는 성곽도시와 논밭과 가옥이 있는데, 조조에 의하면 흉노에게는 아무것도 없었다(이는 사실이 아니지만, 그가 양측을 정반대로 상상했음을 보여준다). 마지막으로 유목민은 하늘을 나는 새와 광야를 달리는 짐승처럼 좋은 풀과 맑은 물을 찾을 때까지 끊임없이 이동했지만, 중국인은 논밭과 도시에 둥지를 틀고 살았다. 조조는 이런 문화적 대립의 의미를 확대하여 양측 사이의 전략적인 군사적 균형까지 설명했다.[14]

수십 년이 지난 후 『사기』는 흉노의 풍속을 민족지ethnography에 가까운 양식으로 좀 더 정확하게 설명하면서, 그들이 기르던 가축, 점복술, 국가의 중요한 제사, 장례 풍습, 글이 없어 말로 약속하는 관습, 흉노의 어휘 몇 가지를 기록했다. 그러나 이 책은 여전히 흉노를 중국인과 극명하게 대비시켜 정의하는 도식에서 벗어나지 못하고 있다. 흉노의 이동성과 목축 의존도에 대한 인습적인 소개로 시작하는 「흉노열전」은 그들이 육식을 즐기고 가죽으로 만든 옷을 입는다고 기술한 다음 곧바로 건장한 젊은이만 우대하고 노인은 경시하는 유목민의 풍조에 대해 해묵은 비판을 가한다. 저자인 사마천은 또한 흉노 국가에서는 아버지가 죽으면 아들이 홀로 된 계모를 처로 삼고, 형제가 죽으면 남아 있는 형제가 그 아내를 처로 삼는다고 언급함으로써, 암암리에 그

---

14) 『漢書』 卷49, pp.2281-2293; Lewis, "The Han Abolition of Universal Military Service," pp.45-48.

것과 판이한 중국인의 표준적인 도덕관을 제시한다. 그리고 유목민의 전투 방식에 대한 예전의 설명을 되풀이하여, 흉노는 전황이 불리할 때 후퇴하는 것을 전혀 부끄러워하지 않는다고 논한다. 사마천은 이런 경험적 관찰을 중국인과 유목민 사이의 도덕적 대비로 비화시켜, 전자는 의무감을 중시하지만 후자는 개인의 이익밖에 모른다고 지적한다.[15]

하지만 두 민족을 상호 대립시켜 정의하는 방식이 언제나 흉노를 비하하는 데 쓰인 것은 아니다. 사마천은 흉노 국가로 가고 나서 한나라에 등을 돌린 중국인인 중항열中行說이 했다고 전하는 주장을 인용하고 있다. 중항열은 흉노가 노인보다 젊은이를 존중하고 근친의 미망인을 아내로 맞이하는 이유를 설명한다. 그리고 흉노의 통치자와 백성들 사이의 격의 없는 관계에 주목하면서, 이를 중국 조정의 엄격한 위계질서와 대조시킨다. 이런 식으로, 유목민의 풍속에 대한 설명이 중국의 관습 일부를 비판하는 방법이 되었다.

사마천은 흉노의 법률을 논의할 때도 비슷한 입장을 취했다. "평상시에 칼을 칼집에서 한 자 이상 뽑는 자는 사형에 처해진다. 도둑질을 한 자는 그 재산이 몰수되고, 가벼운 죄를 저지른 자는 태형에 처해지고, 큰 죄를 지은 자는 처형된다. 옥에 갇혀 판결을 기다리는 기간은 열흘을 넘지 않고, 옥에 갇힌 자는 온 나라를 통틀어 몇 명 되지 않는

15) 『史記』 卷110, pp.2879, 2892; 卷112, p.2954; Di Cosmo, *Ancient China and Its Enemies*, pp.267–281. 북방 민족들에게는 명예에 대한 의식이 없다는 진대 이전의 설명에 대해서는 『左傳注』, 희공僖公 8년, p.322를 보라.

다."[16] 흉노 법률의 간단한 원칙과 공정한 형벌은 한의 창건자에 의해 제정된 간소화된 법령[약법삼장約法三章]을 연상시키면서, 사마천이 활동하던 시대의 복잡하고 가혹한 법률제도와 뚜렷한 대조를 이룬다.

조조晁錯에 따르면 흉노의 땅은 "음기가 쌓여 아주 추운 곳이다. 나무껍질의 두께가 3치나 되고, 얼음의 두께가 6자나 된다. 사람들은 고기를 먹고 발효유를 마신다. 사람들은 피부가 두텁고 동물들은 털이 많으니, 사람과 동물이 추위에 잘 견딘다."[17] 민족들 간의 차이를 우주의 법칙까지 거슬러 올라가 추적하는 이 분석은 북쪽의 음지와 남쪽의 양지, 그리고 균형 잡힌 중간지대인 중국이라는 삼각구도를 상정하고 있다.

전국시대에는 몇몇 별자리가 특정 제후국과 관련되어 있었다. 사마천은 이런 우주론을 유목민들에게 확대하여 적용했고, 그들은 특정 별자리를 지상에서 재현하는 존재가 되었다. 문화와 정치에 기초한 세계의 양분은 천상의 구조에 반영되었고, 중국인과 유목민 사이의 국경에 상응하는 천도의 분할선이 그어졌다. 이 원칙에 입각하여, 사마천은 특정 구역의 천문 현상을 상쟁하는 두 세력의 흥망성쇠를 예견케 하는 징후로 풀이한다.[18]

지역의 문화가 중국이라는 영역의 일차적인 구분선을 이루었던 전국시대에 비해, 천하가 유목민과 중국인에 의해 양분된다고 상상하는

---

16) 『史記』 卷110, p.2879; Di Cosmo, *Ancient China and Its Enemies*, pp.274–276.

17) Di Cosmo, *Ancient China and Its Enemies*, pp.304–311. 『漢書』 卷49, p.2284.

18) 『史記』 卷27, pp.1305–1306, 1326, 1328.

것은 중대한 진전이었다. 이것은 유목민족과의 차이에 의해 규정되는 단일한 중국 문명의 근본적인 통일성을 상정한 것으로, 지역적 구분을 부차적인 문제로 축소시켰다. 중국인/유목민이라는 이분법의 발명을 통해 중국이 처음으로 하나의 통일체로 모습을 드러냈고, 이 양극 개념은 후대에도 중국 문명의 핵심으로 남아 있었다.

하지만 얄궂게도 천하의 정치적 양분은 겨우 수십 년 동안만 지속되었다. 갈수록 공물은 늘어났지만, 흉노의 침략은 멈추지 않았다. 양국의 화친은 고작 몇 년 계속되다가 새로운 침략에 의해 중단되었고, 흉노는 평화적 관계의 재개를 조건으로 내걸면서 더 많은 공물을 요구했다. 중국인은 이런 사태를 믿을 수 없는 오랑캐 탓으로 돌렸지만, 사실 그것은 흉노 국가의 성격을 반영한 것이었다. 중국의 황제는 최고의 입법자이자 판관이자 행정가로서 어떤 도전도 받지 않았지만, 흉노 국가 내의 권력은 친족 유대와 관행, 씨족이나 부족들 사이의 수평적 분파에 의해 제한되고 분할되었다. 선우는 끊임없는 협상을 통해서만 휘하 부족장들에 대한 통제권을 유지할 수 있었고, 그는 절대적인 권위의 소유자라기보다는 동등한 동료들 중의 제1인자였다. 그의 권력에 관한 합의의 수준은 그의 승전과 전리품의 분배에 비례했다.

이런 체제에서 선우는 군사행동을 무한정 자제할 수 없었다. 또한 부하들이 자체적으로 중국을 공격하는 것도 막을 수 없었는데, 이는 부족장들의 권력과 위세도 승전과 전리품의 분배에 달려 있었기 때문이다. 그들은 때로는 중국인 지방관들과의 갈등을 구실삼아, 때로는 선우의 원한을 갚는다는 명목으로 침략했다. 화친정책이 실패했던 이

유는 흉노 국가에 존재하지도 않는 권력구조가 있다고 믿고 그것에 의존했기 때문이다.[19]

조약이 계속 파기되자, 중국의 조정에서는 전쟁을 요구하는 목소리가 점점 커졌다. 수십 년의 평화기를 활용하여 중국은 전장에서 흉노를 물리칠 수 있는 기병과 궁병 위주의 새로운 군대를 만들었다. 기원전 134년에 무제는 마침내 흉노를 궤멸하기 위한 군사작전을 감행했다. 매복으로 선우를 생포하려던 그의 작전은 실패했지만, 이후 수십년 동안 중국의 군대는 중앙아시아의 깊숙한 곳까지 쳐들어가 흉노의 백성과 가축에 막대한 손실을 입혔다.

하지만 한나라의 피해도 상당했고, 거듭된 원정은 결정적인 성과는 거두지 못하고 국고만 바닥냈다. 군수품 보급의 어려움과 혹독한 기후로 인해 원정대가 전장에서 100일도 버틸 수 없었기 때문에, 전투의 승리가 영속적인 영토의 점령으로 이어지지는 않았다. 무제의 후계자들은 정벌 전략을 포기하고 군대를 방위선 뒤로 물렸지만, 더 이상 공물을 바치지는 않았다. 이 정책은 한나라로부터 공물을 받는 선우의 특권을 박탈하고, 한나라의 공격을 방어하는 그의 역할도 축소시킴으로써 톡톡한 효과를 거두었다. 선우의 위상은 현저히 약화되었고, 기원전 120년에 선우에게 반기를 든 흉노의 왕 한 명이 4만의 군민을 이끌고 한나라에 투항했다. 이후 수십 년 동안 다른 부족장들도 선우의 조정에 들지 않았다.[20] 기원전 115년에서 60년 사이에, 한 제국은 흉

19) Di Cosmo, *Ancient China and Its Enemies*, pp.216-227.

20) Barfield, *The Perilous Frontier*, pp.56-60

노의 영향권하에 있던 중앙아시아 동부 지역(오늘날의 신장)에 대한 통제권을 손에 넣었다.

기원전 57년에는 계승권 분쟁이 흉노 국가를 분열시켜, 적어도 5명의 왕이 선우를 자칭했다. 몇 년 뒤에 흉노의 왕 한 명이 한나라의 종주권을 인정하고 한의 조정을 방문한 다음 중국 내에 재정착했다. 이것은 매우 수지맞는 일로 밝혀졌다. 복종의 대가로 그는 한 제국으로부터 귀중한 선물들을 하사받았다. 기원전 49년과 33년에도 그는 한의 조정을 찾았고, 아들 한 명을 볼모로 보내 한나라의 문화를 배우게 했는데, 그에 대한 처우는 부친이 어떻게 행동하느냐에 달려 있었다. 가신이 된 이 부족장은 자신이 얻은 부를 이용하여 추종 세력을 만들고 경쟁자들을 물리쳤다. 이런 과정을 통해 힘을 키운 그는 결국 북방으로 돌아갔고, 다시 공물을 요구하기 시작했다. 그러다가 기원후 48년에 두 번째 계승권 분쟁이 일어나 흉노는 다시 내전에 휘말렸다. 그 결과 흉노 국가는 중국의 영내에 거주하면서 황제에게 복종하는 남흉노와 한 제국의 변경 밖에 거주하는 북흉노로 영원히 분열되었다.

남흉노가 한나라의 도움에 의존하게 되었다는 사실은 기원후 88년에 남흉노의 선우가 올린 글에 잘 나타난다. "신이 엎드려 생각하건대, 부친께서 한에 복종한 이래 저희는 40년 이상 국경의 관문들을 엄중히 경계해주시고 대군으로 지켜주신 폐하의 은덕을 입어왔습니다. 신 등은 한나라 땅에서 나고 자라며 오롯이 한나라에 의존해 먹고 살았습니다. 해마다 받은 상만 해도 족히 억만금은 될 것이옵니다."[21] 여전히

---

21) 『後漢書』 卷89, p.2952.

부족 단위로 모여 있던 유목민들을 중화제국의 영내에 재정착시킨 이 정책은 앞으로 살펴보게 되듯이 장기적으로는 서북 지역의 사회 질서 붕괴와 이로 인한 한족 주민들의 대규모 남진이라는 재앙을 초래했다.

북흉노는 계속해서 한나라에 저항했지만, 한나라와 남흉노 연합군에게 여러 번 패했다. 더욱이 오환과 선비 같은 부족들은 흉노에서 떨어져 나갔고, 흉노 병사들을 살해한 공으로 막대한 포상금을 받았다. 기원후 87년에 선비는 흉노를 무찌르고 북흉노의 선우를 죽여 살가죽을 벗겼다. 이 패배 이후 20만 명 이상의 흉노 부족민이 투항했고, 89년에 한나라의 대승으로 흉노 국가는 완전히 멸망했다.

변경의 군대

한대에 이루어진 중국 사회의 근본적인 변혁 가운데 하나는 전국시대 열국과 진나라를 뒷받침했던 제도인 전민개병제의 폐지였다.[22] 한나라가 기원전 154년에 오초칠국의 난을 진압하고 나자 중국 내륙에서 대규모 전쟁이 발발할 가능성이 사라졌고, 북방 변경의 흉노가 유일한 군사적 위협으로 남게 되었다. 1년 동안 복무하는 농민들이 기마술과 궁술을 익힐 수는 없었으므로, 그들은 원정군으로서는 자격 미

---

22) 이후에 벌어진 구체적인 상황에 관해서는 Lewis, "The Han Abolition of Universal Miliatry Service"를 보라.

달이었다. 또한 상대적으로 짧은 복무기간으로 인해 장기간의 주둔지 방위 임무에도 적합하지 않았다. 무제는 농민들이 군역을 세금으로 대납하도록 허용했고, 이 돈으로 직업군인들을 뽑았다. 흉노에 대적하던 유목민들과 흉노 내부의 불평분자들도 숙련된 기병으로 충원되었다. 때로는 죄수들을 변경으로 보내 주둔지 수비를 맡게 했다. 이렇게 기원전 마지막 세기에, 중국의 군대는 농민 징집군에서 직업군인과 유목민, 죄수 들로 편성된 군대로 바뀌기 시작했다.

이 과정은 비공식적으로 서서히 진행되다가 왕망에 대한 반란을 계기로 공식화되었다. 이 반란은 징집된 농민들이 국가에 등을 돌릴 수 있음을 입증해주었는데, 가을 훈련기간에 각 군의 성인 남성들이 사열을 받기 위해 모였을 때는 특히 위험했다. 또한 농민들이 관리들보다는 자신들의 보호자 격인 지방의 유력 가문들을 따를 것이라는 사실도 보여주었다. 따라서 농민들에게 군사훈련을 시키는 것은 잠재적 반도들에게 정예병들을 제공하는 격이었다. 더욱이 반란 과정에서 인구의 상당수가 떠돌이 신세가 되었는데, 호적에 등록된 인구의 손실은 조정으로서는 세수의 급감을 의미했다. 재정지출을 삭감하고 내부의 위협을 축소할 필요성에다가 징집병이 변경을 수비하는 데 무용지물이라는 사실이 더해져, 새로 수립된 동한 정권은 연중 군사훈련을 중단하고 지방의 무관직을 철폐했다. 이로써 정규 농민군은 폐지되었고, 도성 주변에 주둔하는 소규모의 직업군대만 남게 되었다.

흉노가 기원후 48년에 남흉노와 북흉노로 갈라진 이후, 유목민들은 대규모로 제국의 영내에 재정착했다. 이 새로운 주민들을 감독하기 위해, 동한 정부는 변경의 군영에 상비군을 설치하고, 각 부대로 하여금 중국에 재정착한 주요 유목민 집단의 치안을 책임지게 했다. 이 상비군은 한족 직업군인들로 충원되었다. 당시 변경지대에 있던 그런 병사들의 총수는 기록에 남아 있지 않지만, 산재된 사료들을 종합해 보면 수만에 달했던 것 같다. 이 군대는 동한 군사제도의 특징으로 계속 남아 있었고, 그 병사들은 2세기에 치러진 대부분의 주요 전투에 참여했다.

원정군은 상비군과 확연하게 구분되어, 주로 중국의 영내로 이주해 정착한 야만인들로 병력을 충원했다. 1세기에 흉노 연맹을 무너뜨린 전투에서, 대부분의 기병대는 유목민 병사들로 구성되었다. 한의 창건자는 내전 기간에 이미 부족민 병사들을 활용했다. 무제의 치세 이후 이 부족들은 보통 '속국'으로 분류되어, 교위校尉의 통제하에서 자신들의 우두머리와 풍속을 유지할 수 있었다. 그러나 동한은 '이이제이以夷制夷' 정책에 머무르지 않았다. 비한족 병사들은 내부의 반란도 진압했는데, 이는 근대 초기의 유럽에서 외국인 용병들이 군주들을 위해 했던 일과 비슷하다. 역사 문헌은 비한족 병사들이 중국 군대에 참여한 50건 이상의 사례를 기록하고 있다. 이 가운데 한족 사병들에 대한 기록이 아예 없는 것이 27건이고, 부족장들의 지휘를 받은 사례가 6건이다.

이상의 증거로부터 1세기 중엽부터 말을 탄 전사들의 주된 수급원은 비한족 병사들이었음이 명백해진다. 기원전 2세기 서한의 경제 때부터 군마를 키우기 위해 국가가 통제해왔던 방목지와 마구간은 거의 폐기되었다. 삼국시대(220~280)의 군벌들도 기병대를 구성하기 위해 계속해서 비한족에게 의존했다.

군대에서 비한족 병사들을 활용한 것 말고도, 한나라는 살해된 적군의 수급에 대해 포상금을 지급했다. 선비의 족장들은 한나라에 굴복하기 전에 흉노의 머리를 베어 보수를 받았다. 기원후 58년에는 한에 침략한 오환의 군대를 분쇄한 공으로 푸짐한 상금을 받았고, 이때 그들은 공식적으로 한에 복속했다. 그들은 매년 2억 7천만 금을 받았고, 그 보답으로 오환을 제압하고 흉노를 살해했다. 따라서 동한 시대의 가장 전형적인 군인은 부족장의 지휘를 받으며 제국을 위해 복무한 유목민 전사였다고 말할 수 있다.

서역

북방과 마찬가지로, 서역(오늘날의 신장과 옛 소비에트 중앙아시아의 동부 지역)에도 오손과 같은 유목민이 거주하고 있었고, 오아시스 주변에 발달한 도시국가들이 있었다. 묵돌의 북방 제국이 부상하면서, 서역은 흉노의 영향권 안에 들게 되었다. 이곳은 당대의 문헌에 흉노의 '오른팔'이라고 기록될 정도로 흉노에게 특별히 중요한 지역이었다. 타림 분지를 에워싸고 있던 도시국가의 정착민들이 이 유목민족에게 농산물과 장인의 수제품을 공급해주었기 때문이다.

처음으로 흉노에 대한 공격을 구상하면서, 한나라는 서역의 월지를

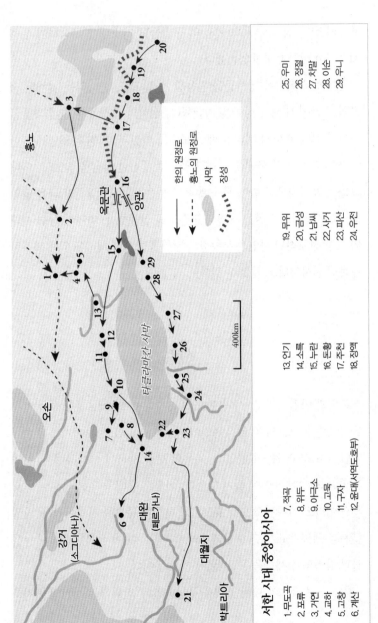

서한 시대 중앙아시아

흉노

오손

타클라마칸 사막

옥문관

양관

강거
(소그디아나)

대원
(페르가나)

대월지

박트리아

400km

범례
한의 원정로
흉노의 원정로
사막
장성

1. 무도곡
2. 포류
3. 거연
4. 교하
5. 고창
6. 계산
7. 적곡
8. 위두
9. 이극소
10. 고묵
11. 구자
12. 윤대(서역도호부)
13. 언기
14. 소륵
15. 누란
16. 돈황
17. 주천
18. 장액
19. 무위
20. 금성
21. 남씨
22. 사거
23. 피산
24. 우전
25. 우미
26. 정절
27. 차말
28. 이순
29. 우니

지도 13

잠재적 동맹으로 판단하고 장건과 100명의 사절단을 서역으로 파견했다. 월지는 과거에 북방의 스텝지대를 호령하다가 흉노에 의해 쫓겨났으므로, 한나라는 월지가 자신들을 도와 오래된 숙적에 맞서줄 것으로 기대했다. 하지만 장건 일행은 도중에 흉노에게 사로잡혔고, 흉노는 한나라 조정에 분노 어린 전갈을 보냈다. "월지는 우리의 북쪽에 위치하고 있는데, 한이 어떻게 그곳에 사절을 보낼 수 있단 말이오? 우리가 (한의 동남쪽에 있는) 월越에 사신을 보낸다면, 한은 이를 기꺼이 허락하겠소이까?"[23] 10년 동안 붙잡혀 있던 장건은 기원전 126년에 마침내 서역에 관한 최초의 상세한 정보를 들고 중국으로 돌아갈 수 있었다(지도 13).

한의 중앙아시아 진출은 기원전 120년에 흉노의 왕 한 명이 고분고분하게 귀순하면서 시작되었다. 그가 관할하던 지역이 한과 서역의 중간지대였기에, 그의 투항은 서역으로 통하는 길을 열어주었다. 당시의 정세에 대해 장건은 다음과 같이 아뢰었다. "이 기회를 놓치지 마시고 오손에 하사품을 아낌없이 보내시어, 그들로 하여금 동쪽으로 이동하여 옛 영토를 수복하게 하시옵소서. 그러면 한나라는 그들과 형제의 의를 맺을 수 있사옵니다. 정황상 그들은 한나라의 뜻에 따를 것이옵니다. 그렇게만 된다면, 흉노는 오른팔이 잘려나가는 셈이옵나이다. 일단 오손과 동맹을 맺고 나면, 그 서쪽의 대하大夏(박트리아)와 다른 나라들이 앞을 다투어 한의 외신外臣이 되고자 할 것이옵니다.[24]

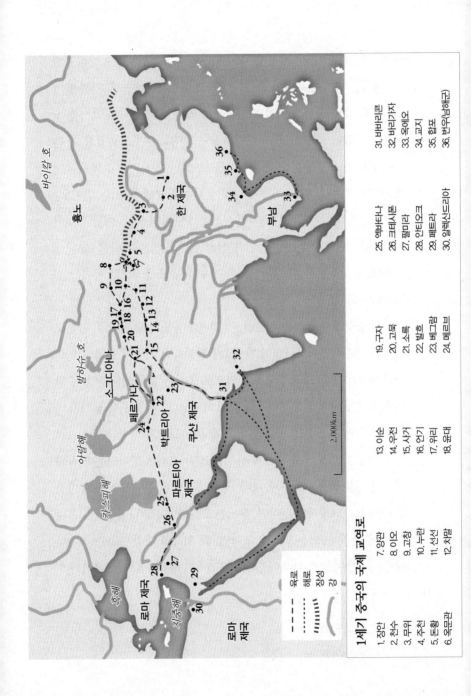

1세기 중국의 국제 교역로

1. 장안	13. 이순	25. 엑바타나
2. 천수	14. 우전	26. 크테시폰
3. 무위	15. 사거	27. 팔미라
4. 주천	16. 연기	28. 안티오크
5. 돈황	17. 위리	29. 페트라
6. 옥문관	18. 윤대	30. 알렉산드리아
7. 양관	19. 구자	31. 바버리콘
8. 이오	20. 고묵	32. 바리가자
9. 고창	21. 소륵	33. 옥에오
10. 누란	22. 발흐	34. 교지
11. 선선	23. 베그람	35. 합포
12. 차말	24. 메르브	36. 반우(남해군)

육로
해로
장성
강

조정은 이 건의를 받아들였고, 이후 한나라는 중앙아시아에서 이런 정책 기조를 유지했다.

일부 학자는 중국인이 경제적 이유 때문에, 즉 비단과 다른 상품들의 판로를 개척하거나 흉노를 몰아내고 신장을 통과하는 교역로를 통제하기 위해 중앙아시아로 진출했다고 주장해왔다. 그러나 기원전 1세기 이전에 중국과 서역 사이에 실질적인 교역이 있었다는 증거는 없고, 한나라가 처음으로 사절단을 중앙아시아로 보냈을 때는 흔히 '실크로드'라 불리는, 유라시아 대륙을 가로지르는 교역로가 존재하지도 않았다. 최초의 동기는 흉노와의 갈등이라는 정치적 요인이었고, 교역의 증가는 초창기의 사절단들이 임무를 완수한 결과였을 따름이다.

'실크로드'라는 용어는 19세기 말에 독일의 한 지리학자에 의해 만들어졌다. 이 길의 양 끝에 있던 중국인과 로마인은 그런 교역로의 존재는 물론이고 서로의 존재도 의식하지 못했다. 로마인이 알고 있던 것은 '실크 생산자'를 뜻하는 '세레스Seres'가 로마 시장에 선을 보인 그 직물을 어딘가에서 만들고 있다는 사실 정도였다. 중국인은 머나먼 서쪽에 진기한 동식물이 가득한 신비로운 '대진大秦' 제국이 있다는 막연한 소문을 들었을 뿐이다. '실크로드'에서 무역에 종사하던 동업자들도 상대방에 대해 모르고 있었고, 로마에서 중국까지의 교역로 전체를 여행해본 상인도 없었다. 중국의 변경 무역과 정치적 증여를 통해 상당량의 비단이 중앙아시아의 시장으로 유입되었고, 그곳에서 다시 서쪽으로 팔려나갔다. 비단은 신장에서 오늘날의 아프가니스탄과 인도 지역으로 옮겨진 다음 페르시아를 거쳐 최종적으로 로마 제국의 동부 속주들에 도착했다. 유라시아 대륙을 관통하는 교역로는 일련의 지역적 교역로들로 이루어졌고, 이 길들이 많은 양의 비단을 단계별로 중국에서 로마로까지 운송했던 것이다. 각 중개인은 이 교역로상의 한두 단계 내지 거점만 알고 있었다(지도 14).[25]

오손과 동맹을 맺으려던 한나라의 첫 번째 시도는 복잡한 결과를 낳았다. 오손의 왕은 한의 옹주와 혼인하기로 합의했지만, 흉노의 신부도 받아들였고, 전자보다 후자를 우대했다.[26] 이런 일은 서역에서 흔히 볼 수 있던 현상으로, 작은 나라들은 두 대국에게 동시에 충성을 맹세함으로써 독립을 유지하고자 했다. 예컨대 누란국은 기원전 108년과 92년에 한과 흉노의 조정에 왕자 한 명씩을 볼모로 보냈다. 누란의 왕이 사망하자, 흉노는 이 소식이 중국에 전해지기 전에 자신들의 인질을 서둘러 귀국시켜 왕위에 올렸다. 이때부터 시작된 누란의 반한反漢 정책은 기원전 77년까지 계속되다가, 한나라의 특사가 친-흉노 왕을 암살하고 나서야 종식되었다.

한나라는 기원전 108년에 처음으로 서역에서 본격적인 군사행동을 단행하여, 오손 및 누란과 화친을 맺었다. 좀 더 중요한 두 번째 원정은 기원전 101년에 페르가나 정복으로 마무리되었다. 페르가나에서 도성에 이르는 머나먼 거리는 한 제국의 광대한 세력 범위를 입증했고, 품종이 우수한 그 지방의 말[한혈마汗血馬]을 확보한 것은 한나라 조정의 쾌거였기에, 종묘 제례에서 노래[「서극천마가西極天馬歌」]로 찬양되

25) Rashke, "New Studies in Roman Commerce with the East."

26) 『史記』 卷123, p.3172.

었다.[27] 한나라가 치른 전쟁 가운데 가장 오래 걸리고 비용도 많이 들었던 이 정벌의 결과, 중앙아시아의 국가들 대부분은 한나라 조정에 조공과 인질을 바치게 되었다.

기원전 90년에 이루어진 성공적인 투르판 정벌도 의미가 컸다. 흉노와 가장 가까운 곳에 위치한 이 국가는 흉노가 서역으로 진출하는 관문이었기 때문이다. 이 정벌을 위한 군대가 서역의 6개국에서 징발되었다는 것은 이 무렵에 한나라의 영향력이 어느 정도였는지를 말해준다. 이후 흉노는 이 지역에서 잠시 재기했지만, 한나라는 기원전 71년에 다시 대승을 거두며 투르판에서 흉노 세력을 몰아냈다.

이상의 군사적 승리는 기원전 60년에 서역도호부西域都護府의 설치로 귀결되었다. 과거에 흉노의 수장이 서역의 근거지로 삼고 있던 곳 근처에 세워진 이 관청은 한의 군사적·정치적 본부였다. 한은 또한 둔전을 설치하고, 장성과 망루로 이루어진 변경의 수비망을 중앙아시아 쪽으로 연장했다. 20세기에 돈황敦煌과 거연居延의 요새에서 출토된, 행정기록이 적힌 수많은 목간木簡은 한대에 그곳에 살던 사람들의 구체적인 생활상을 알려준다.

한나라와 중앙아시아의 유대는 변화를 거듭했다. 서한 말기에 중국인이 이 지역에서 물러나자, 북흉노가 다시 지배권을 확립했다. 기원후 91년 이후에는 도호인 반초班超(역사가 겸 시인인 반고의 동생)와 그 아들 반용班勇의 군사적 성공을 통해 중국의 권위가 회복되었다(지도 15).

중국과 외부세계의 관계에 대한 논의는 전통적으로 외국이 복종의

---

27) 『漢書』 卷22, pp.1060-1061.

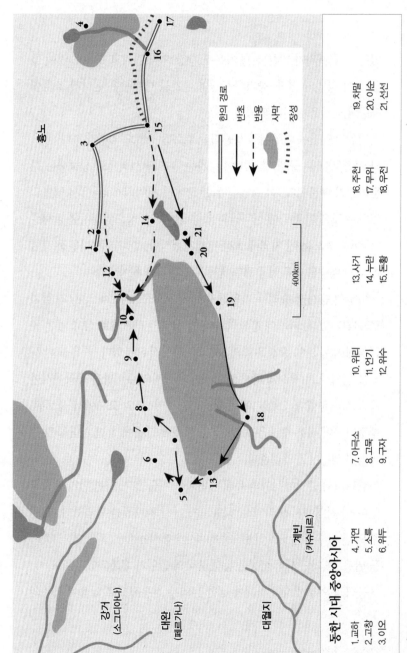

흉노

한의 경로
반초
반용
사막
장성

400km

동한 시대 중앙아시아

1. 교하	4. 거연	7. 이극소	10. 위리	13. 사거	16. 주천	19. 차말
2. 고창	5. 소륵	8. 고묵	11. 언기	14. 누란	17. 무위	20. 이순
3. 이오	6. 위두	9. 구자	12. 위수	15. 돈황	18. 우전	21. 선선

강거
(소그디아나)

대완
(페르가나)

대월지

계빈
(카슈미르)

지도 15

표시로 고유의 특산물을 황제에게 선물로 보내는 이른바 조공제도에 집중되어왔다. 후대의 여러 왕조에서 어떤 역할을 했든, 진한 제국의 치하에서 조공은 분명히 공식적인 체제를 갖추지 못했다. 외국은 상황에 따라 공물을 바쳤지만, 이런 일은 관례화되지 않고 즉흥적으로 이루어졌다. '공貢'이라는 개념은 대외관계에 국한되지 않았다. 심지어 관직 후보자를 조정에 천거하는 것도 세금과 마찬가지로 '공'으로 간주되었다.[28]

그럼에도 남흉노의 복속은 황제에 대한 공물의 봉헌을 수반했고, 『후한서』에 기록되어 있듯이 조공은 서역과 한나라 조정의 관계를 규정하는 근본적인 요소가 되었다. "우리의 군사력에 위압되고 우리의 재력에 매료되어, 모든 통치자가 지역의 진기한 물품을 공물로 바치고 사랑하는 아들을 인질로 보냈다. 그들은 모자를 벗고 동쪽을 향해 무릎을 꿇은 채 천자에게 예를 표했다. 이에 조정은 무기교위戊己校尉의 관직을 설치하여 서역의 실무를 담당하게 하고, 도호부를 설치하여 서역을 총괄하는 권위를 행사하게 했다. 처음부터 순순히 귀순한 자들은 금은과 인부印符를 황제의 선물로 하사받았지만, 끝까지 버티다가 신종한 자들은 도성으로 끌려가 벌을 받았다."[29]

이미 설명한 바와 같이 옛날에 중국의 각 지역이 자기 고장을 상징하는 대표적인 생산물을 통치자에게 보냈듯이, 외국이 바치는 공물의 가장 중요한 특징도 원산지의 독특한 성격을 필히 반영해야 한다는 것

---

28) Yü, "Han Foreign Relations," pp.381-383, 394-398.

29) 『後漢書』卷88, p.2931.

이었다. 그런 이국적인 산물에 화답하여, 중국의 통치자는 외국의 군주들에게 귀금속이나 비단을 선물하고 중국의 관직을 하사했다. 이런 교환에서 중국이 준 것은 받은 것보다 가치가 컸는데, 이 불균형은 대외관계에서 한나라의 우위를 천명하기 위한 것이었다. 하지만 대다수의 중앙아시아 국가에게 조공 사절단 파견은 무역을 위한 구실에 지나지 않았다. 기원전 1세기 말에 정식으로 중국에 굴복하지도 않은 카슈미르가 사신을 통해 공물을 바친 것은 특히 장삿속이 빤히 보이는 사례였다. 한나라의 한 관리는 이 사절단은 카슈미르의 관리들이 아니라 물건을 팔러온 장사치들이라고 지적했다.[30]

중국에 복속한 흉노의 왕들과 중앙아시아의 군주들은 으레 한의 황제로부터 봉호封號와 인부를 하사받았다. 이 명예는 중국의 통치자에 대한 그들의 종속적 지위를 강조해주었다. 일반적으로 조공국의 군주는 제후로 책봉되었고, 그의 주요 신하들은 승상, 장군, 도위都尉의 칭호를 받았다. 중국 황제의 인정을 받으면, 중앙아시아의 민족들 사이에서 대단한 위신을 얻었다. 383년에 여광呂光이라는 인물이 구자龜玆를 정복했을 때, 서역의 많은 국가가 그에게 투항했다. 중국에 대한 충성을 표시하기 위해, 그들은 일찍이 한나라 조정으로부터 하사받아 이 왕조가 멸망한 뒤에도 2세기 동안 간직하고 있던 인부를 그에게 보여주었다.[31]

---

30) 『漢書』卷96a, pp.3886, 3893.

31) 예컨대 『漢書』卷96b, p.3928을 보라. Yü, "Han Foreign Relations," pp.417-
418. 『漢書』卷96b, pp.3908-3909; 『後漢書』卷88, p.2931; 『晉書』卷122,
p.3955.

이 봉호들은 유명무실한 복종의 징표가 아니었다. 형식상 서역도호의 감독 아래 있었지만, 봉호를 받은 자들은 실질적인 행정 임무를 수행했다. 이를테면 기원전 48~46년의 어느 시점에 오손의 관리 몇 명이 한나라의 관직을 하사받았는데, 수십 년 뒤에 오손의 왕이 암살당했을 때 그들은 직무에 태만했다는 이유로 인부를 박탈당했다. 이와 비슷하게 기원후 153년에 한 중국인 관리는 질서 유지에 실패한 투르판 제후왕의 인부를 회수하여 지역의 다른 통치자에게 넘겼다.

강족과 오환

강족羌族은 서역인들 가운데 특히 주목해야 할 민족으로, 기원후 2세기 전반에 그들이 수차례 일으킨 반란은 한나라가 쇠락하는 주요 원인이 되었다. 상대의 갑골문에도 나오는 강羌이라는 이름의 민족은 오늘날의 감숙 남부에서 운남에 이르는 중국 서부의 대부분 지역에 광범위하게 퍼져 있었다. 그들을 지칭하는 강이라는 문자는 양羊을 연상시키고, 그들은 소와 말, 양, 당나귀, 낙타를 키우는 유목민으로 묘사된다. 적어도 전국시대 초부터 그들은 농사도 짓기 시작했고, 그래서 그들의 농경지와 그들이 생산한 밀의 양에 대한 기록이 문헌에 남아 있다.[32]

강족은 흉노와 접촉하고 있었고, 초기에는 흉노와 동맹을 맺고 한에 대항하기도 했지만, 큰 국가나 연맹을 형성한 적이 없었다. 중국인

---

32) 『漢書』 卷69, pp.2979, 2986; 卷87, p.2883.

은 상호 적대적인 수많은 부족으로 쪼개지는 이런 경향에 중점을 두고 강족을 정의했다. "그들은 군신관계를 바로세우지도 않고, 원로들의 권위를 이용하여 단합하지도 않는다. 힘이 강해진 자는 자신을 따르는 무리를 데리고 독립하여 그들의 족장이 된다. 그러나 힘을 잃으면 그는 다른 자의 부하가 된다." 중국의 장군 조충국趙充國은 기원전 63년에 "강족을 제어하기가 쉬운 이유는 스스로 호걸을 갖고 있다고 생각하는 여러 부족이 서로가 서로를 공격하는 데 여념이 없어 도저히 하나로 뭉칠 수 없기 때문입니다"[33]라고 말했다. 역설적이지만 분열을 거듭하는 이런 성향으로 말미암아, 흉노를 상대할 때 효과를 보았던 방법으로는 그들을 제압하기 어려웠다. 강족의 부족장 한 명이 패하면, 이 패배의 효과는 그 자신의 부족 이상으로 파급되지 않았다. 그러나 그가 승리한 경우에, 그의 세력은 삽시간에 눈덩이처럼 불어나 한나라에 맞서 큰 반란을 일으킬 정도가 되었다. 평화협정도 그 범위가 제한적이었다.

강족은 이미 기원전 2세기에 때로는 한의 승인하에, 때로는 승인 없이 중국의 영내로 거주지를 옮겼다. 왕망을 상대로 한 내전 기간과 동한의 초기 수십 년 동안에도, 다수의 강족이 한나라의 서북부로 이주해왔다. 동한의 창건자인 광무제가 감숙을 재점령했을 때, 그는 강족이 그곳의 광대한 지역을 장악하고 있다는 사실을 발견했다. 한 정부는 이 문제에 대처하기 위해 강족을 중국의 내륙으로 분산시켰고, 심지어 기원후 35년과 50년에는 그들을 옛 수도인 장안 부근으로 이주시

---

33) 『後漢書』 卷87, p.2869; 『漢書』 卷69, p.2972.

켰다. 이런 조치는 강족의 반란을 격화시켰고, 이에 옛 도성 부근의 군들을 버리자는 건의가 나오기도 했다. 이주민의 수가 워낙 많았고 강족의 인구증가 속도도 워낙 빨랐기 때문에, 4세기에 이르자 비한족이 관중 지역 인구의 절반가량을 차지했다.[34)

이처럼 중국의 서부에서 강족과 한족이 뒤섞여 살게 되자, 무수한 충돌이 일어났다. 기원전 33년에 한 상주문은 다음과 같이 지적했다. "근자에 우리의 변경을 지키게 됨에 따라, 서강西羌은 한인과의 왕래가 잦아졌습니다. 아전과 백성이 이익을 탐해 강족의 가축과 처자를 훔치고 있습니다. 이런 일로 원한이 쌓인 강족은 대를 이어 반란을 일으키고 있습니다." 60년 뒤에도 상황은 대동소이했다. "지금은 양주부涼州部(감숙)의 곳곳에서 투항한 강족을 볼 수 있는데, 이 오랑캐들은 여전히 머리를 묶지 않고 옷깃을 왼쪽으로 여미고 있지만(비한족의 풍습), 한인과 잡거하고 있습니다. 그들은 습속이 다르고 언어도 통하지 않기 때문에, 하급관리들과 교활한 사람들에게 자주 침탈을 당합니다. 화가 머리끝까지 나도 달리 해결할 방도가 없기에, 반란을 일으킵니다. 무릇 만이蠻夷의 모든 분란은 여기에서 비롯됩니다."[35) 조정의 관리들은 대부분 강족 문제의 근원이 유력한 지방민들과 한패가 된 지방관들의 부당한 행위라고 믿고 있었다.

이런 봉기를 진압하기 위해, 한 정부는 기원전 111년에 '호강교위護羌校尉'를 설치했다. 그의 직무는 한나라의 국경 안에 거주하는 강족을

---

34) 『後漢書』卷87, pp.2876, 2878-2879;『晉書』卷56, p.1533.

35) 『後漢書』卷94b, p.3804;『後漢書』卷87, p.3878.

도와주고, 그들의 불만사항을 조사하며, 통역관들을 확보하여 국경 바깥의 강족과 교류하는 것이었다. 또한 둔전을 경영하여 변방의 수비대에 식량을 보급함으로써 중앙군의 도움 없이 지방의 반란을 처리할 책임도 맡았다. 하지만 이 지방의 수비대는 실제로 반란이 일어났을 때 거의 쓸모가 없는 것으로 밝혀졌는데, 그럼에도 제국 군대의 지원은 좀처럼 이루어지지 않았다.[36]

비한족을 속국으로 받아들인 다음 그 전사들을 동맹군의 병력으로 충원하는 한나라의 제도는 왕조의 초기로 거슬러 올라간다.[37] 강족으로 이루어진 최초의 속국은 기원전 60년에 수립되었고, 동한 시대에는 흉노족의 속국들과 중앙아시아의 여러 나라와 함께 오르도스, 감숙, 사천에 강족의 속국이 있었다. 원칙상 속국의 성원들은 자신들의 통치자 밑에서 고유의 습속을 지키며 살 수 있었다. 한의 행정관들은 그들을 특별히 통제하지는 않았지만, 한의 조정이 내린 특명에 복종하게 만드는 조치는 취할 수 있었다.

한조 중국의 '내신內臣'이 되기 위해, 복속한 야만인들은 요역이나 군역을 이행해야만 했다. 강족은 변경의 유목민들을 상대로 한 동한의 군사행동에서 국경지대에 관한 정부의 '눈과 귀'가 되어 크게 활약했다. 그들은 아마 세금도 냈을 것이다. 신복한 강족의 부족장들 가운데 유력한 자는 한나라 조정에 공물을 바치고 황제에게 신하의 예를

36) Yü, "Han Foreign Relations," pp.427-428; Lewis, "Han Abolition of Universal Military Service," pp.59, 63-64; 『後漢書』 卷87, pp.2876-2878; 『漢書』 卷69, p.2985.

37) Lewis, "Han Abolition of Universal Military Service," pp.57-61.

표했지만, 작은 부족의 미미한 족장은 별다른 간섭을 받지 않고 지낼 수 있었다. 입조入朝한 자들은 서역의 통치자들과 마찬가지로 봉호와 인부를 하사받을 수 있었다.[38]

느슨한 통제와 최소한의 의무를 골자로 하는 이런 정책은 종종 무시되었다. 교위들은 으레 강족의 재화를 강탈하고 노동력을 착취하여 본인들의 잇속을 챙겼다. 기원후 155년에 그 직책에 임명된 장환張奐은 자신의 전임자 8명이 모두 사욕을 위해 강족을 수탈했음을 알게 되었다.[39] 그가 강족 수령들이 상납한 말과 금을 받지 않고 돌려준 일은 청렴함의 표본으로 여겨지지만, 이 일화는 조정에서 파견한 고위관리들도 앞서 인용한 상주문에서 비판받았던 부도덕한 지방관들 못지않게 직권을 남용한 부정 축재에 혈안이 되었음을 보여준다.

이주민의 증가로 더 많은 속국을 만들어야 할 필요성이 생김에 따라, 교위의 성격도 변했다. 94년에는 50만 명 이상의 강족이 한에 복속하여 '내신'이 되었고, 107년과 108년에도 수만 명이 귀순했다. 이들이 한나라의 행정체제에 완전히 편입될 수는 없었기 때문에, 그들은 신설된 교위부의 감독하에 속국을 형성했다. 지방의 질서가 무너질 때마다, 교위의 권한은 확대되었다. 원래는 동맹을 맺은 이민족을 병사로 동원하기 위해 설치된 무관직이었지만, 교위는 점차 태수太守의 권한에 상응하는 행정적 권한도 부여받았다. 관할 구역 내에서, 교위는

---

38) Yü, "Han Foreign Relations," pp.428-430; 『後漢書』 卷4, p.185; 卷87, pp.2880, 2898.

39) 『後漢書』 卷65, p.2138.

신복한 야만인들뿐 아니라 변경의 중국인들도 통제했다. 따라서 비한
족의 중국 영내 정착은 변경에 위치한 지방의 사회와 행정을 군사화하
는 결과를 초래했다.[40]

강족과 흉노 외에, 속국으로서 늘 군사적 감독하에 놓여 있던 민족
은 선비와 함께 '동이東夷'라 불리던 오환이었다. 주로 오늘날의 내몽
골에 거주하고 있던 이 유목민족은 묵돌에게 패해 흉노 국가에 편입되
었다. 속국으로서, 그들은 흉노에 가죽과 말, 가축을 정기적으로 바치
고 흉노가 한나라와 전쟁을 할 때 병력을 지원했다.

이런 상황은 기원전 119년에 한나라의 승리로 선우의 조정이 내몽
골에서 쫓겨남에 따라 오환의 독립이 일정 수준 보장되는 쪽으로 바뀌
었다. 한나라는 그들을 만리장성 너머에 있던 동북부의 여러 군으로
이주시켜 '호오환교위'의 감독하에 두었는데, 이 교위부는 오늘날의
북경 근처에 있었다. 하지만 서한 시대 내내 흉노는 오환에게 변함없
이 공물을 요구했고, 오환도 여전히 한나라를 약탈했다.

기원후 49년에 한과 오환의 관계는 다시 변했다. 한의 황제가 오환
의 유력한 부족장[대인大人]들에게 복속을 권유했을 때, 1,000명 가까운
부족장이 입조하여 신복의 예를 갖추고 노비, 말, 소, 활, 가죽을 진상
했다. 황제는 성대한 연회와 귀한 선물로 화답했다. 같은 해 말에 부족
장들은 '내신'이 되기를 자청했고, 그들 가운데 81명이 제후의 작위를

---

40) 『後漢書』 卷87, pp.2898-2899; 卷4, p.170; 卷5, pp.206, 211, 237; 志23,
   pp.3514, 3515, 3521.

하사받았다. 유력한 족장들의 친척은 볼모로 한나라에 남게 되었다.[41]

오환은 한의 국경 안에 재정착했고, 변경을 지키는 대가로 식량과 의복을 정기적으로 지급받았다. 살해한 적의 수급에 대한 포상금도 받았다. 정확한 수치는 알 수 없지만, 2세기 후반에 많게는 300만 명의 오환인이 제국의 영내에 거주하고 있었을 것으로 추정된다. 이에 따라 호오환교위부가 다시 설치되었는데, 이번에는 그 본부를 영성에 두었다. 어떤 교위의 무덤에 그려진 벽화에는 당시의 성벽, 관아, 군사시설, 시장이 묘사되어 있다. 이 그림들은 오환인의 복식과 두발, 그들이 시장에서 사고팔던 물건을 비롯하여 그들의 생활에 대한 귀중한 정보를 담고 있다. 또 다른 벽화는 유목민의 천막을 묘사하고 있는데, 이 이국적인 구조물은 한족 엘리트들 사이에서 이내 유행했다.[42]

오환의 속국들은 처음에는 흉노와, 다음에는 흉노가 패배한 이후 유목민들을 규합하여 한나라에 대항했던 선비와 싸웠을 뿐만 아니라, 중국의 심장부와 머나먼 남부에서 일어난 반란들도 진압했다.[43] 2세기 말에는 영성의 시장에서 교역이 활발해져, 오환의 거주지역이 중국에서 가장 부유한 곳에 속하게 되었다. 오환과 한인 관리들의 공조가 대단히 긴밀해지자, 187년에는 한인 관리 2명이 이 유목민들을 이끌고 조정에 맞서 반란을 일으키기에 이르렀다.

184년에 산동과 동북부에서 황건적이 난을 일으켰을 때, 100만 명

---

41) 『後漢書』 卷90, pp.2981-2982.

42) Yü, "Han Foreign Relations," pp.439-440.

43) 『後漢書』 卷7, pp.310, 315; 卷38, p.1286; 卷73, p.2353.

이상의 중국인이 영성 일대로 피신했다. 205년에 군벌 조조가 다수의 오환 기병이 포함된 군대를 이끌고 북부의 군들을 침략했을 때도, 10만 이상의 중국인 가구가 오환의 보호를 구했다.[44] 이 정도로 오환에 대한 신뢰가 확고했고, 중국인 군벌의 보호보다 오환의 보호를 선호했다는 것은 한나라 말기에 유목민들의 속국이 중국을 구성하는 상당히 중요한 요소가 되었음을 말해준다.

이웃한 정주민들과 이국취향

중국의 동북쪽과 동남쪽, 서남쪽에는 유목민들보다 정주민들이 더 많이 거주하고 있었다. 이들 지역은 정치적으로나 경제적으로나 한나라에 그리 중요하지 않았다. 그들이 군사적 위협을 가하지도 않았거니와, 그들의 영토에 접근하기도 쉽지 않았기 때문이다. 또한 습윤한 기후의 남부는 북방인에게 치명적인 질병의 온상이었다. 나중에는 이런 지역의 민족들도 관료적 행정체제와 문자를 포함한 중국 문화의 다양한 측면을 받아들였기에, 7세기 무렵에 중국은 그 자체의 축소 복제판에 둘러싸이게 되었다. 그러나 한국을 제외하면, 한대에는 이런 식의 문화적 동화가 거의 시작되지 않았다.

기원전 2세기 후반에는 오늘날의 한반도 북부에 무역과 거주를 위한 한나라의 지방 행정구역[한사군漢四郡]이 설치되었다. 그러나 기원후

---

44) 『後漢書』卷8, pp.354, 356; 卷73, pp.2353-2354; 卷90, p.2984.

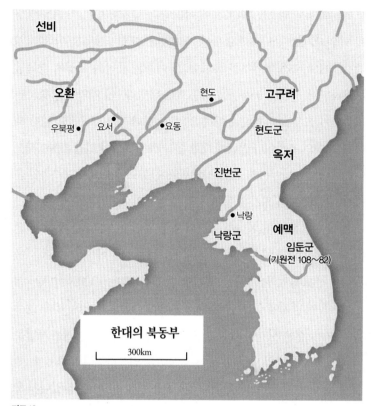

선비

오환

현도

고구려

우북평 •   • 요서   • 요동

현도군

옥저

진번군

낙랑 •

낙랑군   예맥

임둔군
(기원전 108~82)

한대의 북동부

300km

지도 16

1세기에 이르러 한국인은 고구려를 비롯한 자신들의 국가를 형성하기 시작했고, 106년에는 한나라의 행정기구가 일시적으로 축출되었다. 중국인은 한나라가 멸망한 뒤에도 얼마간 한국의 일부를 지배했지만, 이 지역은 중국의 일부가 되지 않았다(지도 16).

　진나라와 한나라는 외딴 지역인 남부(오늘날의 광동성과 광서성, 베트남 북부)와 동남부(오늘날의 복건)에 여러 군을 설치했지만, 이 군들은 행정 단위라기보다는 군사 요새에 가까웠다. 또한 고분고분한 현지의 족장들에게 관직과 인부를 하사했고, 이들은 중국의 조정에 명목상 복종하면서 진기한 물품들을 조공으로 바쳤다. 이 지역에는 중국인 거주지가 드문드문 있거나 아예 없었고, 한나라의 기록에도 현지 부족장 몇 명의 충성이나 반란에 대한 언급 정도가 남아 있을 따름이다.

한나라의 서남부(오늘날의 운남과 귀주) 진출도 유사하게 단기적인 군사적 개입과 관직 하사를 통한 지역 수령들의 지지 획득이라는 두 가지 방식을 결합했다. 한나라 조정의 일부 관리는 서남부를 통해 더 멀리 떨어진 지역과의 무역이 가능하다는 보고 때문에 이 지역에 더욱 관심을 갖게 되었다. 기원전 135년에 한 정신廷臣은 서남부의 야랑국夜郎國과 훨씬 남쪽에 있는 남월南越 사이의 교역로를 개척할 것을 상주했다. 거의 같은 시기에 사천 출신인 저명한 문인 사마상여는 서남부의 사천과 오늘날의 미얀마 및 인도 사이를 연결하려고 노력했다. 수십 년 뒤에는 한나라 조정을 위해 처음으로 중앙아시아를 찾았다가 포로가 된 사절 장건이 박트리아에서 중국의 상품을 목격했다고 보고했는데, 이 물건들은 사천에서 서남부를 통해 그곳까지 유입된 것이었다. 하지만 이 모든 교역로는 정기적으로 이용하기는 어려운 것으로 밝혀졌다. 몇 개의 군이 설치되었고 야랑국과 전국滇國의 왕들은 황제의 책봉을 받았지만, 중국과 이 지역의 접촉은 단속적이고 피상적인 수준에 머물렀다.[45]

---

45) Yü, "Han Foreign Relations," pp.446~460.

이런 국가들에 대한 군사적·정치적 관심은 별로 없었지만, 한나라는 북방과 서역의 물건들에 푹 빠졌듯이 이 지역의 진귀한 물산에도 매료되었다. 한나라가 머나먼 나라에서 온 희귀한 산물에 사로잡힌 현상은 통치자의 권력이 사람과 물자를 자신의 조정으로 끌어들일 수 있는 능력에 의해 측정된다는 관념에서 비롯되었다. 사람들이 더 먼 곳에서 올수록, 그리고 물자가 더 이국적일수록, 황제의 영향력은 더욱 크게 인식되었다.

이 주제를 가장 상세하고 세련되게 묘사한 것은 사마상여의 작품으로, 특히 「상림부」에는 북방의 유목민들과 중앙아시아의 민족들이 헌상한 동물들과 공상과 신화 속의 동물들이 뒤섞여 표현되고 있다.

> 해는 동쪽의 연못에서 떠올라
> 서쪽의 언덕으로 집니다.
> 그 남쪽에서는 한겨울에도 초목이 무럭무럭 자라고
> 물이 살아 숨을 쉬듯 물결이 일렁입니다.
> 그곳의 짐승으로는 용모맥리猵旄貘犛,
> 침우沈牛와 주미麈麋
> '적수赤首'와 '환제圜題'
> 궁기窮奇와 상서象犀가 있습니다.
> 그 북쪽에서는 한여름에도 얼음이 얼어 땅이 갈라지니
> 옷자락을 걷어들고 빙판 위를 걸어 하천을 건넙니다.
> 그곳을 어슬렁거리는 짐승으로는

기린과 각단角端,

도도駒騄와 낙타,

공공蛩蛩과 탄혜驒騱,

결제駃騠, 당나귀, 노새가 있습니다.[46]

1세기 말에 왕충은 두 편의 산문을 써서, 고대의 주나라를 역사상 가장 위대한 왕조로 찬양하면서 한나라를 비판하는 풍조에 일침을 가했다. 그는 한나라가 주나라는 의식하지도 못했던 이역만리에서 온 희한한 공물을 받고 있다고 지적했다. 왕충에 의하면, 그런 귀한 물건을 얻는 것으로 예증되는 위세와 영향력은 예전의 모든 왕조를 능가하는 한나라의 우월성을 입증하는 것이었다.[47]

이국풍의 유행은 종교에서도 나타났다. 인간과 신이 만나는 곳은 지상의 끝자락에, 다시 말해서 수직적으로는 산꼭대기에, 수평적으로는 동쪽에 떠 있는 섬들이나 서쪽의 산맥들에 있었다. 이런 신선의 영역에는 상서祥瑞나 공물의 형태로 인간세계에 나타나는 진귀한 동식물이 가득했다. 서왕모西王母가 거하던 불사의 궁전에 대한 서술은 옥수玉樹와 다른 보석, 그리고 그녀의 궁전을 가득 채우고 있던 이국적이고 기이한 동물들을 강조하고 있다. 구미호, 불사의 묘약을 빻고 있는 토끼, 춤추는 두꺼비, 서왕모에게 소식을 전해주는 청조靑鳥를 비롯한 동물들은 한나라의 고분 예술에, 즉 화상석畵像石이나 청동 돈나무[요

---

46) 『史記』 卷117, p.3025. Watson, *Chinese Rhyme-Prose*, p.41에 나오는 번역.

47) 王充, 『論衡集解』 篇19, pp.387-398.

전수[搖錢樹]에 묘사되고 있다.

정치적·종교적 이유에서 비롯되었지만, 이국취향은 한대의 엘리트들은 물론이고 서민들에게도 퍼졌다. 동한 시대에 이르면 외국의 산물들은 각계각층의 중국인을 매혹시켰다. 기원후 1세기 말에 역사가 반고가 중앙아시아의 정복자인 동생 반초에게 보낸 편지는 서역의 카펫과 말이 도성에서 엄청난 가격에 거래되고 있다고 기술하고 있다. 2세기 중엽에 한의 영제靈帝는 자신이 궁궐 안에 세운 유목민의 천막에서 여가를 보냈다. 그는 또 야만인들의 옷과 음식, 춤과 노래를 좋아했다.[48] 일반인들도 이를 모방했다고 한다.

얼굴에 바르는 하얀색 분(일명 '호분胡粉')은 한대의 중국에서, 그리고 이후 일본에서 보편적인 화장품이 되었는데, 이것도 이민족으로부터 차용한 것이었다. 비파와 같은 악기는 중앙아시아에서 전해졌고, 처음 접하는 서역과 북방의 다양한 과일과 유제품이 중국인의 식단에 오르게 되었다. 끝으로, 한나라 말에는 불교가 중앙아시아의 교역로와 동남아시아의 해로를 통해 중국에 유입되었다. 처음에는 세계의 서쪽 끝에서 온 구원의 여신 서왕모와 연관되었지만, 부처와 그의 가르침은 우리 시대의 첫 몇 세기 동안 중국에 전파된 가장 영향력 있는 이국풍의 문물이 되었다.

---

48) 『全後漢文』篇25, p.4a; 『後漢書』, 志13, p.3272.

7

| 친족 |

확대가족의 와해는 전국시대에 주나라의 귀족층이 해체되면서 시작되었는데, 이 시기에 각국은 부역과 군역을 제공할 가구의 수를 최대한 늘리기 위해 애썼다. 특히 진나라는 분가를 장려하여 핵가족을 기본적인 사회단위로 만드는 조세정책을 시행했다. 가장 보편적인 가구의 규모는 5~6인이었다. 한나라 초기의 군주들도 이 정책을 이어받았고, 소규모의 핵가족은 서한 사회의 기본적인 주거 및 노동의 단위가 되었다.

이 정책은 동한의 조정에서 경학을 중시하고 효를 숭상하는 분위기가 팽배해짐에 따라 수정되었다. 정부는 여러 세대가 함께 사는 것이 이상적이라는 사실을 인정했지만, 실제로 이는 형제의 가족들이 (한집에서 사는 것이 아니라) 서로 가까운 곳에 살고, 종족의 묘지에 함께 묻히는 것을 의미했다. 그 결과 핵가족이 가구의 기본단위라는 전제는 바뀌지 않은 채, 좀 더 통합적인 주거양식이 만들어졌다. 유력 가문들은 많은 가구의 협력관계를 유지하기 위해 종족의 중요성을 강조했지만, 당시의 동거 친족집단은 부부와 자녀, 이따금 함께 사는 노부모로 구성되었다. 유력 가문들의 경우에는 대개 확대가족을 이루고 이웃에 모여 살았다.

초기 중화제국의 역사에서, 친족은 개별 가구와 부계친족 사이의 긴장으로 특징지어졌다. 이 긴장은 그 두 영역을 규정하는 원칙들에 내재된 근본적인 모순에서 비롯되었다. 의례에 관한 경전에 기술되어 있고 사당에 표현되어 있듯이, 종족 또는 부계친족은 아버지로부터 그 아들과 손자에게로 대대로 전승되는 혈통에 의해 규정되었다. 이것은 남성의 세계로, 여성은 오직 남편의 부속물로 그 세계에 들어갔을 따름이다. 이와 대조적으로 가구는 일차적으로 남편과 아내의 관계에 의해, 이차적으로는 부모와 자식의 관계에 의해 정의되었다. 가구는 여성이 아내로서 커다란 영향력을 행사하고 어머니로서 더 큰 힘을 휘두르던 영역이었다.

종족은 친족구조에 관심이 있는 문인들에 의해 문헌상으로 규정된 단위였지만, 가구는 사람들이 실제로 살아가면서 친족과 유대를 맺는 단위였다. 이 두 모델 사이의 모순은 중국 가족의 모든 측면에 영향을 미쳤고, 나아가 정치·경제·종교의 영역으로 확대되었다.

종족과 가구 내에서의 성별

유가 경전의 시각에서 볼 때, 가구는 시조로 거슬러 올라가는 기나긴 부계혈통의 사슬에서 한 지점을 나타낼 따름이었다. 종족은 부자와 형제 사이의 관계에 의해 정의되었다. 여성은 재생산에는 필요하지만 남편의 가족 내에서 소외된 국외자였다. 결혼한 뒤에도 아내는 자신의 성姓을 간직하고 친정과의 관계를 유지했는데, 이는 정치적 연대를 확보하는 데 대단히 중요했다. 그러나 이런 생득적 유대에도 불구하고, 여성은 친가에서도 국외자였다. 딸은 아버지 가구의 영원한 구성원이 아니었고, 출가하면 남편의 가족과 함께 살았다. 출가하지 않고 아버지의 집에 머물고 있는 딸들도 통상적으로 자기 몫의 토지를 상속받지 못했다.[1]

하지만 부계친족 내에서 여성이 차지하는 위치에 대한 문헌상의 정의가 일상적인 행위를 인도하지는 않았다. 가구 내에서 여성은 상당한 힘을 지니고 있었는데, 이 힘은 기본적으로 아들들에 대한 어머니의 영향력에서 비롯되었다. 초기 중화제국에서는 보통 연령의 권위가 성별gender의 권위에 우선했고, 양친(아버지와 어머니)에 대한 효가 아들의 가장 큰 의무였다. 비록 여성은 그 유명한 '삼종지도三從之道'에 따라 가족 내의 남성[아버지, 남편, 아들]에게 항상 복종해야 했지만, 실제로 한대 가구의 여성은 아들을 지배했고 아들은 어머니를 공경하고 따라

---

1) 『禮記注疏』篇37,「樂記」, pp.11b-12a; 『史記』卷24, p.1187. 『禮記注疏』篇37, pp.14a, 19a도 보라. 초기 중화제국의 친족제도에 관한 상세한 논의와 문헌자료는 Lewis, *Construction of Space*, ch. 2와 pp.105-106을 보라.

야만 했다.[2]

여성의 권위를 보여주는 결정적인 증거는 아직까지 남아 있는 한대의 유일한 유언장에 나온다. 이 유언장은 과부가 된 어머니의 이름으로 기원후 5년에 작성되었는데, 그녀는 유언장이 효력을 발휘할 수 있도록 지방의 관리들을 증인으로 불렀다. 그녀는 가구의 구성원들과 그들의 관계를 나열한 다음 토지를 아들들에게 어떻게 분배해야 할지, 또 그 땅들을 어떤 조건하에서 보유해야 할지를 지시하고 있다. 관리들이 증인으로 참석했다는 것은 과부가 된 어머니의 가산 처분권을 국가가 정상적이고 적절한 것으로 인정했음을 뜻한다. 비슷한 예가 178년에 세워진 비석에 기록되어 있는데, 그 비문은 서씨徐氏 성을 가진 한 과부가 집안의 토지를 어떻게 분배하라고 지시했는지 설명하고 있다.[3] 이 두 사례를 보면, 예법서에 규정된, 아들에게 복종해야 할 과부의 의무는 실생활의 관행에 거의 영향을 주지 못했다.

이 유언장은 과부가 재혼할 때 발생하는 몇 가지 어려움도 드러낸다. 각 아들에 대한 처우는 그들의 부친들과 유산을 나누어주는 과부의 관계에 달려 있었기 때문이다. 이 경우에는 그 여성이 첫 번째 남편의 집에 남아 있었다는 사실에 의해 그런 어려움이 완화되었다. 그녀가 나중에 맞이한 남편들은 그녀의 가족과 함께 살았다. 결과적으로

---

2) 『列女傳』 篇1, p.10a~11b. 삼종지도에 대해서는 『禮記注疏』 篇26, p.19b;
『大戴禮記解詁』 篇13, p.254를 보라.

3) Bret Hinsch, "Women, Kinship, and Property as Seen in a Han Dynasty Will,"
pp.1~21; 『隸釋』 篇15, pp.10b~11b. Hinsch의 논문에 나오는 유언에 대한
구체적인 설명은 수정을 거친 해독에 바탕을 둔 것이다.

첫 번째 남편의 부계혈통은 잘 보존되었는데, 이는 예법서에 따르면 그녀의 최대 관심사가 되어야 했다. 아들의 지위가 아버지의 지위에 의해 결정되었듯이, 두 번째나 세 번째 아내의 자식들은 첫 번째 부인의 자식들보다 지위가 낮았다.

어머니의 권력은 한대의 시에도 반영되어 있다. 「공작동남비孔雀東南飛」는 구박받는 며느리의 시점에서 쓴 시로, 남편을 쥐고 흔드는 시어머니가 결국 그에게 압력을 가해 억지로 자신과 이혼하게 만들었다고 한탄하고 있다. 또 다른 시는 이상적인 여성을 "굳센 여인이 집안을 지키니, 웬만한 장부보다 낫네"라고 표현하며 끝을 맺는다. 남편을 압도하는 여성의 힘을 보여주는 또 다른 시 「고아행孤兒行」은 부모를 여의고 형의 양육을 받게 된 뒤부터 행상을 하며 고생하는 아이를 묘사하고 있다. 형제간의 정리를 생각하면 동생에게 잘해주어야 마땅하지만, 집안의 실권자인 형수는 영향력을 행사해서 시동생을 박대했다.[4]

형수보다 더 심각한 문제는 첫 번째 아내를 잃은 남편이 재혼했을 때 집에 들어온 계모였다. 둘째 부인이나 셋째 부인이 집안 내에서 친자식의 위상을 제고하기 위해 남편이 첫 번째 결혼에서 얻은 자녀를 학대했던 것은 너무나 일반적이어서 중국 가구의 구조적인 특징으로 간주될 정도였다. 계모 문제에 대한 우려와 어머니를 잃은 아이에 대한 관심은 초기 한대의 이야기와 한대의 예술에 단골로 등장하는 주제였다. 민손閔損과 장장훈蔣章訓의 이야기는 악한 계모의 전형을 보여준

---

4) 『先秦漢魏晉南北朝詩』, pp.256, 283-286, 270-271.

다. 전자의 이야기에서 계모는 남편에 의해 자신의 잔혹함이 발견될 때까지 첫 번째 부인의 아들을 푸대접한다. 후자의 이야기에서 계모는 친부가 죽은 뒤에 여러 차례 아들을 살해하려고 했지만, 거듭된 실패로 인해 하늘이 이 아이를 돕고 있다고 믿게 된다.[5]

여성에게 자신의 친자식을 더 아끼는 성향이 있다는 점을 감안할 때, 모범적인 여성이란 자기 자신의 자녀를 희생시키면서 첫 번째 부인의 자식을 보호하려는 여성일 것이다. 이는 종족의 위계를 지킨다는 면에서도(첫 번째 부인의 자녀가 서열이 더 높다) 의미가 있지만, 본인의 자식으로 상징되는 개인의 이익을 포기하겠다는 의지의 표명이라는 점에서 더욱 중요하다. '제나라의 의로운 계모'(제의계모齊義繼母)의 두 아들이 살인 현장에서 발견되었을 때, 이 형제는 상대를 보호하기 위해 서로 자신이 범인이라고 자백했다. 판결을 내릴 수 없었던 관리들은 계모에게 누가 진범인지 물었다. 그녀는 울면서 "작은애를 죽여주십시오"라고 답했다. 한 관리가 "사람들은 대부분 어린 아들을 더 애지중지하는데, 그대는 어찌하여 그를 죽이라고 하는가?"라고 물었다. 어머니는 이렇게 답했다.

> 작은아들은 저의 자식이고, 큰아들은 전처의 소생입니다. 아이들의 아버지가 병이 들어 죽기 직전에 저에게 "큰애를 잘 키우고 보살펴달라"라고 부탁했고, 저는 "그렇게 하겠노라"라고 답했습니다. 그가 저

---

5) 『顔氏家訓彙注』, pp.8b–10a. Wu Hung, "Private Love and Public Duty: Images of Children in Early Chinese Art," pp.79–110; Wu, *The Wu Liang Shrine*, pp.256–258, 264–266, 278–280, 291–292.

를 믿고 한 당부를 어찌 잊겠으며, 제가 그리하겠다고 한 약속을 어찌 저버리겠나이까? 더욱이 형을 죽이고 동생을 살리는 것은 사사로운 정리에 얽매어 공적인 의무를 저버리는 것입니다. 언약을 어기고 신의를 잊는 것은 고인을 기만하는 것입니다. 스스로 한 말도 지키지 못하고 스스로 한 맹세도 기억하지 못해, 이미 의무로 받아들인 바를 충실히 이행하지도 못한다면, 제가 어찌 이 세상에서 떳떳이 살아갈 수 있겠나이까?[6]

왕은 공적 의무를 지키려는 여인의 뜻을 가상히 여겨 두 아들을 모두 사면시켰지만, 이런 행복한 결말과 무관하게 이 이야기가 주는 교훈은 냉혹하다. '공의公義'와 '사애私愛' 사이에서 갈등하다가 남편의 부계혈통을 지키기 위해 자기 자식을 죽이기로 한 여성을 찬미하는 것은 오직 남계의 전승을 통해서만 친족 유대를 정의하는 도덕체계를 섬뜩하게 노정한다.

몇몇 일화가 남편의 종족보다 오빠의 종족을 선택한 행위를, 여성이 자신의 애정과 이익을 포기했다는 단순한 이유로 칭찬한 것은 여성에 대한 의혹이 그만큼 컸다는 반증이다. 따라서 노나라의 의로운 고모(노의고자魯義姑姊)가 오빠의 아들을 구하기 위해 자기 아들을 버렸을 때, 그녀도 '공의'의 이름으로 '사애'를 버렸다는 논리로 자신의 행위를 정당화했다. 이와 비슷하게 양나라의 절의를 지킨 고모(양절고자梁節姑姊)는 집에 불이 났을 때 오빠의 아들을 구하려 했지만, 본의 아니게 자신

---

6) 『列女傳』 篇5, pp.6a~6b

의 아들을 안고 나왔다. 그녀가 잘못을 깨달았을 때는 이미 불길이 크게 번져 다시 들어가 조카를 구할 상황이 아니었다. 주변에 있던 사람들이 불구덩이로 뛰어 들어가려는 그녀를 제지하려 하자, 그녀는 이렇게 외쳤다. "의롭지 못한 인간이라는 오명을 뒤집어쓰고, 무슨 낯으로 형제와 도성의 사람들을 보겠는가? 내 아들을 불길 속으로 던지고 싶지만, 어미의 도리로 차마 그럴 수도 없다. 이런 상황에서는 더 이상 살 수 없다." 그러고는 스스로 불속으로 몸을 던져 죽고 말았다.[7]

계모나 형수에 의해 제기된 위협에 못지않은 위험은 과부가 된 어머니의 재혼이었다. 이 문제에 관해, 회계산會稽山 꼭대기에 세워진 시황제의 송덕비에는 "자식이 있는 여성이 재가하는 것은 죽은 남편을 배신하는 부정한 행위이다"[8]라고 새겨져 있었다. 여성의 재혼은 한대에 굉장히 중요한 문제였다. 왜냐하면 과부가 재혼하여 새로운 가문으로 충성심을 옮기면(즉 아들을 데리고 다른 집안으로 시집을 가면), 전남편의 집안은 혈통을 잇기가 곤란해지고 최악의 경우 대가 끊어질 수도 있었기 때문이다. 물론 과부의 친가는 새로운 유대를 형성하기 위해 딸의 재가를 권유했고, 여성 자신도 특별한 사정이 없는 한 십중팔구 재혼을 택했을 것이다. 이런 경우에 그녀의 새로운 시가는 그녀가 이전의 결혼에서 얻은 아들보다 자기 자식과의 사이에서 낳은 아들을 편애하도록 압력을 가했을 것이다.

이런 골치 아픈 문제들을 피하기 위한 방책으로, 일부 경전은 여성

---

7) 『列女傳』篇5, pp.5a, 9a-9b.

8) 『史記』卷6, p.262.

은 절대로 재혼해서는 안 된다고 주장했다. "신의는 아내의 미덕이다. 일단 남편과 한 몸이 된 이상, 그녀는 평생 바뀌지 말아야 한다. 고로 남편이 죽어도 재혼하면 안 된다."[9] 이런 관념을 체현한 고전적 사례는 양나라의 과부 고행(양과고행梁寡高行)이었다. 출중한 미모로 유명했던 그녀는 남편을 일찍 잃었으나 재가하기를 거부했다. 양나라의 왕도 예물과 함께 재상을 보내 그녀를 아내로 얻고 싶다는 뜻을 전했다. 그녀는 다음과 같이 답했다.

"아내의 도리는 한번 출가하면 평생 변치 않고 정절과 신의를 온전히 지키는 것이라고 들었사옵니다. 죽은 자를 잊고 산 자를 쫓는 것은 신의가 아니고, 귀한 분(왕)을 보고 천한 사람(첫 번째 남편)을 잊는 것은 정절이 아니며, 도의를 저버리고 이익을 쫓는 것은 사람이라 할 수 없사옵니다." 그녀는 칼을 잡고 거울을 보며 자신의 코를 베어버린 다음, 이렇게 말했다. "신첩은 코를 잘린 사람이 되었습니다. 제가 스스로 목숨을 끊지 않는 이유는 아비 없는 아이들에게 어미마저 잃게 할 수는 없기 때문이옵니다. 왕께서 저를 원하시는 것은 저의 미색 때문일 터인데, 이제 코를 잘리는 형벌을 받은 몸인 저는 이 위태로운 상황을 모면할 수 있을 것 같사옵니다."[10]

이런 끔찍한 이야기들은 허구가 아니다. 역사는 과부들이 재가를

---

9) 『禮記注疏』 篇26, pp.18b-19a.

10) 『列女傳』 篇4, p.9a.

그림 13. 왕의 사신이 도착하자, 양나라의 의로운 여성이 거울을 보며 칼로 자신의 코를 자르고 있다.

거부하기 위해 귀나 손가락이나 코를 자른 사례들을 기록하고 있다(그림 13). 스스로 목숨을 버리는 경우도 있었다.

이런 이야기들과 한대의 미술에 묘사된 친족의 구조는 아버지들과 아들들에 의해 형성되는 부계친족이다. 그러나 한대 가구의 지배적 형식인 핵가족은 외부에서 여성을 받아들이기 때문에 부계친족의 보존이라는 측면에서는 근본적으로 안전하지 않은 장치이다. 부인, 인척, 어머니, 계모와의 관계는 하나같이 유일하게 믿을 만한 관계인 부자 사이의 유대를 위협한다. 본인의 친가에, 잠재적인 두 번째 남편에게, 그리고 본인의 친자식에게 충실한 아내는 그녀의 배우자와 그 배우자의 자식을 위협하는 존재이다. 계모의 경우는 특히 그런 존재에 해당하지만, 모든 여성은, 심지어 어머니도 남편이 죽은 후에 재가하거나 아들의 행동에 지나치게 간섭하는 경우 위협 요인이 된다. 여성에 대한 이런 의혹이 얼마나 강했는가는 부계혈통에 대한 충성심을 입증하기 위해 사회적으로 요구된, 자기를 부정하는 극단적 행동에 의해 입증된다. 부계친족의 남성 구성원이 신체를 훼손하거나 자살하는 것은 자신뿐 아니라 종족을 위협하는 가장 큰 죄였다. 그런데 그런 행동을 했다는 이유로 여성이 칭송받는다는 것은 정통 경학사상에서 여성이 차지하고 있던 주변적 지위를 잘 보여준다.[11]

이 이야기들에 나오는 아내는 부계친족과의 관계에서 집안의 하인 역할을 맡고 있다. 고용이나 인정과 충성심을 맞바꿈으로써 친족집단

11) 『顏氏家訓彙注』篇4, pp.9a~9b. 『禮記注疏』篇63, p.12b; 『大戴禮記解詁』篇13, p.253. 『列女傳』篇5, p.5a.

에 합류한 국외자로서, 그녀는 전국시대에 자객과 객경이 주군과 맺어지던 것과 동일한 방식으로 종족과 연결되고 있다. 이런 일화들에서 여성이 종족에 대한 충성심을 입증하기 위해 한 극단적인 행동들이 전국시대의 모범적인 자객과 충직한 가신이 주군에 대한 헌신을 입증하기 위해 하던 자기부정 행위들과 대동소이한 것은 결코 우연이 아니다.[12]

아버지는 이상의 일화에 등장하지 않으며, 엄마를 잃은 고아에 대한 그의 책임은 '공의'라고 불리지도 않는다. 부계제의 구성요소이자 수혜자인 아버지에게는 적절한 행동에 관한 그런 우화가 필요하지 않았다. 자기 아들에 대한 남성의 '사애'(그리고 물질적 이익에 대한 관심)는 그의 '공의'와 일치했다. 반면에 여성에게는 사애와 공의가 때때로 상충하는 것이었고, 후자를 위해 전자가 희생되는 경우가 많았다. 한나라의 친족제도는 경전의 가르침에 따랐고, 이 제도하에서 여성은 국외자의 위치에 놓였을 뿐 아니라 그 자리에 있다는 이유로 도덕적으로 부족한 존재로 비난받았는데, 그녀에게 주어진 구원의 가능성은 감정의 억제와 이익의 포기, 그리고 필요한 경우 자해와 유아살해, 자살을 통해 실현되었다.[13]

하지만 현실에서 여성들은 이런 가르침을 뒤엎는 데 자주 성공했다. 자신의 이익을 추구하는 여성의 능력에 대한 가장 구체적인 증거

---

12) Wu, "Private Love and Public Duty," pp.86, 90-91, 94. Lewis, *Sanctioned Violence*, pp.70-78.

13) 『漢書』卷40, p.2038; 『後漢書』卷81, pp.2684, 2685-2686. 『顏氏家訓彙注』 篇3, pp.6b-7b.

는 황실 외척의 정치권력에 대한 설명에서 찾아볼 수 있다. 어머니들이 개별 가구를 지배했듯이, 진한 제국의 시대에 황태후는 막강한 권한을 휘둘렀다. 시황제가 어렸을 때 그의 모친은 조정을 쥐락펴락했다. 한나라 창건자의 과부도 조정을 지배했고, 자신의 친척을 대거 포진시켰다. 무제의 어머니도 그의 치세 초기에 상당한 영향력을 행사했다. 4대 황제 때부터, 동한은 계속해서 나이 어린 황제들에 의해 통치되었고, 이들의 조정은 그들의 어머니들과 외척, 또는 황실의 여성들과 내궁을 공유하던 환관들에 의해 좌우되었다. 황제의 처첩들이 성인이 된 남편을 통제하는 경우도 많았다. 대표적인 예는 성제成帝(재위 기원전 33~7)로, 그의 치세는 후사가 없다는 사실로 인해 여러모로 얼룩졌지만, 역사의 기록에 따르면 그는 자신이 총애하는 후비를 지키기 위해 그녀의 지위를 위협하던 후계자 2명을 (그녀의 사주에 따라) 죽였다고 한다.[14)]

황태후나 황후의 지배가 가능했던 것은 권력의 축이 정규 관료기구로부터 황제의 사적 공간으로 넘어갔기 때문이다. 권력이 점차 황제 개인에게 집중되면서, 정무의 중심은 외조外朝에서 '내정內廷'으로 옮겨갔다. 다시 말해서 정책의 결정과 법령의 제정 및 공포가 황제 주변에 모인 사람들에 의해 이루어졌다. 처음에 이들은 일종의 고문단을 구성한 개인비서들이었다. 때가 되자 황제의 수발을 드는 환관들, 또는 후궁들과 그의 친척들이 더 큰 영향력을 행사했다. 이들 가운데 그

---

14) Ch'ü, *Han Social Structure*, pp.57-62, 77-83, 168-174, 210-229, 237-240.

누구도 공식적인 권력을 가지지는 않았지만, 그들은 통치자 개인에게 직접 접근할 수 있는 기회를 적극 활용하여 국정을 장악했다.[15] 내정이 공인된 권력의 중심이 되는 이런 양상은 한대 이후에도 몇 세기 동안 반복적으로 나타났는데, 다만 그 주축은 누가 황제에게 물리적으로 조금이라도 더 가까이 다가갈 수 있는가에 따라 주기적으로 교체되었다.

성별과 권력의 공간적 구조

예로부터 중국의 정치권력은 외부에 대한 내부의 우위로 표현되었다. 고대는 물론이고 전체 역사를 통해 중국의 사당과 궁궐, 가옥은 담장으로 둘러쳐져 외부와 분리되었다. 대문을 지나서 보이는 첫 번째 건물은 남성의 공적 생활이 이루어지는 공간이었다. 이곳에서 '내부인'이라 할 수 있는 주인과 그 가족, 또는 통치자와 그 가솔이 외부에서 온 사람들을 맞이했다. 안쪽으로 들어갈수록, 건물들은 점점 사적이고 '내적인' 성격을 띠었고, 접근도 엄격하게 제한되었다. 민가에서 이 건물들은 그 집에 사는 남녀의 사생활이 이루어지는 밀실이었다. 황궁에서는 이 건물들이 황제의 거주공간이었고, 한 왕조에서 이 공간은 내정의 중심지가 되었다.[16]

---

15) Wang, "An Outline of the Central Government of the Former Han Dynasty," pp.166–173; Ch'ü, *Han Social Structure*, pp.171–179, 216–217, 234–235.

16) Boyd, *Chinese Architecture and Town Planning*, p.48; Bray, *Technology and Gender*, pp.52–53.

이런 양식의 건축물 가운데 가장 이른 시기의 것은 섬서성의 봉추
鳳雛에 있는 서주 시대의 종묘/궁전 건물군이다.[17] 남향의 벽에 세워
진 정문을 통과하면 앞마당이 나오고, 그 북쪽에는 전당前堂이 있었
다. 전당의 뒤쪽으로는 두 개의 작은 정원이 있었고, 이 정원들을 갈
라놓는 회랑을 따라가면 후당後堂이 나왔는데, 이곳에 종묘가 있었
다. 상방廂房은 동쪽과 서쪽의 벽을 따라 일렬로 늘어서 있었다. 따라
서 하나의 중심축을 따라 정문을 통과하고 정원을 가로질러 전당에 이
르고, 두 후원後園 사이의 회랑을 지나 마지막으로 후당에 다다르는 것
은, 건물의 맨 뒤에 있는 종묘를 향해 내부로 들어가는 의례적 절차와
도 같았다.

종묘의 맨 앞쪽에는 가장 최근에 죽은 조상들의 위패가 놓여 있었
고, 맨 뒤에는 시조를 모시는 단壇이 있었다. 결과적으로 내부로 향하
는 이런 공간적 움직임은 현재로부터 수많은 조상을 거쳐 왕가의 기원
까지 시간을 거슬러 올라가는 것과도 같았다. 주나라 왕들의 권위는
유력한 조상들의 혼백과 교감하는 능력에 바탕을 두고 있었으므로,
조상들을 향해 안쪽으로 나아가는 것은 왕조의 기원과 중심에 가까이
다가가는 과정이기도 했다.[18]

이런 주나라 초기 종묘 건축군의 구조적 원칙은 적어도 후대 중국의

---

17) Thorp, "Origins of Chinese Architectural Style," pp.26–31; Hsu and Linduff, *Western Zhou Civilization,* pp.289–296; Chang, *The Archaeology of Ancient China,* pp.353–357; Rawson, "Western Zhou Archaeology," pp.390–393; Knapp, *China's Old Dwellings,* pp.30–32.

18) Wu, *Monumentality,* pp.84–88; von Falkenhausen, "Issues in Western Zhou Studies," pp.148–150, 157–158, 162, 166, 170–171.

엘리트층에게 궁전과 거주공간의 틀을 제시해주었다. 『예기』나 『좌전』을 비롯한 전국시대의 문헌들은 외문外門에서 여러 개의 건물과 정원을 차례로 통과하여 내실에 이르는, 유사한 수평축을 따라 형성된 주거복합체(사합원四合院)에 대해 기술하고 있다. 아직까지 남아 있는 한 대의 건축물은 없지만, 개인주택의 모형은 무덤에서 찾아볼 수 있고, 담장에 둘러싸인 주거복합체의 모습은 여러 고분벽화에 나타난다.[19]

이런 건축양식의 의의는 공자가 집에서 아들과 마주치는 상황을 묘사한 『논어』의 한 대목에 암시되어 있다.

> 진항陳亢이 백어伯魚(공자의 맏아들)에게 물었다. "선배께서는 부친으로부터 남다른 가르침을 받은 바가 있으십니까?" 백어가 대답했다. "없소. 하루는 정원에 홀로 서 계실 적에 내가 종종걸음으로 지나려는데 '『시경』을 배웠느냐?'라고 물으시기에 '아직 배우지 못했습니다'라고 아뢰자, '『시경』을 공부하지 않고서는 바르게 말을 할 수 없다'라고 말씀하셨소. 그래서 나는 물러나 『시경』을 공부했다오. 어느 날 또 혼자 서 계실 때 내가 종종걸음으로 마당을 지나려 하자 '『예기』를 배웠

19) Finsterbusch, *Verzeichnis und Motivindex der Han-Darstellungen*, vol. 2, figs. 34, 311, 508s-t, 593, 594; Lim, *Stories from China's Past*, pp.104-105; Lewis, *Construction of Space*, pp.116-117; 『禮記注疏』 篇24, pp.12a, 17b; 篇26, p.22a; 『論語正義』 篇22, p.409. Harper, "Warring States Natural Philosophy and Occult Thought," pp.841, 847-852; Kalinowski, "The Xingde Text from Mawangdui," pp.125-202; Yates, "The Yin-Yang Texts from Yinqueshan," pp.82-84, 88-90, 93; Major, "The Meaning of Hsing-te(Xingde)," pp.281-291; Major, *Heaven and Earth in Early Han Thought*, pp.86-88. 『淮南子』 篇3, p.40.

느냐?'라고 하시기에 '아직 못 배웠습니다'라고 여쭙자, 『예기』를 배우지 않고서는 남들 앞에 똑바로 설 수 없다'라고 말씀하셨소. 그래서 나는 물러나 『예기』를 공부했다오. 내가 아버님께 들은 것은 이 두 가지 뿐이라오." 진항은 물러나 흐뭇하게 말했다. "하나를 물어 셋을 배웠다. 『시경』과 『예기』에 대해 배웠고, 군자는 자기 아들과 일정한 거리를 유지한다는 것을 알게 되었다."[20]

이상적인 아버지인 공자가 위엄 있게 서서 정원을 바라보고 있는 모습은 마치 통치자가 조정에서 대소신료를 내려다보는 것 같다. 아들은 아버지에 대한 예를 갖추어 회랑의 가장자리를 따라 총총걸음을 하고, 아버지가 물으실 때만 대답을 한다. 진항이 언급한 부자간의 적절한 관계에 관한 교훈은 같은 주거 공간 안에 있는 사람들의 위치와 움직임을 통해 명료하게 전달된다.

전국시대와 초기 제국시대에, 정치권력은 높은 성벽으로 둘러싸여 외부에 노출되지 않았다. 아니, 좀 더 정확히 말하자면 그것의 외적 표현인 성벽과 망루를 통해서만 가시화되었다. 특히 통치자는 본인의 안전을 위해, 또 영적인 힘을 가진 신비한 존재임을 강조하기 위해 외부세계로부터 단절되어 있었다. 시황제의 경우, 은둔과 불가시성을 추구하는 이런 성향이 독재와 과대망상의 증좌로 간주되었다. 그러나 서한 시대에 이르면 황권은 당연히 보통 사람들의 시선을 불허하는 '금지된' 것으로 특징지어졌고, 이런 관념은 제국의 공간 구조에 고스

---

20) 『論語正義』 篇20, pp.363-364.

란히 반영되었다. 권력은 한 겹이 아니라 여러 겹의 성벽 뒤에 감추어져 있었다. 다시 말해서 도성에서부터 궁전 구역, 궁전 자체, 조정, 마지막으로 내전에 이르기까지, 권력의 소재지는 모두 성벽에 둘러싸여 있었다. 각 성벽의 통과는 엄격하게 통제되었고, 그 중심에 가까워질수록 관문을 통과할 자격을 가진 사람의 수는 적어졌다. 권력과 위세는 제국에서 가장 신성한 존재, 즉 황제 곁으로 가까이 다가갈 수 있는 능력에 의해 가늠되었다.

이와 동시에 중국의 성별도 안과 밖의 논리에 따라 공간적으로 구조화되었다. 하지만 내부의 공간을 차지하고 있던 것은 이론적으로 권력이 없는 여성이었고, 남성은 외부의 공적 영역에 배치되었다.[21] 따라서 중국인의 세계는 일련의 모순된 균형 상태에 놓여 있었다. 권력은 내부의 가장 깊숙한 곳에 숨어 있었고, 여성도 내부에 자리를 잡고 있었지만 막상 권력에서는 배제되었다. 이 모순을 제도적으로 표현하면, 숨어 있는 황제를 향해 안쪽으로 흘러들어간 권력이 공적 영역인 외조에서 일하는 남성 관리들로부터 여성들과 그들의 친척, 그리고 이들과 물리적 공간을 공유하는 환관들의 손으로 넘어갔다고 말할 수 있다. 공식적으로 제도화된 권력과 그 실질적 소재지 사이의 현격한 괴리를 나타내는 이 현실은 주기적으로 반복되었지만 언제나 물의를 일으키며 충격으로 다가왔다.

이와 같은 정치적 권위의 공간적 질서는 권력을 내부성과 은밀성, 기원과 연결시켰다. 여성은 내부의 가장 깊숙한 곳과 가장 은밀한 장

---

21) Lewis, *Construction of Space*, pp.114-115.

소를 차지하고 있었고, 남성 후계자의 생물학적 기원이었으므로, 중국 가구의 구조 내에서 그들의 위치는 권력의 한계와 원천을 동시에 나타냈다. 하지만 그것은 공인된 것이 아니라 은밀하게 감추어진 숨은 권력이었다. 이 숨어 있는 권력에 대한 정보가 공적 영역으로 유출될 때마다, 사람들은 격분했다.

초기 제국 어린이의 삶

아이들은 한 왕조에 접어들어 처음으로 의식적인 지적 성찰의 주제가 되었다.[22] 가의와 동중서, 유향劉向을 비롯한 서한의 여러 문인은 가장 이른 시기에 아이의 도덕성 발달에 영향을 주는 수단인 '태교胎敎'에 대한 글을 썼다. 전국시대의 문헌인 『국어』에 처음으로 개진되었던 이 관념은 가의에 의해 태자를 교육시키는 수단으로 구체화되었다. 가의에 따르면, 어머니는 임신 중에 예법에 맞게 보고, 먹고, 듣고, 말하고, 행동해야만 했다. 산모가 좋은 것에 '자극'을 받으면, 태아에게도 좋을 것이고, 나쁜 것에 '자극'을 받으면 태아에게도 나쁠 것이라는 논리였다. 이처럼 시작(기원)의 결정적 중요성을 강조하는 것은 아마도 과정은 그것이 시작되는 순간에 거의 결정된다는 『역경易經』과 병법서의 논의에서 비롯되었을 것이다. 태교가 당시에 얼마나 광범위

---

22) Kinney, *Representation of Childhood and Youth in Early China*, ch. 1;
   Kinney, "Dyed Silk," pp.17-44.

하게 실천되었는지는 분명하지 않지만, 마왕퇴 무덤에서 발견된 기원전 168년도 태교 교본은 적어도 엘리트층이 태교를 시도했음을 알려준다.

동한 시대에는 아동의 성장에 대한 이론과 선천적 자질을 바꾸는 교육의 힘에 대한 지식이 널리 퍼졌다. 경학 교육이 벼슬살이를 하는 지름길로 공인되고, 유력 가문들이 천거를 통해 조정의 인사를 좌우하던 시대에, 학자들은 유전이나 어릴 적의 경험, 독서가 인격의 형성에 미치는 상대적 중요성에 대해 논했다. 유명한 관리들이나 학자들의 전기는 그들이 장차 비범한 인물이 될 것임을 짐작케 하는 어린 시절의 언행이나 경험에 대한 장황한 기록을 포함하고 있었다.[23]

특별히 주목받은 것은 십대 초에, 심지어 그 이전에 경전을 암송하고 경전에 관해 논할 수 있었다는 신동들이었다. 장패張霸는 이미 두 살 때 겸양과 효도의 원칙을 깨달았고, 주섭周燮은 생후 3개월 때 그런 덕목을 드러냈다고 한다(그림 14). 이런 사례들은 유년기의 성취와 향후의 지적·도덕적 발달의 상관관계에 대한 논쟁을 야기했다. 신동을 예찬하는 풍조를 못마땅하게 생각하던 논객들은 "작은 그릇은 쉽게 채워지는 법"이라고 주장했다.[24]

어린 시절에 관한 다음 기록은 동한의 이상적인 학문과 교육이 무엇이었는지 밝혀줄 뿐만 아니라, 당시에 성인과 아동의 관계가 어떠했는지에 대해서도 알려준다.

---

23) DeWoskin, "Famous Chinese Childhoods," pp.57-76.

24) Kinney, *Representation of Childhood and Youth*, ch. 2.

그림 14. 연단 위의 선생이 연령과 체구 순으로 앉은 일가의 아들들을 가르치는 모습

　왕충은 건무建武 3년(기원후 27)에 태어났다. 어려서 친구들과 놀 때, 남을 속이거나 괴롭히는 것을 싫어했다. 친구들은 덫을 놓아 참새를 잡고, 매미를 잡고, 돈내기를 하고, 나무타기 놀이를 하며 즐거워했다. 하지만 그는 어울리지 않았고, 그의 아버지는 이를 의아하게 여겼다. 6세 때부터 글을 배우기 시작했다. 그는 공손하고 정직하고 어질고 유순했으며, 예법을 완전히 익혔다. 또 진중하고 의젓하고 과묵했으며, 관리가 되겠다는 뜻을 세웠다. 아버지에게 매를 맞은 적이 없고, 어머니에게 꾸중을 들은 적도 없으며, 마을 사람들에게 손가락질 받은 적

도 없었다. 8세가 되어 서관書館에 다녔는데 그곳에는 100명이 넘는
학동이 있었다. 그들은 잘못을 저지르면 오른쪽 어깨를 드러내는 벌
을 받았고, 글씨를 잘못 쓰면 회초리를 맞았다. 왕충의 글쓰기는 나날
이 발전했고, 그는 단 한 번도 잘못을 저지르지 않았다. 글쓰기를 완
전히 익히자, 선생은 그에게『논어』와『상서尚書』를 주었다. 그는 매일
1,000자씩 암송했다.[25]

7세 이하(서양식으로는 6세)의 어린이들이 인두세를 면제받았다고 하
니, 이 나이가 유아와 아동을 구분하는 기준이었던 것 같다. 이 나이가
되면 아이들의 이해력이 발달하기 시작하므로, 서당에 들어갈 수 있
다고 생각되었다(물론 신동들은 예외였다).[26] 남성은 20세가 되어야 비로
소 관례冠禮를 올리고 성인이 되었다. 그 후에도 병적兵籍에 이름을 올
릴 때 다시 한 번 연령별 구분이 이루어졌는데, 기준이 되는 나이는 시
대와 지역에 따라 다르기는 했지만 23세 아니면 26세였다.

동한의 이재민 구휼법은 6세 이상만 구제의 대상이라고 규정했는
데, 이는 유아의 사망이 성인의 죽음에 비해 중요하게 취급되지 않았
음을 뜻한다. 진나라의 법에서 신체장애를 가진 아이를 죽이는 것은
합법이었다. 정고鄭固라는 성인을 위해 세워진 동한 시대의 비석은 묘
주의 형이 일곱 살 때 죽었다고 기록하고 있지만, 이 형은 이름도 언급
되지 않고 자신의 묘비도 갖고 있지 않다. 그는 동생의 묘비명에 우연

---

25)『論衡集解』篇30, pp.579−580; Kinney, "Dyed Silk," pp.37−38.

26)『漢書』卷24a, p.1122;『白虎通』篇4, p.16b.

히 등장할 따름이다. 6세 미만에 죽은 아이들은 나이가 너무 어린 탓에 그들을 위해 상복을 입을 필요가 없다 하여 '무복지상無服之殤'으로 분류되었다. 6세에서 19세(관례를 통해 완전한 인격체가 되었음을 인정받는 20세가 되기 전) 사이의 죽음은 세 범주의 '상사殤死'[하상下殤(6~11세), 중상中殤(12~15세), 장상長殤(16~19세)]로 나뉘었다.[27]

한대의 경학자인 정현에 따르면, 아이들은 "성인이 아니기" 때문에 다른 사람들의 장례식에 정식으로 참여할 수 없었다. 이런 언명은 당대의 가족이 공식적으로 아이들을 어떻게 바라보았는지를 대변하지만, 실생활에서 부모는 각종 예법서가 제시하는 것처럼 아이들에게 냉담하기는커녕 모든 아들, 심지어 딸들에 대해 넘치는 애정을 표현했다. 이런 사실은 아이들이 장난감을 갖고 노는 장면을 묘사한 화상석과 그들의 죽음을 구슬피 애도하는 묘비명으로 입증된다(그림 15).[28]

어린이와 부모의 관계에 대한 한대의 사료에 등장하는 핵심 단어는 효이다. 효란 부모가 살아 계실 때는 존중하고 복종하며, 돌아가신 뒤에는 제사를 드리고, 평생 부모의 가르침을 따르는 것이었다. 그런 행위는 『효경』의 말처럼 자연스러운 것으로 여겨졌다. "부모에 대한 애정은 양친의 품안에 있을 때부터 싹트고 자라는 것이나, 부모를 봉양함으로써 날로 공경하는 마음이 엄중해진다. 성인은 엄중함으로 공경함을 가르치고, 친애의 정으로 사랑을 가르친다. …… 이것이 그 근본

27) Hulsewé, *Remnants of Ch'in Law*, p.139. 『後漢書』卷7, pp.301, 319. 高文, 『漢碑集釋』, p.217; Hertz, *Death and the Right Hand*, p.84.

28) 『儀禮注疏』篇31, pp.14a–14b; 『禮記注疏』篇19, pp.14b–20b; 篇32, p.9b; 篇43, p.2b; Wu, "Private Love and Public Duty," p.80.

그림 15. 상단에는 평상에 앉아 있는 어린이 앞에서 더 어린 아이들이 동물들과 놀고 있는 장면이, 하단에는 이 아이의 가족을 위해 악사와 무희와 곡예사가 재주를 부리는 장면이 묘사되어 있다.

이다. 부자의 도는 천성이요, 군신 간의 의리도 그러하다." 따라서 효는 올바른 신하가 되는 밑거름이었다. 놀랄 것도 없이 『효경』은 한대의 교육기관에서 가장 먼저 공부해야 할 경전이었다. 자식과 신하의 근본 도리를 가르치는 것 외에도, 『효경』은 흔히 사용되는 평범한 문자 388자만 사용한다는 장점도 지니고 있었다.[29]

모든 한나라 황제의 묘호廟號는 '효' 자로 시작되어(예컨대 효문제孝文帝), 그들도 효자였음을 말해준다. 제국이 유씨 종족에 속한다는 서한의

---

29) 『孝經注疏』篇5, pp.4b-6a. Kinney, *Representation of Childhood and Youth*, pp.15, 25; 『漢書』卷7, p.223; 卷12, p.299; 卷71, p.3039. 『後漢書』卷32, pp.11225-11226.

관념과 효를 모든 미덕의 근본으로 삼은 동한의 이념을 감안할 때, 모든 황제에게 '효성스럽다'는 수식어를 붙인 것은 그들이 한 씨족의 구성원이고 따라서 초기의 통치자들이 세워놓은 선례를 존중하고 따라야 할 의무가 있음을 강조한 것이다. '모든 황제가 바쳐야 할 효성의 궁극적인 대상이자 권위 있는 선례의 숭고한 원천은 창건자인 고조였다. 오직 그의 묘호에만 '효' 자가 붙지 않았다.

황제는 또한 '천자'로서 하늘에 대해서도 효를 다해야 했다. 동한 시대에 '천자'인 황제는 때때로 섭정이나 황태후에게 효와 공경을 표해야 하는 어린아이에 지나지 않았다. 일부 정신은 황위 계승을 조종하여 유아나 어린아이를 명목상의 황제로 즉위시킴으로써 '수렴청정垂簾聽政'을 하는 실력자의 허수아비 역할을 하게 했다. 이 막후의 실력자들은 대부분 황제의 외척들, 특히 그의 어머니(또는 할머니)와 그녀의 남자 형제들이었다. 이런 식으로 '외척'이나 인척이 황실을 장악함으로써 황제의 부계친족을 뿌리째 위협했다.

성인 남녀

여성의 지위에 대해서는 앞에서 상세하게 논했으므로, 여기에서는 유씨 황실의 역사를 통해 가장 눈에 띄는 여성 권력자들을 살펴보고자 한다. 고조가 사망함에 따라 기원전 188년에 그의 황후가 섭정이 되었는데, 처음부터 그녀는 유씨 가문에 충성하는 자들에 의해 불법적인 찬탈자로 묘사되었다. 비록 통치자를 자칭하지는 않았지만, 그녀는 그 누구의 도전도 불허하는 권위로 조칙을 반포하고 자신의 친척들을 최고위 관직에 배치했다. 8년 뒤에 그녀가 죽었을 때, 그녀의 일가는 유씨 황가를 제거하려 했으나 실패했고, 이로 인해 그녀는 불충한 외척의 대명사가 되었다.

모든 황태후가 자신의 지위를 이용하여 그 정도로 전횡을 휘둘렀던 것은 아니지만, 확실한 후계자가 없을 때 황태후가 새로운 황위 계승자를 승인하는 것은 선례로 굳어졌다. 또한 스스로 섭정 역할을 하지 못할 경우 어린 황제의 섭정을 지명했고, 주로 자기 씨족의 사람을 선택했다. 이런 과정을 거쳐 서한에서 왕망이 권력을 잡았던 것이다. 동한에서는 황위 계승이 고질적인 문제였다. 최초의 통치자 3명을 제외하면, 사실상 모든 황제가 소년 시절에 즉위했다. 11명의 황후 가운데 8명이 후사가 없었던 탓에, 후궁의 자식들 사이에서 권력 다툼이 벌어졌다. 적어도 7명의 섭정이 총 37년 동안 제국을 지배했다.

황후는 자신의 씨족을 대표하게 되었고, 유씨 가문을 제국의 각지를 장악하고 있던 종족들과 연결시키기 위해 선택되었다. 4대 종족이 2명씩의 황후를 배출했고, 친척들을 조정의 요직에 앉히는 황후의 능력을 통해 이 종족들은 자신들의 통치 기간에 엄청난 정치적 영향력을 행사하고 막대한 부를 얻었다. 하지만 가문들끼리의 경쟁관계, 환관들의 입김, 이따금 성년기에 달한 황제의 뜻에 의해, 권력은 이 종족에서 저 종족으로 계속 옮겨 다녔다. 한 종족의 몰락은 국문鞫問과 처형, 재산몰수로 이어졌다.

이 '외척들'은 유씨 가문의 동맹으로 봉사하면서, 자신들의 의지를 관료기구에 강요하고자 노력했다. 무제는 자신의 여인들이 기거하는 내전에서 정무를 봄으로써 개인의 권위를 강화하고자 했고, 종종 중요한 직책에, 특히 군사 요직에 인척을 등용했다. 그는 최고위직 장군을 내정의 수장으로 임명하는 선례를 세웠고, 이 직책에 자신의 인척을 앉혔다. 광무제도 동한 초기에 내정을 '외척들'로 채우고, 이들을 사적인 참모진으로 이용했다. 동한의 정치사는 실질적인 권력의 소재지인 내정을 장악하기 위한 환관 세력과 황실 인척 사이의 투쟁으로 점철되었다.

초기 중화제국에서 여성의 중요한 역할 가운데 하나는 첩 또는 소실의 역할이었다. 남성은 한 명의 법적인 아내만 거느릴 수 있었지만, 부자들은 성적인 봉사와 자녀의 양육을 담당하는 다른 여성들을 집에 둘 수 있었다. 첩이라는 존재는 의례 문헌에 특별히 규정된 것이 아니라, 인습적인 관행이 용인된 것으로 보인다(물론 황제는 합법적으로 수백 명에서 수천 명에 이르는 후궁을 둘 수 있었다). 사천에서 발견된 동한 시대의 비석은 14세의 나이에 사망한 한 첩을 기리는 것으로, 첩에 대해 잘 묘사하고 있다.

> 이 집에 들어왔을 때,
> 그녀는 부지런히 봉양하고 정성껏 보살폈다.
> 우리의 가도家道를 지키고 존중했으며,
> 모든 조상을 높이 떠받들었다.

복을 구하나 본분을 잊지 않았고,

행동은 과하지도, 부족하지도 않았다.

검소하게 생활하며 길쌈을 하고,

과수밭에 수익 작물을 심었다.

본처를 공경하고 아이들을 가르쳤으며,

오만하지 않고, 본인의 선행을 자랑하지 않았다.

사내아이 셋과 계집아이 둘을

규문閨門에서 조용히 길렀다.

여자아이는 예를 따르게 했고,

남자아이는 그 기를 살려주었다.

그녀의 정절은 옛사람을 능가했고,

그녀의 조언은 번거롭지 않았다.

모든 친척이 화목하고 친밀한 것이,

잎이 나뭇가지에 붙어 있는 것과 같았다.[30]

동한 시대에 이미 비판의 대상이 되었던 과장된 수사법의 수준을 감안해서 읽으면, 이 비문은 당시에 첩에게 기대하던 바가 무엇이었는지를 이해하는 데 도움이 된다. 첩에게 중요한 것은 길쌈을 하고 농작물을 파는 것이다. 더욱 중요한 것은 새로운 씨족의 관행(그들의 '도')을 받아들이고, 그 씨족의 조상들을 섬기며, 정실에게 순종하는 것이다. 이런 일은 죽을 때까지 계속되었다. 아내의 죽음을 애도하는 다른 비

30) 『隷釋』篇12, p, 16a.

석을 보면, 비문의 주인공은 불행히도 자신보다 먼저 죽은 3명의 아들과 함께 묻히지 못하고, 시어머니와 함께 묻혀 내세에도 그녀를 계속 모셔야 했다.[31]

고대의 의례편람에 묘사된 종족 내에서 여성은 종속적이고, 대종大宗의 최고령 남성은 막강한 권한을 행사한다. 마찬가지로 남편은 한 가정의 지배자였다. 그는 식구들을 처벌할 권리를 가지고 있었지만, 적어도 이론상 그들의 신체를 손상하거나 그들을 살해할 수는 없었다. 심지어 노비의 처형도 지방관만의 권한이었다. 진나라의 법률도 가족 내의 연장자를 우대했고, 효에 관한 규정을 성문화했다. 성인이 된 아들이 부모를 고발한 내용은 증거로 인정될 수 없었고, 고발한 당사자가 처벌받을 수도 있었다. 조부모를 구타한 손자는 묵형墨刑이나 노역형에 처해졌다. 불효한 행위로 피소된 자는 사형에 처해질 수도 있었다. 아버지는 자식들과의 관계에서 법적 특혜를 누렸다. "아버지가 자식의 재산을 훔치는 것은 절도죄가 아니다. 그렇다면 양아버지가 양자녀의 재물을 훔친다면, 그는 어떤 선고를 받게 될까? 그것은 당연히 절도죄로 간주된다." 아버지는 또한 자녀의 유배형이나 태형, 심지어 사형까지 정부에 요청할 수 있었다.[32]

종족 수장의 권력과 지위는 조상들이 축적한 힘에서 비롯되었다. 제국의 창건자나 분봉국의 첫 제후왕은 에너지의 보고를 창출하여 후계자들에게 물려주었지만, 이 에너지원은 시간이 흐르면서 고갈되었

31) 蔡邕, 『蔡中郎文集』 篇4, p.11b.

32) Hulsewé, *Remnants of Ch'in Law*, pp.125, 141, 147, 148-149, 195-197.

다. 풍부한 에너지원을 만든 창건자의 후손은 오랫동안 번성했지만, 빈약한 에너지원을 가진 자의 후손은 이내 힘을 잃었다. 유씨 가문은 이런 현상을 생생하게 보여준 사례였다. 서한의 마지막 황제 3명이 후 사를 생산하지 못한 일은 많은 사람에게 이 가계의 에너지가 소진되 어 조만간 다른 왕조로 교체될 것이라는 징후로 보였다. 이런 주장은 새로운 황통을 확립하려던 왕망의 시도를 뒷받침하기 위해 원용되었 다. 광무제는 한 황실을 회복하여 왕조를 재건하고, 새로운 에너지원 을 마련해주었다. 한편 황족보다 지위가 낮은 사회계층의 경우 누대 에 걸쳐 그 에너지를 소모하지 않고 축적할 수 있었고, 그 결과 자랑스 러운 후손이 가문의 명예를 제국 전역에 떨치기도 했다. 한 왕조의 사 료에 의하면, 대부분의 저명한 인물은 대대손손 지방에서 명망을 얻 고 있던 가문 출신이었다.[33]

직계조상이 성공을 보장해줄 것이라는 믿음은 동한에서 부모의 장 례를 갈수록 성대하게 치르는 풍조로 표출되었다. 적어도 기원전 4세 기부터 후장厚葬과 박장薄葬 가운데 어느 것이 옳으냐를 둘러싼 논쟁이 벌어졌지만, 동한 시대에 접어들자 대세는 비용을 아끼지 않는 쪽으 로 확실하게 기울었다. 가문들은 보란 듯이 부모의 장례에 막대한 비 용을 지출했고, 오랫동안 근신하면서 엄격하게 상을 치렀으며, 이런 과시적 행동을 효도로 포장하여 관직을 요구하기도 했다. 논객들은 많은 가정이 정작 노부모가 살아 계실 때는 돈을 쓰지 않다가 돌아가

---

33) 『春秋穀梁傳注疏』 篇8, 희공僖公 15년, p.12b; 『漢書』 卷22, p.1050. Ebrey, "The Economics and Social History of Later Han," pp.633-635.

신 다음 상장례에 가산을 낭비하는 세태에 불만을 표했다. 자식들은 사당을 짓고 화려한 찬사가 새겨진 비석을 세워 돌아가신 아버지의 위대함을 터무니없이 과장했다.[34] 물론 이런 현시적 과소비는 위신을 세우기 위한 경쟁이었지만, 조상의 음덕을 통해 얻은 물질적 축복에 보답하고, 앞으로도 자신들을 도와달라고 조상의 영혼에게 빌며, 현재의 세대에게 본인들이 얼마나 훌륭한 가계의 일원인지를 확인시키려는 목적도 지니고 있었다.

종족이 후손의 덕성과 성공을 가져다줄 에너지를 생성할 수 있다는 견해에 모두가 동의하지는 않았다. 교육의 가치와 목적에 대한 논쟁에서, 일부 학자는 학문과 성취가 개인의 노력이나 천부적 재능에 달려 있다고 주장했다. 상인 가문 출신으로 제멋대로 행동하기로 유명한 아버지와 할아버지를 둔 1세기 동한의 학자 왕충은 탁월한 인간은 명망 있는 가문의 일원으로 태어나는 것이 아니라 개별적으로 나타난다고 주장했다. 4, 5십 년 뒤에 왕부도 개인의 성취가 든든한 연줄이나

34) 王符, 『潜夫論箋』 篇12, pp.120, 130, 133-134; 『漢書』 卷67, p.2908; 『後漢書』 卷39, p.1314; 『管子校正』 篇17, p.290; Poo, "Ideas Concerning Death and Burial in Pre-Han China," pp.25-62; Nylan, "Confucian Piety and Individualism in Han China," pp.1-27; Powers, *Art and Political Expression*, pp.136-141; Loewe, "The Conduct of Government and the Issues at Stake," pp.300-301; Ch'en, "Confucian, Legalist, and Taoist Thought in Later Han," pp.802-804. 장례용 기념물을 만드는 데 어떤 구체적인 기술이 필요했는지, 비용은 얼마나 들었는지, 그리고 장인과 건축자재를 얼마나 먼 거리에서 데리고/갖고 왔는지에 대해서는 Barbieri-Low, *Artisans in Early Imperial China*, ch. 2, sec 5, "Stone Funerary Workshops"; ch. 3, sec, 2, "Marketing Territory"를 보라.

씨족의 명망에 달려 있다는 설을 부정했다.[35] 하지만 그와 왕충은 당
대의 사람들 대부분이 부귀영화를 씨족의 배경 덕분으로 돌렸고, 왕
조의 정사에 포함된 전기들이 동한에서 명문가 출신이 아닌 이들 가운
데 고위 관직에 오른 사람은 거의 없었음을 확인해주고 있다는 점에는
동의했다.

노인과 조상

초기 중화제국에서는 개인의 역량이 어느 정도는 수명으로 측정되었
다. 공자는 어진 자는 장수한다(인자수仁者壽)고 말했고, 한대의 일부 사
상가도 설명할 수 없는 예외는 인정하면서도 공자의 말을 진리로 받아
들였다.[36] 따라서 종족과 개인의 영속성은 모두 올바르고 유효한 행위
에 의해 창출되는 덕성스러운 에너지원에 기인하는 것으로 생각되었
다. 노인에 대한 공경은 한대 이전부터 오랫동안 중국 사회의 가치였다.

노인 봉양의 중요성은 이상향에 대한 맹자의 설명에 다음과 같이 표
현되었다. "5묘畝의 택지에 뽕나무를 심으면, 50대의 사람들이 비단옷
을 입을 수 있을 것이요, 닭·돼지·개를 기르면서 번식기를 놓치지 않
으면 70대의 사람들이 고기를 드실 수 있을 것입니다. …… 향교 교육
에 신경을 써서 효성과 우애의 뜻을 가르침으로써 백성을 교화하면,

35) Ebrey, "The Economics and Social History of Later Han," pp.633~635.

36) 『論語正義』 篇6, p.127.

백발이 성성한 노인들이 짐을 이거나 지고 길을 나서는 일은 없을 것입니다."[37] 마지막 문장은 맹자의 시대에 노인에 대한 공경은 보통 사람들에 의해 실천되기보다는 예법서에서 자주 강조되던 것임을 암시하는데, 한대에 이르면 노인에 대한 공경과 봉양이 근본적인 미덕으로 자리를 잡았다.

노인에 대한 예우는 몇 가지 형식을 취했다. 정기적인 작위 사여는 등급과 나이가 대충 일치하는 결과를 낳았고, 따라서 국가의 행사에서 좌석을 배치하고 음식을 분배할 때도 연령이 중시되었다. 노인들은 법적으로도 몇 가지 권리를 부여받았다. 동한에서는 매년 음력 8월에 도성 남쪽의 노인묘老人廟에서 수성壽星에 제사를 지냈는데, 이 연회에서 70세가 된 노인들은 지팡이를 하사받고, 손으로 죽(그들에게 이가 없을 것이라는 가정 아래 준비된)을 떠서 먹여주는 대접을 받았다. 이 지팡이는 그 머리 부분에 비둘기의 형상이 장식되어 있었는데(그래서 구장鳩杖이라 불렸다), 비둘기는 음식을 먹어도 체하는 법이 없다고 알려졌으므로, 지팡이를 받은 (이가 부실한) 노인들이 동일한 복을 누리라는 뜻이 담겨 있었던 셈이다. 황제의 하사품인 이 지팡이는 노인들에게는 위신과 보호의 상징이었다.

죽간에 기록된 한 사건에서, 어떤 관리가 노인을 때렸는데, 이때 노인이 지팡이를 땅에 떨어뜨려 비둘기 장식이 파손되었다. 지팡이는 황제의 선물이었기에, 그 관리는 그것을 부서뜨렸다는 이유로 처형당했다. 한나라의 법령은 마을 사람들이 노인들에게 우선권을 주어야

---

37) 『孟子正義』, 1A, 篇1, pp.33-35.

한다고 강조했고, 연령에 기초한 신분을 조정에서의 신분과 동일시했다. 동한의 관찬官撰 의례편람인 『백호통白虎通』도 노인은 형벌, 고된 거상居喪의 의무, 강제노역을 면제받는다고 명시했다.[38]

이상적인 기대수명은 70세였다. 공자는 72세까지, 유향과 양웅揚雄은 71세까지 살았다고 한다. 비문은 묘주가 50대면 이른 나이에 죽었다고 종종 기록하고 있다. 그러나 장수가 반드시 축복만은 아니었다. 한나라 사람들은 노령으로 인한 끔찍한 신체적 변화를 충분히 의식하고 있었다.

> 정신은 흐트러지고,
> 몰골은 추악하네.
> 어긋난 이빨은 아래위로 흔들리고
> 뼈는 약해지고 몸은 야위어가네.
> 늙어 빠지니 곤란하기 짝이 없어
> 이가 부실하니 씹기도 힘드네.
> 말라비틀어진 몸뚱이는 종기로 고생하고
> 컴컴한 곳을 찾아 살아가네.
> 등은 갈수록 구부러지고
> 이빨은 군데군데 빠져 엉성하네.

---

38) Bodde, *Festivals in Classical China*, pp.361-380: Loewe, "The Wooden and Bamboo Strips Found at Mo-chü-tzu(Kansu)," pp.13-26. 『漢書』卷6, p.156: 『白虎通疏證』, pp.208, 314, 520: Hulsewé, *Remnants of Han Law*, pp.298-302.

하늘은 멀어져가고 땅은 가까워오니

황천으로 내려갈 일만 남았네.[39]

청춘과 그 쾌락의 무상함도 당시에 창작된 시, 특히 『고시십구수古詩十九首』의 주제였다.

수레를 돌려 말에 올라타고

머나먼 길을 떠나네.

사방은 망망하기 그지없고

동풍東風에 온갖 풀이 흔들리네.

마주치는 것마다 옛것 없으니

어찌 늙음이 빠르다 하지 않겠는가.

만물의 성쇠에는 때가 있거늘

일찍 입신하지 못했음을 한탄하노라.

사람은 쇠와 돌이 아니니

어찌 오래 살기를 바라겠는가.

죽음은 갑자기 찾아오는 법이나

명예로운 이름은 보배로 길이 남네.[40]

39) 焦延壽, 『焦氏易林』 篇1, p.38. 노인의 신체적 쇠약에 관해서는 王充, 『論衡集解』 篇2, p.32도 보라.

40) 『先秦漢魏晉南北朝詩』, pp.331-332.

초기 제국의 친족구조에서 또 하나의 중요한 요소는 조상을 기억하며 제사를 지내는 것이었다. 조상을 찾아 머나먼 옛날까지 거슬러 올라갈 수 있다면, 한 개인이 속한 친족집단의 규모는 더 커졌고, 필요할 때 더 많은 사람의 도움을 받을 수 있었다. 한두 세대 위의 조상밖에 기억하지 못하는 가족은 불과 몇 가구 정도와 연결되었지만, 누대에 걸친 계보를 추적할 수 있는 종족은 수백 가구를 하나로 묶을 수 있었다. 따라서 조상을 기리고 섬기는 일은 당대의 사회를 구조화하는 데 결정적으로 중요했다.

친족 간의 유대는 선조와의 공유된 관계에 의해 결정되었으므로, 의례편람들은 사당에서 지내는 제사가 두 가지 목적을 갖고 있었다고 말한다. 하나는 조상을 추모하는 것이고, 다른 하나는 조상과 종족 성원들 사이의 친소관계를 결정하는 것이었다. 망자와의 원근은 '오복제도五服制度'로 규정되었다. 아버지의 상을 치르는 아들은 가장 누추한 옷(바느질되지 않은 조악한 삼베옷)을 가장 오랫동안(3년) 입었다. 반면에 종증조모從曾祖母(증조부의 형제의 아내)의 상을 치르는 자는 가장 덜 누추한 옷(고운 삼베로 만든 옷)을 가장 짧은 기간 동안(3개월) 입었다. 이처럼 오복제도는 상당히 복잡하고 매우 포괄적인 예법체계를 형성했다. 이 범주에 들지 않는 사람은 친척이 아니었다. 『예기』는 망자의 오복친이라면 장례가 아무리 먼 곳에서 치러져도 반드시 참석해야 하지만, 그런 관계로 얽힌 바가 없다면 바로 이웃에 살던 사람의 장례라 하더라도 참석하지 말아야 한다고 규정하고 있다.[41] 이런 극단적인 규정

---

41) 『禮記注疏』篇8, pp.21a~21b.

이 얼마나 철저하게 준수되었는지는 지금은 알 도리가 없다. 그런데 근자에 마왕퇴에서 출토된 「상복도喪服圖」는 당대인들이 종족의 구조를 진지하게 받아들였음을 짐작하게 해준다.

망자에 대한 이런 의례적 추모는 인간의 수명과 생존에 대한 중국어 표현에도 반영되었다. 장수를 뜻하는 중국어는 '수壽'인데, 이 단어와 관련된 가장 흔한 비유는 (앞에서 인용한 시에 나오는) "쇠와 돌 같은 장수(수비금석壽比金石)"이다. 하지만 '수'라는 단어에는 육체적 장수만이 아니라, 후손이 한 개인을 기억하고 제사로 그를 섬긴다는 뜻까지 내포되어 있었다. 이와 같은 사회적 정체성의 장수는 친족집단의 생존에 의해서만 가능한 일이었으나, 예외적으로 문학작품에 의해 보장되기도 했다. 고조의 숭배자들은 종묘에서 제사를 지내면서 그의 영혼에 장수를 빌었고, 『효경』은 사당을 극진한 존숭의 예로 조상들을 추모하는 장소로 정의했다. 마찬가지로 『도덕경』은 "죽어도 잊히지 않는 것이 수를 누리는 것이다"라고 설파했다.[42] 위에서 인용한 시도 육신은 예외 없이 '변형'되어 사라지지만, 명예로운 이름은 제사나 문학작품을 통해 보배처럼 길이 남는다고 마무리하고 있다.

한나라의 조상숭배에서, 망자의 영혼은 살아 있는 자들이 그것을 존중하고 보살피는 한 살아남았다. 그러다가 제사가 중단되면 그 조상의 혼도 사라졌다. 제사는 이유 없이 중단되지 않았다. 의례편람들에 서술된 '구조화된 망각'의 과정에 입각해 가장 오래된 신주부터 차

---

42) 『漢書』 卷22, p.1043; 『老子道德經注』 篇1, 節33, p.19; 『孝經注疏』 篇8, p.2a:
  Yü, "Life and Immortality in the Mind of Han China," pp.83, 87, 111, 121–
  122: Brashier, "Longevity like Metal and Stone," pp.214–217.

례대로 폐기되었다. 황실의 경우, 가장 가까운 조상 4명이 종묘에 모셔져 제사를 받았다. 새로운 세대의 조상이 합류하면, 4대조의 신주는 제거되었고, 나머지 조상의 대수代數가 하나씩 올라갔다. 원제元帝의 치세에 승상을 지낸 광형匡衡은 다음과 같이 말했다. "사당을 세워 모시는 네 분의 조상은 최근에 돌아가신 가장 친밀한 조상이다. 친밀함이 다하면[친진親盡, 즉 4대가 넘어가면], 신주는 차례로 제거된다. 친밀한 조상이 소원한 조상이 된다는 것은 결국에는 끝이 있다는 것을 보여준다."43)

신주가 제거되는 과정의 유일한 예외는 절대로 망각될 수 없는 제국의 창건자나 분봉국의 첫 제후왕이었다. 그래서 이론적으로는 다섯 신주가 철마다 제사를 받았다. 주 왕조의 종묘에는 일곱 신주—직계조상 4명의 신주, 봉토를 받아 주나라의 기반을 닦은 전설적인 농업의 신 후직의 신주, 그리고 상나라를 정복하여 주를 분봉국에서 왕국으로 바꿔놓은 문왕文王과 무왕武王의 신주—가 있었다고 전한다. 따라서 영혼의 장수는 그 영혼의 소유자가 왕국이나 다른 형태의 영속적 정체를 수립하여 종족의 장수에 기여한 바와 불가분의 관계에 있었다.

서한 말에는 국가의 창건자가 불천위不遷位로 모셔야 할 유일한 황제가 아니라는 주장이 대두되었다. 최초의 문제 제기는 흉노를 물리치고, 역법을 개정하고, 제례를 정비한 무제를 위한 것이었다. 후손들은 그의 사후에도 누대에 걸쳐 그의 영향력을 실감했기에, 그에게 계속해서 제사를 올려야 마땅하다고 생각했다.44) 이 주장이 수용되어,

---

43) 『漢書』 卷73, p.3118; Keightley, "The Quest for Eternity in China," pp.18-21.

44) 『漢書』 卷73, p.3126. 반대 입장에 대해서는 『漢書』 卷75, pp.3156-3157을 보라.

무제는 고조와 더불어 불천위가 되었다.

　이런 움직임은 선례가 되었다. 서한의 관리들은 누가 불천위 제사의 대상이 되어야만 하는지에 관해 논쟁을 벌였지만, 동한에서는 관리들이 누가 불천위 제사를 받지 말아야 하는지에 대해 갑론을박했다. 12대 황제인 영제의 치세(재위 168~189)에 이르면 그의 전임 성년 황제 7명과 서한의 또 다른 황제 1명이 불천위의 지위를 얻었다. 이들 가운데 제국을 개창하거나 영토를 늘린 자는 없었고, 몇 명은 나라에 기여한 바가 전혀 없었다. 그러나 누구는 불천위로 모시고 누구는 빼버리기가 상당히 곤란했기 때문에, 불천위가 남설되었던 것이다.[45]

　황실 아래의 사회계층에서도 무덤 옆에 묘비를 세움으로써 망자를 영원히 기리려는 분위기가 조성되었다. 이는 종묘에 신주를 모시는 것과 동일한 조상숭배의 대중적 표현이었다. 한 비문은 다음과 같이 자부했다. "돌에 새겨 비를 세우니, 비문에 적힌 (조상의) 공덕은 밝고 크게 빛나리라. 그 빛은 억만 년 동안 꺼지지 않을지어다. …… 조상들이 귀히 여기시던 것을 불후의 글로 남기노니, 금석에 새겨진 조상님의 이름은 후세에 길이 남으리라."[46]

　이런 식으로 한나라에서는 세월의 흐름과 함께 희미해지던 조상에 대한 기억을 금석의 내구성을 통해 되살리려는 노력이 경주되었다. 불멸의 조상은 종족의 영원함과 국가의 무궁함을 보장할 것 같았지만, 그럼에도 결국 모든 것은 헛되이 사라져갔다.

45) 『後漢書』, 志9, p.3197; 蔡邕, 『蔡中郞文集』 篇8, pp.5a~5b.

46) 『隸釋』 篇7, p.16b.

8
|종교|

중화제국의 종교가 다룬 것은 '신神'과 '음陰'의 영역이었다.[1] 고래로 중국인은 인간의 세계를 닮은 신들의 세계에 제물을 바쳤다. 두 영역—보이는 영역과 보이지 않는 영역—은 거의 유사했고, 죽음이란 한 영역에서 다른 영역으로 옮겨가는 것이었다. 종교적 실천은 주로 두 영역 사이를 오가는 사람과 영향력의 흐름을 통제하려는 노력으로 이루어졌다. 다시 말해서, 저승으로 떠난 자들이 이승으로 되돌아오는 사태를 확실하게 막는 한편, 신령과 인간 사이의 적절한 접촉점에서 에너지와 축복, 정보가 인간의 영역으로 흘러오도록 유도하는 것이었다.

소통과 교환의 그런 접점은 때로는 (예지, 꿈, 환각으로) 개인화되었

---

1) Teiser, "Introduction," *Religions of China in Practice*, pp.21-36, 특히 pp.32-36.

고, 때로는 (성소聖所나 사당 같은 장소로) 국지화되었으며, 때로는 (혜성, 일식, 가뭄, 홍수 같은 기상이변처럼) 해석을 둘러싸고 논란을 불러일으키는 전조로 가시화되었다.

접촉점

　보이는 영역과 보이지 않는 영역 사이의 접촉점 하나는 제사를 드리는 사당이나 제단이었다. 의례의 수행을 통해서, 제물을 바치는 장소는 속세와 단절된 신성한 지대로 탈바꿈되었다. 그것은 통상적인 물리적 과정과 인식 방법이 작동을 멈추는 의례적 시공간의 세계였다. 이 의례적 영역은 한고조에게 그의 후궁이 써서 바친 송사에서 다음과 같이 서술되고 있다.

　　　악기들이 사방에 높이 걸려 있고
　　　음악이 궁정에 가득하네.
　　　선향線香이 깃털의 숲을 이루니
　　　구름 낀 풍경처럼 깊고 아늑하네.
　　　화려하기 그지없는 황금가지에는
　　　수많은 깃발 장식이 달려 있네.
　　　칠시七始[천지춘화추동인天地春夏秋冬人의 시始]와 화시華始[만물영화萬物
　　　榮華의 시始]의 음악이

화성和聲을 이루어 장중하게 울려 퍼지네.

신령들이 내려와 즐기시는 소리가

아련히 들리는 듯하네.

경외하는 음악으로 신령들을 배웅하고 나면

사람의 감정이 정화된다네.

홀연 신령들이 어둠 속으로 사라지니

성대한 의식도 모두 끝나네.

맑은 생각이 그윽하고 조용하게 일어나고

이 제전의 이치가 심오하고 아득한 천지에 널리 퍼지네.[2]

성스러운 공간은 연기와 향, 음악과 수많은 깃발로 평상시의 감각을 마비시켰다. 공희供犧의 주재자는 단식과 명상으로 접신接神을 준비했다. 이 집중적인 자기억제는 신체를 정화해주었을 뿐 아니라 초자연적 현상을 인지할 수 있는 정신 상태를 조성해주었다. 이런 의례적 분위기 속에서, 정성껏 준비를 마친 참석자들은 신령들이 살아 있는 친척들과 연회를 즐기기 위해 내려오는 소리를 들을 수 있었고, 세상이 어두워지기 전에 떠나는 모습을 볼 수 있었다. 이런 장면은 『시경』의 몇몇 시에도 묘사되어 있는데, 어떤 신들은 제주祭酒를 마시고 거나하게 취하기도 한다.[3]

보이는 존재와 보이지 않는 존재 사이의 두 번째 접촉은 음의 영역

---

2) 『漢書』卷22, p.1046; 『先秦漢魏晉南北朝詩』, p.145.

3) 『毛詩正義』篇16.3, pp.6a-10b; 篇17.2, pp.1a-8a; 15a-20b.

을 넘나들며 그곳의 거주자들과 소통하는 영매靈媒를 통해 이루어졌
다. 한나라가 세워지기 한 세기 내지 두 세기 전에 지어져『초사楚辭』에
남아 있는「구가九歌」에는 남녀 무당이 성스러운 구애의 형식을 빌려
신들을 위해 춤추고 노래하는 장면이 나온다.[4]

한대에 영매는 황홀경에 빠지거나 열광적인 춤을 추면서 죽은 자를
소환하고 질병을 치유하고 비를 불러왔다. 머나먼 동남쪽의 월越 지방
에서 온 의례 전문가들은 비범한 능력을 지니고 있다는 이유로 조정에
서 특별히 환영받았다. 서한의 역사가 사마천은 종교인들이 눈속임과
모호한 언사로 무제를 바보로 만든 세태를 비꼬았다. 북동부에서 온 난
대欒大라는 방술의 대가는 무제를 현혹시켜, 인장을 차고 악통후樂通侯
에 봉해져 식읍 2,000호를 하사받았다. 사마천에 의하면, "(동북부의)
바닷가에 사는 연나라와 제나라의 모든 방사方士가 자신이 방술을 지
니고 있어 신선을 불러올 수 있다고 떠벌였다."[5]

그런 인물들의 위상은 시간이 지나면서 추락했고, 그들에게는 갈수
록 많은 제약이 가해졌다. 무당과 결혼한 남성은 관직을 보유할 수 없
었다(이 금지령은 종종 무시되었다). 영매는 도로변에서 영업을 할 수 없
었고, 심한 경우 돈을 받는 것도 금지되었다.[6] 그럼에도 그런 자들은

---

4) Waley, *The Nine Songs*, "Introduction"; Hawkes, *The Songs of the South*, pp.38, 42–51, 95–101; Lewis, *Writing and Authority*, pp.184–185.

5) 『史記』卷28, pp.1384–1391; 1399–1400.

6) Loewe, *Chinese Ideas of Life and Death*, ch. 10; Ch'ü, *Han Social Structure*, pp.55, 375; Poo, *In Search of Personal Weldfare*, pp.185–200; 『漢書』卷6, p.2003; 『後漢書』卷11, pp.479, 480; 卷41, pp.1397, 1413; 卷47, p.1573; 卷57, p.1841; 『東觀漢記校注』篇21, p.863; 應劭, 『風俗通義校釋』, pp.338–339; 『禮記注疏』篇9, p.18b.

그림 16. 서왕모가 신주대기 위에 정좌하고 있다.

그림 17. 두 명의 신선이 선산仙山의 정상에 앉아 육박六博을 즐기고 있다.

계속해서 중국 사회의 모든 계층에게 종교적 도움을 제공했다.

보이는 존재와 보이지 않는 존재는 산의 정상이나 높은 망루, 또는 지상의 동쪽 끝이나 서쪽 끝에서 만났다. 시황제와 무제는 신선을 만나기 위해 산꼭대기에 올라 망루를 지었고, 신선들이 산다는 섬을 찾기 위해 동해(태평양) 너머로 원정대를 파견했다. 반면에 서쪽의 끝은 세계의 축인 곤륜산崑崙山의 꼭대기에 사는 서왕모의 영역이었다(그림 16, 17 참고). 기원전 3세기의 문헌에는 주나라의 목왕穆王이 서왕모를 방문했다는 기록이 있는데, 이 일은 후대의 야심만만한 황제들에게 역사적 선례가 되었다.

인간계와 선계가 수직적 사다리를 통해 연결되어 있다는 믿음은 무덤 위에 나무를 심는 한나라의 장례 풍습에서도 엿볼 수 있다. 나무들은 산에서 자랐고, 신선들은 그 가지 위에서 살았다. 사천에서 출토된 청동 '돈나무'는 선계의 태양수太陽樹를 본뜬 나무의 가지 위에 머무르고 있는 서왕모와 그녀의 궁정을 묘사하고 있다. 도자기로 만든 이 나무는 날개 달린 신선들을 표현한 가지 부분과, 지상의 인간들을 표현한 받침대 부분으로 구성되어 있다.[7]

네 번째 접점은 미래를 예감하고 그것에 영향을 미치려는 점복占卜이었다. 갑골의 균열 상태를 보고 신의 뜻을 알아내는 점술은 신석기 시대에 시작되어 한대까지 이어졌다. 『역경』에는 시초蓍草를 뽑아 행동의 과정을 점치는 방식이 기록되어 있다. 한대의 무덤에서 출토된 문헌들은 어떤 행동이 취해질 날의 길흉을 따지는 점술을 보여주는데, 이는 후대의 중국인이 책력을 참고하여 택일한 것과 유사한 방식이다. 관련된 문서들은 질병이 시작된 날에 바탕을 두고 병의 경과를 예측하기도 했다. 윤만한묘尹灣漢墓에서 발견된 비슷한 점술 문서는 보편적인 별자리표와 역법을 결합하여 특정 일자에는 어떤 행동이 적합한지를 알려주었다. 이 모든 방식의 점술은 시간이란 연속적이고 동질적인 매체가 아니라 가변적인 과정으로, 분절된 시간의 각 단위가 독특한 성질을 갖고 있고, 따라서 특정한 활동에 적합하다는 관념에 기초하고 있었다.[8]

---

7) Erickson, "Money Trees of the Eastern Han Dynasty," pp.1−116; Lewis, *Construction of Space*, pp.157−158; Major, *Heaven and Earth in Early Han Thought*, pp.102, 158, 196, 204. 도판은 Elisseeff, *New Discoveries in China*, p.91; Rawson, *Mysteries*, pp.177−178, 190, 192; Wu, "Mapping Early Taoist Art," pp.84−88; Bagley, *Ancient Sichuan*, pp.272−277을 보라.

8) Loewe, *Divination, Mythology and Monarchy in Han China*, chs. 8, 10; Harper, "Warring States Natural Philosophy and Occult Thought," pp.843−

그림 18. 벼락의 신이 용들이 끄는 구름전차를 몰고 있고, 전차의 꼭대기에는 뇌고雷鼓가 매달려 있다.

다른 형식의 점복은 바람이나 다른 기상현상을 비롯한 자연환경의 요소들을 해독하는 작업이었다(그림 18). 마왕퇴에서 출토된 문헌은 혜성, 태양을 둘러싼 행성들의 궤도, 천체에 나타나는 그 밖의 가시적 현상을 그림으로 보여준다. 그리고 각각의 그림에는 그것이 어떤 사건을 예시하는지를 설명하는 문서가 첨부되어 있다. 점성술은 널리 활용되었는데, 이때 점술사는 본인의 우주관을 반영하는 천문도에 의거하여 신탁을 구하는 자의 상황을 통찰했다. 사마천의 『사기』에도 천문현상에 바탕을 둔 점술에 대한 상세한 논의(「천관서天官書」)가 포함되어

866: Poo, *In Search of Personal Welfare*, pp.44–52, 69–101; Loewe, *Chinese Ideas of Life and Death*, ch. 9; Lewis, "Dicing and Divination in Early China."

있다.[9)]

점술의 또 다른 범주는 외형을 보고 사람의 운명을 해독하는 것이었다. 관상술은 인간이든 동물이든 모든 개체의 운세를 예측할 수 있었다. 마왕퇴에서 출토된 어떤 문서는 말의 관상을 보는 방법을 기술하고 있고, 다른 문서는 개에게 관상학을 적용하는 것에 대해 언급하고 있다. 거연居延에서 출토된 군사 관련 죽간은 칼의 관상에 대해 논하고 있다. 심지어 그릇 같은 살림도구도 점술의 대상이 될 수 있었다고 하는데, 이 주제에 관한 문헌은 전하지 않는다. 관상술은 풍수설의 초기 형태인 감여술堪輿術과 관련되어 있었는데, 이것은 얼굴의 모양으로 점을 치듯이 지세를 살펴 미래를 예측하는 기술이었다.[10)]

꿈은 전조로 해석되었고, 한대 이전의 문헌들은 해몽에 관한 서적과 그 전문가들에 관해 언급하고 있다. 죽은 자의 혼령이나 신들은 산 사람의 꿈에 나타나, 자신들의 장례를 적절하게 치러주거나 저승에 있는 본인들을 위해 제사를 지내달라고 당부했다. 그들은 때때로 약간의 정보도 제공했는데, 그 정보가 정확하면 꿈의 예지능력이 입증되었다. 어떤 꿈은 암호화된 상징이었다. 예컨대 꿈에 해를 보는 것은 통치자를 알현할 징조였다. 이런 꿈을 이해하기 위해서는 전문가의 도움을 받거나 관련 서적을 참고해야 했다. 꿈에 관한 여러 일화에서는 해몽

---

9) Harper, "Warring States Natural Philosophy and Occult Thought," pp.839–843; Loewe, *Divination, Mythology and Monarchy in Han China*, chs. 3, 9; 『史記』卷27.

10) Csikszentmihalyi, *Material Virtue: Ethics and the Body in Early China*, pp.130–141; Lewis, *Construction of Space*, pp.63–65; Knoblock, *Xunzi*, vol. 1, pp.196–200; Sterckx, *The Animal and the Daemon in Early China*, p.155.

이 미래의 지침이 되었고, 흉몽처럼 보이는 꿈을 긍정적으로 풀이하는 능력이 행복한 결말로 이어지기도 했다.[11] 이 점이 중요한 이유는, 대부분의 중국인에게 점술이란 정해진 운명에 대한 보고라기보다는 행동의 지침으로 여겨졌기 때문이다. 다시 말해서, 점술이 제공해준 것은 예정된 미래에 대한 정보가 아니라, 어떤 일에 가장 효과적으로 대처할 수 있도록 사태의 추이를 정확하게 파악하는 능력이었다.

자연의 재이災異도 전조로, 특히 황제에게 주의를 주는 신호로 읽혔다. 일부 문인은 재이를 감정을 가진 능동적인 하늘이 내리는 일종의 경고로, 다른 문인들은 천지인 사이의 보이지 않는 '감응'에 따른 기계론적 산물로 해석했다. 통치자의 부적절한 행동, 특히 영향력이 큰 행동은 자연의 정상적인 과정이나 주기를 혼란시켰다. 지나치게 가혹한 형벌, 여성이나 신하가 국정을 농단하는 사태, 또는 사건의 적절한 경과를 교란하는 모든 일은 그것에 상응하는 자연계의 혼란을 야기했다. 이는 한 악기의 현을 튕기면 다른 악기들이 그 가락에 조응하여 울리는 현상에 비유되었다.

역사 기록은 재이를 해석하는 데 도움을 주었다. 과거의 일식이나

---

11) 고대 중국의 꿈과 그 해석에 대한 영문 논저로는 Ong, *The Interpretations of Dreams in Ancient China*; Brown, ed., *Psycho-Sinology: The Universe of Dreams in Chinese Culture*, esp.Ong, "Image and Meaning: The Hermeneutics of Traditional Dream Interpretation"; Strickmann, "Dreamwork of Psycho-Sinologists: Doctors, Taoists, Monks" 등이 있다. Moffett, "Prediction in the *Zuo-zhuan*"에는 『좌전』에 나오는 꿈에 대한 다수의 설명이 번역되어 있는데, 이 책은 고대 중국의 꿈 이야기를 가장 풍부하게 수록하고 있다. Diény, "Le saint ne rêve pas," pp.127-128, 주 2는 이 주제를 다룬 중요한 중국어 및 독일어 저작들을 소개하고 있다.

유사한 현상을 그와 동시에 일어난 정부의 잘못과 연결시킬 수 있었기 때문이다. 공자가 한나라의 부상을 예언한 책으로 읽히는 『춘추』는 그런 정보의 풍부한 원천이었다. 『춘추』는 전조를 해석하는 편람들의 원전(후대의 모든 판본에 영감을 준 원초적 문헌)이 되었는데, 이에 대해 동중서(기원전 179~104년경)는 다음과 같이 설명한다. "『춘추』의 도道는 미래를 설명하기 위해 과거를 인용하는 것이다. 이 때문에 천하에 어떤 일이 발생하면, 그것에 비견할 만한 사건이 『춘추』에 기록되어 있는지 살펴야 한다. 그리고 그 정묘하고 신비로운 현상의 본질적 의미를 찾아내어 어떤 이치가 숨어 있는지 통찰한다. 그리고 나면 천지간의 변화와 왕조에 영향을 준 사건의 뜻이 모두 명백하게 보이고 의문이 사라진다."[12]

동중서와 다른 학자들은 역사와 경전에 대한 지식을 바탕으로 전조를 해석함으로써 조정의 정책에 영향을 미치고자 했다. 하지만 어떤 신호든 수많은 의미를 지닐 수 있었기 때문에, 경방京房과 유향 같은 인물을 중심으로 재이를 해석하는 주요 학파가 형성되었다. 동한의 역사가이자 시인이었던 반고는 『한서』의 「오행지五行志」에서 상충하는 여러 재이설을 종합하려 했으나 실패했다.[13] 그 해석이 워낙 다양했던 까닭에, 전조의 해석을 국정 운영의 수단으로 삼으려는 시도가 소기의 성과를 거둘 가능성은 거의 없었다.

전조와 수술數術에 기초한 예언은 이른바 참위서讖緯書의 핵심이었

---

12) 『漢書』卷27a, p.1331-1332.

13) 『漢書』卷27a-e; Queen, *From Chronicle to Canon*, chs. 5, 9.

다. 이런 종류의 책들은 공자나 다른 성현이 경전 속에 숨겨놓았던 예언을 비밀리에 전수한다고 주장했다. 참위설은 기원전 1세기 후반에 출현하여, 왕망의 치하에서 꽃을 피웠고, 동한 시대에 지대한 영향력을 행사했다. 다수의 도참 사상가는 한 왕조가 버틸 수 있는 햇수의 계산, 새로운 통치자(왕망)의 출현에 대한 예언, 또는 그의 몰락과 한조의 부흥에 대한 예측 같은 위험한 정치적 쟁점을 거론했다. 참위설에는 세계의 수학적 구조, 역사의 형상, 고대 성왕들의 신비로운 행적과 특성에 관한 자료가 포함되어 있었다. 일련의 금지령에도 불구하고, 참위설은 한나라의 멸망 이후 펼쳐진 수세기의 분열기에도 왕조 교체를 신성하게 승인하는 관례적인 역할을 수행함으로써 변함없는 영향력을 행사했다.

신령의 세계와 접촉하는 이 모든 방식에 공통된 하나의 특징은 종교적 전문가나 관련 문헌에 대한 전문지식이 필요하다는 것이었다. 제의에는 의례 전문가가 필요했고, 무당과 방사는 영매 역할을 했으며, 점복은 점술사에 의해 가장 잘 수행되었다. 글을 읽을 줄 아는 사람은 『역경』을 참고할 수도 있었지만, 그 수수께끼 같은 도식을 오해하기 십상이었으므로, 이 경우에도 전문가의 도움이 절실했다. 전조를 해석하기 위해서는 역사에 정통해야 하고, 재이설의 전통에 밝아야 했다. 한대에 살았던 대부분의 사람들은 전문가의 도움 없이는 인간계와 신계 사이의 간격을 메울 능력이 없었다. 하지만 그런 능력은 수련이나 문헌 연구를 통해 얻을 수 있는 것이었고, 타고난 마술적 능력을 필요로 하지는 않았다.

국가제의

상나라와 주나라의 주된 국가제의였던 조상숭배는 전국시대에 이르러 우주의 신령이나 자연, 특히 명산대천에 대한 숭배로 대체되었다. 이 변화는 열국의 통치자들이 조상숭배와 제천의식의 정점에 있던 주나라의 군주를 주변화하고, 강력한 우주의 신령이나 자신들의 국가와 관련된 신들을 숭배함으로써 본인들의 신성한 성격을 강조할 필요성에서 비롯되었다.[14] 이에 따라 국가 차원에서 거행되던 제의의 중심은 죽은 조상에게 제사를 지내는 종묘에서 자연과 우주의 신들에게 제물을 바치는 야외의 제단으로 옮겨졌다. 지붕 아래에서 이루어지는 인간숭배와 하늘 아래에서 행해지는 자연숭배 사이의 구분은 후대 중국 종교의 근본적인 요소로 남아 있었다.

진 왕조에 접어들어, 시황제는 야외의 제단에서 방위의 신인 제帝를 모시는 기존의 숭배를 계속하고 태산의 정상과 인근 야산에서 올리는 봉선의식을 도입함으로써 자연신에게 최고의 지위를 부여했다. 봉선의식에 대한 관념은 전국시대 말기에 싹텄는데, 이 무렵의 문인들은 천하의 '태평太平'을 이룬 모든 통치자가 이 의식을 거행했다고 주장했다. 봉封은 '봉토의 하사'를 뜻했고, 한대의 사료에 의하면 이 의식은 특정 지역에 대한 주권을 주장하는 것이었다. 시황제가 개시한 봉제封祭는 천하의 주권을 주장하는 제의였다.

14) Bilsky, *The State Religion of Ancient China*, pp.14-16, 58-60, 66, 126-127, 135-146, 162-169, 183-190, 274-276, 296-308, 318-324.

이 의식—그 내용과 절차는 시황제와 그의 신하들에 의해 구체화되었을 것이다—에서 황제는 태산의 기슭에 제물을 바치고 지고의 신에게 올리는 제문祭文(옥첩玉牒)을 그 정상에 묻었다. 이 제의를 전후하여 시황제는 중국 동부의 다른 산꼭대기에도 올라 자신의 치적을 새긴 비석을 세웠다. 봉제는 자신이 새로 정복한 영토에 대한 주권을 주장하고 신들과 인간들에 대한 자신의 승리를 천명하는 명산봉헌名山奉獻의 일부였다. 요컨대 이 제의의 거행은 인간계와 선계에서 공히 인정받는 천하의 주권을 확립했음을 나타냈다.

태산이 있는 제나라 출신의 방사들은 다른 해석을 제시했다. 그들에 의하면, 이 제의는 황제黃帝처럼 영생을 얻기 위한 것이었다. 봉헌을 마치고 산의 정상에 올라 제문을 묻은 다음, 시황제(와 이 의식을 거듭 봉행했던 한의 무제)는 선인들을 만나 그들과 함께 하늘로 올라가 영원히 살고 싶었을 것이다. 한편 유가의 경학자들은 이 제의를 주나라의 천신에게 올리던 것으로 해석함으로써, 이 의례를 제천의식과 융합시켰다.[15]

봉선은 예외적인 행사였다. 진과 서한에서 가장 중요한 정례 국가 제의는 사제四帝(나중에는 오제)를 모시는 것이었다. 방위를 주재하는 이 신들은 각 방위와 연결된 색깔을 따서 명명되었다. 동쪽의 신은 청제靑帝, 남쪽의 신은 적제赤帝, 중앙의 신은 황제黃帝, 서쪽의 신은 백제白帝, 북쪽의 신은 흑제黑帝라고 불렸다. 제帝(고대에는 상나라의 최고신인 상제上帝에게 적용되었던 명칭)를 방위의 신으로 숭배한 최초의 기록은 기

---

15) Lewis, "The Feng and Shan Sacrifices of Emperor Wu of the Han."

원전 7세기에 진나라에서 나타났다. 진은 백제부터 숭배하기 시작했는데, 이는 아마도 가장 서쪽에 위치한 나라여서 그 신의 보호하에 있었기 때문일 것이다. 그리고 훗날 황제와 청제, 적제에 대한 봉헌을 추가한 것은 중원의 국가들과 동부 지역, 남방의 초나라를 정복한 사실을 의례적으로 표현한 것 같다. 흑제에 대한 제사는 기원전 205년에 한나라의 개창자 고조에 의해 시작되었고, 이때부터 제는 모든 방위를 대표하는 하나의 집단으로 숭배되었다.

다른 영역과 마찬가지로 종교 분야에서도, 초창기의 한나라는 진나라의 제도를 답습하여 봉선을 계속 거행했을 뿐만 아니라 동일한 부서에 제사를 맡겼고 같은 음악을 사용했다. 시황제가 진나라 최고신들의 이름을 빌려 만든 '황제'라는 칭호도 한나라의 황제들에 의해 그대로 사용되었다. 분봉의식에서 볼 수 있듯이, 한나라는 제에 대한 제사를 영토에 대한 지배와 연결시켰다. 천자에게는 토지신인 '사社'를 모시는 제단이 있었는데, 다섯 색깔의 흙으로 이루어져 있었다. 분봉의식에서, 새로 봉토를 수여받은 자는 그 땅의 방위에 맞는 색깔의 흙을 한 움큼 받았다. 예컨대 그가 받을 영토가 동쪽에 있다면 청색 흙을, 남쪽에 있다면 적색 흙을 받았다. 그는 그 흙을 자신의 새로운 봉국으로 가지고 가서 그곳 사단社壇의 흙과 섞었다. 이 의례에서, 중앙의 사단은 소우주였고, 그것의 분배는 중앙 조정의 권위가 천하로 퍼져 나감을 뜻했다.[16]

---

16) 『史記』 卷28, pp.1358, 1360, 1364, 1365, 1378; 『漢書』 卷25a, pp.1196, 1199.
· Lewis, "Feng and Shan Sacrifices.", p.55

한의 무제는 새로운 숭배의식을 여럿 도입했는데, 그 가운데 가장 중요한 것은 태일太一과 후토后土(대지의 여신)에게 지내는 제사였다. 태일은 원래 유씨 황가의 발원지인 초나라의 신이었다. 이 신의 주된 역할은 적의 무기를 막아내고 전쟁의 승리를 보장하는 것이었다. 전국시대의 철학서인 『장자』와 한나라 초기의 철학 편람인 『회남자』는 모두초 지역과 관련이 있는데, 두 문헌은 태일을 세상이 천지와 음양으로나뉘기 이전에 존재했던 미분화 상태의 체현으로 묘사하고 있다. 무제의 치세가 시작되기 25년 전에 조성된 마왕퇴에서 출토된 그림은 태일이 황제黃帝를 대신하여 방위신들의 주재자가 되었음을 보여준다.

무제에 의해 확립된 태일 숭배는 단일한 최고의 신에 대한 봉헌으로, 오제에게 바치던 제사의 완결판으로 이해된 것 같다. 무제가 태일 숭배를 후토 숭배와 짝지은 것은 태일이 지상의 신인 후토와 보완적대립관계에 있는 천상의 신이었음을 시사한다. 철학서들에 기술된 원초적 통일의 구현체인 천신으로서, 태일은 의례적으로 오제를 아우르는 존재가 될 수 있었다. 무제에 의해 거행된 봉제는 태일에게 바쳐진 것이었을 가능성이 크다.[17)]

서한의 마지막 40년 동안, 그리고 특히 왕망의 치하에서 제帝와 태일, 후토에 대한 숭배는 해마다 치러지는 교사郊祀라는 이름의 제천의식으로 점차 대체되었다. 하늘은 주나라의 최고신이었지만, 주나라

---

17) Li, "Formulaic Structure in Chu Divinatory Bamboo Slips," p.84; Li, "An Archaeological Study of Taiyi(Grand One) Worship," pp.1~39; 『淮南子』 篇3, p.39; 篇7, p.111; 篇8, p.119; 篇9, p.127, 篇14, p.235(2); 篇21, p.369; 『莊子集釋』 篇32, p.453; 篇33, p.473; 『荀子集解』 篇13, p.236.

왕들이 행한 의례의 구체적인 내용은 주 왕실의 권위가 실추된 몇 세기 동안 멸실되었다. 여러 경전에 산재하는 제사에 관한 설명을 수집하고 재해석하여, 동중서를 비롯한 한나라의 학자들은 주의 왕이 매년 정월 초하루나 농사철이 시작될 때에 도성 남쪽의 근교에 원구圓丘를 쌓고 하늘에 제사를 지냈다는 이론을 만들어냈다. 이 의례는 봉선의식과 마찬가지로 문헌상의 근거가 없었지만, 제국의 성격을 의례적으로 표현하기 위해 발명되었다. 그 '기원'은 상상력을 발휘한 원전의 해독을 통해 역사 기록에서 발견되었다. 동중서는 과거에 주나라의 최고신에게 지내던 이 제사를 무제에게 적극 권장했는데, 그는 교사를 진나라의 '제' 신앙, 초나라의 태일 숭배, 동부 제나라의 신성한 산 꼭대기에서 행해지던 제례의 요소들을 모두 포함한 잡종적인 제의에 대한 유교식 대안으로 생각했던 듯하다. 이 제안은 처음에는 무시되었지만, 결국 중추적인 국가제의가 된 것은 태일에 대한 봉제가 아니라 하늘에 대한 교사였다.

태일 숭배와 하늘 숭배는 각기 상이한 지식인 집단의 지지를 받고 있었다. 기원전 31년에 하늘 숭배를 지지하던 경학자 겸 관리 광형은 당시에 각광받고 있던 태일 제사를 남교南郊로, 후토 제사를 북교北郊로 옮겨 거행할 것을 제안했다. 그는 황제가 먼 곳의 신단까지 여행하는 데 따르는 비용과 위험을 감안하고, 왕실의 제사를 도성에서 지낸 고대의 선례를 생각할 때, 그런 이전이 바람직하다고 주장했다. 태일을 하늘 숭배와, 후토를 토지 숭배와 동일시하면서, 광형은 천지에 대한 당대의 숭배를 경전에 입각한 제사(이 자체도 주석가들의 발명이었다)

의 격하된 버전으로 간주했다.

문헌상의 기록이 명확하지는 않지만, 남교에서 거행된 첫 번째 교사는 태일에게 바쳐진 것으로 보인다. 제사를 지냈음에도 황제에게 후사가 생기지 않자, 광형은 신임을 잃었다. 폭풍우로 옛 태일 신단이 훼손된 다음 황제가 악몽에 시달리자, 제사는 다시 태일을 모시는 신단이 있던 원래의 장소로 옮겨서 거행하게 되었다. 제천의식이 주된 국가제의로 자리를 잡은 것은 왕망이 집권한 이후였다. 그는 자신의 황권 찬탈을 하늘의 시여施與로 정당화했고, 동한을 세운 광무제는 봉제를 재개하면서 이 일을 하늘에 질서의 회복을 고하는 수단이라고 설명했다. 얼마 지나지 않아 반표班彪(3~54)를 비롯한 동한의 학자들은 '천명天命'이라는 주나라의 신조를 되살렸다.[18]

제천의식의 확립은 황실의 조상숭배 규모가 급격히 줄어든 것과 관련이 있었다. 한의 창건자인 고조를 모시는 사당이 제국의 모든 군국에 설치되어 있었고, 문제를 위한 사당도 상당히 많았다. 기원전 40년에 이르자 황실의 조상을 위한 사당이 도성에 176개, 전국 각지에 167개가 있었다. 한대의 기록에 의하면 이들 사당에서 해마다 2만 4,455차례 제사를 지냈고, 여기에 동원되는 위사衛士·악사·무녀舞女 등이 6만 7,276명에 달했다. 기원전 40년에 제천의식의 확립을 제창했던 바로 그 관리들의 상주에 화답한 황제에 의해, 지방의 사당은 모

---

18) 『漢書』 卷25b, pp.1254-1259; Lewis, "The Feng and Shan Sacrifices," p.67; Loewe, "The Concept of Sovereignty," pp.735-737.

조리 철폐되었고 도성의 사당도 대부분 철거되었다.[19]

경제적 조치로 합리화되었지만, 이 일은 당시에 천자인 황제의 지위가 새롭게 강조되었고, "천하의 모든 것은 유씨 것이다"라는 공식으로 표명되었던 황실 조상의 중요성이 낮아졌음을 시사한다. 이런 움직임은 제사란 직계후손의 특권이자 의무라는 경학자들의 주장과도 일맥상통했다. 그들이 볼 때, 지방관들에게 아무런 혈연관계도 없는 황실의 조상에게 제사를 지내라고 강요하는 것은 효의 원리에 어긋나는 일이었다.

상장례

상장례喪葬禮는 황제와 귀족, 유력 가문, 심지어 농민들까지 치르는 일이었기에, 국가제의에 비해 훨씬 광범위하게 이루어졌다. 하지만 엘리트층만이 자신들의 활동을 글로 기록했고, 사자의 시신을 돌이나 벽돌로 만들어 장기간 보존되는 무덤에 묻었다. 부계친족과 가구 사이에 존재하는 친족제도의 긴장은 상장례에도 반영되어, 가묘제家廟祭와 묘제墓祭의 구분으로 나타났다. 가묘에서는 종족이 의례적으로 구성되었고, 무덤에서는 부부가 생전의 생활을 연상시키는 복제품이나 그림과 함께 합장되어 사후의 가구를 재구성했다.

기원전 4세기에 이르자 일부 무덤은 가정집이나 궁전의 외적 형태

---

19) Loewe, *Chinese Ideas of Life and Death*, pp.140-141.

를 취했고, 동한 시대에 접어들자 극빈자들을 제외한 모든 사람의 무덤은 가옥을 본떠 만들어졌다. 전국시대 말에는 무덤이 가옥의 복제물이라는 관념이 실생활에 적용되었을 뿐 아니라 이론적 원칙으로 표현되었다. 유가의 철학서인 『순자』의 「예론禮論」편은 다음과 같이 설명하고 있다. "장례란 죽은 사람을 살아 있는 사람처럼 꾸미는 것으로, 그가 살아 있을 때를 크게 본받아 그를 죽음의 세계로 보내는 것이다. 죽었지만 아직 살아 있는 것처럼, 떠났지만 아직 있는 것처럼 모셔서, 끝과 시작이 하나가 되게 하는 것이다. …… 무덤과 봉분은 그 모양이 집을 모방한 것이고, 관과 덧널은 그 모양이 수레의 지붕과 덮개와 포장을 본뜬 것이다. 관을 덮는 보자기와 장식들은 그 모양이 가옥의 빗장, 장막, 휘장을 본뜬 것이고, 묘의 목곽은 지붕과 울타리의 서까래와 가로대를 모방한 것이다."[20]

가정집을 본떠 무덤을 만드는 방식은 날이 갈수록 더욱 정교해지고 널리 보급되었다. 서한 중엽부터 무덤은 암벽을 뚫어 조영되었고, 그 안의 공간은 접견실, 시신을 안치하는 방, 부장품을 보관하는 이실耳室로 구획되었다. 전실前室과 이실에는 기와로 덮인 목조건물들이 있었고, 후실後室에는 돌로 만든 대문들이 달린 석조건물이 한 채 있었다. 중간층 지주들은 횡혈식橫穴式 공심전묘空心塼墓에 매장되었다. 이 무덤들은 가옥처럼 맞배지붕과 대문 모양의 전벽前壁을 갖추고 있었다.

20) Poo, *In Search of Personal Welfare*, pp.165-167; Wang, *Han Civilization*, chs. 8-9; Wu, "Art and Architecture of the Warring States Period," pp.707-744; Wu, *Monumentality*, pp.110-121; von Falkenhausen, "Sources of Taoism," pp.1-12. 좀 더 상세한 논의는 Lewis, *The Construction of Space*, ch. 4, sec. 5, "Household and Tombs"를 보라. 『荀子集解』篇13, pp.243-246.

속이 빈 벽돌의 표면에는 종종 문양이 새겨져 있었고, 일부 무덤의 천장과 벽면에는 해와 달과 별, 네 방위를 대표하는 동물들, 또는 역사와 문학에서 따온 이야기들을 표현한 채색 벽화가 그려져 있었다.

얼마 뒤부터는 작은 벽돌로 만든 아치형 전실묘磚室墓가 제국 전역에서 다른 형태의 모든 무덤을 서서히 대체해나갔다. 귀족과 고관의 무덤은 그들이 살던 장려한 저택을 본떠 크고 화려하게 지어졌다. 벽화는 묘주들이 살아 있을 때의 모습이나 그들이 동경하던 이상적인 사후의 생활상을 묘사했다.

마지막으로 동한 시대에는 문양이 새겨진 가공석加功石으로 만든 새로운 양식의 무덤이 나타났다. 이때도 현실玄室의 구조는 묘주의 가옥을 모방했고, 화상석은 묘주의 집안 광경이나 그가 살면서 겪었던 사건을 묘사했다. 기원후 1세기 말에는 무덤이 가옥의 복제물이라는 관념이 일반화되어, 동한의 학자 왕충이 "도대체 가옥과 무덤의 차이가 무엇인가?"[21]라는 수사적 질문을 던지기에 이르렀다. 이는 그 차이가 전혀 없다는 사실을 모든 사람이 알고 있었음을 뜻한다.

여성은 부계친족에서 주변적인 역할을 맡았을 따름이지만, 무덤이라는 지하의 집은 여러 면에서 결국 함께 묻힌 부부의 관계에 의해 정의되었다. 부부는 짝을 이룬 시신으로 무덤에 안치되었을 뿐 아니라, 그 벽면에는 그들이 나란히 앉아 있거나 다정하게 사랑을 나누는 모습이 묘사되었다. 주부의 하녀들을 표현한 장면들도 있는데, 그들은 주로 실을 자아 옷감을 짜거나 뽕잎을 따고 있다. 무녀나 악사처럼 흥

---

21) 王充, 『論衡集解』 篇23, p.467.

그림 19. 한 여성이 사후세계로 들어가는 관문에서 죽은 자를 맞이하고 있고, 서왕모와 파랑새(사자)는 한 쪽에 앉아 있다.

을 돕우는 여성이나 부엌에서 잔치를 준비하는 여성들의 모습도 보인 다.[22] 무덤은 현실의 가정과 마찬가지로 중요한 역할을 하는 여성들로 가득 차 있었다.

무덤을 하나의 우주로 바꿔놓기 위해 묘사된 신들도 여성인 경우가 제법 많았다. 반쯤 열린 문 옆에 서서 죽은 자들을 사후의 세계로 안내 하는 여성의 그림이 여러 무덤에 보인다(그림 19). 한대의 무덤에 가장 자주 등장하는 신은 서왕모와 복희伏羲·여와女媧였다. 곤륜산 정상에 있는 하늘과 땅 사이의 관문에 서 있는 서왕모는 무덤 주인들이 선망

22) Lim, *Stories from China's Past*, pp.109(그림 3), 126-131, 138, 139(하단 중앙의 사진), 141, 143, 144, 189, 190; Powers, *Art and Political Expression*, pp.51, 288, 291, 293, 306; James. *Guide*, pp.163, 202, 226-230; Finsterbusch, *Verzeichnis und Motivindex*, vol. 2, #191, 192, 212, 261, 268, 277, 310, 338, 363, 508a, 508q, 508s, 508t, 538, 552, 594, 641, 786, 793.

하는 선계의 지배자였다(그림 20). 복희와 여와는 함께 이 세상을 탄생시킨 동반자로, 가족과 합장의 영적 본보기였다.[23] 문헌상으로는 미미한 존재인 이 여신들이 무덤의 세계에서 중요하다는 사실은 주목할 만하다. 문헌과 무덤의 이런 괴리는 국가가 인정하는 부계친족과 공인되지 않은 영향력을 지닌 여성에 의해 주도되는 가정 사이의 사회적 분열이 영적 세계에 반영된 것이다.

서주 시대 귀족들의 무덤에 부장된 청동기는 그들이 사당에서 사용하던 것과 똑같은 것이었지만, 하층민들의 무덤에서는 종종 도자기로 대체되었다. 수백 년이 지난 동주 시대 중엽에 이르자 가장 화려하게 꾸며진 귀족층의 무덤을 제외한 모든 무덤에서 값비싼 부장품 대신에 '명기明器'라 불리는 값싼 모조품이 사용되었다.[24] 이렇게 살아 있는 자들의 제기와 죽은 자와 함께 묻는 제기를 구분하는 것은 산 자와 죽은 자가 공존하는 세계라는 관념에 극적인 변화가 일어나기 시작했음을 말해준다. 주나라 초기의 의례가 함께 연회를 즐기는 산 자와 죽은 자 사이의 친족관계를 강조했다면, 전국시대 말에는 산 자와 죽은 자의 분리가 상장례의 주된 목적이 되었다.

주나라에서는 의례용 그릇들을 모아서 무덤에 묻었지만, 전국시대 말기와 한대의 부장품은 주로 일상용품(옷, 칠기漆器, 도기, 음식), 또는

---

23) Wu, "Beyond the Great Boundary," pp.90, 101; Wu, *The Wu Liang Shrine*, pp.246-247; Lewis, *Writing and Authority*, pp.197-209; von Glahn, *The Sinister Way*, pp.58-59. 마지막 저서는 일부 구전에 나타나는 서왕모의 마귀 같은 성격에 대해 논하고 있다.

24) von Falkenhausen, "Sources of Taoism," pp.3-5; Rawson, "Western Zhou Archaeology," pp.364-375, 433-440.

그림 20. 서왕모가 호랑이(서쪽)와 용(동쪽)으로 이루어진 옥좌에 앉아 있고, 그 주위를 구미호, 달두꺼비, 파랑새를 비롯한 동물 신하들이 에워싸고 있다. 좌측 하단에는 사망한 부부가 보인다.

이런 용품들과 다른 세속적 상징물(가옥, 곡물창고, 가축, 농기구)의 모형이나 그림이었다. 이런 복제물과 그림들 가운데에는 무덤에 묻힌 사람들과, 하인, 광대, 요리사, 농부 등 가정생활에 꼭 필요한 인물들을 표현한 것이 많았다.[25] 이 인물들은 죽은 자에게 완벽하고 행복한 무덤 생활을 제공했는데, 그 생활의 기초는 살아 있는 자들의 세계를 모사한 복제물과 그림이었다. 다만 『순자』는 죽은 자와 함께 묻히는 무덤

---

25) Wang, *Han Civilization*, pp.206-210.

속의 이 '모조품'은 산 자의 물건을 본떠 만들되 산 자의 물건과는 뚜렷하게 구별되어야만 한다고 주장했다.

이런 의례 문헌들은 보통 죽은 자를 산 자와 분리해야 하는 이유에 대해 논하지 않지만, 『예기』의 한 대목은 그 동기를 명시적으로 밝히고 있다. "왕이 신하의 상에 친림할 때는 (악귀를 쫓는) 복숭아나무 가지와 갈대 이삭을 잡은 무축과 창을 잡은 병사를 대동했다. 이는 그들이 귀신을 두려워하기 때문이다. 이것이 바로 그들이 죽은 자를 산 자와 구별하는 이유이다." 동한의 몇몇 무덤에서 출토된 문서들에서는 죽은 자들이 무덤에 확실하게 가두어놓지 않으면 산 자들에게 질병과 불행을 가져다주는 악귀로 묘사되고 있다.[26] 기원후 175년에 항아리에 새겨진 진묘문鎭墓文은 '서문대胥文臺의 아들과 손자, 모든 후손을 비롯한 그의 일족은 더 이상 망자와 관계를 맺지 말아야 한다'고 선언하고 있다. 이 글은 이어서 각운을 이룬 대구로 산 자와 죽은 자의 분리 필요성을 강변한다.

> 높은 하늘은 푸르디푸르고(창창蒼蒼)
> 땅 밑은 아득히 어둡다.(망망茫茫)
> 죽은 자는 음지로 돌아가고(음陰)
> 산 자는 양지에 사네.(양陽)
> 산 자에게 마을이 있듯이(이里)

---

26) 『禮記注疏』 篇9, p.18b; Seidel, "Post-mortem Immortality—or the Taoist Resurrection of the Body," pp.223–237; Seidel, "Traces of Han Religion in Funeral Texts Found in Tombs," pp.21–57.

죽은 자에게도 고향이 있네.(향鄕)

산 자는 서쪽의 장안에 속하고(안安)

죽은 자는 동쪽의 태산에 속하네.(산山)

즐거울 때 서로를 기억하지 않고

괴로울 때 서로를 그리워하지 않네.

이 문서는 서씨가 지하세계에서 유죄판결을 받는다면, 그와 함께 묻힌 밀랍인형이 그를 대신해 노역을 하게 될 터이므로 그가 살아 있는 친척들에게 해를 끼칠 일은 없을 것이라고 말한다. 또한 오래전에 사망한 조상들이 최근에 죽은 자에게 자신들의 형벌적 노역을 대신하도록 강요하는 일은 허용되지 않는다고 언명한다. 이런 대목들은 동한의 사람들이 저승에 간 자들도 한나라의 정부를 본뜬 관료적 정부에 의해 심판을 받고 형벌에 처해진다고 믿었음을 보여주는 훌륭한 증거이다.[27]

한편 창산蒼山에서 발견된 '조사弔辭'는 일단 후손에게 부와 장수를 내려줄 것을 죽은 자에게 기원하고, 무덤의 그림에 묘사된 즐거움에 대해 기술한 다음, 죽은 자와 산 자의 절대적인 분리가 필요하다는 냉정한 주장으로 끝을 맺는다.

---

27) 池田溫, 「中國歷代墓券略考」, p.273, no. 7. 이 문서와 관련 문서들이 내세에 관한 한대의 관념에 대해 알려주는 바가 무엇인지 궁금하면 Glahn, *The Sinister Way*, pp.49-57을 보라. 「江蘇高郵邵家溝漢代遺址的淸理」, pp.20-21. 『隷釋』 篇12, pp.16b-17a.

깊고 어두운 세계에 들어갔으니

이승과는 완전히 단절되었다네.

무덤이 봉인되고 나면

다시는 열리지 않으리.[28]

죽은 자들을 위협으로 여기는 것은 특정 지역과 특정 사회계층의 무덤에서만 나타나는 주제이지만, 『한서』에도 죽은 자들이 꿈에서 산 자들을 위협하는 것을 방지하기 위해 죽은 자들의 유골을 분쇄하여 독즙에 넣고 끓였다는 이야기가 실려 있다. 매장은 죽은 자들의 위협을 제거하는 한 가지 방법이었지만, 이 방법이 실패할 경우에는 그와 같은 극단적인 조치가 취해졌던 것이다.[29]

많은 중국인이 죽은 자를 위협으로 여기게 된 이유는 확실하지 않다. 전국시대와 초기 제국시대의 정치서와 예법서들은 세상이 혼란에 빠지는 사태를 막기 위해 산 자와 죽은 자의 구분을 유지할 필요가 있다고 주장했다. 천지나 남녀의 구분과 마찬가지로, 산 자와 죽은 자의 분리는 근본적인 경계를 지키는 것으로, 그 경계선이 사라지면 세상은 무질서에 빠진다는 것이었다. 죽은 자가 인간 세상에 다시 나타나는 것은 그 경계의 붕괴를 나타내는 신호였고, 그 결과 산 자들에게는 크나큰 재앙이 닥칠 수밖에 없었다.

---

28) Wu, "Beyond the 'Great Boundary,'" pp.93-98.

29) 『漢書』 卷53, pp.2428-2430. 『經法』, p.61; 王充, 『論衡集解』 篇4, pp.83-84; 篇10, p.214; 篇21, p.434도 보라.

　전국시대 말기와 진한 제국 초기의 귀신에 대한 논의는 주로 복수자의 역할에 초점이 맞추어졌다. 기원전 4세기의『좌전』에는 신생申生이나 백유伯有처럼 복수를 노리는 귀신이나 다른 원혼冤魂이 꿈이나 환상 속에 나타나 원한을 토로하고 심지어 사람의 목숨을 빼앗는 이야기들이 나온다. 귀신의 존재를 증명하려고 시도하는 전국시대의 철학서『묵자』는 종종 귀신을 이승에서 자신을 해코지한 자들을 응징하기 위해 돌아온 원혼으로 묘사한다. 원혼에 대한 이야기들은 서한의『사기』에도 나왔고, 귀신은 중국의 역사와 소설에서 되풀이되는 화젯거리가 되었다.

　그 밖에도 귀신은 장례를 적절히 치러달라고 당부하거나, 물이 찬 관에서 빼내달라고 요구하거나, 다른 문제에 관해 도움을 요청하기 위해 산 자들 앞에 나타난다. 끝으로, 귀신은 치명적인 병을 앓고 있는 자에게 나타나 그의 목숨을 거두어간다.[30] 이와 같이 전국시대와 초기 제국의 시대에, 귀신들은 무엇인가 잘못되었을 때 인간 세상에 나타나 산 자들을 벌하거나 그들의 도움을 요청하거나 그들을 저승으로 데리고 갔다. 제대로 작동하고 있는 세상에서는 죽은 자와 산 자가 엄격하게 분리되기 때문에, 죽은 자가 돌아온다는 것은 문제가 있다는 징조였다.

　죽은 자가 산 자에게 위협적인 존재로 간주된다면, 가옥을 본떠 무

---

30)『墨子簡詁』篇8, pp.139-141, 142-143, 143-144; 王充,『論衡集解』篇22, pp.449-450; 篇23, pp.461(3), 464(4); 篇25, p.505; Cohen, "Avenging Ghosts and Moral Judgement in the Ancient Chinese Historiography: Three Examples from *Shi-chi*," pp.97-108.

덤을 만드는 것은 죽은 자들에게 필요한 모든 것을 제공함으로써 그들이 자신들의 세계에 영원히 머무르게 하려는 노력으로 이해될 수 있다. 그러나 답답한 집안에 갇히면, 그들이 만족하지 않을 수도 있다. 그림과 복제품을 통해 온전한 세상을 제공해야만, 죽은 자가 온갖 기쁨을 누리며 자신의 무덤에서 행복하게 지낼 수 있다. 사마천에 의하면 시황제의 무덤은 그 천장에는 하늘의 형상인 천문을, 바닥에는 땅의 형상인 지리를 갖추었다고 한다. 진나라의 철학 편람인『여씨춘추』도 부유하고 유력한 자들의 무덤을 설명하면서, "그들은 무덤을 도읍처럼 거창하게 만든다"라고 지적했다.[31)]

무덤의 다양한 기능―가옥 또는 세계의 재현―을 잘 보여주는 예가 마왕퇴에서 발견된다.[32)] 내관內棺을 덮고 있는 T자형 백화帛畵는 축축한 지하세계, 무덤 속의 관에 제물을 바치는 장면으로 확인되는 산 자들의 지상세계, 해와 달과 별로 표현된 천상의 세계를 포함하는 우주의 모형을 제공한다. 이 백화 아래에서 내관은 영혼이 쉴 수 있는 완벽한 우주가 되었다. 백화로 덮인 이 내관은 악마를 죽이기 위해 무기를 휘두르는 뿔 달린 신령, 상서로운 반인반수, 정령의 그림들로 장식된 두 번째 관(중관中棺)에 둘러싸여 있다. 세 번째 관(외관外棺)에는 용과 신수神獸, 신선이 살고 있는 뾰족한 산꼭대기가 그려져 있는데, 이 산은 아마도 세상의 서단에 위치한 서왕모의 영지인 신비로운 곤륜산일 것이다. 이 그림들은 무덤이나 관이 신선들의 천국 역할을 할 수 있었음

---

31) 『呂氏春秋校釋』篇10, pp.535-536.

32) Wu, "Art in Ritual Context: Rethinking Mawangdui," pp.111-144.

을 시사한다. 신선들이 세상의 서쪽 끝(곤륜산)이나 동쪽 끝(동쪽 바다에 떠 있는 영산靈山)에 관련된 천상의 존재였다고 가정한다면, 그 그림들은 이 무덤이 신기하게도 온 세상을 담고 있었음을 다시 한 번 말해 준다.

마지막으로 3중의 관들은 무덤에 짜서 넣은 목곽에 둘러싸여 있었다. 주택에 해당하는 저승의 이 구조물은 안락한 생활을 제공하는 부장품들을 갖춘 4개의 방으로 나뉘어져 있었다. 가옥의 안방을 본뜬 북쪽의 방에는 휘장, 융단, 식기, 침구, 채색 병풍, 그리고 옷을 입은 무용舞俑, 가용歌俑, 주악용奏樂俑이 부장되어 있었다. 다른 방들에는 가정용품과 음식이 비치된 저장고들과, 하인들을 나타내는 수많은 나무 인형이 있었다. 이처럼 외형은 가옥을 본뜨고 그 내부의 그림들은 온전한 우주를 나타내는 양식은 한대의 고분 미술로 정형화되었다.

좀 더 단순하기는 하지만, 마왕퇴에서 출토된 것과 유사한 백화들이 한대의 여러 무덤에서 발견되었다. 귀두산鬼頭山에서 출토된 석관의 덮개에는 천문天門, 복희와 여와, 사신四神, 해와 달, 수많은 신선, 곡창 같은 건물의 모형이 새겨져 있다. 관 뚜껑에 반복적으로 나타나는 복희와 여와가 해와 달을 높이 들고 있는 모습은 마왕퇴에서 발견된 우주도의 축소판으로, 이 신들의 휘어진 형체 속에는 천·지·인이 하나로 연결되어 있다(그림 21). 천계는 해와 달로, 인간계는 사람의 형상을 한 두 신의 상반신으로, 지상계는 뱀 모양을 한 그들의 하반신으로 표현된다. 무덤의 천장과 벽면에는 해와 달, 별자리, 사신, 바람과 비의 신, 서왕모, 신선이 그려져 있다. 서왕모와 그녀의 선정仙廷을 표

그림 21. 해와 달을 높이 든 복희와 여와가 뱀 모양의 하체를 서로 휘감은 채 포옹하고 있는 모습

현한 그림들은 청동 '돈나무'를 비롯한 다수의 부장품에 나타난다. 이 그림들은 가옥만으로는 죽은 자에게 완벽한 생활을 제공하기에 부족하고, 모든 것이 갖추어진 온전한 세상을 마련해주어야만 비로소 고인이 만족할 것이라는 점을 시사한다. 또한 그 그림들은 아마 우주여

행을 위한 안내도 역할도 했을 것이다. [33]

지하세계에도 나름의 관료조직이 있었다. 연판鉛板에 새겨진 매지권買地券(묘권墓券)에는 지하세계의 관리들을 위해 묘지의 크기, 구입 일자, 구입 가격, 증인 들이 명시되어 있다. 지하의 관리들로는 천제天帝, 사명司命, 구승邱丞, 연문백사延門佰史, 지하이천석地下二千石, 묘백墓伯 등이 있다. 매지권은 무덤의 모든 부장품이 지하세계에서 묘주의 재산이 되고, 함께 묻힌 모든 시신은 그의 노비가 된다고 규정하고 있다. 어떤 진묘문은 황제黃帝나 그의 사자에게 신군神軍을 동원하여 악귀를 쫓아줄 것을 탄원하고 있다. 저승의 관리들에게 고인의 수명이 정확하게 계산된 것인지, 고인을 너무 일찍, 또는 이름이 같은 다른 사람 대신에 데려간 것은 아닌지 확인해줄 것을 요구하는 내용의 문서도 있다. 저승 관리들의 혼동 탓에 억울하게 죽은 희생자가 결국 살아났다는 이야기가 진대 무덤에서 발견되었고, 한대 이후 수세기 동안 유사한 이야기들이 문학작품의 한 장르를 이루게 되었다. [34]

한대에는 무덤이 중요한 의례의 장이 되었지만, 유력한 종족들은 왕조가 끝날 때까지 사당에서 조상을 모시는 제사를 지냈다. 한대의

---

33) James, *Guide*, pp.4-13, 23-27, passim. Finsterbusch, *Verzeichnis und Motivindex*, 그림 32a, 45, 101-102, 106, 127, 137, 150, 158, 161, 167, 172, Hebei appendix 3-4; Wu, "Beyond the 'Great Boundary,'" pp.88-90. Lim, *Stories from China's Past*, pp.20-21, 34-35, 155-156, 158-181; Loewe, *Ways to Paradise*, chs. 2, 4, 5; Wu, *The Wu Liang Shrine*, chs, 3-4. 무덤에서 경험하는 우주여행에 관해서는 Cook, *Death in Ancient China*를 보라.

34) Poo, *In Search of Personal Welfare*, pp.167-170; Seidel, "Traces of Han Religion," pp.28-30; Harper, "Resurrection in Warring States Popular Religion," pp.13-28.

문헌과 사마표司馬彪가 3세기에 쓴『속한서續漢書』의「예의지禮儀志」는 낙양의 두 종묘와 그곳에서 행해진 제례에 대해 기술하고 있다. 황제들은 즉위할 때 종묘를 찾았고, 위패를 배열하는 순서에 관한 논쟁이 벌어졌다고 한다. 어떤 음악과 무용이 공연되었는지에 대한 기록도 있다. 190년에 부득이하게 수도가 장안으로 다시 옮겨질 때, 낙양에서 지낸 제사의 축문이 채옹(133~192)의 문집에 전하고 있다.[35]

최식의『사민월령』은 장원과 대가구의 경영에 관한 편람인데, 아직까지 남아 있는 그 단편에 의하면 유력 가문들은 2세기에 무덤은 물론이고 사당에서도 계속 제사를 지냈다고 한다. "정월 초하룻날에, 그들은 술을 올려 조상신들을 내려오시게 한다. 그리고 귀하든 천하든, 어리든 늙었든, 집안의 모든 구성원은 나이 순서대로 조상 앞에 도열한다." 대가구의 구성원들이 이렇게 모든 조상 앞에 모이는 것은 위패들이 차례로 진열되어 있는 사당에서만 가능한 일이었다. 황실의 종묘 제례와 마찬가지로, 이런 제사들은 일정한 간격을 두고 1년 내내 치러졌다. 최식은 책의 곳곳에서 묘제는 반드시 사당에서 제사를 지낸 다음 날 올려야 한다고 말함으로써, 의례적으로 가묘제가 묘제에 우선함을 밝히고 있다. 가묘제와 달리, 묘제는 부계친족이 아닌 자에게도 올릴 수 있었다.[36]

35) Brashier, "Han Thanatology and Division of 'Souls,'" pp.152–153, 주100;『後漢書』卷4, p.167; 卷5, p.205; 卷6, p.250; 卷7, p.288; 卷61, pp.2029–2030; 志9, p.3197; 蔡邕,『獨斷』篇2, pp.5a–7b;『東觀漢記校注』, pp.165–166; 蔡邕,『蔡中郎文集』篇8, pp.4a–5a.

36) 崔寔,『四民月令輯釋』, pp.1, 3, 25, 53, 68(2), 84, 98, 104, 109.

가묘제와 묘제의 연계와 전자의 의례적 우위는 동한 말기의 황실 제례에 대한 사마표의 기록에도 나온다. 이 3세기의 문헌은 동한의 두 번째 황제가 만든 선례를 소개하고 있는데, 여기에 따르면 황제는 자신의 묘지에 능을 조성해서는 안 되고 동한 창건자의 종묘에 위패를 추가하는 것에 만족해야 했다. 그래서 묘제는 선별된 여성들과 성년이 되기 전에 사망한 탓에 종묘에 위패가 안치될 수 없는 황제들에게만 봉헌되었다. 채옹은 『독단獨斷』에서 "성년에 이르지 못하고 사망한 황제들은 종묘에서 배제되었다"라고 적고 있다. 사마표는 이런 배제가 그 황제들의 경우 어머니들이 섭정을 했던 것이지 본인들이 실제로 통치했던 것이 아니라는 사실 때문이라고 덧붙이고 있다.[37]

사당은 부계친족의 핵심적인 의례가 치러지는 장소였기 때문에 조상숭배를 위한 가장 중요한 공간이었지만, 무덤은 개인과 가구를 위한 곳으로 남아 있었다. 황실의 묘제는 종족의 완전한 성원이 아닌 여성과 어린이를 위한 것이었으나, 종묘 제례는 종족의 성원권과 정치적 권위를 나타냈다. 가묘제는 진정한 가족의 성원, 즉 남계친이 함께 모이는 기회였지만, 묘제는 좀 더 폭넓은 사회관계의 유형에 속하는 상급자, 스승, 친구, 마을의 어른, 먼 친척을 대상으로 삼을 수 있었다. 무덤의 부차적 지위는 동한 시대에 등장하기 시작한 씨족 묘지에서도 엿볼 수 있는데, 이런 묘지는 여러 무덤을 엉성하게 한데 모아 놓았을 뿐 종족의 구조를 짜임새 있게 표현하지 못했다.[38]

---

37) 『後漢書』, 志 9, p.3197. 『獨斷』篇2, p.7a도 보라.

38) Wu, *The Wu Liang Shrine*, pp.30~37.

8 종교 | 363

가묘제는 경전의 예법서에 기술되어 있었지만, 묘제에 대한 기록은 진대 이후에야 나타났기 때문에, 동한의 지식인들은 전자를 고대의 특징으로 숭상했고 후자를 전국시대 말기, 심지어 시황제의 발명품으로 비하했다. 채옹은 "고대에는 무덤에서 제사를 지내지 않았다. 그런데 진나라의 시황제가 도성에 있던 능을 옮겨서 자신의 무덤 옆에 세웠다. 한나라는 이를 고치지 않고 그대로 수용했다"라고 적었다. 이는 서한과 진을 싸잡아서 오류의 시대로 폄하하는 한편 올바른 의례를 회복했다는 이유로 자신들의 시대를 찬양하는 동한 문인들의 전통에 따른 것이다. 이런 사고의 틀 속에서, 묘제는 정통에서 벗어난 진나라의 잘못된 개혁이 서한에 의해 고착된 것이고, 가묘제는 경전에 뿌리를 둔 것으로 인식되었다.[39]

오늘날의 학자들은 일반적으로 한대의 묘제를 두 가지 영혼에 대한 믿음이라는 관점에서 분석한다. 혼魂은 양과 결부된 순수한 구름의 영靈이고, 백魄은 음과 결부된 혼탁한 초승달의 영이다. 사람이 죽으면 혼은 하늘로 올라가지만 백은 지하에 머무는 것으로 여겨졌다. 그러나 혼과 백의 대립은 『예기』와 『회남자』라는 두 문헌에만 나타나는데, 이는 모든 현상을 음양이나 오행과 연결시키던 한대 지식인들의 경향을 반영한 것이다.[40] 특히 『회남자』는 묘제와 무관한 도가의 우주관을 보여주는 인용문을 제시하고 있다. 매장과 밀접하게 관련된 문서자료인 동한의 석각에서, 혼과 백은 호환되거나 합성어로 사용되고 있다.

39) 蔡邕, 『獨斷』 篇2, pp.5a-b; 王充, 『論衡集解』 篇23, p.467.

40) 『淮南子』 篇9, p.127.

전국시대와 한대의 문인들에게 가장 중요한 쟁점은 영혼의 성격이 아니라 의례의 적절한 형식이 무엇인지, 특히 장례를 화려하고 사치스럽게 치를 것인지, 아니면 소박하고 검소하게 치를 것인지 하는 것이었다. 조상숭배가 핵심적인 종교행사이자 귀족층의 표지였던 주대 사회의 영향을 받은 초기의 유학자들은 후장을 강조했다. 반면에 묵가墨家는 호화로운 장례는 자원의 낭비라고 비난하며 절장節葬을 주장했다. 엘리트들은 체면치레를 위해 경쟁적으로 장례에 막대한 자금을 쏟아부었고, 이런 사회적 분위기에 휩쓸린 서민이나 천민은 "가족이 사망하면 상을 치르느라 가산이 탕진될 지경이었다."[41]

전국시대의 철학서『순자』는 여러 겹의 관과 풍부한 부장품, 정교한 장식과 격에 맞는 상복이 장례 절차상의 위계를 유지함으로써 사회질서를 수호한다고 반박했다. 그러나『여씨춘추』는 후장이 도굴을 부추긴다는 면에서 자멸적이라고 재반박했다. "누군가 무덤 옆에 비석을 세우고 '이곳에 값비싼 보화가 잔뜩 묻혀 있으니, 당연히 파내야 할 것이다. 무덤을 열기만 하면 반드시 부자가 될 것이고, 대대손손 수레를 타고 고기를 먹으며 호강할 것이다'라고 적어놓으면, 사람들은 크게 웃으며 믿지 않을 것이다. 그렇지만 우리 시대의 후장이 그런 일과 전혀 다름없는 짓이다."[42] 이런 주장을 되풀이한 한대의 사료가 많다는 것은 사람들이 그런 주장에 귀를 기울이지 않았다는 방증이다.

---

41)『墨子簡詁』篇6, p.106.

42)『荀子集解』篇19, pp.231, 233-234, 237-238, 239-241, 246, 247-248;
   『呂氏春秋校釋』篇10, p.536.

　전국시대의 또 다른 철학서인 『장자』의 학통을 이은 문인들은 아름다운 관과 값비싼 석벽이나 전벽塼壁은 시신이 흙과 하나가 되는 것을 막는다고 주장했다. 하지만 시신의 부패는 대부분의 사람이 막고 싶어 하던 일이었다. 마왕퇴에서 발견된 대후軑侯 부인의 시신은 수분을 차단하는 숯과 다른 재료로 밀봉된 여러 겹의 관에 안치되어 있었던 까닭에 피부와 머리카락이 거의 완벽하게 보존되었다. 다른 곳에서는 옥을 사용하여 신체의 모든 구멍을 막음으로써 정기가 몸 밖으로 새어 나가지 못하게 했다. 부유한 자들이 좋아하던 이런 방식의 논리적 결과는 몸 전체를 덮는 옥의玉衣였다. 옥으로 만든 수의는 많이 발견되었지만, 가장 유명한 예는 만성한묘滿城漢墓에서 발굴된 것으로, 2,500개가 넘는 옥 조각을 금실로 꿰매 만든 옷이다. 왕망에 맞서 봉기를 일으킨 적미 농민군은 재보를 얻기 위해 여러 황릉을 파헤쳤다. "반도들이 열어본 무덤들에서, 옥의를 입은 모든 시신은 마치 살아 있는 것처럼 보였다." 『여씨춘추』가 예견했듯이, 죽은 자의 영생을 위해 무덤에 넣어둔 진귀한 물건들 때문에 얄궂게도 그들의 시신이 무의 상태로 돌아갔던 것이다.[43]

　동한의 유력 가문들은 사자 숭배를 묘사墓祠로 확대했다. 이곳의 의식에는 가족만이 아니라 문객, 동료, 친구 들도 참석했다. 이런 제사는 교육과 관직생활을 통해 형성된 인적 연결망—환관들이 지배하는 조정에 대항하기 위해 다수의 유력 가문이 이 연결망을 이용해서 힘을

---

43) Wang, *Han Civilization*, pp.181–182; Loewe, *Ways to Paradise*, pp.13–14; 『後漢書』 卷11, pp.483–484. 『漢書』 卷99c, p.4194도 보라.

합쳤다—에 종교적 색채를 가미했다. 무덤이 봉인되고 나서 한참이 지나면, 후손과 친지 들은 묘사의 그림들을 보며 고인을 추모할 수 있었다. 이 그림들은 고인이 생전에 주장하고 후손에게 가르치던 도덕적·정치적 이념을 표현했다. 산동의 무량사武梁祠는 이런 사당들 가운데 가장 잘 보존된 것으로 꼽히는데, 이곳의 화상석은 온전하고 이상적인 세계의 축소판을 보여준다. 맞배지붕의 박공博栱에는 세상의 끝에 있는 선계가, 벽면에는 인간계가 묘사되어 있다. 후자는 다시 전설적인 성왕들의 이미지와 역사에 나오는 교훈적인 일화, 고인이 살아 있을 때의 모습—공식적인 행차, 산적과의 싸움, 충성을 맹세하는 장면—으로 나뉜다.[44]

지방의 제의

지방의 제의에는 공적인 의례와 민간의 신앙이 공존했다. 공적인 의례에는 국가의 대리인이 명산대천과 해당 지역에 대응하는 별자리에 올리는 제사가 포함되었다. 하지만 지방의 제의는 대부분 국가의 공인을 받지 않은 것이었고, 따라서 공식 기록에 나타나지 않는다. 그런 제의는 종종 지방의 신이나 대표적인 장소, 혹은 계절별 축제와 연관되었고, 무당(때로는 세습무)들 집단이나 의례 비용을 대는 상인들에

---

44) Wu, *The Wu Liang Shrine;* Liu, Nylen, and Barbieri-Low, *Recarving China's Past.*

의해 조직되었다.

『풍속통의風俗通義』에 나오는 이야기에서, 흔히 '무당'―부정적인 어감을 지닌 용어―이라 불리는 종교인들의 지방 조직은 국가의 공인을 받지 않은 신에게 제사를 드리기 위해 지역 주민들로부터 돈을 걷는다. 이런 일은 예외 없이 민중을 속이는 짓으로 묘사되고 있다. 어떤 지방의 제의는 산신山神에게 인간 '신부들'을 제물로 바치는 것인데, 이 여성들은 제사가 끝난 뒤에 세속의 남성들에게 '재가'할 수 없다. 이 지방에 부임한 어떤 관리는 산신의 무능함을 입증한 다음 이 음사淫祀를 금하고 제사를 주관한 자들을 처형한다. 또 다른 사례에서 제사는 무당들이 아니라 상인들에 의해 후원되는데, 제향의 대상은 유씨劉氏 종족의 권력을 찬탈하려 했던 여씨呂氏 일족의 시도를 무산시키는 데 일조한 실존인물이다.[45)]

한대의 비문은 산신령들에게 올리는 제사를 기술하고 있는데, 하북의 백석산白石山에서 백석신군白石神君에게 올리는 절사節祀는 그 대표적인 예이다. 이 제사에서는 향과 옥, 비단이 봉헌되었다고 한다. 제사에 참여하던 사람들은 국가의 공인을 받고자 노력했으나, 공인과 무관하게 제사는 계속되었다. 신선 숭배에 대한 비문도 있다. 예컨대 섬서성에서 발견된 동한의 석각은 당공방唐公昉이 '진인眞人'을 만나 동물과 교감하는 방법과 눈 깜짝할 사이에 만 리를 가는 축지법을 전수받은 이야기를 기록하고 있다. [당공방이 자신에게 비술을 제대로 가르쳐주지 않는다는 이유로] 대노한 군수가 [그의 처자를 잡아들이라고 명하자], 그는

---

45) 應劭, 『風俗通義校釋』, pp.333–334, 339, 350.

진인에게 도움을 청했다. "(진인은) 당공방과 함께 집으로 돌아와 그와 그의 처자에게 선약仙藥을 먹이고, '이제 너희들은 떠날 수 있다'라고 말했다. 그러나 그의 처는 정든 집을 차마 떠날 수 없었다. 그러자 진인은 그녀에게 '그렇다면 이 집과 함께 모든 식솔을 데리고 떠나고 싶은 것이냐?'라고 물었다. 그녀는 '그럴 수만 있다면 더 바랄 것이 없겠나이다'라고 답했다. 그들은 선약을 집의 기둥에 바르고, 가축에게도 먹였다. 잠시 뒤에 큰 바람이 일어나면서 검은 구름이 당공방과 그의 아내, 자식들, 집, 가축에게 다가왔고, 그들은 구름에 실려 거대한 회오리바람을 타고 승천했다." 석각이 기록하고 있듯이, 당공방은 그 지역에서 숭배의 중심이 되었고, 그에 대한 신앙은 20세기까지 지속되었다.[46]

신선을 모시는 지방의 제사를 기념하는 또 다른 비각 2개가 발견되었다. 『열선전列仙傳』은 그런 제사를 여럿 기록하고 있다. 사천 남부에는 갈유葛由를 기리는 사당이 수십 개 세워졌는데, 그는 그곳에서 득도하여 신선이 되었다고 전한다. 신선인 구선寇先은 고향의 모든 집에서 숭배되었다. 각종 전기는 이런 제의들이 수만 명의 마음을 사로잡았고, 여러 세대에 걸쳐 지속되었다고 기록하고 있다.[47]

오늘날의 일부 학자는 사자들이 관의 뚜껑이나 무덤의 천장에 그려

---

46) Brashier, "The Spirit Lord of Baishi Mountain," pp.159–231; 『隸釋』 篇3, pp.9b–11a.

47) Little and Eichman, *Taoism and the Art of China*, pp.150–151; 『列仙傳』 篇1, pp.6, 8, 10, 11, 13, 14–15, 17, 18; 篇2, pp.4, 5, 6–7, 8, 10, 12, 13, 15. 사천의 유사한 제의는 常璩, 『華陽國志校注』에 기술되어 있다. 예컨대 pp.64, 77, 96–97, 124, 145, 181, 182, 200, 201, 242, 244, 279 등을 보라.

진 신비로운 안내도나 '저승사자'에 의해 신선의 세계로 인도된다는 것이 당대인들의 믿음이라고 생각한다. 하지만 한대의 설명이나 후대의 도교 교리에서 신선은 죽음을 피한 존재였다. 불로장생에 대한 후대의 표준적인 공식은 "육신을 지닌 채로 신선이 되는 것"(육신성선肉身成仙)이었다. 종종 날개가 생기거나 일정한 신체적 변화를 겪은 뒤에, 그들은 지상의 끝이나 산꼭대기, 또는 인적이 없는 곳에서 상당히 오랫동안 살았다(그러나 영원히 살지는 않았다). 그러나 죽음을 피했기에, 신선은 친족집단을 창출하고 정의하는 조상의 지위도 버려야 했다. 신선이 되는 것과 가정생활을 하는 것 사이의 갈등은 당공방의 이야기에서도 엿볼 수 있다. 그의 아내는 모든 식구와 가옥, 가축우리까지 몽땅 가져가지 않는 한, 떠나기를[즉 승천하여 신선이 되기를] 원치 않았다.

친족—사자 숭배에 기초한—에 대한 애정과 득도성선得道成仙에 대한 소망 사이의 이런 대립은 다음과 같은 무제의 탄식에서 더욱 명백하게 드러난다. 황제黃帝가 어떻게 신선이 되었는지를 듣고 난 그는 "아! 황제처럼 될 수만 있다면, 헌신짝을 벗어던지듯 처자식을 버릴 수도 있겠거늘"[48]이라고 말했다. 따라서 신선은 무덤에서 사자를 자신의 천국으로 인도하는 길잡이 노릇을 한 것이 아니라, 인간세상의 최종 경계를 나타내면서 무덤을 또 하나의 온전한 세계로 바꿔놓는 역할을 했을 것이다.

---

48) 『史記』 卷28, p.1394.

조직화된 종교운동

보통 사람들의 종교행위는 국가를 위협하는 경우에만 역사에 기록
된다. 이상에서 기술한 신앙과 행위―무당(영매)에 대한 믿음, 조상숭
배, 지방의 제의―는 평민들의 일상생활에 나타난다. 무덤에서 발견
된 문서들은 평민들도 잠재적 악령들에 둘러싸여 살았기 때문에, 이
악령들의 정체를 알아내고 다양한 주술적 방식을 동원해서 그들을 물
리칠 필요가 있었음을 보여준다. 그런 악령들은 질병의 기원에 대한
일화와, 인적이 없는 높은 산이나 깊은 바다에 출몰하는 기이하고 위
험한 생명체에 대한 이야기에 등장하곤 했다.[49]

평민들의 경제활동과 관련된 제의도 있었다. 곡물과 토지의 신인
사직을 모시는 제단은 농촌은 물론이고 도시에서도 대단히 중요한 종
교적 장소였다. 기술적 어려움 탓에 신들의 개입에 가장 민감한 수공
업―야금·요업窯業·칠기 제조업―은 직종별 신화와 수호신을 지니
고 있었다. 동전을 만드는 거푸집에 사방을 지키는 상징적 동물들의
문양을 새기는 것과 같은 종교적·주술적 행위는 물질적 흔적을 남겼
다. 마왕퇴에서 출토된 기원전 2세기의『오십이병방五十二病方』은 칠왕
漆王 때문에 생긴 질병을 퇴치하는 법을 상세히 적고 있다. 그는 칠공
들을 도와주라는 천제天帝의 명을 거역하고 피부병을 유발했다고 하
는데, 이 피부염은 실제로는 독성이 있는 옻나무에서 추출된 칠로 인

---

49) Harper, "A Chinese Demography of the Third Century B. C.," pp.459~498;
   von Glahn, *The Sinister Way*, chs. 2~4.

한 것이었다. 기원후 4세기의 『화양국지華陽國志』는 철기 공방이 많은 어떤 지역의 산꼭대기에 철기의 시조(철조鐵祖)를 모시는 사당이 있다고 언급하고 있다.[50]

하지만 서한 말기부터 나타난 정말로 독특한 평민들의 신앙은 대규모 종교운동이었는데, 정부의 입장에서 볼 때 그런 운동은 사회적 혼란과 반란으로 이어질 수 있는 것이었다. 최초의 숭배 대상은 서왕모였다. 기원전 3년에 동북부 지역에 가뭄이 들자, 민중들이 짚이나 마로 만든 서왕모주西王母籌를 들고 여러 마을을 누비기 시작했다. 이들은 종종 머리를 풀어헤치거나 맨발로 돌아다니며 대문이나 성문을 부수고, 밤에는 지붕 위에 올라가 횃불을 들고 행진했다. 이 운동은 26개 군국을 휩쓸고 장안까지 확산되었는데, 그들은 서왕모에게 제사를 지내고 다음과 같은 쪽지를 돌렸다. "서왕모께서 이 부적을 지니고 있는 자는 죽지 않을 것이라고 백성들에게 말씀하신다. 내 말을 믿지 않는 자는 문의 지도리 아래를 보라. 그곳에 백발白髮이 있어 내 말이 사실임을 보여줄 것이다."[51] 그러나 가뭄이 멈추자 이 운동은 사그라졌고, 서왕모 숭배는 역사 기록에서 사라졌다.

가장 중요한 종교운동은 황건적의 난과 오두미도, 불교였다. 황건적과 오두미도는 동한 말기에 사회질서가 무너진 틈을 타서 군사조직으로 발전했고, 지방의 공동체들은 종교단체의 공격을 막기 위해 스

50) Barbieri-Low, *Artisans in Early Imperial China*, ch. 2, sec. 6, "Workshop Labor Environment"; sec. 7, "Religious Beliefs of Artisans."

51) 『漢書』 卷11, p.342; 卷26, pp.1311-1312; 卷27, pp.1476-1477; 卷84, p.3432; Loewe, *Ways to Paradise*, ch. 4.

스로를 조직화했다. 장각이 이끈 황건적들은 질병은 죄악에서 비롯되므로 참회를 해야 치유될 수 있다고 믿었다. 그들은 한조의 운이 다했다고 보고, 새로 일어나는 '황천' 아래에서 새로운 왕조를 세우고자 했다. 그들이 184년에 일으킨 봉기는 내전을 촉발하여 한나라를 멸망으로 내몰았다.

오두미 운동은 오늘날의 사천에서 장로張魯가 이끌었다. 장각과 마찬가지로(두 사람은 관련이 없었던 것 같다), 그도 질병은 참회를 통해 치유될 수 있다고 주장했다. 이 시기에 역병이 여러 차례 창궐했다는 기록은 질병 치유능력이 있다고 주장하는 대규모 종교운동이 일어난 이유를 일부나마 설명해준다. 이 운동에 '오두미'라는 명칭이 붙은 것은 모든 입교자가 교단에 5두의 미곡을 내야 했기 때문이다. 이 미곡은 열성 신도들과 여행객들을 위한 무료숙박소(의사義舍)에 양식을 제공하는 데 사용되었다. 이 교단도 태평시대의 도래가 임박했다고 선언했지만, 처음에는 황건적들과는 달리 한 황실의 교체보다는 개혁을 지지했다. 이 종단의 신자들은 신격화된 노자老子를 숭배했는데, 세상을 구원하기 위해 주기적으로 다시 태어났다는 노자는 166년부터 황실의 제사를 받았다. 장로는 사천을 장악했지만, 215년에 조조에게 패했다. 조조는 이 지역을 아들들에게 분봉했는데, 4세기에는 장씨의 추종자들이 이곳에 도교 왕국을 수립했다.[52]

불교는 동한 시대에 중앙아시아를 가로지르는 내륙의 교역로와, 동

---

52) Kleeman, *Great Perfection*, ch. 2: Goodman, *Ts'ao P'i Transcendent*, pp.74-
86.

남아시아의 해로를 통해 중국에 유입되었다. 중국의 역사서에서 불교는 기원후 65년에 도교 및 연금술과 함께 처음 언급되었다. 한나라 말기에는 태자의 후원으로 낙양에 중국 최초의 사찰이 세워졌다. 부처를 묘사한 그림이 한대의 일부 무덤에서 발견되는데, 그 그림은 다른 무덤들에서 서왕모가 차지하고 있던 자리에 그려졌다. 이는 부처가 신도들의 기도에 답하고 그들을 고통에서 구해주는, 서왕모와 유사한 서역의 신으로 인식되었음을 시사한다. 하지만 한대에 불교 교리에 대한 깨달음이 있었다는 증거는 거의 없다.[53]

끝으로, 독자들은 이번 장에서 논의되지 않은 것에 주목해야 한다. 이 장에서는 우주의 기원이나 신들의 행위에 관련된 구체적인 이야기들을 포함하는 체계적인 신화를 논하지 못했다. 그런 이야기들이 일부 문헌에 등장하기는 하지만, 그것들은 그 양이 풍부하지도 않거니와 대개 신들이 아니라 문명생활에 필요한 기술이나 제도를 만들어낸 문화영웅인 인간들을 다루고 있다. 창조신이나 순수하고 초월적인 영역에 대해서도 말하지 못했다. 그런 것들은 한대의 중국에 존재하지 않았다. 기록에 남아 있는 신령들은 주로 후손이나 고향의 토착민들인 인간들의 제사에 의해 봉양되었고, 그 결과 보이는 세계와 보이지 않는 세계 사이의 상호 의존관계가 형성되었다.

한 제국에서는 물론이고 후대의 중국에서도 신령들의 절대 다수는 사망한 사람들이거나 죽음을 피해 신선이 된 사람들이었다. 이승과 저승, 인간계와 선계는 분리되어 있었지만 유사했다. 사람들은 한 세

---

53) Demiéville, "Philosophy and Religion from Han to Sui," pp.820-826.

계에서 다른 세계로 넘어갔고, 때로는 원래의 세계로 되돌아오기도
했다. 내세를 믿는 사람들에게, 저승은 이승과 그리 다를 바가 없었다.
그러나 동서고금을 막론하고 대부분의 사람들에게, 죽음은 피할 수
없는 절대적인 종말이었다. 그래서『고시십구수』의 또 다른 한 편은 다
음과 같이 마무리된다.

> 만세토록 서로가 서로를 (저승으로) 보내니
> 성현이라도 이를 피할 수는 없네.
> 선약을 먹고 신선이 되려다
> 많은 이가 오히려 몸을 망치네.
> 차라리 좋은 술을 마시고
> 고운 비단옷 입는 것이 훨씬 낫다네.[54]

---

54)『先秦漢魏晉南北朝詩』, p.332.

9

| 문예 |

통일 제국의 출현은 중국인의 지적 생활을 바꿔놓았다. 진 왕조와 서한 초기에는 새롭게 통일된 세계의 포괄적인 묘사를 시도한 문·사·철 분야의 저작들이 나왔다. 이 문헌들은 제국의 지적 등가물이었다. 그 후 서한 말에는 유교 경전—'육경六經'('시경」·「서경」·「예기」·「악경樂經」·「춘추」·「역경」)에 의해 정의되는 주나라의 문화유산—이 한 제국의 이상을 총체적으로 구현하는 문헌으로 자리매김했다. 이와 같이 주대의 고전이 제국의 기본 문헌으로 정립됨에 따라, 중국인의 지적 생활은 진한 역사의 다른 측면들과 마찬가지로 획기적인 전기를 맞이했다.

하지만 오늘날의 학자 여러 명이 지적하듯이, '유儒'라는 용어를 한 대에 적용하는 데는 논란의 여지가 있다. 이 용어는 단순히 공자의 제자들을 지칭하는 차원을 넘어, 훨씬 폭넓은 함의를 갖고 있었다. 심지

어 공자의 제자를 자처하는 자들도 그전까지 '공자의 도'(부자지도夫子之
道)를 정의해왔던 내용의 중요한 부분을 배격했다. 더욱이 이 제자들
은 송대宋代와 원대元代의 유가와 달리, 정통성 있는 철학관을 공유하
지도 않았다.[1] 이 모든 비판에는 일리가 있지만, 필자는 다음 같은 네
가지 이유 때문에 주대의 문헌 유산을 떠받들었던 사람들을 가리키기
위해 '유'라는 용어를 계속 사용하고자 한다.

첫째, '유'라는 용어의 타당성에 의문을 제기하는 사람들도 그것의
주된 의미가 서주의 고전적 유산인 의례와 문헌에 밝은 전문가들을 지
칭한다는 점에는 동의한다. 둘째, '유'가 한대의 포괄적인 철학 및 서
지 체계를 구성하는 하나의 범주로 출현했을 때, 이 용어의 사용자들
은 '유'를 "육경을 자신들의 본보기로 삼아" 그 해석에 전념하는 사람
들로 정의했다.[2] 셋째, 한대의 유가가 '부자지도'의 중요한 요소들을
바꾸었지만, 이런 식의 재해석과 재평가는 이미 전국시대에도 공자의
제자들 사이에서 이루어졌고 그 후로도 중국사에서 계속되었다. 공자

1) '유'라는 용어의 의미(들)에 관해서는 Zufferey, *To the Origins of Confucianism*;
Cheng, "What Did It Mean to Be a *Ru* in Han Times?"; Eno, *The Confucian
Creation of Heaven*; Nylan, "A Problematic Model: The Han 'Orthodox
Synthesis' Then and Now," pp.18–19를 보라. 한대의 '유교'와 초창기 유교
사이의 상이점에 관해서는 Nylan and Sivin, "The First Neo-Confucianism";
Sivin, *Medicine, Philosophy and Religion in Ancient China*, p.6; Wallacker,
"Han Confucianism and Confucius in Han"을 보라. 정통성 있는 철학관의
결여에 관해서는 이상에서 언급한 저작 외에 Kern, *The Stele Inscriptions of
Ch'in Shih-huang*, p.9; Nylan, "Han Classicists Writing in Dialogue about
Their Own Tradition"; Nylan, "The Chin-wen/Ku-wen Controversy in Han
Times"도 보라.

2) 『史記』卷130, p.3290; 『漢書』卷30, pp.1701, 1716–1717, 1728.

의 학통은 유교라는 이름 아래 변화를 거듭했지만, 강조점이나 해석이 변할 때마다 그 명칭을 바꾼다면, 그로 인해 드러나는 것보다 가려지는 것이 많을 것이다. 끝으로, 지적·문학적·서지학적 변화가 다양하게 일어나고, 경전의 암기가 교육의 기반으로 확립되고, 제천의식이 가장 중요한 국가제례가 되면서, 육경은 중국 지성계의 중심에 자리를 잡았다.

제자백가

전국시대에 나온 철학서들은 흔히 도道라고 불리던 온전한 지혜를 지니고 있다고 주장함으로써 권위를 내세웠다. 이 정치적 혼란기에, 도에 대한 갖가지 해석은 상쟁하는 학파들로 확립되었고, 각 학파는 자파의 지혜가 옛 성인들에서 비롯된 보편적인 진리라고 주장하는 한편 경쟁파의 교의는 적용 가능성이 제한적인 부분적 진리라고 폄하했다. 다양한 학통에 의해 생산되어 권위를 놓고 다투던 문헌들은 주 왕조가 열국으로 파편화된 정치적 양상의 학문적 표현으로 여겨졌다. 이런 현실의 유교적 해석은 전국 칠웅의 하나인 조나라의 학자 순황荀況의 가르침이 담긴 기원전 3세기의 철학서 『순자』에 의해 예시된다.

오늘날 제후들은 각자 다른 정치를 도모하고, 백가百家는 서로 다른 학설을 주장하니, 필시 어떤 나라는 다스려지고 어떤 나라는 어지러

우며, 어떤 주장은 옳고 어떤 주장은 그르다. …… 묵자는 실용성에 가려져 문식文飾을 알지 못했고, 송자宋子(송견宋鈃)는 욕망의 억제에 치우쳐 충족을 알지 못했으며, 신자愼子(신도愼到)는 법에 경도되어 인자함을 간과했고, 신자申子(신불해申不害)는 권세에 집착하여 지혜를 소홀히 했으며, 혜자惠子는 허사虛辭에 얽매여 실리를 놓쳤고, 장자는 천도天道에 치중하여 인도人道를 무시했다. …… 이상의 것들은 모두 도의 한쪽 부분이다. 무릇 도라고 하는 것은 영구불변을 체현하되 무궁무진하게 변화하는 것인지라, 한쪽으로 치우친 학설로는 도를 제대로 설명할 수 없다. …… 공자는 어질고 지혜로우면서도 무엇인가에 가려져 있지 않았다. 그래서 비록 난술亂術을 익혔음에도 족히 선왕先王이 되실 법했다. 그의 학파(유가)만이 주나라의 도를 얻었다.[3]

이런 철학적 분열로 인해, 한때 순자의 문하에서 수학했고 훗날 진나라의 승상이 된 학자 이사(?~기원전 208)는 시황제에게 비실용적 저술—『시경』과 『서경』을 포함한 제자서—의 사적 소유와 전수를 금하고, 국가를 교육과 진리의 유일한 원천으로 만들어야 한다고 상주했다. 이사도 부분적인 것보다 전체적인 것을 우선시했는데, 특히 그는 온전한 진리를 진나라가 강요한 통일과 동일시했다. 그의 주장에 의하면, 경쟁하는 학파들은 사적인 영광을 추구함으로써 공공질서를 위협하는 이기적인 붕당이었다. 진나라의 과업은 언어와 사상의 통일된 전통을 제시하는 것이었다. 법률과 도량형, 문자와 마찬가지로 철학

---

3) 『荀子集解』 篇15, pp.258, 261-263. 『韓非子集釋』 篇19, p.1067도 보라.

도 중앙의 조정에 의해 통제되고 황제의 신하들에 의해 널리 보급되어야 했다.[4]

　상쟁하는 철학적 전통들이 전체의 파편이라는 관념은 한나라 초기까지 이어져 사마담司馬談(?~기원전 110)의 저작에도 나타난다. 무제 치하의 태사령太史令이었던 그는 한대의 포괄적인 역사서인『사기』를 쓰기 시작했는데, 이 가업은 부친의 관직을 물려받은 사마천에 의해 계승되어 완성되었다. 사마담은 당대의 지적 세계를 "음양가, 유가, 묵가, 명가名家, 법가, 도가"를 비롯한 한정된 수의 학파로 구분한 최초의 인물이었다. 사마담은 도가를 제외한 모든 학파가 도의 일부만 알고 있다고 보고, 이 부분성이 오류를 낳는다고 생각했다.

　사마담의 관점에서, 다른 학파의 장점을 받아들이고 끊임없는 변화에 대처하고 적응함으로써 불완전성의 함정을 피한 학파는 '도가' 또는 도교였다. 그는 도가의 전통을 더듬어 전설적인 주나라의 관리 노자까지 거슬러 올라갔는데, 노자는 연하인 공자와 동시대를 산 인물로 추정되었다. 노자의 일생을 둘러싼 신화는『도덕경』이라 알려진 문헌의 존재를 설명하기 위해 전국시대 말기에 만들어졌는데, 오늘날의 일부 학자는 노자가 실존인물이 아니라고 본다. 하지만『도덕경』은『장자』와 더불어 도가라는 학통의 기본 문헌이 되었다.

　사마담의 표현을 빌리면 "도가는 정신을 집중하게 해주고, 행동을 무형의 도에 맞게 해주며, 만물을 풍족하게 해준다. 도가의 술법은 음양가의 순리에 따르고, 유가와 묵가의 장점을 수용하며, 명가와 법가

---

4)『史記』卷87, pp.2546-2547.

의 요체를 취한다. 시대에 맞추어 움직이고, 사물에 호응하여 변하며, 풍속을 세우고 일을 시행하니, 적절하지 않음이 없다."[5] 신체/자아의 완성과 무위자연을 추구하는 도교는 결국 유교 및 불교와 함께 중국 사상계의 한 축을 이루게 되었다.

경과 전

　전국시대 말기에 이루어진 지적 생활의 중요한 발전은 경經이라 불리는 문헌들의 특권적 범주가 정립되고, 전傳이라 불리는 주석서가 추가된 것이었다. 이 시대의 모든 철학파는 지적 논쟁을 사회 붕괴의 형태로 비판하면서, 사회질서를 수립하기 위한 자파의 신조가 고대 성현들에 의해 채택된 근본 원칙을 재현한다고 주장했다. 경과 전이라는 문헌의 범주는 이런 원칙과 그것을 설명하는 방식을 확인시켜주는 방편이 되었다.

　'경'이라는 글자는 원래 어떤 지역을 가로지르며 그곳을 규제하는 데 도움을 주는 어떤 것을 가리켰고, '강인한'과 '꺾이지 않'다는 부수적인 의미도 지니고 있었다. '경'의 파생적 의미에는 도시와 시장을 구분하는 격자형 틀과 같은 '경계'나 '구획'이라는 개념도 포함되었다. 또한 씨실을 뜻하는 '위緯'와 짝을 이루면, 이 글자는 날실을 뜻했다. 결국 경과 위라는 두 단어는 '경선'과 '위선'의 번역어로 사용되었다. 어떤 문구에서는 단순히 '질서를 부여하다'나 '다스리다'를 뜻하는 동사로 활용되었다. 그리고 명사로 쓰일 때는 '도리'나 '규범'을 뜻했다.[6)]

전국시대 말에, '경'은 문헌과 장章의 제목에 나타나고 일군의 특정한 저작에 적용되기 시작했다. '경'의 이런 용법은 그 문헌이 항구적이거나 보편적이고 세계에 질서와 체계를 부여한다는 의미를 담고 있었다. 예컨대 『장자』의 마지막 편은 묵가가 "모두 묵경墨經을 암송한다"라고 말하고 있다. 정사에 관한 글을 모은 『관자管子』의 첫 아홉 편은 '경언經言'이라는 부제를 달고 있고, 권력을 획득하고 사용하는 방법을 다루고 있다. '경'이라는 글자 앞에는 치국 원칙의 가짓수를 헤아리는 서수가 붙는 경우가 많다. 예컨대 『한비자』에서 '8가지 항구적 원칙'(팔경八經)이라는 부제가 붙은 편은 정치에 관한 격률을 제시한다. 이 용어는 모든 제도의 근본적인 원칙을 밝히는 문헌에도 적용되었다.[7)]

'경'이라는 글자는 20세기 후반에 마왕퇴 한묘에서 출토된 노자 및 황제黃帝(한족의 첫 번째 통치자로 추정되는)와 관련된 도가 문헌들의 제목에도 나타났다. 『도경道經』과 『덕경德經』, 『경법經法』, 『십육경十六經』 등이 그 예이다. 이 문헌들은 우주의 법칙에서 비롯된 사회질서의 원칙을 제시한다. 서한 말에 황실 장서의 목록이 작성되었을 때, 『산해경山海經』과 같은 지리서 몇 권과 주요 의서[『황제내경黃帝內經』]도 '경'으로 명명되었다.

---

6) Lewis, *Writing and Authority*, pp.297-299.

7) 『莊子集釋』 篇33, p.467; 『管子校正』, pp.1-47(Rickett, tr., *Guanzi*, vol. I, p.4도 보라); 『韓非子集釋』 篇18, pp.996-1039; Graham, *Later Mohist Logic, Ethics and Science*, pp.22-24, 243-244.

'경'이라 명명된 문헌이나 장(또는 편)은 종종 '전傳'(전달, 전승을 뜻하는)이나 '설說'(설명을 뜻하는)을 수반했다.『한비자』의 '저설儲說' 여섯 편은 먼저 통치의 원칙을 간략하게 제시하고, 뒤이어 일화와 주해를 덧붙여 그 원칙을 설명하는 형식을 취하고 있다. 원칙은 '경'이라 불리고, 주해는 '설'이라 불린다. 하지만 주석에 해당하는 부분을 가리키는 가장 일반적인 용어는 '전'이었다. 동한의 자전字典인『설문해자說文解字』는 이 글자를 '우편을 전달하는 수레'로 풀이하고 있고, 동한의 사서辭書인『석명』은 그것을 '그런 수레가 말을 교체하는 역참'으로 정의하고 있다. 후자는 또한 '전'이 문자 그대로 '후세 사람들이 볼 수 있게 전해준다'라는 뜻을 가지고 있다고 말한다.[8]

이상의 정의들은 '전'이 고어古語로 기록된 미묘하고 모호한 경의 내용을 세상에 전달한다는 비유적 의미를 지니고 있음을 암시한다. 이 용어는 또한 경과 그 주석서 사이의 위계적 관계도 나타내고 있다. 초기의 문헌에 따르면, 역참을 통해 정보를 전달하던 관리들은 직급이 낮았다. 또 다른 맥락에서 '전'은 낮은 계급의 귀족이 천자를 언급할 때 자신을 낮추어 부르던 표현이었다. 따라서 '경'이 성인들의 문헌 유산이었다면, '전'은 성인들의 사상과 의도를 전달하는 데 헌신한, 성인들에 비해서는 격이 낮은 현인들에서 비롯된 것이었다. '경'이 없다면 '전'이 있을 수 없고, '전' 없이는 '경'을 이해할 수 없다고 해도 과언이 아닐 만큼 두 문헌은 상호 보완적이었지만, 그럼에도 양자 사이에는 명백

8)『韓非子集釋』篇9–14. 원칙에 해당하는 '경'은 pp.526, 576, 621, 676, 715, 761의 각 편 서두에 나온다.『說文解字注』篇8a, p.25a;『釋名疏證補』篇5, p.13b; 篇6, pp.7b, 13a.

한 서열이 있었다.

전국시대 말기의 경들은 모두 그 무렵에 저술된 것들로, 자체의 설명이 첨부된 경우가 많았다. 그러나 오경이라 알려진 유가의 핵심 문헌들—『시경』, 『서경』, 『역경』, 『예기』, 『춘추』—은 수세기 전에 생겨난 것이었고, 주석이 추가되면서 경으로 탈바꿈했다. 사실 이론상 모든 문헌은 전이 부가되면 경이 될 수 있었다. 동한의 학자 왕충이 경에는 전이 필요하다고 주장했을 때, 그는 주석이 있어야만 경이 이해될 수 있음을 뜻했다. 그러나 실제로는 주석의 추가를 통해 특정 문헌이 심오한 함의를 지니고 있고 다양한 상황에 유연하게 적용될 수 있음을 입증해야, 그 문헌이 경의 반열에 오를 수 있었다.[9]

주나라의 『시경』은 『순자』에 의해 고대의 제도와 행위에 대한 진실을 밝혀주는 당대 성인들의 지혜로 해석되었다. 『춘추』의 주석서는 노나라 조정의 이 편년사를 일련의 암호화된 준사법적 판결을 통해 표현된 정부의 철학이라고 설명했다. 이 이상적인 정부는 한나라 제도의 선례이자 본보기로 간주되었다. 이와 비슷하게 『서경』에 주석을 단 자들은 특정 문제를 다룬 정치적 논의를 이상적인 왕도에 대한 서술로 재해석했다.

---

9) Nylan, *The Five "Confucian" Classics*.

백과전서

격언 형식의 문구로 보편적 법칙을 제공하는 경─이 오래된 문헌의 미언대의微言大義를 파악하려면 설명이나 주석이 있어야만 한다─과 대조적으로, 유의미한 지식을 총망라한 백과전서임을 자부하는 여러 저작이 진한 제국에서 편찬되었다. 두 가지 중요한 예는 기원전 3세기 중엽에 진나라 상국의 후원하에 편찬된 『여씨춘추』와, 서한 무제의 치세 초기에 회남왕의 주관으로 편찬된 『회남자』이다.

두 문헌은 많은 특징을 공유하고 있다. 모두 정치적 후원자 곁에 모여든 수많은 학자의 공동 작업이었고, 책의 제목도 그 후원자의 이름을 딴 것이다. 두 저작은 모든 철학파의 격률과 원칙을 모아서 통일성 있는 하나의 체계로 종합하고자 한다. 이 책들은 이런 종합을 위해 자연을 본보기로 삼아 시간이라는 차원을 포함시킴으로써 텍스트가 하나의 소우주 역할을 하게 한다. 마지막으로 두 저작은 정치적·학술적 통일의 이상을 강조한다.

전국시대의 저명인사들은 유용하거나 기발한 재주를 가진 자들을 불러 모아 경쟁적으로 위세를 과시했다. 이런 관행으로부터 정치인들이 학자들을 후원하는 현상이 생겨났고, 진나라와 한나라 초기의 대규모 편찬사업은 이런 과정에서 이루어진 커다란 진전이었다. 여불위와 유안劉安에 대한 한대의 전기는 그들이 수천 명의 학자를 유치했다고 주장한다. 동한 말기에 고유高誘도 『회남자』에 붙인 주석의 서문에서 다수의 학자가 유안의 조정에 모였다고 주장하면서, 편찬 작업을 주도한 8명의 명단을 제시하고 있다. 이처럼 백과전서의 편찬에 대규모의 인원이 참여한 사실을 강조하는 것은 책의 내용이 그만큼 포괄적이라는 점을 과시하기 위해서이다.[10]

스승이 아니라 정치적 후원자의 이름을 따서 책의 제목을 짓는 것은 책의 공공성을 나타낸다. 고대 성인들에 대한 신화를 배경으로, 전국시대의 철학자들은 총체적 지혜의 개념을 정치적·지적 통일의 이상과 연결시켰고, 그렇게 함으로써 지적 논쟁을 쇠락의 징후로 간주했다. 같은 시대에 법가도 국가가 지적 헤게모니를 장악해야 한다는 명분으로 학술적 논쟁의 억제를 주장했다. 상국이나 제후왕이 상쟁하는 학파의 학자들을 모아서 그들의 상이한 입장을 조화로운 통일체로 종합하게 한 『여씨춘추』와 『회남자』의 편찬 방식은 이런 사상에 대한 화답이었다. 제국의 영토적 통일에 상응하는 지적 통일은 초기 제국에서 이루어진 이런 편찬사업의 주된 목적이었다.

비록 여러 저자가 쓴 논문들의 모음으로 시작되었지만, 이 문헌들은 보편성과 자연적 기반을 나타내기 위해 정교한 체제로 편집되었다. 『여씨춘추』는 제목과 1부의 조직을 보면 알 수 있듯이 자연의 절기에 바탕을 두었다. 『회남자』의 편제는 전국시대의 저서인 『도덕경』과 『장자』, 그리고 마왕퇴 한묘에서 출토된 문헌에 묘사된 우주의 모습을 본떴다. 두 백과사전은 후반부로 갈수록 그 구성이 엉성해지는데, 이는 생략된 부분을 메우고 이미 언급한 논점들을 상술하고 장절의 배

---

10) Lewis, *Writing and Authority*, pp.77~79; 『史記』 卷85, p.2510; 『漢書』 卷44,
   p.2145; 『淮南子』, p.1.

열에 수리적 의미를 부여하려는 시도에서 비롯된 결과였다. 그럼에도 저자들이 자연의 모델을 발견함으로써 보편적 권위를 세우고자 노력했다는 것은 명백하다.

『여씨춘추』는 「십이기十二紀」, 「팔람八覽」, 「육론六論」의 3부로 구성되어 있다. 책의 핵심을 이루며 절기에 대응하는 「십이기」만이 엄격하게 역법에 따르고 있는데, 아마도 이 1부는 독립된 저작으로 가장 먼저 지어졌을 것이다. 이는 책의 성격을 논하는 글(서의序意)이 마치 발문跋文처럼 마지막 기 뒤에 나온다는 점—전국시대 말에서 한나라에 이르는 시기의 저서에서 발견되는 공통점—에서 확인된다. 서의는 이 책을 '십이기'라 부르면서, 그것이 천지인天地人 삼재三才를 망라하고 있다고 주장한다.[11]

「십이기」는 1년의 열두 달에서 따온 이름이고, 각 '기'는 군주가 백성에게 내린 월별 정령政令인 이른바 '월령月令'으로 시작된다. 이 도입부 뒤에는 월령을 왕도에 대한 이론으로 확장시키는 논문들이 나온다. '춘기春紀'에 딸린 논문들은 생명의 지고한 의미, 군주가 자신의 건강을 귀하게 여길 필요성, 만물을 골고루 생장시켜야 하는 군주의 책무를 다루고 있다. '하기'에 속한 논문들은 주로 스승을 높이고 예악을 올바로 시행함으로써 삶의 질을 고양할 필요성에 대한 것이다. 가을에 대한 논문들은 대체로 군사에 관한 것이다. '동기'의 논문들은 장례에 대한 논의로 시작해서 간소한 생활의 의의, 이해득실의 계산, 인물의 발탁과 포상, 장기계획의 수립 등을 다룬다.

---

11) 『呂氏春秋校釋』, p.648.

계절의 변화에 순응하는 군주의 통치구도 안에서, 각 철학파가 옹호하는 이론들은 모두 제자리를 확보하고 있다. 상이한 전통에서 비롯된 주제들이 책 곳곳에 흩어져 있지만, 춘기는 『장자』의 여러 편篇에서 드러나는 양주楊朱[위아설爲我設을 주창한 도가의 초기 사상가]의 영향과 절충적 관점이, 하기는 유가의 교육정책이, 가을 부분은 군사와 전쟁에 관한 병가의 사상이, 겨울 부분은 상장례와 경제에 관한 묵가의 쓴소리와 인재의 평가와 등용에 관한 법가의 가르침이 주를 이루고 있다. 제자백가의 부분적인 가르침들이 보편적인 교의로 한데 어우러지는 이상이 실현된 것은 그 가르침들을 월령에 맞추어 적절히 배열한 결과이다. 그리고 하늘이 정한 자연의 순환주기를 체현하고 실행하는 군주는 백가의 사상을 하나로 모으는 구심점이 된다.

『회남자』의 구성은 계절의 순환이 아니라 우주의 근원과 성격에 대한 도가의 이론에 입각해 있다. 제1편은 만물의 본원이자 천지를 포용하는 본보기인 우주의 도(원도原道)에 대해 논한다. 제2편은 우주와 그 안의 만물을 생성시키는 분화와 변전變轉의 원칙을 다룬다. 제3편은 천문을, 제4편은 지형을, 제5편은 '월령'에 해당하는 시칙時則을 설명한다. 제6편은 하늘과 땅, 모든 자연현상을 연결하는 '호응'의 원칙을 제시한다. 제7편은 인체의 근원과 성격을, 제8편은 성인을, 제9편은 군주를 다룬다.

원도에서 시작해서 천지의 분화, 시공의 구조, 인간의 기원을 거쳐 최고 형태의 인간인 성인과 군주에 이르는 다양한 주제를 논하는 과정에서, 이 백과전서는 『여씨춘추』와 마찬가지로 명확한 구조를 상실해

간다. 그럼에도 원도에서 성인에 이르는 전반부의 논의는 모든 철학적·실용적 학파를 아우르는 보편적 모델을 제시한다.

『여씨춘추』는 진의 천하통일을 불과 20년 앞두고 완성되었으므로, 이 책에는 정치적 통일의 야망이 분명히 담겨 있다. 이 문헌은 통치자의 중요성과 통일의 가치를 거듭 강조하면서, 군주가 출현하기 이전인 고대에는, 또는 통치자가 존재하지 않는 머나먼 땅에서는 사람들이 짐승처럼 살았다고 주장한다. 친족유대, 위계적 관계, 의례행위, 도구와 기술을 비롯한 문명의 모든 특징은 군주가 도입한 것이고 군주가 있어야 유지된다는 것이다. 그러나 군주의 그런 기능은 한 사람이 나머지 모든 사람을 다스릴 때에만 수행될 수 있다. 온 세상을 통치하는 군주(보편 군주)와 그가 만든 온전한 율령, 도량형, 판단 기준, 이념이 없다면 세상은 혼돈과 전쟁에 빠진다는 것이다.[12]

역사서

『회남자』가 서한 조정에 헌정되고 나서 수십 년이 지난 뒤에 저술된 역사서 『사기』도 제국의 과업을 글로 표현하고자 했다. 『사기』의 주요 저자는 무제의 태사령이었던 사마담의 아들 사마천(기원전 145~86년경)이었다. 그는 전쟁에서 패한 장군을 두둔하려다 황제의 노여움을 사 궁형宮刑을 선고받았는데, 이 형벌을 받은 자는 굴욕적인 삶보다 명예

---

12) 『呂氏春秋校釋』 篇17, pp.1123-1124, 1132.

로운 자살을 택하는 경우가 많았다.

친구인 임안任安에게 보낸 편지에서, 사마천은 죽기 전에 방대한 역사서의 집필을 마치려는 이유를 밝힘으로써 자결하지 않기로 한 자신의 결심을 정당화했다. "저는 천하에 흩어져 잊혀가는 옛 이야기들을 수집하여 정리하고, 인간들이 행한 바의 시작과 끝을 살펴, 성패와 흥망의 이치를 고찰해왔습니다. …… 그리하여 저는 하늘과 인간의 관계를 구명하고(구究), 고금의 변화를 꿰뚫어보아(통通), 일가一家의 말을 이루고자(성成) 합니다."[13]

『사기』는 황제黃帝의 시대로부터 사마천 자신의 시대에 이르는 모든 인간사회의 역사를 쓰겠다는 열망의 소산이다. 그는 『춘추』를 사서의 본보기로 삼았지만, 그의 책은 그 고대의 저서가 기록한 시대의 전후 역사를 포함하고 있다. 사마천은 자신이 『사기』를 쓰게 된 동기를 밝힌 후기에 부친의 「육가요지六家要旨」를 포함시킴으로써, 자신이 이런 시대적 범위를 다루게 된 이유를 암시하고 있다. 그 글은 "시대에 맞추어 움직이고, 사물에 호응하여 변하니 …… 적절하지 않음이 없다"라고 도가를 높이 평가하고 있다. 따라서 육가 가운데, 사마천이 자신의 저서에서 구현하고자 했던 온전한 지혜의 이상을 보여준 것은 도가였다.

완전성이라는 주제는 황제黃帝가 나라를 세운 이후 세상은 일련의 보편 군주들에 의해 통치되어왔다는 원칙에 입각하여 저작을 구성하기

---

13) 『漢書』卷62, p.2735. 이 인용문의 여러 측면에 관해서는 Durrant, *The Cloudy Mirror*, pp.124–129; 『史記』卷130, p.3285; 『國語』篇18, pp.559–564를 보라. 완벽한 세계 모형으로서의 『史記』에 관해서는 Hardy, *Worlds of Bronze and Bamboo*; Lewis, *Writing and Authority*, pp.308–317을 보라.

로 한 사마천의 결정에서도 나타난다. 『사기』의 첫 12편인 「본기本紀」는 천하를 통치했던 군주나 왕조에 대한 기록이다. 통일된 한 제국의 역사를 제대로 이해하기 위해 역사의 최초 단계까지 거슬러 올라가는 사마천은 황제로부터 자기 시대의 통치자인 무제에 이르기까지 제통帝統이 단절되지 않고 이어졌다고 가정한다. 전국시대 말기의 논객들이 지적 통일의 원천이라고 주장했던 단일 군주의 이념은 이 책에서 역사의 통합 원리로 재등장하고 있다.[14]

『사기』는 역사를 관류하는 제통을 기술한 「본기」 외에도, 역대 황제와 왕후장상의 연대기를 일목요연하게 보여주는 「표表」, 제국을 제국답게 해준 시각적·청각적 형식인 예악과 음률, 역법, 제의의 발달을 설명한 「서書」, 춘추시대로부터 한대에 이르기까지 중국에서 명멸해간 무수한 제후국 왕들의 일대기를 상술한 「세가世家」, 관리, 사신, 장군, 상인, 수공업자, 제자백가의 태두, 학자, 시인, 무당, 자객, 협객—모두 평민이다—을 묘사함으로써 전국시대와 진나라, 초기 한나라의 전반적인 사회상을 알려주는 「열전列傳」 같은 다양한 범주의 편들로 이루어져 있다.

비록 '경'은 아니지만, 『사기』는 경과 전의 형식을 취하고 있다. 이 책의 첫 부분인 12편의 「본기」는 『춘추』를 본떠 사건의 연대기로 이루어져 있다. 그가 이 편들에 적용한 '기紀'라는 용어는 '경經'의 동음이철어同音異綴語에 가까웠고, 실마리, 규범, 통치, 기율 등의 뜻을 공유하고 있었다. 『사기』의 나머지 편들은 대부분 주석을 뜻하는 '전傳'이라는 글

---

14) 『史記』 卷130, p.3319.

자를 포함하고 있다. 물론 사마천의 「열전」에 나오는 서사와 일화는
『춘추공양전』에 나오는 문자의 해석과는 거의 공통점이 없고, 오히려
『좌전』의 내용과 유사하다. 사마천은 후자를 『춘추』에 대한 공자의 해
석을 가장 정확하게 기록한 책이라고 본다. 『사기』에 등장하는 평민들
의 전기는 간략하고 무미건조한 연대기에 이야깃거리와 구체성, 극적
요소를 가미함으로써, 경에 첨부된 주석의 역할을 한다.[15]

　사마천은 또한 자신의 저서를 초기 문헌들의 포괄적인 선집으로 만
들고자 했다. 공자에 대한 기술은 역사적 맥락을 제공하기 위해 『논어』
를 꽤 많이 인용하고 있다. 굴원屈原과 가의, 사마상여 등의 열전에는
이들이 쓴 작품들이 많이 수록되어 있다. 또한 사마천은 『좌전』의 내용
을 상당 부분 차용했고(물론 시대에 맞게 오래된 언어를 가다듬었다), 전국
시대의 역사에 대한 그의 서술은 훗날 『전국책』으로 편찬된 문헌들을
집중적으로 인용하고 있다. 『맹자』와 같은 철학서도 인용되거나 각색
되어 『사기』의 소재를 구성하고 있다. 요컨대 『사기』는 사마천과 그의
부친에 의해 저술되었지만, 다른 저작들을 자주 인용하고 본문에 통
합시키는 방식을 통해 역사서를 한나라 초기에 알려져 있던 학예 문헌
들을 집대성한 다성적多聲的 백과전서로 바꿔놓고 있다.

　『사기』의 다성적 성격은 인용문의 주장과 서술되는 사실 사이의 역
설적인 상호작용을 통해 역사적 교훈을 제시하는 데도 일조한다. 시
황제의 각석에 새겨진 과장된 치적과 그의 치세에 실제로 일어난 사건
들에 대한 사마천의 서사 사이의 대비, 방사들이 무제에게 한 약속과

---

15) Nylan, *The Five "Confucian" Classics*, ch. 6; 『史記』 卷14, pp.509-510.

실제로 얻어진 결과 사이의 차이가 그런 예이다. 마찬가지로 역사적 인물들을 주로 동시대인들의 목소리를 통해 기술하고, 그들에 대한 서사를 각기 다른 참여자들의 시각에서 기록된 여러 편에 나누어 배치함으로써, 『사기』는 사마천 본인의 목소리만으로는 결코 확보할 수 없었을 객관성과 보편적 시각을 갖추게 되었다.[16]

사마천은 역사 서술에 본인의 판단을 집어넣음으로써, 『춘추』를 집필한 공자에 버금가는 역할을 했다고 자부했다. 그러나 유가의 경학이 국학으로 정립됨에 따라, 『사기』의 도가적 관점은 비판의 대상이 되었다. 기원후 1세기에 한나라의 역사를 쓰는 임무를 물려받은 반표와 반고 부자는 『사기』의 구조는 본받았지만, 사마천의 보편적 시각을 거부하면서 그가 유가의 미덕을 고수하지 못했다고 비판했다.[17]

사마천은 한나라를 찬양하기 위해 책을 썼다고 주장했지만, 실제로는 한나라의 통치자들, 특히 창건자인 고조와 자신이 모시던 무제를 매우 비판적으로 다루었다. 반면에 반고는 자신의 시에서 동한의 첫 세 황제가 성인은 아니라 하더라도 유교 국가의 정립을 향해 나아간 탁월한 군주였다고 평가했다. 이런 식의 동한 찬양은 서한의 통치자들에 대한 비판을 수반했기에, 반고는 황실에 대한 사마천의 적의는 비난하면서도 서한의 황제들을 폄훼한 사마천의 문헌을 십분 활용할 수 있었다.

반고는 또한 "사마천의 도덕적 판단이 공자의 판단에서 크게 벗어

16) Durrant, "Ssu-ma Chi'en's Portrayal of the First Ch'in Emperor," pp.35-46.

17) 『漢書』 卷62, pp.2737-2738; 『後漢書』 卷40a, pp.1325-1327.

났다"는 이유로 그를 비판했다. 사마천은 공자와 『춘추』를 본보기로 삼았지만, 유가의 정통성과는 다소 거리가 있는 문인들, 예컨대 전국시대의 시인인 굴원을 모방하기도 했다. 더 중요한 것은 도교의 우월성을 천명한 부친의 글을 포함시킴으로써, 사마천은 자신이 사실은 도가 철학의 신봉자라는 비난을 자초했다는 점이다. 끝으로, 사마천이 한조 창건자의 숙적이었던 항우를 통치자로 다루어 본기에 수록하고, 항진 봉기의 우두머리였던 진승陳勝을 '세가'로 분류하며, 때때로 자객과 협객, 상인을 칭송하는 전기를 포함시킨 것은 도덕적 일탈의 명백한 증거로 간주되었다.

반고에 의한 『한서』의 저술은 역사서 편찬의 성격이 제도적으로 바뀌는 계기가 되었다. 『사기』는 사마담과 사마천 부자의 가업이었고, 반표도 역사서를 일종의 사적인 저작으로 썼다. 반고도 아버지처럼 처음에는 혼자 작업하다가 심지어 "국사를 사적으로 개작한다"는 이유로 체포되었지만, 나중에는 명제의 명을 받들어 한대의 역사를 쓰게 되었다.[18] 이는 차후 중화제국 왕조들의 표준적인 특징이 된 관찬官撰 사학의 기원이었다.

사관은 국가에 의해 임명되어 황제들의 실록과 개인들의 전기를 편술했고, 이 기록들은 '왕조사'의 내용을 이루었다. 동한의 수사관修史館은 낙양의 동관東觀에 위치하고 있었는데, 이 부서의 주도로 편찬된 전기 자료의 일부가 『동관한기東觀漢記』라는 이름으로 아직까지 전하고 있다. 당대唐代에 절정에 달했던 이와 같은 정사의 관찬은 왕조사 편찬

---

18) 『後漢書』 卷40a, pp.1333-1334.

의 심각한 질적 저하를 초래했다.

시부

사마천 외에, 무제의 치세에 활동했던 또 한 명의 위대한 문필가는 총체적 포괄성의 이상을 표현하는 시어를 개발한 사마상여(기원전 180~117년경)였다. 그의 '부'들은 『초사』의 여러 요소, 특히 우화등선羽化登仙이나 여신들과의 낭만적인 만남 같은 요소들을 통합했다. 생소한 문자들을 사용하여 이국적인 동물, 광물, 식물을 떠올리게 하는 그의 시는 군주에게 권력을 찬양하는 징표로 진기한 보물을 바치는 진상을 연상시켰다. 사마상여의 시와 산문은 독자들에게 주문을 걸거나 사물에 생기를 불어넣는 단어의 힘을 중시하는데, 그 힘은 언어를 종교적으로 구사하여 미사여구를 만들어내는 그의 능력에서 비롯된다.[19]

시가 궁정의 산물이었던 서한 시대의 대부분 기간에, 사마상여는 가장 위대한 문필가로 인정되었고 시인의 귀감으로 여겨졌다. 하지만 유가의 경전이 중시되면서 그의 작품은 여러 면에서 부정적으로 평가되었는데, 이런 세태의 변화는 양웅(기원전 53~기원후 18)의 이력에 축

---

19) Lewis, *Writing and Authority*, pp.317-325; Knechtges, *The Han Rhapsody*, ch. 2; Rouzer, *Articulated Ladies*, pp.45-52, 121-122; Knechtges, "Ssu-ma Hsiang-ju's 'Tall Gate Palace Rhapsody,'" pp.47-64; Harper, "Wang-Yen-shou's Nightmare Poem," pp.239-283.

약되어 있다. 젊은 시절에 양웅은 사마상여의 문체와 주제를 본뜬 부를 지었다. 하지만 나중에는 이런 형식의 시부를 거부했다. 도덕적 진지함을 결여하고 있고, 그 환상적인 이미지와 낭만적인 언어가 글쓰기의 유교적 이상—단어는 경험과 인물을 있는 그대로 표현해야만 한다는—에 부합하지 않는다는 이유에서였다.[20]

양웅은 자신의 저서『태현경太玄經』에서 시부는 교화의 도덕적 수단이 되어야 한다고 주장했다. 그는『시경』에 간직된 운문을 남긴 주나라의 문인들을 본보기로 삼았다.『맹자』와『순자』,「모시서毛詩序」를 비롯해서 전국시대 이래 편찬된 유가의 저작들은『시경』의 시들이 저자들—주대 초기의 성왕들과 그들의 영향을 받은 사가들—의 도덕적 목적을 직접적으로 충실하게 표현하고 있다는 이론을 발달시켰다.[21] 운문은 도덕적으로 직설적이고 교화적이어야 하므로, 시어는 명료하고 알기 쉬워야 하며, 그 목적을 모호하게 하는 화려한 미사여구와 수식은 피해야 한다는 논지였다. 지나친 수사와 인위적인 언어는 사마상여와 그 아류 같은 '사인辭人'들의 크나큰 단점으로 지적되었다. 과장된 표현과 감정과잉은 독자들을 매료시킬 수는 있지만, 개인들을 적절한 행동으로 인도할 수는 없다고 생각되었다. 그래서 양웅은 그런 작품들이 "글은 아름다우나 별로 쓸모가 없다"라고 결론지었다. 반고도 자신의 시에서 같은 관점을 받아들여, 사마상여와 그의 작품을

---

20) 揚雄,『揚子法言』篇2, pp.4-5. 이 인용문과 그 맥락에 대해서는 Knechtges, *The Han Rhapsody*, ch. 5를 보라.

21) Van Zoeren, *Poetry and Personality*, chs. 1-4; Lewis, *Writing and Authority*, pp.155-176.

찬양한 서한 도성의 풍조를 비판했다.

서한 말에는 사시史詩가 운문의 전범으로 부상했지만, 야심찬 문인들은 사시를 짓지 않았다(아니 적어도 지금까지 보존된 것이 별로 없다). 역사서에 남아 있는 한나라 시가의 작자들은 주로 통치자와 후궁, 장군들이다. 이 시가들은 주어진 상황에 대한 자신의 감정적 대응을 노래한 저자의 개인적 증언으로, 대부분은 자살이나 최후의 이별을 앞두고 지어진 것이다. 많은 시가 작자의 처지를 단순하게 기술하고, 은유나 수사 없이 화자의 감정을 표출한다. 대표적인 예는 한나라 창건자 고조의 최대 숙적이었던 항우가 마지막 전투를 치르고 자살하기 직전에 애첩 우희虞姬에게 불렀다는「해하가垓下歌」이다.

> 힘은 산을 뽑을 만하고
> 기운은 세상을 덮을 만하지만
> 시운이 따르지 않으니
> 오추마烏騅馬도 이제 달리지 않네.
> 오추마가 달리지 않으니
> 도대체 나는 어찌해야 하나.
> 우희야, 우희야,
> 그대를 어찌한단 말이냐.[22]

---

22) 『史記』 卷7, p.333. 『漢書』 卷73, pp.3110-3114에는 문인이 쓴 '부'의 한 가지
   예가 실려 있다.

한대 시가의 대부분은 유명한 작가의 작품이 아니고, '악부시樂府詩'
나 『고시십구수』라는 이름으로 알려져 있다. 악부시는 국가제의나 연
회, 조회朝會, 또는 행군에 사용할 음악을 만들기 위해 무제에 의해 설
치되거나 부활된 정부기관(악부)에서 유래한 명칭이다. 이 시가들은
신분이 낮은 전문 음악가들의 창작물이었다. 종묘제례악을 제외하면,
그 음악들은 세계 어디에서나 발견되는 구전 민요의 전통을 반영하고
있고, 아마 초기 중국의 민간 음악과도 관련이 있을 것이다. 그 특징은
담담하고 초연한 표현양식, 도식화된 상황이나 줄거리, 자기성찰의
결여, 비역사성, 급변하는 이야기의 흐름, 상투적인 문구의 사용, 되
풀이되는 후렴구, 구어체 등이다. 그러나 이 작품들을 민요라고 단정
하는 것은 옳지 않을 것이다. 그것들은 궁정에서 공연되기 위해 만들
어졌고, 고전어와 방언이 뒤섞인 형식을 보여준다. 또한 문자화된 텍
스트의 도움 없이 공연되고 이해되어야만 했기 때문에, 그 시어는 간
결하고 반복적이었다. 더욱이 그것들은 종종 황제가 좋아하거나 궁정
에서 인기가 많은 민간의 작품들을 각색한 것이었다. 이런 이유로 인
해 그 특징들이 진정한 민요와 중첩되는 것이다.[23]

---

23) Cai, *The Matrix of Lyric Transformation*, ch. 2; Birrell, *Popular Songs
  and Ballads of Han China*, intro; Framkel, "The Development of Han and
  Wei Yüeh-fu as High Literary Genre"; "Yüeh-fu Poetry." 이것들이 민요라는
  생각에 대한 가장 철저한 비판은 Egan, "Were Yüeh-fu Ever Folk Songs?"와
  "Reconsidering the Role of Folk Songs in Pre-T'ang Yüeh-fu Development"를
  보라. 악부시의 양식적 특징에 대한 필자의 논의는 대개 이 주의 맨 앞에 인용한
  Cai의 저서를 참조한 결과이다. 한대의 것으로 추정되는 이 시가들이 후대의
  시인들과 이론가들에 의해 일종의 장르로 정의되어 중국 문학의 '역사'에 편입된
  과정에 관해서는 Owen, *The Making of Early Chinese Classical Poetry*를 보라.

가장 단순한 악부시의 예는 노동요와 비슷한 「강남곡江南曲」이다.

> 강남에서는 연잎을 딸 수 있다네.
>
> 연잎은 연못에 어찌나 많은지.
>
> 물고기는 연잎 사이에서 노니네.
>
> 물고기는 연잎 동쪽에서 노니네.
>
> 물고기는 연잎 서쪽에서 노니네.
>
> 물고기는 연잎 남쪽에서 노니네.
>
> 물고기는 연잎 북쪽에서 노니네.[24]

이 작품은 육체노동의 리듬을 목소리로 모사한 노래로, 반복적인 작업의 속도를 유지해주며 지루함을 달래주는 역할을 하는 듯하다. 악부의 다른 노래들은 좀 더 정교하고 심지어 극적이지만, 관점과 내용의 급격한 전환, 시간적 선후관계가 불분명한 이야기, 독창과 합창이 번갈아 나오는 복합적 구성, 반복되는 행이나 시구의 빈번한 사용 등의 측면에서 여전히 민간가요를 모방하고 있다.[25]

또 다른 악부의 노래들은 지적 수준이 높은 궁정의 청중을 겨냥해 만들어졌음을 확실하게 보여준다. 역사적 인물이나 문학가를 언급하는 것은 저자나 그가 의식하고 있는 청중이 책깨나 읽은 사람임을 암시한다. 엘리트층의 독특한 관심사인 우화등선을 묘사한 노래들도 있

---

24) 『先秦漢魏晉南北朝詩』, p.256.

25) 같은 책, p.257-258.

다. 이런 시들은 주제가 다르다는 점 외에도, 민요의 복잡한 구성과 관점의 변화를 한 가지, 때로는 두 가지 관점에서 풀어내는 연속성 있는 서사로 대체했다는 특징을 지니고 있다. 전형적인 예는 다음 시이다.

> 강변의 풀이 파릇파릇하니
> 먼 길 떠난 그대가 하염없이 그립네.
> 길이 멀어 만날 생각조차 못했는데
> 어젯밤 꿈속에서 그대를 보았네.
> 꿈속에서는 내 곁에 있었는데
> 문득 깨고 보니 타향에 있네.
> 타향이라 각기 다른 고장이니
> 이리저리 뒤척여도 더는 볼 수 없네.
> 말라빠진 뽕나무도 하늘의 바람을 느끼고
> 바닷물도 하늘의 추위를 안다네.
> 집에 오면 서로 아껴준다지만
> 누가 있어 내게 말을 걸어주려나.
> 멀리서 찾아온 길손이
> 내게 잉어 한 쌍[이 새겨진 편지함]을 전해주네.
> 아이를 불러 잉어를 삶게 하니[편지함을 열게 하니]
> 그 안에 하얀 비단 편지가 있네.
> 무릎을 꿇고 앉아 편지를 읽으니
> 그 사연은 무엇이던가.

"부디 끼니를 잘 챙기게"로 시작해

"영원히 그대를 잊지 않으리라"로 끝나네.[26]

이 노래의 화자는 (시의 제목인 「음마장성굴행飲馬長城窟行」에 나타나듯이) 남편을 수자리로 변경에 떠나보낸 어느 여성이다. 시 전체가 이 여성의 생각과 경험을 서술하고 있으며, 두 번째 목소리는 마지막에 나오는 남편의 편지에 등장한다. 앞 행에 나온 단어로 새 행을 시작함으로써[2, 4, 6행에 나온 길, 꿈, 타향으로 3, 5, 7행을 시작함으로써] 시적으로 표현된 첫 번째 목소리의 깊은 슬픔은 담담하면서도 애잔한 편지의 내용과 극명한 대비를 이룬다.

이런 식으로 저자가 자신의 경험에 관해 곰곰이 생각하거나 상상력을 발휘해서 자신을 '타자의 목소리'에 투영하는 시의 서정적 형식은 이른바 동한의 고시에서 더욱 발전했다.[27] 이런 시에 등장하는 전형적인 두 화자는 버려진 여인과 관직에 나아가려는 청년이다. 희망을 이루지 못하고 좌절한 이 인물들은 세월의 흐름을 한탄하며 늙어가다 숨진다. 따라서 시의 어조는 우울한 상념, 노골적인 비탄, 그리고 술과 음악에 빠져 "현재를 즐기려는" 태도 사이에서 끊임없이 변한다. 이런

---

26) 같은 책, p.192. 이 시의 저자가 누구인지를 둘러싼 논쟁[채옹이 썼다는 설도 있다]에 관해서는 Birrell, *Popular Songs and Ballads of Han China*, p.125를 보라.

27) '타자의 목소리'를 악부시의 특징으로 사용한 것에 관해서는 Allen, *In the Voice of Others*를 참조하라. '고시古詩'들이 어떻게 한 묶음이 되어 한대의 작품으로 인정되는지에 관해서는 Owen, *The Making of Early Chinese Classical Poetry*, pp.33-41을 보라.

시들은 시인의 내적 체험과 죽음이라는 인간의 운명에 대한 성찰에 치중하고, 서사적 요소는 최소화한다. 시인은 자신이 목격한 장면 등의 상황을 기술하고, 그 상황이 불러일으키는 감정을 상세하게 묘사한다. 이 시들은 읽을 수 있는 텍스트로, 악부가에 흔히 사용되는 반복구 대신에 문법적·의미론적 병렬구를 사용하여 행과 대구 사이를 시각적으로 연결하고 있다.

악부는 전국시대 말에 발달한 일종의 속악(俗樂—공자가 음란하다고 배격한 '정鄭나라와 위衛나라의 음악'—을 채택했다는 이유로 유학자들에 의해 비판을 받기도 했다. 악부는 서한 말에 경학사상의 영향이 커지면서 예제가 개혁되고 절약정책이 시행됨에 따라 폐지되었다. 하지만 유가의 시학 이론가들도 주나라의 왕들이 민심의 동향을 살피기 위해 민요를 채집했다고 주장했으므로, 악부시는 합법적인 형식의 운문으로 명맥을 유지하면서 시의 표준적인 하위 장르로 자리를 잡게 되었다. 죽음과 육체적 쾌락에 대한 '고시'의 집착은 유가의 도덕적 강령에 위배되었지만, 간결한 시어를 사용하고 시인의 감정과 열망을 진솔하게 표현하는 방식은 동한의 문학이 표방하던 이상에 부합했다. 한대 말기에 조씨 일가[특히 조조와 그의 아들 조비와 조식]와 그 추종자들은 '고시'와 악부시의 기교와 주제를 각색하여, 이름난 문인들에 의해 창작된 최초의 시가를 만들어냈다.

유가의 도서목록

유가의 경학이 한대의 문예에 미친 영향을 가장 뚜렷하게 보여주는 물증은 아마도 황실 장서의 목록일 것이다. 그것은 서한 말 왕망의 통치기에 유향과 그의 아들 유흠劉歆에 의해 작성되었다. 반고는 그것을 수정하여 『한서』의 「예문지藝文志」에 수록했다. 도서목록과 그 분류체계는 한 사회가 지식 분야를 조직하는 방식을 보여준다는 의미에서 지적 세계의 구조를 들여다볼 수 있는 창이나 다름없다. 유씨 부자는 유가의 '경'이 올바른 글쓰기의 모범이자 다른 범주에 속하는 모든 문헌의 근원이라는 전제하에 도서를 분류했다. 그들은 이 경을 성왕들과 동일시했고, 문헌의 각 범주가 주 왕조의 정부기관에서 유래한 것으로 보았다.

유씨 부자는 지식의 통일이 이상적이라는 가정하에 목록을 작성했으므로, 판본이 여럿이거나 텍스트가 중첩되는 것은 바로잡아야 할 오류로 여긴다. 그들은 온갖 수사가 난무하는 학파 간의 논쟁 과정에서 텍스트가 와전된 현상을 다음과 같이 설명한다.

옛날에 공자께서 돌아가시자 뜻깊은 말씀이 없어졌고, 칠십 제자가 세상을 떠나자 큰 뜻이 어그러졌다. 그래서 『춘추』는 다섯 판본으로, 『시경』은 네 판본으로 나뉘었고, 『역경』에는 몇 갈래의 전傳이 생겨났다. 전국시대에는 합종파合從派와 연횡파連橫派가 서로 진위를 다투었고, 제자諸子의 설은 몹시 어지러워졌다. 이런 현실을 우려한 진나라는 문장들을 거두어 불태움으로써 백성을 어리석게 만들었다. 그 후 한나라가 일어나 진의 잘못을 바로잡았다. 한은 서적을 대량으로 거두어, 책을 바치는 길을 활짝 열었다.[28]

유씨 부자는 몇 명의 한나라 황제에게 문헌의 수집을 주도한 공을 돌리고, 최종 목록의 편찬에 참여한 학자들의 명단을 열거하고 있다. 그들이 완수한 황실 도서목록 작성은 군주의 명으로 모인 학자들이 공동으로 방대한 작업을 수행하여 잃어버린 통일성을 회복했던 『여씨춘추』와 『회남자』의 완전성에 견줄 만한 일이다.[29]

그들이 경에 모든 문헌의 기본이라는 핵심적 지위를 부여한 사실은, 경에 속하는 문헌을 '예'로, 그 나머지를 '문'으로 분류한 목록의 제목에서 나타난다. 경은 고대 성왕들로부터 직접 나온 것이지만, 다른 범주들은 가상의 초기 국가에 존재하던 관직에서 유래한 것이다. 관리들이 자신들의 권위를 군주로부터 얻었듯이, 부차적인 문헌들은 그들 몫인 제한적 진리의 기원을 성왕들의 문헌에서 찾았다. 경이 아닌 모든 범주의 문헌은 경이나 공자의 글을 인용함으로써 정통성을 확인받았는데, 이는 전국시대에 등장한 철학과 시가 유가의 경에서 파생된 것임을 입증한다. "상이한 철학적 전통이 모두 각자의 장점에 집착하고 있지만, …… 그들의 요점과 결론을 모으면, 그들은 모두 육경의

28) 『漢書』 卷30, p.1701.

29) Lewis, *Writing and Authority*, pp.325-332.

지파나 후예이다. ”30)

유씨 부자에 의하면 전국시대의 사상가들은 파편화된 권력의 학술적 대변자들이었지만, 그럼에도 경에 내재된 진리의 요소를 간직하고 있었다. 그래서 그들은 한대에 진정한 성군이 이 세상에 돌아오면, 그가 여러 개로 나뉜 경을 원래의 통일된 상태로 회복시킬 것이라고 믿었다. 시에 대해서도 그들은 비슷한 의견을 개진한다.

> 옛날에 제후와 경과 대부 들은 이웃나라와 교류할 때 미언微言으로 서로의 마음을 움직였다. 예를 갖추어 사양할 때는 반드시 『시경』을 인용하여 그 뜻을 완곡하게 밝혔다. 그렇게 함으로써 현명함과 어리석음을 분별하고, 융성함과 쇠퇴함을 가늠했다. [그래서 공자께서도 "『시경』을 공부하지 않고서는 바르게 말할 수가 없다"라고 하셨던 것이다.] 춘추시대 이후 주나라의 도는 점차 무너졌고, 상대를 방문하거나 초대하여 안부를 물을 때 시가를 읊는 일이 열국 사이에서 더 이상 행해지지 않았다. 『시경』을 배운 선비가 벼슬도 못하고 평민과 다를 바 없는 신세가 되니, 현인은 뜻을 잃고 부賦를 짓게 되었다.31)

「예문지」는 이어 '시인의 부'를 '사인辭人의 부'보다 높게 평가한 양웅의 글을 인용하면서, 한나라 황제들의 치하에서 도덕적으로 진지한

---

30) 『漢書』 卷30, pp.1728, 1732, 1737, 1738, 1740, 1743, 1745, 1746, 1755-
1756, 1762, 1765, 1769, 1771, 1773, 1775, 1780.

31) 『漢書』 卷30, p.1756.

운문을 지향하는 경의 이상이 되살아나기를 소망했다.

이상의 문구들에서는 문헌과 정부의 대응관계가 뚜렷하게 드러난다. 경은 고대의 성왕들과 동일시되고, 제자와 신시新詩의 출현은 정치적 혼란의 소산으로 설명된다. 한나라의 정치적 발흥은 옛 원칙(옛날의 문학적 형식까지는 아니라 할지라도)의 부활을 통한 문예의 진보로 이어졌다. 유씨 부자는 문헌 범주의 기원을 주나라의 정치기구로 거슬러 올라가 찾음으로써, 정부와 문헌 사이의 대응관계라는 관념을 발달시켰다. 그들에 따르면 유가의 철학은 교육으로 백성을 교화하던 관리(사도지관司徒之官)에 연원을 두고, 도가의 사상은 사관史官에, 음양가는 역법을 담당하던 관직(희화지관羲和之官)에, 법가의 철학은 형벌을 담당하던 관리(이관理官)에, 명가名家는 예제를 밝히던 관리(예관禮官)에, 묵가의 학설은 종묘를 지키던 관리(청묘지수淸廟之守)에, 종횡가의 학설은 외교를 담당하던 관직(행인지관行人之官)에 연원을 둔다.[32]

제자백가의 문헌을 관부官府와 관련짓는 것은 지적 권위와 정치적 권위를 동일시하는 관념과, 파편화된 세계의 재통합이라는 이상을 반영하고 있다. 이 도서목록은 그것의 작성이 일군의 관리들에 의해 수행되었고, 이들은 각자 제한적인 전문지식을 갖추고 있었다는 사실을 강조한다. 이런 지식들이 통치자의 후원 아래 하나로 합쳐져야만, 주석까지 첨부된 완벽한 서목이 나올 수 있었다는 것이다. 따라서 서목에 나타나는 문헌의 궁극적 통일성은 통치자하에서 구현되는 제국의

32) 『漢書』卷30, pp.1728, 1732, 1734, 1736, 1737, 1738, 1740, 1742, 1743, 1745, 1755, 1762, 1775, 1780.

통일성과 유사하다.

하지만 이런 통일의 이상에도 불구하고, 「예문지」는 잔존 문헌들의 불완전성을 윤색하지 않는다. 특히 여러 형태로 전하던 경에 대해서도 마찬가지이다. 『역경』은 진나라의 금서 대상이 아니었기 때문에 가장 잘 보존되었지만, 그럼에도 한대에 이르자 6종의 판본이 공존했다. 나머지 모든 경에도 학파에 따라 다른 주석이 달렸고, 때로는 경의 텍스트 자체도 상이했다. 제자의 철학은 단편적이고 부분적이었다. 시는 정부와의 연관성을 상실했고, 서민들이 화려한 언사와 과장된 상상을 동원하여 개인의 절망감을 표현하는 장르로 전락했다. 병법서는 장수의 용병술과 기만술을 소개하기에 급급했고, 술수術數는 오묘한 천문과 역법을 익힐 능력이 없는 평범한 기술자들의 손에 넘어갔다. 의술과 신선술을 일컫는 방기方技는 속임수로 수명을 연장하는 전문가들에 의해 훼손되었다.[33]

전문화에 대한 비판은 도서목록의 마지막 주제, 즉 모든 것을 포괄하는 능력이 제한적인 기교보다 우위에 있다는 주장으로 이어진다. 제자백가가 자파의 학설을 정당화하는 과정에서 발달한 이 관념은 목록의 구성에 반영되고 있다. 도서목록은 칠략七略이라 불리는 일곱 범주로 분류되었다. 집략輯略, 육예략六藝略, 제자략諸子略, 시부략詩賦略 네 가지는 유향과 유흠에 의해 찬술된 것이고, 나머지 세 가지, 즉 병서략兵書略, 술수략術數略, 방기략方技略은 보병교위步兵校尉, 태사령,

---

33) 『漢書』 卷30, pp.1704, 1706, 1708, 1710, 1715, 1717, 1719, 1728, 1732, 1734-1735, 1736, 1737, 1738, 1740, 1742, 1743, 1745, 1756, 1762-1763, 1765, 1767, 1769, 1771, 1773, 1776, 1778, 1779, 1780.

황제의 시의侍醫 같은 각계의 전문가들에 의해 편찬되었다. 육경을 비롯해서 문학적 소양과 일반화 능력이 필요한 서적의 분류는 작업의 책임자인 문관들에게 위임되었고, 실용적인 기술 분야는 전문가들에게 맡겨졌다. 목록은 위계적으로 나열되어, 종합적이고 학술적인 서목이 기술적 서목 앞에 배치되어 있다. 더욱이 제자와 시부는 경의 일반적 파생물로 다루어지지만, 실용서적들은 그 기원이 경과 무관한 것으로 취급된다.

기술적·실용적 범주들은 또한 명백하게 타락한 형식으로 규정되고 있다. 제자는 편협성으로 인해, 시부는 정치적 목적의 결여와 수사의 과잉으로 인해 경을 타락시켰지만, 그래도 두 범주는 경의 유산을 일부나마 지니고 있었기에 현명한 정부가 들어서면 복구될 수 있는 것으로 여겨졌다. 반면에 기예는 그 존재 자체가 경의 원리를 훼손시킨 것으로 간주되었기 때문에, 「예문지」는 그 복구 방안을 제시하지도 않는다.

도서목록에 나타나는 문헌의 세분화에 대한 설명과 장르의 위계는 전국시대의 경우와 다르다. 그 시대에 제자는 본인들이 기예를 포용하고 지도할 수 있는 일반화 능력을 갖추고 있다고 주장함으로써 자신들을 술수나 방기를 다루는 학파와 구분했다. 이런 식으로 그들은 자신들의 지위를 통치자나 군주의 위상과 동일시했다. 하지만 포괄성이 텍스트 쓰기의 기준이 되고 보편성이 기존의 문헌을 재평가하는 잣대가 됨에 따라, 제자는 경전이 구현하는 포괄적 전체의 일부로 그 위상이 하락했다.

통일된 제국을 표현하기 위해 편성된 이 새로운 지적 질서 속에서, 경은 군주 및 통일된 지혜와 동일시되었고, 나머지 모든 문헌은 경의 파편으로 인식되었다. 제자가 주장하던 오래된 전국시대의 위계는 '문예' 분야를 기술 분야보다 우위에 두는 방식으로 살아남았지만, 제자는 이제 경과 전에 의해 정의되는 더 큰 질서 속에서 종속적 지위에 처하게 되었다. 마찬가지로 시부와 역사를 비롯한 모든 형식의 글쓰기는 국가 경전에 의해 정립된 지적 우주 속에서 해독되었고, 이 경전은 텍스트로 형상화된 한 제국으로 이해되었다.

10

|법률|

법은 고대 중국에서 생활의 여러 측면에 관련된 다의적인 용어이다. 그것은 종교적 신념과 실천에 밀접하게 연결된 일련의 권위 있는 언명이자, 국가가 자체의 기준을 강요하기 위해 사용하는 법규와 형벌의 체계, 연장자의 권위를 뒷받침하는 친족구조의 외연, 언어의 형식, 직업의 종류, 사회에 유해한 사람들을 변경으로 추방하는 수단, 그리고 국역을 담당할 노동력을 동원하는 방편이었다.

성문법은 납세와 군역의 의무가 도시의 하층민들과 배후지의 농민들에게 확대되었던 전국시대에 처음으로 나타났다. 징세와 징발을 맡은 지방의 관리들은 관련 기록을 유지하고 범죄자를 처벌하고 다른 행정업무를 처리하기 위한 절차를 성문화한 법과 규칙을 필요로 했다. 그러나 이런 법들은 단순히 합리적 행정이나 엄혹한 현실정치를 실현하는 도구에 그쳤던 것이 아니라, 사회의 종교적·의례적 제도에 깊이 뿌리내리고 있었다.

법률과 종교

『좌전』에 실려 있는 기원전 7세기에서 5세기 사이의 이야기들은 주
나라의 귀족들이 혈제血祭를 통해 강력한 신령을 의례적으로 불러내
어, 이 신령들에게 자신들의 맹세를 실현시켜달라고 요청하는 장면
을 묘사하고 있다. 이런 맹약식은 제물이 된 동물의 피를 참가자들의
입술에 바르고 그 내용이 신령들의 세계에 전할 수 있게 서약문을 땅
에 묻음으로써 축성되었고, 도시국가들이나 종족들이 서로 동맹을 맺
는 데 활용되었다. 서약문에는 동맹에 가입한 모든 주체에 의해 준수
되어야 할 합의 규정이 명기되었다. 그렇게 매장된 맹서盟書의 일부가
근래에 후마侯馬와 온현溫縣, 심양沁陽에서 출토되었는데, 이 새로운
발견의 내용에 비추어 관련 문헌을 재검토해보면, 그런 맹서가 글쓰
기에 기초한 새로운 정치적 권위의 종교적 기반을 제공했음을 알 수
있다.[1)]

맹서 외에, 최초의 법률을 신성화한 글쓰기의 두 번째 형식은 상나
라와 주나라의 종교의식에 사용되던 청동기에 새겨졌던 명문銘文이
다. 이런 청동 명문은 무엇보다도 조상과 소통하고, 군주의 하사품이
나 군주가 부여한 정치적 권위를 항구화하기 위한 것이었다. 서주 말

---

1) Lewis, *Sanctioned Violence*, pp.43–50; Liu, *Origins of Chinese Law*, ch. 5.

과 춘추시대의 여러 명문은 법적 판결을 기록하고 있는데, 가장 흔한 사건은 토지를 둘러싼 분쟁이다. 동가촌董家村의 토굴에서 출토된 청동기는 어떤 목동의 처벌을 기록하고 있는데, 그는 태형과 묵형을 선고받았다. 『좌전』에 의하면 기원전 6세기 무렵에 정鄭나라와 진晉나라는 자신들의 새로운 법을 보존하기 위해 청동으로 형정刑鼎을 주조하여 법률 조문을 새겨 넣었다고 한다. 주나라 치하에서 권력과 특혜를 규정했던 제기의 명문이 신흥 영토국가의 권력을 성문화하는 데 응용되었던 것이다.[2]

맹약식과 형정 주조를 통해 법률을 신성화하는 방식은 좀 더 정교해진 법률을 죽간이나 목간에 적는 방식이 발달한 뒤에도 사라지지 않았다. 한대의 문헌은 진-한 공백기와 한나라 초기에 혈제를 수반한 의식을 거행하여 새로운 법률을 신성화한 사례를 여럿 기록하고 있다. 그러나 이 무렵에는 초점이 맹세의 형식이 아니라 구속력을 갖는 맹세의 텍스트로 옮겨졌는데, 이는 신성화된 문서의 힘을 인식하게 되었음을 뜻한다.[3]

운몽雲夢(진나라)과 포산包山(초나라)의 관리 묘에서 근자에 다량 출토된 전국시대 말기의 법률 문서들도 초기의 법전이 종교와 연관되어 있었음을 보여준다. 이 발견은 법률 문서가 장례식에서도 일정한 역할을 하고 있음을 말해준다. 이 문서들이 부장된 이유가 그것들이 저승에서 사자를 보호해줄 강력하고 신성한 텍스트였기 때문인지, 아니면

---

2) Lewis, *Writing and Authority*, p.20.

3) Lewis, *Sanctioned Violence*, pp.67-80.

그것들이 묘주가 생전의 생활방식을 이어가는 데 필요한 모든 것을 무덤에 집어넣는 매장양식의 한 요소였는지는 분명하지 않다. 어느 경우이든, 장례식과 정치적 권위가 여전히 중첩되는 공간에서, 이 법률 문서들은 주나라의 청동기를 연상시키는 역할을 했다. 사자는 군주에게 하사받은 그것들을 지니고 있었고, 그것들은 그 보유자가 부하들에게 행사하던 권력의 징표이자 도구였다. 구속력과 권한을 부여하는 그 문서들은 사자의 지위를 지켜주기 위해 사후에도 그의 곁에 남아 있었다.

운몽과 포산의 법률 문서는 주대의 청동 명문과 맹서의 형식과 내용을 본떴다. 의례적인 서약과 마찬가지로, 법률 문서는 신령의 세계로 전달되기 위해 땅에 묻혔다. 그러나 더욱 중요한 것은 그 문서가 군주의 정책을 고위 관리들에게 직접 전달하고, 이 관리들이 그것을 다시 자신의 수하와 친척 들에게 전달함으로써 국가를 창출하는 데 중추적인 역할을 했다는 사실이다. 매장된 맹서에 이름이 적힌 사람들은 신흥 국가의 군주 앞에서 그와 왕족에게 충성을 다짐했던 지방 유력 가문의 수장들이었다. 그 맹세는 가문의 수장뿐 아니라 그가 속한 종족의 구성원까지 구속하는 것이었다. 마찬가지로 전국시대의 법률은 고위 관리들에게 하사된 의례문서에 새겨졌고, 그들은 그 성스러운 문서를 받아서 그 법을 백성들에게 집행함으로써 군주에 대한 의무를 다했다. 임명식 때나 그 직후에 성문법과 부속 문서의 수여식을 거행하는 것은 법률의 발효에 꼭 필요한 일이었고, 이와 같은 법적 의례는 장례식에서도 진행되었다.

운몽에서 출토된 법률 문서들을 보면, 법은 군주의 관리 통제에 초점을 맞추고 있고, 보통 사람은 부차적 역할만 맡고 있다. 이 문서들 가운데 오늘날의 편집자들에 의해 분류된 맨 앞의 가장 긴 1부「진율18종秦律十八種」은 거의 전적으로 관리 직무 규정, 문서 기록 지침, 관리 임용 절차를 다루고 있다. 2부「효율效律」은 국영 창고의 유지 및 관리와 그 기록에 관한 것이다. 3부「진율잡초秦律雜抄」는 1부 및 2부의 내용과 대동소이하다. 4부「법률답문法律答問」은 관리들이 조정의 의도대로 법조문을 해석하고 집행할 수 있도록 용어를 정의하고 절차를 규정하고 있다. 5부「봉진식封診式」은 정확한 재판 결과를 조정에 보고할 수 있도록 관리들에게 적절한 조사 및 심문 방식을 일러준다.[4]

지방관의 통제에 대한 강조는 '관리가 되는 길'(「위리지도爲吏之道」)이라는 문서에도 나타난다. 관리는 상관에게 복종해야 하고, 사심을 버려야 하며, 중앙으로부터의 지시가 왜곡되지 않고 신속하게 도착할 수 있도록 도로를 정비해야 한다. 그 문서는 충성심, 공평함, 공손함, 현실을 직시하는 열린 마음을 최고의 미덕으로 칭찬한다. 그리고 개인의 욕망을 추구하고 독단적으로 행동하며 상관에게 불복하고 사적인 용무에 치중하는 것을 최악의 잘못으로 비난한다. 요컨대 그것은 지방의 현실을 조정에 전하고 조정의 결정을 있는 그대로(즉 자신의 뜻이나 생각을 개입시키지 않고) 지방에 전하는 충실한 전달자를 관리의 새로운 이상형이라 선언한다.[5] 이 법률 문서와 함께 무덤에 묻힌 사람은

---

4) 이 법률 문서들의 번역은 Hulsewé, *Remnants of Ch'in Law*를 보라.

5)『睡虎地秦墓竹簡』, pp.281-293.

이 문서의 지시를 통해 만들어졌을 법한 관리이다.

초기 법전에 깔려 있는 원칙은 그 시기의 의례적 관행과도 연관되어 있다. 특별히 중요한 두 가지는 형벌을 주고받기(do ut des, 어떤 것을 주고 다른 것을 받는 교환)의 일환으로 보는 관념과, 작위 및 이름에 부여된 중요성이다.[6]

기원전 4세기의 포산 무덤에서 법률 문서와 함께 출토된 점술 자료는 상나라 방식의 제의를 통한 치유/구마驅魔의 체계를 보여준다. 치료사/점술사는 질병을 유발한 귀신의 정체, 귀신과 병자의 관계, 귀신을 진정시키는 데 필요한 제물의 종류와 수를 확인하고 결정한다. 의례는 도덕적 차원이 개입되지 않은 기계적인 교환의 형식이다. 문제를 일으킨 귀신을 확인하고 형식화된 의례를 통해 그 귀신을 쫓아내거나 달래는 유사한 과정이 운몽 무덤에서 나온 문서에서도 확인된다. 이 문서의 제목인 '힐詰'은 법률 문서에서 '심문'을 의미하는 전문용어이지만, 주문呪文을 사용해서 귀신을 부리는 것을 가리키기도 한다. 주대의 문헌에서는 "문서라는 수단을 써서 귀신에게 신세를 진다"는 뜻으로 사용되었다. 여기에서는 문서를 통한 귀신과의 교류에 사용된 이 용어가 증인의 진술을 기록하는 법적 관행에 적용되었다. 종교적 언어와 법률적 언어의 이 긴밀한 관계는 운몽에서 출토된 문헌의 곳곳에 나타난다.[7]

---

6) 같은 책, pp.26-27, 181, 182, 183, 261-262, 263.

7) Harper, "Warring States Natural Philosophy and Occult Thought," pp.854-856; Harper, "A Chinese Demonography," pp.470-498; Katrina McLeod and Robin Yates, "Forms of Ch'in Law," 주57; 『左傳注』, 성공成公 5년, pp.822-

귀신의 통제에 관한 문서와 법률 문서는 어휘뿐 아니라 행위양식도 공유한다. 종교의 영역과 법률의 영역에서, 질서와 통제는 가해자를 확인하고 위협을 제거하거나 손실을 메우기에 부족함이 없는 등급화된 조치를 취하는 과정을 통해 유지된다. 상나라 이후 귀신을 쫓아내기 위한 제의의 종류가 그 귀신이 가하는 위협의 수준에 따라 상이했듯이, 법적 처벌도 가해의 정도에 상응하는 상세한 산술적 등급을 갖추고 있었다. 구마와 형벌 사이의 이런 유사성은 진대나 한대 초기에 나온 정치철학서인 『한비자』의 한 대목에서도 확인된다. "귀신의 저주가 사람을 병들게 한다는 것은 귀신이 사람을 해친다는 뜻이고, 사람이 귀신을 쫓아내는 것은 사람이 귀신을 해친다는 뜻이다. 백성이 법령을 위반하는 것은 백성이 윗사람을 해친다는 뜻이고, 윗사람이 백성을 처벌하는 것은 윗사람이 백성을 해친다는 뜻이다."[8]

운몽 진간에는 어떤 일을 하기에 좋은 날과 좋지 않은 날을 결정하는 데 도움을 주는 문서인 「일서」가 포함되어 있다. 여기에 나오는 점술을 통한 도둑 잡기(법적 관심사) 지침은 범죄가 저질러진 날짜에 바탕을 두고 도둑의 외형적 특징을 알아낼 수 있는 방법을 제시한다. 다른 죽간은 관직에 취임하기에 적합한 날짜를 다루고, 하루의 다른 시간대에 손님을 접대하는 것이 어떤 상이한 결과를 낳는지 지적한다. 이런 점술 문서가 법률 자료와 함께 묻혔다는 것은 사망한 관리나 그의 부하들이 그것들을 일상적인 행정업무에 활용했을 가능성이 크다는

823; 『國語』, pp.405-406.

8) 『韓非子』 篇6, p.357.

뜻이므로, 법적 행위와 종교적 행위 사이의 경계는 더욱 모호해진다.[9]

초기 중화제국에서 법과 종교의 관련성은 통치행위를 하늘과 자연에 순응하게 만들었다. 예컨대 사형은 부패와 죽음의 계절인 가을과 겨울에만 집행하도록 법으로 정해져 있었다. 사형선고를 받은 자가 사법절차의 지연이나 집행의 연기 탓에 겨울을 넘기면, 그는 처형되지 않았다. 무제의 치세에 혹리 왕온서王溫舒는 지방 유력 가문의 성원 수천 명을 막 처형한 참이었는데, "봄이 다가오자 그는 '겨울을 한 달만 더 늘릴 수 있다면, 내가 하던 일을 마저 끝낼 수 있을 텐데'라고 발을 구르며 탄식했다."[10]

이와 관련된 관행은 중범죄자들을 제외한 모든 죄인을 정기적으로 사면하는 것이었다. 이런 대사면은 황자의 탄생이나 태자의 책봉 같은 황실의 경사가 있을 때 이루어졌다. 자연재해가 가혹한 정치로 인해 발생했다고 여겨질 때도 사면이 단행되었다. 생명을 주는 황제의 역할은 그의 정신적 아버지인 신성한 하늘의 생명 부여 능력을 본뜬 것이었다.[11]

인간의 잘못된 행동이 자연 질서를 교란한다는 사상은 형벌에 관한 확실한 법적 관념을 형성시켰다. 처벌은 행위에 대한 대가(보報)로 가해지는 것으로, 범죄로 인해 무너진 자연적 균형의 회복을 암시한다.

---

9) 『雲夢睡虎地秦墓』, 제814號簡 후면, 제827號簡 후면, 제886-895號簡; Hulsewé, "The Wide Scope of Tao 'Theft' in Ch'in-Han Law," pp.182-183; Yates, "Some Notes on Ch'in Law," p.245.

10) 『史記』 卷122, p.3148.

11) Mcknight, *The Quality of Mercy*, ch. 2.

효과를 발휘하려면 처벌이 너무 가혹해도, 너무 관대해도 안 된다. 처벌과 범죄가 균형을 이루지 못하면, 자연 질서가 회복되지 않을 것이다. 이 이론에 바탕을 두고, 학자들은 경우에 따라 특별한 자연재해나 기이한 현상이 부적절한 처벌이나 처벌의 불이행에서 비롯된다고 주장했다.[12)]

법률과 행정

전국시대와 초기 제국의 시대에 법이 당대의 종교적 행위와 이념에 깊이 뿌리내리고 있었던 것은 사실이지만, 법은 무엇보다도 사회질서를 유지하는 데 사용된 행정의 도구였다. 이런 역할을 하면서, 법은 단순히 어떤 행동을 명령하고 다른 행동을 금지하며 형법적 제재로 준수를 강요하는 차원을 넘어섰다. 사회구조 전체가 법률로 규정된 보상과 형벌의 체계에 반영되었다. 그 시대의 사법제도는 통치자와 그 대리인들이 생각하는 '정상적으로 작동하는 사회'의 모습을 반영했다.

이런 사실의 가장 명백한 예는 사건에 연루된 사람들의 신분에 따른 상벌의 차별화이다. 황제의 반인반신적 지위는 그의 신상이나 재산을 훼손하는 것을 가장 극악한 범죄로 지칭한 것에서 법적으로 표현되었다. 예컨대 황궁이나 황릉을 손상시킨 자는 사형에 처해졌다. 장인의 실수로 인해 황제가 탄 마차의 바퀴나 굴대가 파손되면, 그 장인은 처

---

12) 『漢書』卷56, pp.2500-2502; Hulsewé, "Ch'in and Han Law," pp.522-523.

형당했다. 비둘기 장식이 달린 지팡이와 같은 황제의 하사품을 실수로 부서뜨린 관리도 참수될 수 있었다.

과실과 처벌의 등급화는 일반인에게도 적용되었다. 친척이 저지른 범죄는 낯선 자가 저지른 범죄보다 무겁게 취급되었고, 젊은이가 연장자에게 저지른 죄는 그 반대의 죄보다 중하게 다루어졌다. 진율은 부모의 권위를 법적으로 인정했기 때문에, 아버지를 고발한 아들의 말은 증거로 받아들여지지 않았고, 오히려 고발한 자가 처벌받을 수 있었다. 아버지는 자식의 물건을 훔쳐도 무죄였지만, 할아버지를 구타한 손자는 묵형과 강제노역에 처해졌다. 아버지는 법률제도를 이용해서 식구들을 처벌할 수 있었고, 심지어 그들을 추방하거나 처형할 수도 있었다. 아버지가 훈육이라는 이름으로 자식들에게 가하는 낮은 수준의 폭력은 일상사였던 것으로 보인다. 왕충은 기원후 1세기에 쓴 자서전에서 부친이 자신을 매질하지 않은 것은 매우 이례적인 일이라고 적고 있다. 후대의 저술도 그런 매질이 2,000년 이상 중국 교육의 정상적인 측면으로 간주되었음을 보여준다.

한대까지 이어진 진율의 가장 괄목할 만한 특징들 가운데 하나는 '연좌'였다. 특정한 중대 범죄에 대한 처벌은 범죄자 개인에 그치지 않고 가족과 이웃, 그리고 관리의 경우에는 상관과 부하, 또는 그를 관직에 천거한 자에게까지 확대되었다. 그러나 가장 긴밀하게 관련된 자들은 친척이었고, 집단처벌의 범위는 국가에 의해 사회적으로나 법적으로나 중요하게 여겨졌던 친족의 범주에 대한 유의미한 증거를 제공한다.

친척의 집단처벌은 '멸족'이라는 전문용어로 알려졌다. 춘추시대에 '멸족'은 한 고귀한 씨족이 다른 씨족의 성원 수천 명을 살해하거나 노비로 삼음으로써 그 씨족을 제거하는 정치적 사건을 지칭했다. 전국시대에는 그 용어의 의미가 땅에 묻힌 맹서에 나타나듯이 서약한 바를 어긴 개별 가문의 파괴를 지칭하는 것으로 바뀌기 시작했다. 얼마 뒤에는 그 단어가 병역을 이행하지 않은 친척을 둔 가구원들의 처벌을 포함하게 되었다. 진한 왕조에 이르자 '멸족'은 정부가 국력의 기반인 개별 가구를 통제하고 그 범위를 정하고 호적을 정리하는 데 필요한 법적 도구가 되었다.[13]

범죄에 대한 가족의 확대된 책임은 경서에 묘사되어 있는 '친척의 원수를 갚을 도덕적 의무'와 여러 모로 유사했다. 첫째, 복수는 집단 책임을 수반했다. 동한 초기에 작성된 한 회고록은 사람들 사이의 상호 복수가 어떻게 전 가족의 파멸을 초래했는지 설명했다. 복수자가 진짜 원수를 죽이지 못하고 그의 아내와 자식, 또는 그의 친척을 죽이는 경우도 있었다. 때로는 원수의 일가가 자신의 친척을 구하기 위해 자발적으로 복수자에게 목숨을 바쳤다. 원수를 갚을 의무는 친족 유대에 바탕을 둔 것이었으므로, 복수자와 희생자의 역할은 독립적인 개인이 아니라 집단적인 친족 단위로 수행되었다.

국가에 의한 집단처벌은 이런 사회적 관행을 반영하거나 부추겼고, 법적 처벌의 대상이 된 집단들의 범위는 지방에서 대대로 원수로 지내

---

13) Hulsewé, *Remnants of Han Law*, pp.271–272: Lewis, *Sanctioned Violence*, pp.80–94.

며 서로 보복하던 집단들과 거의 일치했다.[14] 따라서 집단에게 법적
책임을 묻는 것은 어느 정도는 상호 보복을 통해 구성된 복수심 강한
사회에 국가가 관여하는 방식이었다. 사람들의 친척이 복수의 의무
를 지는 세상에서, 누군가를 죽인 사람은 그의 가족까지 파멸시켜야
했고, 국가도 죽이지 않으면 죽임을 당하는 이런 규칙에서 벗어날 수
없었다. 많은 경우에 복수의 대상은 사법적 처형을 집행한 관리들이
었다.

연대책임제는 국가가 대대적인 처벌을 통해 백성을 겁박하는 수단
이었을 뿐 아니라 그들의 적극적인 상호 감시를 유도하는 방법이기도
했다. 친척이나 이웃이 자신들과 관련된 누군가의 범죄를 고발하면,
그들은 처벌을 면했을 뿐 아니라 상까지 받을 수 있었다. 초기 제국은
소수의 관리로 거대한 인구를 통제하고자 했다. 따라서 2장의 인용문
에서 개혁적인 진국의 재상 상앙이 지적했듯이, 국가를 다스리는 일
은 모든 인구의 참여를 필요로 했다.[15]

연대책임과 상호 감시를 통해, 국가는 상급자들의 법적 지시를 능
동적으로 수행하는 백성을 만들고 싶어 했다. 그런 체제 안에서, 백성
은 자신의 동료, 아니 좀 더 정확히 말하자면 친족이나 연대책임 단위
의 성원이라는 연결고리로 자신과 함께 묶여 있는 사람들을 재단해야
했다. 상앙이 주창하던 국가에서, 한 개인은 자신을 심판하는 사람들
에 대해 경학자들이 말하는 복수의 의무를 져야 했다.

---

14) Lewis, *Sanctioned Violence*, pp.49-50, 91-94.

15) 『商君書注譯』 篇5, pp.140-141.

법률 문서상의 형벌은 은전과 채무, 베풂과 빚짐의 상호 의무를 통해 형성된 사회적 위계를 시사한다. 법은 고정된 형벌을 규정하지 않고, 각 범죄가 특정한 행위나 배상을 통해 상환되어야 할 의무를 발생시킨다고 언명한다. 신분이 다른 사람들은 법을 위반하여 생겨난 채무를 갚는 방식이 달랐다. 적절한 처벌을 결정할 때 범죄의 성격 못지않게 중요한 것이 개인의 신분이었다. 진율과 포산의 법률 문서에서 드러난 기본 원칙은 범죄자와 군주의 관계가 처벌의 형식을 결정한다는 것이었다. 이 관계는 형법에서 인정되는 호혜적 교환의 일환인 군주의 시혜에 의해 규정되었다.[16]

그 대표적인 예는 작위 사여이다. 작위는 공로에 대한 대가로, 즉 군공을 세우거나 일정량의 곡식을 국가에 바친 대가로 군주로부터 받는 것이었다. 이것은 보통 사람들이 받을 수 있던 주된 보상이었는데, 작위 보유자는 그것을 반납하고 형벌을 감면받을 수 있었다.[17] 다시 말해서 작위 보유자는 어떤 범죄를 저질러도 처벌의 수위를 낮출 수 있었다. 좀 더 정확히 말하자면, 작위는 정상적인 처벌을 감면받는 대가로 군주에게 돌려줄 수 있었다. 이와 같은 신분과 처벌 감면의 교환은 진나라의 법질서 속에서 매우 정교한 형식으로 이루어졌다.

진율하에서 관리들의 범법행위는 대개 벌금형에 처해졌고, 벌금은 일정한 수의 갑옷으로 치러졌다. 이미 작위 덕분에 보호를 받은 이 개

---

16) Lewis, *Writing and Authority*, pp.23-26.

17) 『睡虎地秦墓竹簡』, pp.92, 93-94, 101-102, 102-103, 103, 136-147; Lewis, *Sanctioned Violence*, pp.61-64.

인들은 군대에 갑옷만 헌납하면 어떤 부당행위도 용서받을 수 있는 추가적인 특권을 누렸던 셈이다. 대부분의 학자는 이것이 금전적 처벌이었다고 본다. 갑옷을 구입하기 위해서는 돈을 지출해야 했기 때문이다. 따라서 군주로부터 작위를 받은 자들이 그것을 이용해서 속죄를 할 수 있었듯이, 군주로부터 녹봉으로 현금을 받은 자들도 그것을 되돌려주고 신체적 구속을 면할 수 있었다. 하지만 이 원칙이 절대적인 것은 아니었다. 관직이 없어도 돈은 있는 개인이 금전에 관련된 죄를 범하거나 군역을 이행하지 않았을 경우에도 벌금으로 갑옷을 바쳤다. 관등官等도, 공직도, 돈도 없는 사람들이 속죄할 수 있는 길은 일정 기간 노역을 하거나 관노비가 되는 것뿐이었다. 노역이 농민의 기본 의무였다는 것은 형벌이 개인과 군주의 관계를 반영했다는 사실을 다시 한 번 확인시켜준다.[18]

적어도 상나라와 주나라 시대까지 거슬러 올라가는 육형肉刑은 재물의 납부를 통해 피할 수 있는 것이 아니었다는 점에서 신분에 기초한 호혜성의 구도 바깥에 있었다. 그러나 이런 오래된 형벌을 가할 때도, 신체 훼손의 정도는 범죄자의 지위와 특권에 맞게 조정되었다. 수염과 두발을 깎아버리는 곤형髡刑(남자다움의 일시적 제거)에서 묵형, 코를 베는 의형劓刑, 발꿈치를 베는 월형刖刑, 궁형, 사형에 이르는, 수위가 미세하게 구분되는 다양한 형벌이 과거의 공과 균형을 맞추는 선에서 융통성 있게 적용되었다.

국가에 통합되었다는 징표로 작위를 받는 것 외에, 보통 사람들은

---

18) 『睡虎地秦墓竹簡』, pp.97, 113-148; Hulsewé, *Remnants of Ch'in Law*, pp.14-18.

성도 하사받았다. 주대에는 성이 귀족층의 특권이었지만, 전국시대에는 그것이 평민들에게까지 확대되었다. 결과적으로 과거에 '귀족'을 지칭하던 '백성百姓'이라는 용어가 '평민'을 뜻하게 되었다. 사회의 구성원은 법에 의해 한 종족과 한 가구 내에 등록되어 있어야 했다. 운몽 법률 문서들 중의 하나인 「봉진식」은 모든 증언은 증인의 이름과 신분(작), 법률상의 거주지로 시작되어야 한다고 언명한다. 더 오래된 포산의 법률 문서(초간楚簡)도 그런 관행을 입증하는 많은 사례를 제공한다.[19]

평민들이 작위와 함께 과거에 귀족들의 전유물이던 성을 받게 되자, 이런 하사품의 의미가 바뀌었다. 전민개병의 과정이 귀족의 특권을 굴종의 징표로 바꿔놓았듯이, 성과 작위, 호적의 보편화는 이런 은전들의 권위를 박탈했다. 주나라의 귀족들은 왕으로부터 작호와 성을 받았을 때 이 사실을 제기에 새겨 자신들에게 권력과 지위를 부여한 조상들에게 고했다(이때만 해도 귀족들의 권력과 지위가 전적으로 왕에게 달려 있지는 않았다). 반면에 전국시대 농민들의 이름과 작위는 한편으로는 법적으로 자유로운 정치체제의 성원이라는 지위를 보여주지만 다른 한편으로는 궁극적으로 군주의 통제하에 있는 호적에 등재되었다. 이름과 직함이 등록된다는 것은 법의 지배를 받는 신민이 된 것을 뜻했다.

호적 및 관련 지도는 그것들에 의해 대표되는 백성과 영토를 한눈에 들어오게 재현함으로써, 단순한 법률 문서 이상의 권위를 인정받게 되었다. 예컨대 형가가 시황제를 암살하려 했을 때, 그가 내세운 입조

---

19) 『睡虎地秦墓竹簡』, pp.247–249; 『包山楚簡』, pp.17–39.

의 구실은 자신이 진나라에 넘기려는 영토의 호적과 지도를 정식으로 바치겠다는 것이었다. 그런 문서의 법적 효력은 어떤 무덤에서 출토된 기원전 309년의 「경수전율更修田律」에 의해 입증된 바 있다.[20]

전국시대 말에 이르자, 호적 관리는 종교적 행위의 한 요소가 되었다. 가장 적절한 예는 방마탄에 위치한 기원전 3세기의 무덤에서 출토된 진간 속의 일화로, 불공정한 처형의 굴욕을 피하기 위해 자살한 남성에 대한 이야기이다. 그의 지인이 수명을 관장하는 '사명司命'에게 법적 탄원서를 제출했고, 사명의 명령에 따라 그의 시신이 수습되었으며, 그가 서서히 되살아났다는 내용이다.[21] 이 고사는 지상의 법률문서에 기초하여 사자들의 명부를 기록하고 인간들과 연락을 주고받는 지하세계의 관료체제를 묘사하고 있다. 저승의 행정제도에 호소함으로써 이승의 사법절차상 하자로 인한 죽음을 바로잡으려 했다는 것도 의미심장하다.

인간의 수명을 통제하는 '귀신명부'는 전국시대의 문헌인 『묵자』와 『국어』, 한나라 초기의 철학서인 『회남자』에서도 언급되고 있다. 기원전 4세기의 초나라 백서도 관료적인 신령들의 세계에 대한 증거를 제시하고 있다.[22] 한나라의 진묘문에는 법령에 의거하여 작동하는 훨씬 체계적인 지하세계의 관료조직이 나온다.

---

20) Hulsewé, *Remnants of Ch'in Law*, pp.211–215; Sage, *Ancient Sichuan and the Unification of China*, pp.131–133.

21) Harper, "Resurrection in Warring States Popular Religion," pp.13–28.

22) Riegel, "Kou-mang and Ju-Shou," pp.57–66; Barnard, *The Ch'u Silk Manuscript*, pp.207–210; 『淮南子』, ch. 8.

진나라의 문헌은 또한 문서의 처리, 곡창과 창고의 관리, 농민에 대한 종자나 소의 대여에 대해 논하고 있다. 서북부의 돈황과 거연 유적에서 출토된 한대의 목간은 기록을 보관하고, 보고서를 작성하고, 장비를 건사하고, 해마다 병사들의 궁술을 시험하고(솜씨가 좋은 병사들에게는 상을 주고), 통행 허가증을 발급받고, 부모상을 당한 병사에게 귀향휴가를 주고, 세금을 납부하고, 수배범을 잡기 위해 방을 붙이는 일에 관한 제반 규정을 비롯한 행정적 관심사와 절차를 상세하게 설명하고 있다.[23] 이 모든 문서는 초기 제국의 행정에서 법이 상당히 폭넓은 역할을 했음을 보여준다.

법률과 언어

제임스 보이드 화이트James Boyd White가 상술하듯이, 법은 규칙과 제재의 체계일 뿐 아니라 언어와 수사修辭의 특수한 형식이기도 하다. 법률체계는 그 나름의 전문적인 어휘와 어법을 만들어내는데, 법적 과정에 참여하려면 그것들에 정통해야만 한다.[24] 진한 시대의 지방관들은 자신이 관할하는 구역의 최고 판관이었으므로, 법전의 독특한 어법을 배워야 했다. 마찬가지로 중앙의 조정에서도 법령과 법규의 입안자들은 법률언어의 전문가가 되어야만 했다. 하지만 초기 중화제

23) Loewe, *Records of Han Administration*.

24) White, *Heracles' Bow; The Legal Imagination; Justice as Translation*.

국에서 법과 언어의 관계는 단순히 전문용어를 익히는 것이 아니라 언어의 조절을 통해 사회를 통제하는 것에 관련된 문제였다.

법률·행정·언어 사이의 관계에 대한 가장 상세한 논의는 '형명刑名'이라는 이름으로 진행되었는데, 진나라의 문헌인『한비자』에도 여기에 대한 설명이 나온다.[25] 『한비자』에 의하면, 군주는 조용히 뒤로 물러나 신하들에게 자신들이 완수할 행정업무를 말하게 해야 한다. 이 말은 기록으로 남겨 '부절符節'이나 '계契'로 삼고, 여기에 비추어 업무 성과를 평가한다. 나중에 그 말과 성과가 합치하면 관리에게 상을 주고, 그렇지 않으면 벌을 준다.[26] 이와 같이 부절을 이용하여 매년 공과를 확인하라는『한비자』의 처방은 당대의 행정 실무에 대한 서술과 일맥상통한다.

이론과 실천 양면에서, 법규와 형벌의 사용은 언어와 현실의 합치에 바탕을 두고 있다. 효율적인 법과 행정은 행위와 일치하도록 단어를 올바르게 사용하는 것에서 비롯되었다. 여기에 관련된 관념은 일찍이 '정명正名'을 통한 통치를 내세운 공자의 사상에서 나타났다. 위衛나라를 위해 어떤 정책을 권장할 것인지를 묻는 질문에, 공자는 명분을 바로잡는 것부터 시작할 것이라고 답했다. 명분이 올바르지 않으면 말이 세상과 일치하지 않고, 말이 세상과 일치하지 않으면 일이 이루어지지 않고, 일이 이루어지지 않으면 예악이 흥성하지 못하고, 예

---

25) Yates, "New Light on Ancient Chinese Military Texts," pp.220-222; Wang and Chang, *The Philosophical Foundation of Han Fei's Political Theory*, pp.59-60; Makeham, *Name and Actuality*, pp.69-75.

26) Lewis, *Writing and Authority*, p.33.

악이 흥성하지 못하면 형벌이 바로 서지 못하고, 형벌이 바로 서지 못하면 백성이 어떻게 행동해야 할지 모르게 된다는 것이다. 공자의 말은 분명히 순서대로 나열된 것이므로, 이름의 정확한 사용은 예제의 기반이고, 예제는 법적 처벌과 사회질서의 타당성을 보장한다.[27]

이 사상은 여러 방면으로 발전했지만, 법과 언어의 이론에 가장 밀접하게 관련된 것은 『춘추공양전』에서 찾아볼 수 있다. 이 책은 『춘추』를 암호화된 텍스트로 읽어서, 텍스트에 나오는 칭호의 선택이나 이름의 언급이 군주의 상과 벌에 상응하는 판단을 나타낸다고 보았다. 이 해석에서, 텍스트는 '소왕素王'인 공자가 온전하게 '정명'으로 이루어진 법률체계를 통해 다스리는 상상 속의 노나라를 위한 청사진이었다.[28] 이런 방식의 텍스트 읽기는 법적 판단의 힘을 갖춘 올바른 언어의 힘을 명확하게 확인시켜주었다. 이와 같은 주석의 전통에서, 법은 언어가 지닌 사회적 힘의 전형적 표현이었다.

한나라 통치의 첫 세기에, 조정의 학자들은 대부분 『춘추』가 완벽한 언어로서의 법을 텍스트로 표현한 것이라는 관점을 받아들였다. 공자가 『춘추』를 지은 이유를 묻는 질문에, 역사가 사마천은 『춘추』에 조예가 깊은 경학자 동중서(기원전 179~104년경)의 말을 인용했다. "주나라의 도가 쇠퇴하여 폐지되었을 때, 공자는 노나라의 사구司寇[형벌을 관장하던 직책]였다. …… 공자는 자신의 말이 쓰이지 못하고, 자신의 도

27) 『論語正義』 篇7, p.129; 篇15, p.271; 篇16, pp.280-293; 篇20, p.364;
Makeham, *Name and Actuality*, chs. 2-4.

28) Lewis, *Writing and Authority*, pp.139-144.

가 행해지지 않을 것임을 알았다. 그래서 242년(『춘추』가 다루고 있는 기간)의 옳고 그름을 따져서 천하의 본보기로 삼았다. 그는 천자를 폄하하고, 제후들을 비난하고, 대부들을 공격함으로써 왕의 임무를 달성하고자 했다." 동한 시대에 이르자, 동중서가 저술한 것으로 전해지는 문헌[『춘추번로春秋繁露』를 말함]이 『춘추』의 암호화된 판단에 의거하여 실질적인 법적 판결을 내리는 방법을 가르쳐주기에 이르렀다. 이 문헌과 유사한 문헌들이 사용되었다는 것은 『춘추』를 정화된 법률언어를 텍스트 형식으로 표현한 것으로 보는 관점이 정치적 현실이 되었음을 뜻한다.[29]

『춘추』를 공자의 판관 역할과 연결시킨 것은 의미심장하다. 법률은 종교 및 정치와 함께 언어가 매우 빈번하게 연행적演行的 기능을 수행하는 영역에 속한다. 판관의 선고는 관리나 제사장의 선고와 마찬가지로 사회적 현실을 만들어낸다. 그가 내리는 유죄 판결은 죄가 있다는 사실을 성립시키는데, 보통 사람들의 말은 그런 효과를 거둘 수 없다. 『춘추』가 죄나 무죄를 선고하고 특정 신분을 부여하거나 철회할때, 이 책은 판관의 역할을 하는 것이다. 기원전 4세기의 『좌전』에 실린 우화들도 사관을 판관으로 취급했다. 역사가가 과거에 대한 판단을 내린다는 것은 서양에서는 상식으로 통하지만, 『춘추공양전』과 한대의 추종자들은 사관의 비유적 표현을 있는 그대로의 현실로 간주한다. 공자가 판관으로서 형벌을 부과하는 역할을 했다는 발상은 한대

---

29) 『史記』卷130, p.3297; 『漢書』卷30, p.1714; 『史記』卷122, p.3139; Queen, *From Chronicle to Canon*, chs. 6–7.

초기까지 그를 둘러싸고 형성되었던 신화의 핵심을 이루었다.[30]

정화된 언어로서의 법은 철학서, 전(傳)이나 주석, 역사서뿐 아니라 법률 문서에도 나타났다. 가장 명백한 예는 운몽에서 출토된 진나라의 법률 문서이다. 죽간에 적힌 많은 문구는 전문적인 법률용어에 대한 정의로 이루어져 있다. 법적 실체로서의 가족에 대해 논의하면서, 그 문구들은 가구에 관련된 용어들을 해설한다. "'호戸'는 '동거하는 사람들'을 뜻한다. 그들은 하인과 노비(예隷)의 죄에 연좌되지만, 하인과 노비는 그들의 죄에 연좌되지 않는다. '실인室人'이란 무엇을 의미하는가? '동거'란 무슨 뜻인가? '동거'는 호적에 등재된 사람들만을 뜻한다. '실인'은 범죄에 대해 연대책임을 지는 가구원 전체를 가리킨다."[31]

한대의 다른 전거를 보면 알 수 있듯이, 이 용어들은 관용어의 일부였다. 혜제惠帝(재위 기원전 195~188)의 칙령에서 '동거'는 '가정(가家)'과 같은 의미로 쓰이고 있다. 이는 두 용어가 넓은 의미에서 '가족'을 의미하는 동의어임을 말해준다.[32] 마찬가지로 한대의 문서에서 '호'는 '가구' 또는 '가정'이라는 의미를 지니고 있다. 법률 문서가 하는 일은 일상적인 대화에서 일정한 범위의 의미를 가지고 있는 단어와 어구에 기술적technical 정의를 부여하는 것이다. 위의 예에서는 혈연이 아니라 공동의 주거가 진나라 정부가 말하는 법적인 '가족'을 정의했는데, 이는

---

30) 『春秋左傳注』, 선공宣公 2년 , pp.662–663 ; 양공襄公 25년, p.1099; Lewis, *Writing and Authority*, pp.130–131, 222–224.

31) 『睡虎地秦墓竹簡』, pp.160, 238.

32) 『漢書』 卷2, p.85; 卷50, p.1307; 『後漢書』 卷25, p.886; 卷52, p.1722; 卷60b, p.1980.

당대의 관용적 어법과는 무관했다. 죽간의 유사한 문구들은 다른 용어들에 기술적 정의를 부여하거나, 특정한 개인이나 사건이 특수한 법적 범주에 부합하는지 아닌지를 규정하고 있다. 이는 사회의 질서를 세우는 올바른 언어의 형식이라는 법률의 철학적 이념을 실용적으로 표현한 것이다.

사마천은 조정의 법률 전문가들에 관해 논하면서, 이런 이념의 단점을 지적한다. 법을 이용해서 국가의 권위를 유력 가문들에게 강요하는 '혹리'에 대해 이야기할 때, 그는 법의 한계와 법치의 역효과에 관한 철학적 구절을 인용한다. 그리고 진 제국을 비판하는 당대의 표준적인 관점을 상기시키면서, 그 엄혹한 법을 무자비하게 적용한 것이 진의 멸망을 초래했다고 주장한다.[33] (법의 남용에 대한 그의 반감은 흉노에게 어쩔 수 없이 항복한 장군에게 법조문을 곧이곧대로 적용해서는 안 된다고 주장하다가 그 자신이 궁형을 당한 것과 무관하지 않다.)

사마천은 이어서 법을 엄격하게 적용한 관리들을 대체로 부정적으로 묘사한다. 그가 그들을 기술할 때 자주 쓰는 표현들 가운데 하나는 그들이 "법을 시행할 때 황제의 친인척에게도 예외가 없다"라는 것이다. 또 "법조문을 너무 각박하게 적용한다"라거나 "법을 왜곡하면서까지 사람들을 죽여 없앤다"라는 표현도 사용한다.[34] 요컨대 그가 법을 비판하는 근거들 가운데 하나는 법이 그 미묘함과 조작 가능성을 익히

---

33) 『史記』 卷122, p.3131.

34) 『史記』 卷122, pp.3133, 3135, 3136, 3139, 3140, 3141, 3145, 3150, 3151, 3152.

아는 자들에게 권력을 부여하지만 항상 정의를 구현하지는 못하는 냉혹한 언어라는 것이었다. 이와 같은 부정적인 견해에도 불구하고, 사마천 역시 법을 기술적으로 규제되기에 강력한 힘을 발휘하는 언어의 독특한 형식으로 정의한다.

「혹리열전」의 중심인물은 장탕張湯이다. 한동안 무제의 조정을 지배했던 이 인물은 법률 문서의 기안에 일가견이 있었다. 열전에 소개된 다른 인물들과 마찬가지로, 그도 법조문을 너무 엄하게 적용했고 자신이 원하는 결과를 얻기 위해 법률 문서의 기술적인 언어를 조작했다는 비난을 받는다. 하지만 그의 전기에는 색다른 면이 있다. 첫째, 그는 법적 언어와 절차를 사용하는 데 천부적인 재능을 지닌 신동으로 소개된다.

하루는 아버지가 외출하면서 아직 어린 탕에게 집을 보게 했다. 그런데 집에 돌아와 쥐가 고깃덩어리를 훔쳐간 사실을 알고 화가 난 아버지는 태만하다는 이유로 탕을 매질했다. 그러자 탕은 쥐구멍을 파서 쥐를 잡고, 쥐가 먹다 남은 고기를 찾아냈다. 그리고 쥐를 고발하고 쥐가 실토할 때까지 매질하여 진술을 받아내고 물증과 비교하여 논고를 작성했다. 그런 다음 정식으로 쥐를 체포하고 고기를 압수하여 마당으로 나갔다. 그리고 그곳에서 재판을 열고 형을 선고한 뒤에 쥐를 처형했다. 이 광경을 보고 그가 작성한 문서들을 검토한 아버지는 소년이 이 모든 절차를 노련한 형리처럼 진행했다는 사실에 크게 놀랐다.[35]

---

35) 『史記』 卷122, pp.3137

성격과 미래의 경력을 암시하는 어린이의 행동에 대한 이런 설명
은 초기 중국의 많은 전기에 나오는데, 가장 유명한 것은 어릴 때 제
기를 펼쳐놓고 놀았다는 공자의 전기이다. 어린 장탕의 이야기는 그
런 설명을 모방한 듯하지만, 아무튼 법을 문서의 준비와 언어의 형식
적 정확성으로 특징지어지는, 생사를 결정하는 특별한 활동으로 간
주하고 있다. 더욱이 이 이야기는 진의 법률 문서에 기술된 조사와 심
문의 표준적인 형식을 제시한다(그리고 진율에도 나오는 쥐의 도둑질을 다
루고 있다).

장탕의 전기에서 눈길을 끄는 두 번째 특징은 황제가 고전문헌을 좋
아한다는 사실을 알아차린 그가 경서를 인용하면서 황제의 결정을 지
지하기 시작했다는 것이다. 그는 심지어 『상서』와 『춘추』에 정통한 학
자들을 발탁하여 곁에 두고 경서들을 가장 효과적으로 인용하는 법을
배웠다. 사마천은 이 경학자들 가운데 다수가 그의 '앞잡이'가 되어 엄
격하고 가혹하게 형벌을 부과했다고 말한다.[36] 이 대목에서 법적 판결
방식인 공자의 글쓰기 이론과 통치의 기술적 언어인 법률 이론이 수렴
한다. 비슷한 양상이 다른 사람들, 예컨대 무제의 조정을 주름잡던 경
학자 공손홍公孫弘의 전기에서도 반복된다. 이는 법률의 기술적 언어
와 한대에 발달한 경서 주해의 기술적 언어 사이에 밀접한 관련성이
있음을 입증한다.

부정적 각도에서 법률언어의 중요성을 예시한 또 다른 글은 동한의
역사가 겸 시인인 반고(기원후 32~92)가 몇 세기에 걸쳐 발전하면서 장

---

36) 『史記』 卷122, pp.3139, 3143.

황하고 복잡해진 한나라 법전에 대해 불만을 토로한 것이다. 기원전 200년에 진율을 크게 단순화시킨 버전으로 출발했지만, 기원후 1세기 말에 이르자 한율漢律은 총 700만 자가 넘는 수만 가지 조항으로 불어 났다. 반고는 "(법률)문서들이 서탁과 벽장을 가득 메워서 제아무리 똑똑한 관리들도 그것들을 모두 검토할 수 없었다. 따라서 군국의 관리 들이 그 뜻을 놓고 갑론을박했고, 동일한 범죄가 완전히 다른 판결로 이어지기도 했다"[37]라고 주장했다. 반고에 의하면 모든 사건을 포용 할 수 있는 엄격한 언어를 찾으려는 노력이 결국 실패할 수밖에 없는 것은 수많은 가능성이 존재하기 때문인데, 이는 많은 문화에서 정교 하고 복잡한 법률체계가 발달한 이유이기도 하다.

법률과 형벌

초기 제국의 법률은 좁은 의미에서 일련의 행동규칙과 그것을 위반 했을 때 가해지는 일련의 형벌로 구성되었다. 중국과 서양의 학자들 은 하나같이 초기 중국의 학자들이 형벌을 법의 결정적인 측면으로 간 주했다는 사실에 오랫동안 주목해왔다. 반고의 『한서』에서 법을 논한 부분은 「형법지刑法志」라는 제목을 달고 있고, 그 전반부는 형벌의 최 고 형태(대형大刑)에 사용된 군대의 역사에 초점을 맞추고 있다.

초기 중국의 법은 거의 형법체계였지만, 재산과 상속을 둘러싼 분

---

37) 『漢書』卷24, p.1101.

쟁도 이 시기에 발견된다. 오늘날의 강소성에서 출토된 한대의 유언
장은 관리가 재산 상속 현장에 입회했다는, 무덤에 부장된 '매지권'에
의해 이미 암시된 사실을 확인시켜준다. 매지권은 저승에서 사자의
지위를 확보해주기 위한 종교적 문서였지만, 우리는 이제 그것이 실
질적인 관행에 따른 것이었음을 알 수 있다. 법률 문서는 범죄를 저지
른 기혼 여성의 지참금 처리, 노비가 결혼할 권리, 부모와 자식의 관계
같은 문제도 다루고 있다. 그럼에도 법에 대해 전해 내려오는 논의들
과 증거 자료의 대부분은 형법과 형벌을 다루고 있다.[38]

초기 제국은 사형과 육형, 노역이라는 세 가지 기본 형벌을 사용했
다. 감금은 그 자체로는 형벌이 아니었고, 사법절차가 진행되는 동안
용의자를 억류하고 증인을 확보해두는 수단이었다. 하지만 사법절차
가 지연되면 감금이 장기화될 수 있었고, 사마천에 의해 기록된 법률
전문가들 가운데 적어도 한 명은 황제가 어떤 용의자의 처형을 원치
않는다고 판단되면 그를 무한정 옥에 가두어두는 방안을 강구했다.
반고는 또한 사건이 애매해서 결론을 내릴 수 없을 때에도 관리들이
사람들을 무기한 감금했다고 적고 있다.[39] 아무런 법적 근거가 없는
장기 구금은 피할 수 없는 삶의 현실이었다.

최고 수위의 형벌은 사형이었고, 가장 흔한 형식은 참수였다. 참수
된 자의 목과 시신은 종종 시장에서 공개 전시되었다. 아주 드문 방법

---

38) Kleeman. "Land Contracts and Related Documents," pp.1-34;
  『睡虎地秦墓竹簡』, p.224; Wilbur, *Slavery in China during the Former Han
  Dynasty*, pp.158-164.

39) 『史記』 卷122, pp.3150, 3153; 『漢書』 卷23, p.1106.

은 작두로 허리를 자르는 요참형腰斬刑이었다. 삼족이나 구족(멸문지화를 당한 친족의 범위를 가리키는 마법의 숫자)의 처형을 유발한 극악한 범죄의 경우, 그 주모자는 온갖 형태의 형벌에 처해졌다. 처음에는 얼굴에 문신이 새겨졌고, 다음에는 코와 두 발꿈치가 차례로 잘렸으며, 마지막에는 죽을 때까지 매질을 당했고, 그 후 머리는 시장에 효수되고 시신은 갈기갈기 찢겨 같은 장소에 버려졌다. 한나라에서 사형에 처해진 범죄의 가짓수는 상당히 많았지만, 중죄인들이 사면을 받거나 변경에서 군 복무를 하게 되는 경우도 꽤 있었다.[40]

형벌의 두 번째 범주인 육형은 한나라가 지배한 몇 세기 동안 많은 논쟁의 대상이 되면서 여러 차례 수정되었다. 원래 이 형벌은 묵형·의형·월형·궁형으로 이루어졌다. 기원전 167년에 궁형을 제외한 이 형벌들은 공식적으로 폐지되고, 죄인들에게 평생 전과자의 흔적을 남기지는 않을 형벌로 대체되었다. 묵형은 두발을 깎이고 목에 쇠사슬을 두른 채 노역을 하는 것으로 대체되었다. 코나 발꿈치를 자르는 형벌은 회초리나 곤장으로 등이나 엉덩이를 정해진 횟수만큼 때리는 태형으로 대체되었다. 하지만 곤장의 무게와 매의 횟수로 인한 과다 출혈로 수형자가 사망에 이르는 경우가 많았다. 자애로운 조치라고 선언되었던 것이 사실은 한층 가혹해진 형벌로 밝혀졌던 것이다.

매의 횟수와 곤장의 무게는 결국 기원전 156년과 151년에 줄어들었다. 그러나 형벌들이 참을 만한 수준이 되자, 관리들은 범법행위를 막을 수 없다고 불만을 털어놓았다. 이에 따라 사형에 처해지는 죄목이

---

40) Hulswé, "Ch'in and Han Law," pp.532-533.

늘어나면서, 한대 말에는 1,000건 이상의 사형이 집행되었다. 궁형은 다른 육형들이 폐지되기 전이나 직후에 독립된 형벌로는 폐지된 것으로 보이지만, 이따금 사형수의 이례적인 감형 방식(정상적인 방식은 변경의 군 복무였다)으로 계속 사용되었다. 그러다가 기원후 2세기의 20년 대에 다시 폐지되었고, 이후에는 사용된 적이 없는 듯하다.[41]

초기 중화제국에서 가장 흔한 형벌은 1~5년의 노역이었다. 그 기간은 특정 임무와 결부되어 있었다. 예컨대 성을 쌓고 적을 방어하는 '성단城旦'은 4년형이었고, 종묘에서 쓸 땔감을 모으는 '귀신鬼薪'과 곡식을 빻는 (여성의) '백찬白粲'은 3년형이었다. 하지만 이 오래된 범주들은 도로와 교량을 건설하거나, 관영 작업장에서 일하거나, 강에 둑을 쌓거나, 곡물을 운송하거나, 철을 제련하는 등, 실제로 이루어졌을 작업에 대해서는 구체적으로 알려주는 바가 없다. 이 모든 기간의 노역에 처해지기 이전에, 죄인들은 죄의 경중에 따라 곤장을 맞거나 일시적인 육형에 처해졌다. 5년형을 선고받은 남성은 두발을 깎이고 쇠사슬을 목에 둘러야 했지만, 4년형을 선고받은 남성은 수염만 잘렸다.[42]

진나라에서 흔히 사용되던 또 다른 종류의 형벌은 유배였다. 이 형벌이 자주 내려진 것은 아마도 인구가 부족한 새로운 정복지에 사람들을 보내서 살게 하면 나라에 득이 되기 때문이었을 것이다. 「봉진식」에는 주목할 만한 사례가 나온다. "모 마을의 평민 갑은 고소장에서 '갑

---

41) 『漢書』卷4, p.125; 卷23, pp.1097, 1099−1101.

42) Hulswé, *Remnants of Ch'in Law*, pp.14−18; Hulswé, "Ch'in and Han Law," p.533.

은 마을의 평민인 친아들 병의 발꿈치를 자르고 족쇄를 채운 다음 변경의 촉군蜀郡(사천)으로 유배시켜 평생 유배지를 떠나지 못하게 해주기를 청원한다'라고 말했다." 관리는 그의 청원을 받아들이고, 아들이 어떻게 유배지까지 호송될지에 관해 상세하게 설명했다. 한나라에서는 사형을 감면받아 변경으로 추방되는 경우를 제외하면, 유배형에 처해지는 사람들이 줄어들었다.[43]

사면 외에도, 진한 시대 중국의 형벌 상당수는 속죄될 수 있었는데, 이 관행에는 남녀 노비가 자유를 사는 것과 동일한 조건이 적용되었다. 진의 법률 문서는 유배, 노역, 육형, 궁형, 심지어 사형도 면할 수 있는 가능성을 자주 언급하고 있다.[44] 대부분의 경우, 속죄는 작위를 반납하거나 벌금을 내는 형식을 취했다. 벌금을 낼 수 없는 경우에는 일정 기간의 노역으로 속죄가 이루어졌다. 엄밀한 의미에서 벌금은 주로 임무 수행에 실패한 관리들에게 부과되었고, 이미 살펴본 것처럼 속죄금은 갑옷을 구매하는 방식으로 치러졌다. 한대에는 죗값이 보통 황금으로 지불되었다.

이 시대의 형벌에 대해 일반화하기는 어렵다. 한편으로 처형과 육형, 심지어 육형을 대체한 모발과 복장에 관한 규정은 백성의 신체를 구속하는 국가의 공권력을 강력하게 과시하면서 주요 범죄를 저지른 자들을 인간 공동체로부터 격리시켰다. 다른 한편으로 많은 형벌은

---

43)『睡虎地秦墓竹簡』, pp.91, 92, 93, 143, 150, 177, 178, 204, 261, 276. Hulsewé, *Remnants of Ch'in Law*, p.195.

44)『睡虎地秦墓竹簡』, pp.84-85, 91, 143, 152, 164, 178, 179, 200, 231. 한나라에 대해서는 Hulsewé, *Remnants of Han Law*, pp.205-214를 보라.

노역과 화폐, 작위와 교환되는 형식을 취했고, 이 교환의 조건은 차별
적 관계에 의거하여 세밀하게 규정되었다. 노역을 일종의 형벌로 이
용하고 죄수들을 변경이나 새로운 정복지로 유배하는 것은 형벌이 국
가에 인적 자원을 제공하는 수단임을 보여준다. 이는 근대 초기의 유
럽이나 미국에서 선상노예나 사슬에 묶인 죄수들을 쓰던 것과 크게 다
르지 않다. 한대의 문인들은 진나라의 지나치게 세세한 규제와 가혹
한 형벌이 초래한 파국적 결과를 강조했지만, 당대의 기록을 보면 한
나라가 그 방면에서 의미 있는 진전을 이룬 것 같지는 않다.

법률과 조사

초기 중화제국 사법절차의 기본 요소는 제법 잘 기록되어 있다. 당
시에는 행정적 권위와 법률적 권위가 뚜렷이 구분되지 않았고, 일반
적으로 한 지방의 최고 행정관은 최고 판관이기도 했다. 군현의 행정
수반은 관할구역의 판관이었다. 장군은 병사들을 처벌하고 심지어 처
형할 권한을 가지고 있었다. 석각과 문헌자료는 지방관들에게 법률
자문을 한 참모들에 대해 언급하고 있지만, 구체적인 내용을 알려주
지는 않는다.

중앙 조정에서는 몇몇 관리가 사법 업무를 처리했다. 호릉감護陵監
은 황릉과 관련된 도시들의 주무 행정관으로, 도성 인근을 관장하는
최고 판관이었다. 하지만 가장 중요한 법관은 정위廷尉였다. 그는 황

실과 봉건제후, 고관들에 관계된 모든 사건의 판관 역할을 했다. 또 지방관들이 문의한 모호한 사건들을 해결했다. 마지막으로 황제는 최종 판관이자 최고 중재자이자 모든 법률의 원천이었다. 대부분의 황제는 판결을 내리는 실무를 법률관리들에게 기꺼이 위임했지만, 경우에 따라서는 개인적으로 개입하거나 자신들을 위해 일하도록 특정 관리들(앞에서 언급한 '혹리들' 같은)에게 권한을 부여하기도 했다.[45]

중앙 조정은 또한 지방관들의 사법활동을 감독했다. 한 가지 방법은 죄수들이나 그들의 가족에게 중앙정부에 재심을 요청할 권리를 부여한 것이었는데, 이 절차에 대한 기록은 남아 있지 않다. 조정은 기원전 106년에 지방의 순회 감찰관인 자사刺史 직책을 설치했다. 자사가 하는 일은 각 행정구역에서 판결이 공정하고 불편부당하게 이루어지고 있는지를 점검하는 것이었다. 그는 특히 지방관들과 유력 가문들 사이의 공모를 조사하는 책무를 맡았다. 대부분의 법률 전문가들은 이런 가문들을 공격하여 그들의 영향력을 축소시키라는 명령을 받았다. 지방관들이 유력한 토호들과 유착하는 사태에 대한 조정의 우려는 근거가 없지 않았다. 도시에서는 비슷한 종류의 부패와 결탁에 주로 폭력배들이 관련되어 있었다. 한나라의 역사는 지방관과 폭력배들의 오랜 유착과, 조정에서 파견된 대리인들에 의한 이 불법적인 연합체의 일망타진에 대해 전해준다.[46]

---

45) Hulswé, "Ch'in and Han Law," pp.528–530.

46) 『漢書』卷90, pp.3673–3674; 卷92, pp.3705–3706, 3706–3707; 『潛夫論箋』篇5, pp.173–197; Lewis, *Sanctioned Violence*, pp.90–91.

곳곳에 흩어져 있는 자료들(쥐에 대한 장탕의 재판이 가장 구체적인 예이다)을 통해, 학자들은 사법적 조사와 재판의 대략적인 모습을 재구성했다. 좀 더 상세한 정보는 진의 법률 문서, 특히 「봉진식」에서 얻을 수 있다. 이 문서는 지방관에게 중앙정부에 송부될 조서와 판결문을 작성하는 정형화된 방식을 알려준다. 이 양식은 실제 사건에 바탕을 둔 것일 수도 있지만, 일차적으로는 지방관에게 사법절차를 안내하기 위해 만들어졌다.

많은 범례는 사건 현장과 피해자에 대한 법의학적 감정의 필요성을 역설하면서, 조사해야 할 세부사항을 구체적으로 밝히고 있다. 한 교사絞死 사건에 관한 기록은 사건이 발생한 집, 시신의 위치, 밧줄의 종류와 크기, 신체 각 부위의 상태, 피해자가 입고 있던 옷, 밧줄이 걸린 들보의 크기, 심지어 족적을 남기지 않은 흙의 상태까지 상세하게 기술하고 있다. 다음은 그 뒤에 이어진 조사 방법에 관한 일반적인 조언이다.

조사할 때는, 먼저 흔적을 세심하게 살피는 것이 필수적이다. 시신이 있는 장소에 혼자 도착해서 밧줄의 매듭을 살펴야 한다. 만약 밧줄이 있는 위치에 목을 맨 흔적이 있다면, 희생자의 혀가 나와 있는지 아닌지, 머리와 발이 밧줄이 있는 장소와 땅바닥에서 얼마나 떨어져 있는지, 그가 대소변을 배설했는지 아닌지를 살펴야 한다. 그리고 밧줄을 풀어서 입과 코에서 숨소리가 나는지 확인한다. 다음에는 밧줄에 남아 있는 혈흔의 상태를 살핀다. 시체의 머리를 밧줄의 매듭에서 빼어내 보라. 만약 그렇게 할 수 있다면 (원문 누락) 그의 옷을 (벗기고) 그의 몸을 머리카락 아래에서부터 회음부까지 샅샅이 훑어보아야 한다. 혀가 나와 있지 않고, 입과 코에서 숨소리가 나지 않으며, 밧줄에 혈흔도 없고, 밧줄의 매듭이 너무 단단히 묶여 있어서 머리를 빼낼 수 없다면 (원문 누락). 죽은 지 오래되어서, 입과 코가 숨을 내쉬지 못할 수도 있다. 자살한 사람에게는 반드시 그 이유가 있는 법이다. 그의 동거인들에게 물어서, 그 이유에 대해 답하게 하라.[47]

다른 기록들에는 집에 침입하는 데 이용된 땅굴의 조사, 싸움으로 인해 유산된 태아와 임산부의 신체검사, 어떤 질병이 특정한 신체 상태를 유발했는지를 확인하기 위해 의관의 자문을 구한 내용이 포함되어 있다.

범죄의 물질적·신체적 흔적에 대한 조사 외에, 이웃이나 가족에 의한 고발 내용을 검토해야 할 사건도 많았다. 용의자들은 역참의 수장이나 교위(지방정부를 위해 일하던 퇴역 군인인 경우가 많았다)에 의해 체포되었다. 그 후 지방의 행정관이 증인을 심문했다.

사건에 대해 심문할 때는, 우선 그들의 말을 경청해서 기록하고, 각자에게 스스로 진술하게 해야 한다. 거짓말을 하고 있다는 사실을 안다 하더라도, 꼬치꼬치 캐물을 필요는 없다. 진술을 완전히 받아 적은 다음 앞뒤가 맞지 않다고 판단되면, 확인이 필요한 부분을 깐깐하게

---

47) Hulswé, *Remnants of Ch'in Law*, pp.200-201.

따져야 한다. 집요하게 질문하고 모든 것에 귀를 기울이고 변명을 기록한 다음에는 설명이 미흡한 부분을 찾아서 여기에 대해 추궁해야 한다. 사건의 전모를 파악하기 위해 끈질기게 최조했음에도, 용의자가 거짓말을 거듭하고 진술을 번복하고 죄를 자백하지 않으면, 법에 의거하여 그들에게 태형을 가하도록 하라. 태형을 가할 때는 "갑이 계속 진술을 번복하고 죄를 실토하지 않는 까닭에, 곤장을 때려가며 갑을 심문했다―기록관 주"라고 명기해야 한다.[48]

물증과 증언은 사건 당사자 전원과 수사관 사이의 일대 격돌로 이어졌다. 각 관련자는 진술을 내놓고, 수사관은 이 진술들을 물증과 연결시켜 일관성 있고 설득력 있게 사건을 재구성한다. 진술이나 물증들이 서로 부합하지 않을 때는 추가적인 질문이 이루어졌다. 증언의 변화나 내적 모순은 더욱 심도 있는 심문의 실마리를 제공했다. 마지막에는 피의자의 자백이 필요했고, 증거가 확실한데도 자백을 완강하게 거부하면 태형이나 다른 형태의 고문이 가해졌다. 하지만 태형은 최후의 수단에 불과했고, 그 사실은 보고서에 기록되어야 했다.

이런 과정에서 관리는 침묵을 지키면서 증인들의 말을 정확하게 기록하고, 진술에 내적 일관성이 있는지 살피며, 진술과 물증의 관련성을 검토한다. 이는 군주가 '형명'을 이용하여 대신들을 통제하는 것과 같다. 이때 지방관은 군주의 위치에 서고, 증인은 신하의 위치에 선다. 증인은 스스로 말하고 자신의 행위를 설명하는데, 그의 말은 기록으

---

48) 『睡虎地秦墓竹簡』, pp.246-247.

로 전환되었다. 이는 야심만만한 관리가 군주 앞에서 자신의 포부를 밝히는 것과 유사했다. 한편 지방관은 조용히 앉아서 모든 것을 자신이 아는 사실과 대조했다. 이와 같이 지방 수준에서 중앙 조정으로 상향하면서 이루어진 일련의 위계적 대질을 통한 행정이 초기 제국 정부의 기본 모델이었다.

이상의 문헌들은 중국 법률의 이론과 실천에 판관은 탐정이 되어야만 한다는 관념이 뿌리내리고 있음을 보여준다. 물리적 흔적과 사람들의 말 뒤에 숨어 있는 의미를 읽어내는 능력을 통해, 이상적인 판관은 혼동과 기만의 장막을 관통하여 사건의 진상과 사건 관련자들의 공정한 판결에 도달했다. 판관을 현명한 암호 해독자로 보는 이런 관념은 장가산張家山의 한나라 무덤에서 출토된 문서에서도 엿보이는데, 이 문서에는 음식물 오염의 주범을 찾는 임무를 맡은 관리가 가구원 전체가 원인을 제공했다는 사실을 유추해낸 사건이 기록되어 있다.[49] 탐정으로서의 판관은 후대 중국의 연극과 소설에 자주 등장하는데, 그 주인공인 적인걸狄仁傑이나 포청천包靑天 같은 판관은 진실과 정의의 대명사가 되었다. 새로 발견된 진한의 자료가 드러내듯이, 정의를 암호의 의미를 읽어내는 지혜로운 능력의 결과로 보는 이 모델은 이미 제국시대의 초창기에 나타났던 것이다.

---

49) 『張家山漢墓竹簡』, pp.225-226. 이 사건의 역사적 진실성에는 의문의 여지가 있다. 『韓非子集釋』篇10, pp.595-596에 묘사된 일화와 너무 비슷하기 때문이다.

법률과 노역

진나라의 치하에서 여러 부류의 범법자들은 상인들과 같은 사회적 부당행위자들과 함께 강제로 변경으로 보내졌다. 한나라의 치하에서는 변경의 수비대가 점차 사형수들로 가득 차게 되면서, 군역 수행을 위한 변경 전출이 범죄자의 유배와 뒤섞이게 되었다. 따라서 국경지대의 군사작전은 내부의 폭력분자들을 추방함으로써 국내의 안전을 도모하는 수단이 되었다. 군대는 제국의 질서를 위협하는 외부의 적을 제압할 뿐 아니라, 파괴적인 사회의 성원들을 한나라 사람들의 상상 속에서 문명이 미치지 않는 지역으로 쫓아버리는 데도 일조했다.[50]

이를 입증하는 전거는 많다. 기원전 109년에 무제는 사형수들을 차출하여 원정군에 포함시켰고, 기원전 105년과 104년, 100년, 97년에도, 그리고 후대 황제들의 치세에도 형도들을 원정대 편성에 이용했다는 기록이 있다. 기원전 100년에 무제는 형도들을 보내 오원五原에 군사기지를 세우라는 칙령을 내렸다. 한대의 목간도 무제의 시대부터 형도들이 변경의 요새에 주둔했고, 서한의 역사를 통해 그들이 총병력에서 차지하는 비중이 꾸준히 증가했음을 보여준다.[51]

동한 시대에는 전민개병제가 폐지됨에 따라 형도들의 군 복무가 극적으로 늘어났다. 군사조직의 차원에서, 이는 단순한 양적 증가가 아

50) 『史記』卷6, p.253; 『漢書』卷6, p.205; Chü, *Han Social Structure*, pp.328-329, 주21; Bodde, "The State and Empire of Ch'in," pp.29, 38, 59, 65-66, 88.

51) 『漢書』卷6, pp.193, 198, 200, 203, 205; 卷70, pp.3010, 3017; 卷76, pp.3208, 3214; Lewis, "The Han Abolition of Universal Miliotary Service," p.54.

니라 질적 전환이었다. 전민개병제가 폐지된 이듬해인 기원후 32년에, 동한의 창건자 광무제는 청건좌교위靑巾左校尉라는 무관직을 신설했다. 여러 전기는 좌교위의 참모진이 형벌 관련 업무를 처리했다고 말한다. 교위는 군사적 역할도 수행해야 했기에, 91년에 이 직책을 가진 자는 원정군으로 파견되었다. 한 청원서는 이 지휘관의 부하를 '완형범緩刑犯'이라고 언급했는데, 이것은 군역을 위해 변경에 보내진 죄수들에게 적용되던 용어였다. 비슷한 맥락에서 전직 관리 몇 명의 면죄를 요청하는 상주문은 그들을 '좌교위의 완형범들'이라고 지칭했다. 이는 이 부서에 배속된 자들이 사형을 감면받은 형도들이고, 수비대원으로 전선에 보내졌음을 보여준다.[52]

변경에 형도들을 보내는 일을 전담한 부서에 대한 이런 증거 외에, 전방의 수비대가 주로 형도들로 편성되었음을 보여주는 문서도 있다. 기원후 45년에 광무제는 국경지대에 둔전이 딸린 3개의 군영을 설치하고, 그곳들을 형도들로 채우라고 명령했다. 반초가 중앙아시아에서 31년 동안 전쟁을 치르고 나서 102년에 조정에 돌아왔을 때, 한 친구는 이 백전노장이 진작 고위관직에 제수되지 못했던 사실에 유감을 표했다. 이에 대해 반초는 자신이 조정의 직위에는 어울리지 않는다고 답했다. "요새 너머의 장졸들은 효성스러운 아들도, 순종적인 손자도 아니다. 그들은 모두 죄를 지었기 때문에 변경의 군영으로 추방된 것이

---

52) 『後漢書』 卷4, p.171; 卷43, pp.1470-1471; 卷58, p.1871; 卷65, p.2147; 卷67, p.2192.

다."[53]

　기원후 76년에 양종楊終이 쓴 상주문은 이 관행의 규모를 말해준다. 그는 기원후 58년에 명제明帝의 치세가 시작된 이후 관리들이 변방으로 보낼 사람들을 모집하기 위해 감옥을 샅샅이 뒤져 무고한 자들에게 죄를 뒤집어씌웠고, 이렇게 해서 변경으로 유배된 자가 수만 명에 이른다고 적었다. 『후한서』의 「본기」와 「열전」은 기원후 154년에 이르기까지 평균 5년에 1번꼴로 형도들을 변경에 보내라는 칙령이 내려졌음을 보여준다. 154년 이후의 칙령들은 열거되어 있지 않지만, 「열전」에는 그 시점 이후에 변경으로 유배된 개인들이 언급되고 있다.[54]

　그런 식으로 유배된 자들의 수를 정확하게 계산할 수는 없지만, 『한서』의 「형법지」에 나오는 수치로부터 그 규모를 어림잡을 수는 있다. "현재 군국에서는 해마다 처형당하는 사람이 수만을 헤아린다. 제국에 2,000개 이상의 감옥이 있으니, 억울하게 죽은 사람들의 시신이 계속 쌓인다."[55] "수만을 헤아린다"라는 표현은 양종의 말과 일치하기는 하지만, 문학적인 수사일 것이다. 하지만 2,000개의 감옥은 정확한 숫자인 것 같다. 그것이 옳다면, 한율하에서 사형에 처해지는 범죄의 수가 많았다는 점을 감안할 때, 관리들이 수만 명의 형도를 변경에 보내는 것이 그리 어렵지는 않았을 것이다. 기원후 87년에 곽궁郭躬이라는 관리는 죽을죄를 짓고 사면되지 않았지만 아직 붙잡히지 않은 자들

---

53) 『後漢書』 卷23, p.171; 卷47, p.1586.

54) 『後漢書』 卷48, pp.1597-1598. 『後漢書』 卷2, p.111; 卷18, p.681; 卷20, p.737; 卷47, p.1576.

55) 『漢書』 卷23, p.1109.

이 수만에 달하는데, 이런 자들을 체포하여 사면한 다음 변경으로 보내는 것은 "사람의 목숨도 살리고 변경에도 이로운" 일거양득의 합리적인 제도라고 상주했다.[56] 변경의 모든 병사가 유배된 형도라는 반초의 말이 과장은 아닌 듯하다.

강제노동은 진나라와 한나라의 기반이었다. 황궁·종묘·황릉 같은 기념비적 공공건물의 건설과 도로 및 운하와 같은 훨씬 실용적인 공사는 온갖 종류의 기술을 필요로 했다. 특별한 기술이 필요 없는 단순 육체노동은 주로 땅을 고르고 산을 깎고 흙을 쌓을 때 필요했다. 어떤 작업은 굉장히 위험했고, 특히 특정 시기에 국가독점으로 운영되던 주철장鑄鐵場에서는 큰 사고가 많이 일어났다. 이런 종류의 일을 해야 할 때 국가에 없어서는 안 되는 것이 형도들의 노동력이었다.[57]

초기 제국들은 농민, 임노동자, 형도, 노비라는 네 가지 육체노동자를 이용했다. 이들은 서로 다른 법적·사회적 성격을 지니고 있었고, 따라서 상이한 종류의 작업에 적합했다. 모든 자유민 가구의 성인 남성은 1년에 한 달 동안 노동력을 제공했다. 그들의 노동력은 다양한 작업에 동원되었는데, 법률 문서는 관청의 담장을 보수하고 도로와 교량을 고치고 연못을 파고 운하를 준설하는 등의 작업을 언급하고 있다. 농민의 요역은 홍수 방지와 관개, 도로 건설 같은 지방의 공사에 자주 동원되었지만, 황릉을 축조하고 도성의 성벽을 쌓고 무너진 황하의 둑을 보수하는 데도 이용되었다. 하지만 이런 작업조는 매달 바

---

56) 『後漢書』 卷46, pp.1544-1545.

57) Barbieri-Low, *Artisans in Early Imperial China*의 마지막 장을 보라.

꿰었고, 농민들은 농번기에는 동원할 수 없었다. 또한 농민들이 고향을 떠나서 작업을 해야 할 경우에는, 국가가 식량과 도구를 지급해야 했다. 결과적으로 농민의 요역을 이용하는 것은 주요 공사의 비용을 증가시키고 그 기간을 연장시킬 가능성이 높았다.

이런 문제를 감안할 때, 형도의 노역은 국가에 반드시 필요했다. 이 남녀들은 공사가 마무리될 때까지 1년 내내 일할 수 있었다. 그들은 도착하기까지 몇 주가 걸리는 먼 곳까지 수송될 수도 있었고, 일단 그곳에 도착하고 나면 정해진 기간 없이 머물러야 했다. 더욱 중요한 것은 그들이 노동자 수천 명의 목숨을 앗아갈지도 모르는 어렵고 힘든 작업을 수행할 수도 있다는 사실이었다. 범죄의 가짓수가 워낙 많은 데다 제국 전역에서 죄수들을 차출할 수 있었으므로, 형도 인구는 소모성 노동력을 무한정 공급했다. 한대의 여러 무덤에서 출토된 벽돌에는 항쇄項鎖, 차꼬, 쇠고랑을 찬 형도들이 묘사되어 있다. 머리를 깎인 일군의 형도를 묘사한 장면도 있다.

형도들의 노역은 부역에 동원된 농민의 노동만큼이나 다양했고, 때로는 두 집단이 함께 작업하기도 했다. 물론 형도들은 삭발한 머리, 빨간 모자, 신체적 제약에 의해 구별되었다. 다수의 형도는 황릉 축조에 동원되었는데, 이 작업은 종종 몇 년에 걸쳐 수만 명의 노동으로 완료되었다. 비문은 진나라가 형도들—이들 가운데 일부는 법을 어긴 숙련된 장인이었다—을 병기를 생산하는 작업장에도 투입했음을 보여준다. 한대에 접어들자 숙련노동은 주로 돈을 받고 일하는 장인들에 의해 수행되었고, 형도들은 대부분 국영 철광과 구리광산, 주물장鑄物場

에 노동력을 제공했다. 여러 문헌에 흩어져 있는 자료와 고고학 유물에 의하면, 1만~5만 명 사이의 형도들이 국가독점 제철 작업장에서 일했던 것으로 추산된다. 이 작업에는 채광과 제련이 포함되는데, 제련된 철은 제국 전역으로 수송하기 편리하게 현장에서 철괴로 만들어졌다. 이런 일들은 대단히 위험했기 때문에, 사망 사고가 자주 일어났다.

형도들의 삶은 고달팠다. 힘들게 일하는 대가로 하루에 약 3,400칼로리를 공급하는 충분한 식사를 제공받았지만, 음식은 거의 곡물로 이루어져 있었다. 그들은 규정을 조금만 위반해도 매를 맞았다. 물론 형도들이 매를 맞고 나서 20일 이내에 사망하면, 관리들이 많은 벌금을 물기는 했지만 말이다. 추가적인 범법행위를 한 형도는 사형에 처해졌다. 이런 남녀들의 신체 상태는 형도들이 묻힌 대형 공동묘지 세 곳에서 출토된 유골의 연구를 통해 일부 재구성할 수 있는데, 이 묘지들은 진대에, 한나라 경제景帝(재위 기원전 156~141)의 치세에, 동한 말기(기원후 86~170년경)에 각각 조영된 것이다. 셋 다 수십 년 동안 사용된 것으로 보이고, 주로 황궁과 황릉을 짓는 동안 사망한 자들의 유해를 묻기 위한 것이다. 세 묘지 모두에서, 매장된 자들의 90퍼센트 이상이 젊은 남성이었다. 7퍼센트는 갑작스러운 가격에 의한 외상으로 사망했는데, 가격 부위는 거의 언제나 두개골이었다. 동한 묘지에서 나온 턱뼈와 치아를 살펴보면 심각한 수준의 잇몸질환과 치아농양을 앓고 있던 자들이 상당히 많았음을 알 수 있는데, 그 원인은 아마도 영양실조였을 것이다. 다수의 유골은 여전히 항쇄와 족쇄를 차고 있었다.

서한의 항쇄는 무게가 약 1.1~1.6킬로그램이었고, 긴 못이 박혀 있어서 형도가 목을 많이 숙이면 그 못에 찔릴 수밖에 없었다. 특정 작업을 할 때는 아마도 이 항쇄가 제거되었을 것이다.

대부분의 유골은 벽돌이나 기타 재료에 이름을 새긴 일종의 인식표와 함께 출토되었는데, 때로는 그들의 고향, 죄목, 작위, 사망일 같은 구체적인 정보도 포함되어 있었다. 이것들은 제국 전역에서 온 형도들이 황실의 공사에 투입되었음을 보여준다. 제국의 주요 공사현장 한 군데에서는 날마다 1~6명이 죽어나갔다. 이 정도는 수용할 만한 사망률로 간주되었던 것 같다. 자신의 무덤을 만들기 위해 너무 많은 사람이 죽었다고 유감을 표한 황제에 대한 기록은 단 한 건밖에 없기 때문이다.[58]

요역에 동원된 농민과 형도 외에, 국가는 범죄자들의 가족을 노비로 만드는 수단을 통해 형성된 노동력을 활용했다. 고고학자들이 발견한 진나라의 문서들은 3년 이상의 노역에 처해지거나 강간으로 궁형을 당한 자들의 처와 자식을 노비로 삼았다고 기록하고 있다. 관노비의 자식들은 태어날 때부터 노비였다. 마지막으로 수천 명의 전쟁포로도 국가에 의해 노비가 되었다. 하지만 이 시기의 노비들은 주로 청소, 요리, 수선, 심부름, 가축 사육 같은 가사노동에 이용되었다. 노비가 농사나 수공업에 동원되었다는 기록은 극히 드물다.[59]

노비가 국유지에서 농사를 지었다는 증거는 없지만, 봉황산鳳凰山

---

58) 같은 책, 같은 장.

59) Wilbur, *Slavery in China during the Former Han Dynasty*, pp.121-126.

의 한대 무덤에서 출토된 자료에는, 10여 명의 여자 노비가 묘주의 논밭에서 일했다고 적혀 있다. 또한 몇몇 문서는 대규모 수공업장에서 일한 사노비들에 대해 언급하고 있다. 그러나 현존하는 진나라나 한나라 황실의 유물 가운데 노비가 만든 것으로 전하는 것은 전혀 없다. 그리고 시황제를 제외하면, 자신의 무덤을 건설하는 데 노비를 동원한 황제도 없다. 형도의 노동력을 사용할 수 없었던 부유한 개인들에게는 특정 작업에 임노동자보다는 노비를 사용하는 것이 훨씬 효율적이었을 것이다. 하지만 국가의 입장에서 보자면, 노비들은 함부로 버릴 수 없는 항구적인 자산이었고, 형도들은 값싼 소모성 노동력의 꾸준한 공급원이었다.

제국 최대의 건설공사나 중요한 국가독점 작업장에 형도들이 우선적으로 동원되었다는 사실은 법적으로는 노비가 최하의 인격체였지만, 초기 제국을 물질적으로 뒷받침한 것은 형도들의 소모용 몸뚱이였음을 말해준다.

| 나오는 말 |

　　기원후 88년에 송의末意라는 관리가 다음과 같은 글을 올렸을 때, 한
나라의 국력은 최고조에 달해 있었다. "한나라가 흥기한 이래 여러 차
례 정벌이 이루어졌지만, 승리해서 얻은 것이 잃은 것을 보충하지는
못했습니다. (동한의 창건자) 광무제께서 몸소 전쟁의 고초를 겪으시며,
천지의 이치를 터득하셨습니다. 그래서 (유목민들이) 와서 항복하면,
그들이 느슨한 통제하에서 살아갈 수 있게 도와주셨습니다. 이 덕분
에 변경의 백성이 생명을 얻고 노역을 면제받은 지 어언 40여 년이 흘
렀습니다. 지금 선비가 아국에 순종하면서 베어서 바치는 흉노의 수
급이 수만을 헤아립니다. 중국은 이 위대한 성취를 만끽하고 있고, 백
성은 그 노고도 모를 만큼 편히 지내고 있습니다. 이처럼 한나라의 융
성은 절정에 이르러 있습니다. 상황이 이렇게 된 것은 오랑캐들이 서
로를 공격해서 한나라 군대에는 아무런 손해를 끼치지 않기 때문이옵

니다. "[1]

이 글은 기원후 1세기 말에 동한에서 이루어진 군사개혁의 성공을 찬양하고 있다. 그 핵심은 유목민들을 서로 싸우게 한 이이제이 정책과 그들을 기병으로 활용한 전략이었다. 이 정책은 10년 만에 실효를 거두어 북흉노를 파멸시켰고, 이로써 한나라를 위협하던 최대의 외세는 역사 속으로 영원히 사라졌다. 송의는 형도와 용병의 광범위한 사용에 대해 언급하지 않고 있지만, 이런 관행 덕분에 농민들은 농사에 전념할 수 있었다. 이 무렵에 반고는 경전을 존숭하는 도성에 예법을 지키는 정권이 들어선 것을 찬양하는 부賦를 짓고 있었고, 왕충은 영향력의 범위가 고대의 주나라보다 훨씬 넓다는 면에서 한나라가 중국 역사상 가장 위대한 왕조라고 칭송하고 있었다.

그러나 다음 세기에 접어들자 체제가 통째로 와해되었고, 동한의 개창자인 광무제에 의해 시행된 정책들이 왕조의 붕괴에 결정적인 역할을 하게 되었다. 외인 용병에 의존하는 정책의 근본적인 문제는 그들의 충성심을 믿을 수 없다는 것이었다. 유목민들은 한나라 군대에 합류했지만, 부족과의 유대를 끊지는 않았기 때문에 제국의 군사적 위계질서에 완전히 흡수되지 않았다. 한나라 정부는 변경의 주둔군에게 그들의 통제를 맡겼다. 하지만 갈수록 많은 부족이 국경 이내로 이주함에 따라, 그 임무는 변경의 군영에 있던 소규모 군대에게 너무 버거운 것으로 밝혀졌다. 뿐만 아니라 평생을 변경에서 보내며 자신들의 우두머리를 통해서만 한나라 정부와 연결되어 있던 형도들과 직업

---

1) 『後漢書』 卷41, pp.1415-1416.

군인들의 충성도도 낮았다.

동한의 군대가 2세기에 실패한 또 다른 이유는 1세기에 성공한 이유와 같았다. 전국시대와 서한 초기의 군대들이 싸워야 할 상대가 동족 경쟁자인 한족이었다면, 동한의 군대가 타도해야 할 대상은 북흉노였다. 북흉노가 패퇴하자, 1세기에 한나라를 도왔던 '내부의 오랑캐'가 대부분 한나라에 등을 돌렸다. 남흉노·오환·선비는 한나라에 복속할 주된 동기를 잃었고, 자신들의 군사적 봉사를 보상해줄 주된 수입원도 잃었다. 그러자 오환과 남흉노는 잇속을 차리기 위해 점차 중국의 내부를 약탈하게 되었고, 선비는 흉노를 대신하여 한나라를 위협하는 주요 외세가 되었다. 서쪽에서는 문제가 훨씬 심각했다. 강족과의 전쟁으로 인한 피해가 상당히 컸기 때문이다.[2]

모든 군대의 용도는 특정 유형의 전쟁을 치르거나 특수한 종류의 위협을 물리치는 것이다. 동한의 모든 방위군은 소규모의 약탈을 막기 위한 장벽을 형성하고 유사시의 침입에 대비하는 경계망을 갖추기 위해 하나같이 북쪽을 향하고 있었다. 대규모 기병대는 상당한 군사력을 갖춘 적의 연합군을 정벌하기 위해 편성되었다. 그런데 이런 군사적 배치는 한의 변경 수비력이 미치지 못하는 서쪽에 위치하고 있던 강족에게는 무용지물이었다. 이 유목민족은 딱히 정치질서라 불릴 만한 것을 갖추지도 않았고, 큰 연맹을 형성한 적도 없었다. 따라서 패배해도 크게 영향을 받지 않았지만, 만약에 작은 승리라도 거두면 분산된 집단들이 승리한 지도자 밑에 모여서 대대적인 반란을 일으켰다.

---

2) De Crespigny, *Northern Frontier*, chs. 2–4, 7.

같은 이유로 강족과의 평화협약은 오래가지 않았다. 더욱이 강족의
여러 집단은 서부와 서북부의 영토는 물론이고 변경 너머에도 분산되
어 살고 있었다. 강족과 한나라 사이에는 뚜렷한 지리적 경계가 없었
고, 동한 시대에 강족은 옛 도성 구역으로 옮겨와 거주하고 있었다. 이
런 적을 상대하는 유일한 방어책은 한나라의 농민과 병사들을 그 지방
으로 이주시켜 주거지들이 더 이상 소규모 공격에 노출되지 않게 함으
로써, 강족이 한의 경제와 정치에 통합될 수 있게 유도하는 것이었다.

그러나 한나라가 그런 정책을 시도할 때마다, 그 정책은 실패로 끝
났다. 기원전 61년에 조충국은 서부 지역에 군둔을 설치할 것을 제안
했다. 하지만 그 지역의 평화를 회복시키자마자, 둔전병들은 고향으
로 돌아갈 수 있었다. 몇 년 뒤에도 그 지역에 농업인구를 항구적으로
정착시키려는 시도가 있었고, 기원후 101년과 104년 사이에도 유사한
시도가 몇 차례 이루어졌다.[3] 110년에 강족과의 전쟁이 크게 벌어지
자, 정부는 다시 군대를 장안으로 보냈다. 하지만 내지에서 파견된 지
방관들은 이 지역의 실정에 어두웠고, 싸울 뜻이 없었다. 그들은 네 군
을 포기한 다음, 식량을 징발하고 가옥을 파괴하여 아무도 돌아오지
못하게 했다. 111년에 이르자 관중의 옛 도성 구역은 완전히 공동화되
었다. 129년과 132년 사이에 버려진 군들을 복구하고 군둔을 설치하
려는 시도가 있었지만, 강족이 137년에 반란을 재개했을 때는 인구 재
증식 정책이 취해지지 않았다.[4]

---

3) 『漢書』 卷69, pp.2985-2992; 『後漢書』 卷97, pp.2877, 2885.

4) 『後漢書』 卷87, pp.2887-2888, 2894; 王符, 『潛夫論箋』 篇24.

기원후 2년
중국의
인구분포

(점 하나가 2만 5,000명을
나타냄)

지도 17

　동한 시대 내내, 특히 2세기에 관중과 옛 도성 구역의 인구는 강족의
공격이라는 끊임없는 압력 아래 급격하게 줄어들었다(지도 17과 18). 심
지어 1세기 초의 수십 년 동안에도 서북 변경의 인구는 심각할 정도로
감소했다.[5] 오랑캐들을 중국 내에 재정착시키고 형도들을 변방으로
보낸 것은 이런 지역의 인구를 늘리려는 정책의 일환이었다. 하지만

---

5)『漢書』卷94b, p.3826;『後漢書』卷1b, p.64, 卷76, pp.2460-2461; 志10, p.3221.

기원후 147년
중국의
인구분포

(점 하나가 2만 5,000명을
나타냄)

이용 가능한 자료가
없는 지역

지도 18

이런 조치는 변경의 인구감소를 막지 못했다. 통계자료를 보면 서부
와 서북부에서는 단 한 군을 제외한 모든 군에서 인구가 급감했고, 이
가운데 많은 군의 감소율이 80~90퍼센트를 웃돌았다. 물론 이런 수치
의 신뢰도가 높은 편은 아니지만, 이 정도 규모의 변화는 인구가 비교
적 안정적인 수준을 유지했거나 심지어 다소 증가했던 내륙 지방들과
비교해볼 때, 실제로 변경 지역에서 한나라의 인구가 감소했음을 나

타낸다고 판단해도 무방할 것이다.[6]

동시대인의 증언은 이런 통계를 뒷받침한다. 왕부(90~165년경)는 다음과 같이 말했다. "지금 변경의 군에는 1,000리에 현이 두 개 있고, 각현에는 불과 수백 호가 있다. 태수의 관할구역은 주위가 1만 리나 되지만, 곳곳이 텅텅 비어 있다. 기름진 땅은 버려져 경작되지 않는다. 한편 중원의 주와 내지의 군에서는 경작지가 더 이상 확대될 수도 없는형편이지만, 그 넓이는 변경의 반에도 미치지 못한다. 인구는 수백만이고, 모든 땅이 이용되고 있다. 사람은 많고 땅은 부족하니, 발 디딜틈조차 없다."[7] 수십 년 뒤에 최식이 묘사한 상황도 대동소이했다.

동한 정부는 백성이 변경지대를 벗어나지 못하도록 하고 이미 떠난사람이 돌아오도록 독려하는 헛된 시도를 했다. 『후한서』는 "(한나라의)옛 제도하에서 변경민은 내지로 옮겨갈 수 없었다"라고 적고 있다. 기원후 62년에 명제는 변경을 떠난 유민들 가운데 옛집으로 돌아간 자에게는 2만 전을 지급하게 했다. 내지로의 이동을 금지하는 이런 법령이있었음을 보여주는 확실한 증거가 있다. 서북 변방인 돈황 출신의 장환은 167년에 내지의 군으로 옮기는 것을 예외적으로 허락받았는데,이는 그가 세운 군공에 대한 특별한 보상이었다.[8]

그러나 변경의 인구를 안정시키려는 이런 시도는 실패했다. 92년과94년 사이에 화제和帝는 효성스럽고 청렴한 사람, 즉 '효렴孝廉'으로 천

---

6) Lewis, "The Han Abolition of Universal Military Service," pp.64–65.

7) 王符, 『潛夫論箋』 篇24, p.285.

8) 『後漢書』 卷2, p.109; 卷65, p.2140.

거되는 자의 수를 한 지역의 인구와 연결시키는 지역할당제를 포고했다(효렴으로 천거되는 것은 벼슬을 하는 지름길이었다). 각 군은 재적 인구 20만 명당 한 명을 매년 추천할 수 있었다. 인구가 10만~20만 명인 군은 3년에 한 명씩 천거할 수 있었다. 그러나 101년에 이르자 변경의 군은 인구가 10만 명에서 20만 명 사이만 되면 매년 한 명씩을 추천할 수 있게 되었다. 그리고 5만 명에서 10만 명 사이의 인구를 가진 변경의 군은 2년에 한 명을, 5만 명 미만인 변경의 군은 3년에 한 명을 추천할 수 있었다. 이런 변화는 가뜩이나 적은 변경의 인구가 계속 감소 추세에 있었음을 보여준다. 이렇게 낮춰진 인구 기준도 많은 군에게는 너무 높았다. 왕부는 인구가 적은 탓에 자신이 살던 지방의 군들은 10년이 넘도록 단 한 명도 추천하지 못했다고 말하고 있다. 『후한서』와 석각에 기록된 '효렴'의 출신지를 검토해보면, 왕부의 불평에 일리가 있음을 알 수 있다.[9]

강족과의 전쟁에서 동한 정부가 보여준 태도는 관동 지역에 대한 일편단심이라는 정권의 치명적인 약점을 드러낸다. 서부와 서북부에서 강족이 입힌 피해의 규모와 한나라 문명이 붕괴된 정도는 변방의 군들을 무방비 상태로 방치하여 그곳의 주민들을 떠나게 만든 동한 정부의 최종 결정이 빚어낸 직접적 결과였다. 서부와 북서부의 안보에 대한 이런 무관심은 동한의 역사를 관류하는데, 이는 권력이 동부의 새 도성으로 옮겨간 것에서 비롯된다.

서한의 수도가 관중에 기반을 두고 있을 때, 정부는 황릉을 지키기

<hr>

9) 『後漢書』 卷4, p.189; 卷37, p.1268; 王符, 『潛夫論箋』 篇24, p.288.

위해 새로 만든 소도시들로 인구를 강제로 이주시키는 정책을 추진했다. 이로 인해 지방의 유력한 가문들은 세력의 지역적 기반을 상실하고 제국 조정의 지배하에 놓이게 되었다. 곡물과 다른 식량은 결국 관중의 인구수와 경제적 복리를 유지하기 위해 농작물 생산량이 많은 관동 지역에서 들여왔다.

서한 조정은 '관동' 지방을 의혹과 경멸이 뒤섞인 눈초리로 바라보았다. 가의(기원전 201~169)는 황제에게 "폐하께서 무관武關과 함곡관, 임진관臨晉關을 세우신 까닭은 대저 산동의 제후들을 경계하기 위함이었나이다"라고 아뢰었다.[10] 『염철론』에서 상홍양桑弘羊(기원전 80년 처형됨)은 다음과 같이 논평했다. "세인들은 '지방의 선비가 도성의 관리만 못하다'라고 말한다. 선비라 불리는 이 문인들은 하나같이 산동 출신이고, 국가대사의 논의에 거의 끼지 못한다."[11] 무제의 사후에는 서한 정부에서 관동 출신 인재들의 역할이 커지기는 했지만, 상황이 정말로 변한 것은 수도가 낙양으로 옮겨지고 난 뒤였다.

동한의 창건자 광무제와 그의 추종자 대부분은 낙양의 바로 남쪽에 고향이 있었고, 나머지 측근들은 관동의 유력 가문 출신이었다. 수도가 관중에서 관동으로 옮겨지면서, 정치권력도 덩달아 그들의 본거지로 이동했다. 이와 같은 과거와의 단절은 자각적이고 의도적인 것이었지만, 전략적 고려 없이, 특히 새로이 통합된 흉노가 낙양에 다가오고 있다는 사실을 감안하지 않고 이루어졌다.

---

10) 『賈子新書校釋』篇3, p.357.

11) 『鹽鐵論』, p.63.

동한의 역사를 통해, 조정은 북부나 서부의 영토를 포기하자는 제
안을 여러 차례 받아들임으로써 옛 수도 지역을 적의 공격에 취약하게
만들었다. 35년에는 관리들이 감숙 회랑 서쪽의 땅을 모조리 포기할
것을 촉구했지만, 이 제안은 서북부 출신의 마원馬援에 의해 저지되었
다.[12] 110년에 강족이 반란을 일으킨 직후에는 양주凉州 전역(돈황에 위
치한 감숙 회랑의 서단에서 동쪽으로 옛 도성인 장안 인근에 이르는 지역)과 심
지어 오래된 일부 황릉까지 포기하자는 안이 제출되었다. 이런 발상
에 반대한 자들은 서부 지역 주민들의 상무 전통은 제국의 안보에 반
드시 필요하고, 그들을 내지로 이주시키면 반란이 일어날 수도 있다
고 주장했다.

그 반대자들이 제시한 더 나은 방책은 관동 외의 여러 지방에 살고
있는 중요 가문의 자제들 가운데 인재를 가려 뽑아서 일종의 산직散職
인 낭관郞官으로 임명하는 것이었다. 그러면 "밖으로는 그들의 공훈을
치하하고, 안으로는 그들을 잡아두어서 사악한 계책을 방지할 수 있
다"는 것이었다.[13] 요컨대 북부나 서부에서 온 산관들은 부모나 형들
의 충성을 담보하는 인질이 되었던 셈이다. 서부를 버리자는 또 다른
제안이 여러 번 제출되었고, 정부는 변경의 군들을 두 차례 강제로 폐
쇄했다. 동부인들이 조정을 지배하면서, 전통적으로 서부와 관련된
군사 전문가들의 위상이 하락했고, 결국 조정은 변경부대 지휘관들과

---

12) 『後漢書』 卷14, p.835.

13) 『後漢書』 卷58, p.1866.

의 연결고리를 잃고 말았다.[14]

왕부는 강족과의 전쟁을 설명하면서 서부에 대한 동부인들의 무관심을 장황하게 묘사했다. 『잠부론』에는 서부의 군들에서 봉직하던 동부 출신 관리들의 태만과 비겁함에 대한 통렬한 비판이 나온다. 그는 변경을 포기하자는 그들의 건의뿐 아니라 강족에게 저항할 생각이 없는 그들의 자세도 준열하게 질타했다. 왕부에 따르면, 내지의 군에서 나고 자란 이 관리들은 전쟁에 대해 아는 바가 없고, 도망쳐서 살아날 궁리만 했다. 조정에 몸담고 있다가 변경으로 파견된 탓에, 군대를 주둔시키는 데 드는 비용에만 관심을 쏟았고, 백성의 피해를 생각하기는커녕 오히려 그들을 수탈했다. 일설에 의하면 강족보다 그들이 입힌 피해가 더 컸다.

몇 개 군을 포기하자는 제안에 맞서, 그는 다음과 같이 주장했다. "양주를 포기하면 삼보三輔가 변경이 되고, 삼보를 포기하면 홍농弘農이 변경이 되며, 홍농을 포기하면 낙양이 변경이 된다. 이런 추론을 계속하면 동해의 끝자락에 이르게 되어, 결국 동해가 변경이 되고 만다."[15] 이 예언은 한 제국 말기에 현실이 되었다.

동한 내부의 붕괴는 변경의 쇠락만큼 극적이지는 않았지만, 파괴력은 대동소이했다. 동한 정권은 전민개병제를 폐지하는 비군사화 조치를 통해 내부의 안정을 도모하고자 했다. 이로 인한 군사적 공백은 결국 주를 다스리던 자사刺史(또는 주목州牧)들의 재무장, 병사와 지휘관

---

14) De Crespigny, *Northern Frontier*, pp.324-326, 425-426.

15) 王符, 『潛夫論箋』篇22, pp.257, 258.

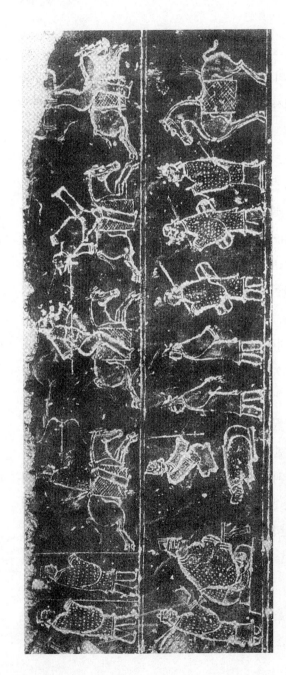

그림 22. 한나라 군대가 벽지/적/비/가/에서 적들을 사로잡는 모습

사이의 오랜 개인적 유대에 기초한 예하부대의 준準사병화, 유력 가문에 의해 통제되는 사병의 출현이라는 세 가지 사태에 의해 메워졌다. 이런 사태의 장기적인 결과는 군벌에 의한 통치였다.

서한 말기에 자사라는 직책은 단순한 감찰관에서 지방의 주요 행정관으로 변신했다. 동한 시대에는 자사들의 권한이 더 커져서, 그들은 조정의 승인 없이 주 내에서 관리들을 임명하거나 해임할 수 있었다. 따라서 자사들은 자치권을 지닌 지방의 영주가 되었고, 조정에 의해 면직될 수는 있었지만 그래도 자신들의 관할구역 내에서는 거의 제왕처럼 군림했다. 그들은 병역에 관련된 권한도 갖고 있었는데, 오랑캐들의 침입과 약탈이 횡행하던 2세기에는 태수를 대신하여 국가의 긴급 모병권을 행사하기에 이르렀다(그림 22). 사회질서가 무너지고 주의 군대가 전쟁터에서 보내는 시간이 늘어남에 따라, 그들은 준準독립적인 상비군의 지휘관 역할을 하게 되었다.

이런 사태의 진전은 한나라 지방행정의 중대한 변화였고, 동한의 몰락을 향한 중요한 발걸음이었다. 한 왕조의 행정은 군현에 기초하고 있었는데, 이 양축 구조는 지방의 세력을 작은 단위로 파편화시켜 중앙정부를 위협하는 일을 방지하기 위한 것이었다. 하지만 주의 자사가 거대한 인구와 막대한 부, 상당한 군사력이라는, 제국 정부의 권위에 도전할 수 있는 자원을 장악한 세 번째 축으로 떠올랐다. 2세기 후반부에 자사들은 반독립적인 군벌이 되었다. 예컨대 익주益州의 자사로 부임한 유언劉焉은 중요한 지방의 가문들을 학살했고, 본인의 아들들에게 중책을 맡겼으며, 난민들 가운데 개인적인 추종자들을 모집했고, 조정의 명을 거부했다. 이와 유사하게 유우劉虞도 유주幽州의 자사로서 자신의 작은 왕국을 세웠다. 그는 지방의 야만족을 진압하고, 난민들을 보호하고, 수공업을 장려하고, 병사를 모집했다. 형주荊州의 유표劉表도 같은 행보를 취했다.[16]

동한 말기에 이르자, 자사들은 자신의 뜻에 따라 병사들을 모집할 수 있는 권한을 손에 넣었다. 이는 사실상 사병 지휘권을 인정받은 것이었다. 178년에 교지交趾와 남해南海(베트남과 광동성 남부)에서 반란이 일어났을 때, 조정은 주준朱儁을 자사로 파견하면서, 그에게 가병家兵을 모집하여 군대를 편성할 수 있는 권한을 부여했다(가병이라는 용어가 사용된 가장 이른 예에 속함). 그의 전기는 이 병사들을 그의 하인과 노비로 취급하고 있다. [한편 태후가 된 여동생 덕에 출세한] 하진何進은 포신鮑信을 태산 근처에 있는 자신의 고향에 보내 [십상시十常侍라 불리던] 환관들을 축출하는 데 동원할 병사들을 모집하게 했다. 포신이 돌아왔을 때, 하진은 이미 살해되었다. 포신은 태산으로 돌아가 2만 명을 모집한 다음 조조의 군대에 합류했다. 조조는 결국 황하 유역을 정복했고, 그의 아들은 한 왕조를 공식적으로 종식시켰다.[17] 개인에게 고향에서 사병을 모집할 수 있는 권한을 위임한 것은 중앙정부가 백성을 통제할 힘을 상실했음을 의미한다. 국가는 저명한 지방 가문들의 사적인 네트워크를 통해서만 군대를 동원할 수 있었다.

주에서 징모된 자들은 자신들을 징발한 자들과 끈끈한 유대관계를

---

16) 『後漢書』 卷73, pp.2354–2356; 卷74b, pp.2419–2421; 卷75, pp.2432–2433.

17) 『後漢書』 卷71, p.2308; 『三國志』 卷12, p.384.

맺었다. 189년에 등훈鄧訓이라는 자는 강족을 막기 위해 흉노 병사들을 모집했다. 통상적인 관행과 달리, 그는 이 부족민들과 그들의 처자를 자신의 성 안에서, 심지어 자신의 후원後園에서 지내게 해주었다. 그들은 등훈에게 개인적인 충성을 다짐했고, 등훈은 그들의 자식 수백 명을 자신의 부하[의종義從]로 키울 수 있었다.[18] 이는 당시로서는 파격적인 사례였지만, 왕조가 끝날 무렵에는 징집병들과 지휘관 사이의 그런 유대가 보편화되었다.

189년에 동탁은 서북부 변경에 있는 자신의 군대를 떠나 조정의 관직을 맡으라는 황명을 거부하며 다음과 같이 말했다. "신이 거느리고 있는 황중湟中의 의종과 한족 및 야만족 병사들이 모두 신에게 와서 '보급품과 녹봉이 아직까지 완전히 지급되지 않았고, 지금은 식량마저 제대로 배급되지 않아, 처자식들이 굶주리고 얼어 죽을 지경입니다'라고 말하며, 신의 수레를 끌어당겨 가지 못하게 합니다." 조정이 그의 지휘권을 황보숭皇甫嵩에게 넘기려고 하자, 그는 이렇게 답했다. "신은 아무런 계책도 내지 못하고 큰 힘도 없지만, 황공하게 천자의 은혜를 입어 10년 동안 군대를 지휘했습니다. 장졸들은 지위 고하를 막론하고 신과 오랫동안 친밀하게 지낸 탓에 신이 길러준 은혜를 귀히 여겨 신을 위해 목숨을 바칠 것입니다. 청컨대 그들을 이끌고 북주北州로 가서 변경을 지키는 데 진력하게 해주시옵소서."[19]

두 번째 인용문은 동한의 몰락을 초래한 또 하나의 요인을 지적하고

---

18) 『後漢書』 卷16, pp.609–610.

19) 『後漢書』 卷72, p.2322.

있다. 그것은 전쟁터에서 장기간 지휘권을 행사하는 장군들이 많아
졌다는 것이다. 서한에서 원정군의 통솔을 맡은 장군들은 임무를 완
수한 뒤에 군대가 해산되고 나면 원래의 자리로 되돌아갔다. 『후한서』
의 「백관지百官志」에는 "장군은 항상 설치하지는 않는다(장군將軍, 불상
치不常置)"라는 말이 나온다.[20] 하지만 동한은 고정된 군영에 주둔하는
상비군을 만들었다. 1세기에는 군대가 소규모로 유지되었고 지휘관
들이 정기적으로 근무지를 옮겼지만, 변경에서 위기가 장기화되자 장
군들이 자신의 병사들과 전장에 몇 년씩 머물 필요가 생겼다. 야만족
과 형도, 장기 복무 징집병들로 이루어진 이 군대는 지휘관에게 충성
하는 집단이 되었다.

　그런 병사들은 한나라 사회에서 설 자리가 없었고, 돌아갈 고향이
나 가족도 없었다. 그들은 변경에 가정을 꾸렸고, 그들의 삶은 동탁이
말한 대로 그들에게 삶의 터전을 마련해준 사람을 중심으로 영위되었
다. 한 조정은 이런 변화를 인식하지 못했다. 동탁의 전기를 보면 189
년 이전의 10년 동안에 그의 직위는 자주 바뀌었지만, 그 자신의 말에
의하면 그와 그의 군대는 그 기간 내내 함께 있었다.

　공업公業[정태鄭泰의 자字]이라는 관리의 다음과 같은 진술도 있다.
"관서關西(관중)의 모든 군은 실전 경험이 있고, 근자에는 강족과 자주
싸웠습니다. 부녀자들도 미늘창(극戟)을 머리에 이고, 창(모矛)을 잡고,
활을 끼고, 화살을 짊어지고 다닙니다. 굉장히 강건하고 용감한 병사
들입니다. …… 이처럼 제국에서 가장 강하고 용맹한 자들은 보통 사

20) 『後漢書』 卷24, p.3563.

람들에게는 공포의 대상입니다. 명공明公[동탁을 말함]께서는 병주#州와 양주(서북부)의 사람들, 흉노와 도각屠各[흉노의 귀족층, 또는 그 계층을 이루고 있던 부족]의 자원병들, 황중의 의종을 거느리고 이끌며 수족처럼 부리시니, 이는 마치 호랑이와 코뿔소로 개와 양을 모는 것과 같습니다."[21] 변경군은 지휘관에게 충성스러웠을 뿐만 아니라, 조정과 아무런 관계가 없었고, 심지어 중국적인 정주 문명의 가치관과도 이미 담을 쌓았다.

사병의 출현을 낳은 또 다른 요인은 예속 소작인[의부민依附民]의 증가였다. 오래된 범주인 '빈객/식객'이 새로운 이 종속적 집단에 흡수된 것은 노역과 군역의 관할권이 국가에서 유력 가문으로 거의 이전되었음을 뜻한다.[22] 동한 초기에 마원은 자신에게 딸린 식객 수백 가구의 봉사를 받는데,[23] 아마 군사적 봉사도 그들의 의무에 포함되었을 것이다. 유력 가문들은 용역을 제공하는 이런 의존적 농민들로부터 수백에서 수천에 이르는 병사를 뽑아서 군대를 편성할 수 있었다.

그런 소작인들의 군대는 서한 말에 왕망 정권을 무너뜨렸고, 이 예속적 인구의 군사적 역량은 동한 왕조의 멸망에 이르기까지 잠재적 위협세력으로 존재했다. 정부의 군병郡兵과 마찬가지로, 그들은 유사시에 동원될 수 있었다. 내부 질서가 붕괴되고 내전이 발발하자, 이 예속 농민들은 직업 사병私兵 집단을 형성하기 시작했다(그리고 삼국시대에

21) 『後漢書』卷70, p.2258.

22) Ch'ü, *Han Social Structure*, pp.133-134.

23) 『後漢書』卷24, p.828.

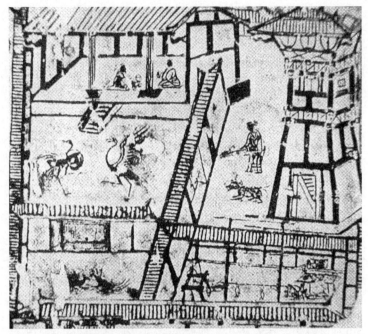

그림 23. 높은 담과 망루를 갖춘 동한 유력 가문의 성채. 길상조吉祥鳥가 벽에서 춤을 추고, 개가 정원에 서 있다. 오른쪽 아래에는 가사노동에 필요한 도구들이 보인다.

접어들어서는 세습 군인이 되었다). 이와 동시에 유력 가문의 주거지는 높은 담과 망루를 갖춘 성채(오보塢堡)가 되었다(그림 23).

동한 정부는 의존적 소작농의 성장을 제지하려는 시도를 완전히 포기함으로써 농촌에 대한 직접적인 행정도 포기했다. 더욱이 권력이 외척과 환관의 내정으로 넘어가면서, 황실은 외조를 지배하는 유력 가문들로부터 격리되었다. 이와 같은 황권의 지속적 내파內破는 조정과 농촌의 유대를 끊어버렸다. 2세기에 사회질서가 계속 문란해지면서, 조정은 군대를 동원하고 자체의 정책을 추진할 수 있는 능력을 상실했다.

반란을 일으키는 '내부의 오랑캐'와 태평도太平道의 위협에 맞서기 위해, 제국 정부는 군사적 자원을 필요로 했는데, 그런 자원은 병사들과 개인적 유대를 형성해온 사람들, 곧 자사, 변경의 장군, 내지로 이주한 부족장, 대지주, 반역적인 종교단체의 지도자만이 동원할 수 있었다. 각 유형의 지휘자는 서로 다른 방식으로 지지를 얻었지만, 이들 모두에게는 한 가지 공통점이 있었다. 사회가 전반적으로 붕괴된 시대에, 그들은 자신들을 따르는 무장 세력을 소집해서 안전을 도모할 수 있었다. 이 각양각색의 군벌들은 한의 붕괴에 뒤이은 기나긴 분열의 시대에 핵심적인 역할을 한 정치적 주역들이었다.

용어와 연표

이 책에서 진나라의 역사는 이 나라가 기원전 221년에 중국의 정복을 완결하기 이전의 시대를 가리키는 '선진시대先秦時代'와, 통일 이후 몰락하기까지의 시대를 지칭하는 '제국시대'로 나뉜다. '전국시대의 진'은 이따금 기원전 418년에서 221 년에 이르는 특별한 시기를 가리키기 위해 사용된다. '한'이라는 이름은 기원전 206년부터 기원후 220년까지 존재했던 제국을 가리키는데, 기원후 9년에서 25년 사이에는 왕망의 신 왕조가 들어섰다. 한나라는 기원전 202년에서 기원후 9년까지 존속한 '서한'('전한'이라고도 불린다)과 기원후 25년에서 220년까지 중국을 지배한 '동한'(후한'이라고도 불린다)으로 나뉜다. '동'과 '서'라는 용어는 각 제국의 도성인 장안과 낙양의 상대적인 위치를 가리킨다.

기원전

897년   진나라 건국

770년   주 왕조가 동쪽의 낙양으로 천도

672년   선진시대의 진이 처음으로 주나라의 핵심 지역에 침입

481년   전국시대의 시작

359년   상앙 변법 개시(함양 건설도 시작됨)

350년   진나라에서 토지소유권이 법적으로 인정됨

338년   상앙이 처형됨

316년   진이 파와 촉(오늘날의 사천)의 정복을 마무리함

312년   진이 단양에서 초를 무찔러 남부의 정복지들을 하나의 영토권으로 묶음

310년   진이 사천에 성도成都를 건설하기 시작

266년   진의 조정에서 왕권이 강화됨

246년   진의 심장부에 정국거 건설

221년   진이 제나라를 정복하여 중국을 통일함

210년   진의 시황제 사망

207년   진의 마지막 통치자가 '황제' 칭호를 공식적으로 포기함

206년   항우가 진의 수도 함양을 약탈함

202년   한조 건립

200년   한의 창건자가 흉노에게 패해 '화친정책' 개시; 한율 시행

162년   한과 흉노가 천하를 양분하는 조약을 체결함

154년   오초칠국의 난

138년   장건이 월지와 동맹을 맺기 위해 중앙아시아로 떠남

134년   흉노와의 전쟁이 시작됨

120년   흉노의 왕 한 명이 처음으로 한에 투항

108년   중앙아시아의 오아시스 국가들을 겨냥한 한나라 최초의 대규모 군사행동

106년   유력 가문들을 제압하기 위한 자사 직책 신설

104년   무제의 역법 개혁

101년   페르가나 정복

 90년   투르판 정복

 57년   흉노 내전 개시

 51년   흉노의 선우를 자처하는 자가 최초로 한에 투항

  3년   서왕모 숭배가 대중운동으로 확산

기원후

9년   왕망이 신 왕조를 창건

25년   한조 재건

31년   전민개병제 폐지

48년   흉노 내전 재개

65년   불교가 문헌에 처음 언급됨

89년   한이 흉노를 최종 격퇴함

91년   한이 중앙아시아에서 권위를 되찾음

106년   한사군이 고구려에서 최초로 축출됨

110년   강족의 주요 반란

137년   남부 지역에서 반란이 시작됨; 강족의 두 번째 주요 반란

168년   황하 만곡부 오르도스의 상실

169년   당고의 화

184년   황건적의 난

189년   동탁이 낙양을 점령함

197년   원술이 황제를 칭함

215년   조조가 사천의 오두미 운동을 진압함

216년   조조가 위왕에 오름

220년   한조의 마지막 황제가 공식 퇴위하고 위나라가 건립됨

중국의 역대 왕조

상商	기원전 1600〜기원전 1027
주周	기원전 1027〜기원전 256
서주西周	기원전 1027〜기원전 771
동주東周	기원전 771〜기원전 256
춘추시기春秋時期	기원전 722〜기원전 481
전국시기戰國時期	기원전 476〜기원전 221
진秦	기원전 221〜기원전 206
전한前漢	기원전 206〜기원후 8
신新	8〜23
후한後漢	23〜220
삼국三國(위魏, 촉蜀, 오吳)	220〜280
서진西晉	265〜317
위진남북조魏晉南北朝	317〜589
수隋	589〜618
당唐	618〜907
오대五代	907〜960
송宋	960〜1279
북송北宋	960〜1126
남송南宋	1126〜1279
원元	1279〜1368
명明	1368〜1644
청淸	1644〜1912

참고문헌

영어 프랑스어 독일어

Allen, Joseph R. *In the Voice of Others: Chinese Music Bureau Poetry.* Ann Arbor: University of Michigan Press, 1992.

Bagley, Robert, ed. *Ancient Sichuan: Treasures from a Lost Civilization.* Seattle: Seattle Art Museum, 2001.

Barber, Elizabeth Wayland. *The Mummies of Ürümchi.* New York: W. W. Norton, 1999.

Barbieri-Low, Anthony. *Artisans in Early Imperial China.* Seattle: University of Washington, 2007.

Barfield, Thomas J. *The Perilous Frontier: Nomadic Empires and China.* Cambridge: Basil Blackwell, 1989. → 윤영인 옮김, 『위태로운 변경』, 동북아역사재단, 2009.

Barnard, Noel. *The Ch'u Silk Manuscript.* Canberra: Australian National University Press, 1973.

Bielenstein, Hans. *The Bureaucracy of Han Times.* Cambridge: Cambridge University Press, 1980.

————. "Lo-yang in Later Han times." *Bulletin of the Museum of Far Eastern Antiquities* 48(1976): 1–142.

Bilsky, Lester. *The State Religion of Ancient China.* Taipei: The Chinese Association for Folklore, 1975.

Birrell, Anne. *Popular Songs and Ballads of Han China.* London: Unwin Hyman, 1988.

Bodde, Derk. *China's First Unifier: A Study of the Ch'in Dynasty as Seen in the Life of Li Ssu(280?–208 B. C.).* Leiden: E. J. Brill, 1938.

————. *Festivals in Classical China: New Year and Other Annual Observances During the Han Dynasty.* Princeton: Princeton University Press, 1975.

————. "The State and Empire of Ch'in." In *The Cambridge History of China, Vol. 1: The Ch'in and Han Empires, 221 B. C.–A. D. 220.* Ed. Michael Loewe. Cambridge: Cambridge University Press, 1986.

Boyd, Andrew. *Chinese Architecture and Town Planning: 1500 B. C.–A. D. 1911.* Chicago:

University of Chicago Press, 1962.

Brashier, K. E. "Han Thanatology and the Division of 'Souls.'" *Early China* 21(1996): 125–158.

———. "Longevity like Metal and Stone: The Role of the Mirror in Han Burials." *T'oung Pao* 81.4–5(1995): 201–229.

———. "The Spirit Lord of Baishi Mountain: Feeding the Deities or Heeding the *Yin-yang.*" *Early China* 26–27(2001–2002): 159–231.

Bray, Francesca. *Technology and Gender: Fabrics of Power in Late Imperial China.* Berkeley: University of California Press, 1997.

Brown, Carolyn T., ed. *Psycho-Sinology: The Universe of Dreams in Chinese Culture.* Lanham, MD: University Press of America, 1988.

Buchanan, Keith. *The Transformation of the Chinese Earth: Perspectives on Modern China.* London: G. Bell & Sons, 1970.

Cai, Zongqi. *The Matrix of Lyric Transformation: Poetic Modes and Self-Presentation in Early Chinese Pentasyllabic Poetry.* Ann Arbor: University of Michigan Press, 1996.

Chang, Kwang-chih. *The Archaeology of Ancient China.* 4th ed., revised and enlarged. New Haven: Yale University, 1986.

Ch'en, Ch'i-yun. "Confucian, Legalist, and Taoist Thought in Later Han." In *The Cambridge History of China, Vol. 1: The Ch'in and Han Empires.*

Cheng, Anne. "What Did It Mean to Be a *Ru* in Han Times?" *Asia Major,* Third Series 14:2(2001): 101–118.

Ch'ü, T'ung-tsu. *Han Social Structure.* Seattle: University of Washington Press, 1972.

Cohen, Alvin. "Avenging Ghosts and Moral Judgment in the Ancient Chinese Historiography: Three Examples from *Shi-chi.*" In *Legend, Lore, and Religions in China: Essays in Honor of Wolfram Eberhard on His Seventieth Birthday.* Ed. Sarah Allan and Alvin P. Cohen. San Francisco: Chinese Materials Center, 1979.

Cook, Constance A. *Death in Ancient China: The Tale of One Man's Journey.* Leiden: E. J. Brill, 2006.

Cook, Constance A., and John S. Major, eds. *Defining Chu: Image and Reality in Ancient China.* Honolulu: University of Hawaii Press, 1999.

Cottrell, Arthur. *The First Emperor of China.* New York: Holt, Rinehart, and Winston, 1981.

Csikszentmihalyi, Mark. *Material Virtue: Ethics and the Body in Early China.* Leiden: E. J.

Brill, 2004.

de Crespigny, Rafe. *Northern Frontier: The Policies and Strategy of the Later Han Empire.* Canberra: Australian National University Press, 1984.

De Francis, John. *The Chinese Language: Fact and Fantasy.* Rep. ed. Honolulu: University of Hawaii Press, 1986.

Dean, Kenneth, and Brian Massumi. *First and Last Emperors: The Absolute State and the Body of the Despot.* Brooklyn: Autonomedia, 1992.

Demiéville, Paul. "Philosophy and Religion from Han to Sui." In *The Cambridge History of China, Vol. 1: The Ch'in and Han Empires, 221 B. C.–A. D. 220.* Cambridge: Cambridge University Press, 1986.

DeWoskin, Kenneth J. "Famous Chinese Childhoods." In *Chinese Views of Childhood.* Ed. Anne Behnke Kinney. Honolulu: University of Hawaii Press, 1995.

Di Cosmo, Nicola. *Ancient China and Its Enemies: The Rise of Nomadic Power in East Asian History.* Cambridge: Cambridge University Press, 2002. → 이재정 옮김, 「오랑캐의 탄생」 황금가지, 2005.

———. "The Northern Frontier in Pre-Imperial China." In *The Cambridge History of Ancient China: From the Origins of Civilization to 221 B. C.* Ed. Michael Loewe and Edward Shaughnessy. Cambridge: Cambridge University Press, 1999.

Diény, Jean-Pierre. "Le saint ne rêve pas: De Zhuangzi à Michel Jouvet." *Études Chinoises* 20:1–2(Printemps-Automne 2001): 127–200.

Durrant, Stephen W. *The Cloudy Mirror: Tension and Conflict in the Writings of Sima Qian.* Albany: State University of New York Press, 1995.

———. "Ssu'ma Ch'ien's Portrayal of the First Ch'in Emperor." In *Imperial Rulership and Cultural Change in Traditional China.* Ed. Frederick P. Brandauer and Chunchieh Huang. Seattle: University of Washington Press, 1994.

Ebrey, Patricia. "The Early Stages in the Development of Descent Group Organization." In *Kinship Organization in Late Imperial China: 1000–1940.* Ed. Patricia Ebrey and James L. Watson. Berkeley: University of California Press, 1986.

———. "The Economic and Social History of Later Han." In *The Cambridge History of China, Vol. 1: The Ch'in and Han Empires, 221 B. C.–A. D. 220.* Cambridge: Cambridge University Press, 1986.

———. "Later Han Stone Inscriptions." *Harvard Journal of Asiatic Studies* 40:2(1980): 325–353.

Egan, Charles H. "Reconsidering the Role of Folk Songs in pre-T'ang *Yüeh-fu* Development." *T'oung Pao* 86(2000): 47–99.

———. "Were *Yüeh-fu* Ever Folk Songs? Reconsidering the Relevance of Oral Theory and Balladry Analogies." *CLEAR* 22(Dec. 2000): 31–66.

Elisseeff, Danielle. *New Discoveries in China: Encountering History through Archaeology.* Secaucus, NJ: Chartwell Books, 1983.

Eno, Robert. *The Confucian Creation of Heaven: Philosophy and the Defense of Ritual Mastery.* Albany: State University of New York Press, 1990.

Erickson, Susan N. "Money Trees of the Eastern Han Dynasty." *Bulletin of the Museum of Far Eastern Antiquities* 11(1994): 1–116.

Finsterbusch, Käte. *Verzeichnis und Motivindex der Han-Darstellungen.* 2 vols. Wiesbaden: Otto Harrasowitz, 1971.

Frankel, Hans. "The Development of Han and Wei *Yüeh-fu* as a High Literary Genre." In *The Vitality of the Lyric Voice: Shih Poetry from the Late Han to the T'ang.* Ed. Stephen Owen and Shuen-fu Lin. Princeton: Princeton University Press, 1986.

———. "*Yüh-fu* Poetry." In *Studies in Chinese Literary Genres.* Ed. Cyril Birch. Berkeley: University of California Press, 1977.

Goodman, Howard L. *Ts'ao P'i Transcendent: The Political Culture of Dynasty-Founding in China at the End of the Han.* Seattle: Scripta Serica, 1998.

Graham, A. C. *Disputers of the Tao: Philosophical Argument in Ancient China.* La Salle, IL: Open Court, 1989.

———. *Later Mohist Logic, Ethics and Science.* Hong Kong: Chinese University of Hong Kong, 1978.

———. "The *Nung-chia* School of the Tillers and the Origins of Peasant Utopianism in China." *Bulletin of the School of Oriental and African Studies* 42(1971): 66–100.

Hardy, Grant. *Worlds of Bronze and Bamboo: Sima Qian's Conquest of History.* New York: Columbia University Press, 1999.

Harper, Donald. "A Chinese Demonography of the Third Century B. C." *Harvard Journal of Asiatic Studies* 45:2(1985): 459–498.

———. *Early Chinese Medical Literature: The Mawangdui Medical Manuscripts.* London: Kegan Paul, 1998.

———. "Resurrection in Warring States Popular Religion." *Taoist Resources* 5:2(December 1994): 13–28.

———. "Wang Yen-shou's Nightmare Poem." *Harvard Journal of Asiatic Studies* 47:1(1987): 239–283.

———. "Warring States Natural Philosophy and Occult Thought." In *The Cambridge History of Ancient China.* Ed. Michael Loewe and Edward L. Shaughnessy. Cambridge: Cambridge University Press, 1999.

Hawkes, David. *The Songs of the South: An Anthology of Ancient Chinese Poems by Qu Yuan and Other Poets.* New York: Penguin Books, 1985.

Heng, Chye Kiang. *Cities of Aristocrats and Bureaucrats: The Development of Medieval Chinese Cityscapes.* Honolulu: University of Hawaii Press, 1999.

Hertz, Robert. *Death and the Right Hand.* Tr. Rodney Needham and Claudia Needham. Aberdeen: Cohen & West, 1960.

Holzman, Donald. "The Cold Food Festival in Early Medieval China." *Harvard Journal of Asiatic Studies* 46:1(1986): 51–79.

Hotaling, Stephen. "The City Walls of Han Ch'ang-an." *T'oung Pao* 64(1978): 1–36.

Hsu, Cho-yun. *Ancient China in Transition: An Analysis of Social Mobility, 722–222 B. C.* Stanford: Stanford University Press, 1965.

———. "The Changing Relationship between Local Society and Central Political Power in Former Han: 206 B. C.–8 A. D." *Comparative Studies in Society and History* 7(July 1965): 345–370.

———. *Han Agriculture: The Formation of Early Chinese Agrarian Economy.* Seattle: University of Washington Press, 1980.

Hsu, Cho-yun, and Katheryn M. Linduff. *Western Zhou Civilization.* New Haven: Yale University, 1988.

Hughes, E. R. *Two Chinese Poets: Vignettes of Han Life and Thought.* Princeton: Princeton University Press, 1960.

Hulsewé, A. F. P. "Ch'in and Han Law." In *The Cambridge History of China, Vol. 1: The Ch'in and Han Empires, 221 B. C.–A. D. 220.* Cambridge: Cambridge University Press, 1986.

———. *Remnants of Ch'in Law: An Annotated Translation of the Ch'in Legal and Administrative Rules of the 3rd Century B. C.* Leiden: E. J. Brill, 1985.

———. *Remnants of Han Law,* Vol. 1. Leiden: E. J. Brill, 1955.

———. "The Wide Scope of *Tao* 'Theft' in Ch'in-Han Law." *Early China* 13(1988): 166–200.

James, Jean. *A Guide to the Tomb and Shrine Art of the Han Dynasty.* Lewiston, NY: Edwin Mellen, 1996.

Kalinowski, Marc. "The *Xingde* Text from Mawangdui." *Early China* 23–24(1998–1999): 125–202.

Keightley, David N. "The Quest for Eternity in Ancient China: The Dead, Their Gifts, Their Names." *Ancient Mortuary Traditions of China.* Ed. George Kuwayama. Los Angeles: Far Eastern Art Council—Los Angeles County Museum of Art, 1991, pp. 12–24.

Kern, Martin. *The Stele Inscriptions of Ch'in Shih-huang: Text and Ritual in Early Chinese Imperial Representation.* New Haven, CT: American Oriental Society, 2000.

Kinney, Anne Behnke. *The Art of the Han Essay: Wang Fu's Ch'ien-fu Lun.* Tempe: Center for Asian Studies, Arizona State University, 1990.

———. "Dyed Silk: Han Notions of the Moral Development of Children." In *Chinese Views of Childhood.* Ed. Anne Behnke Kinney. Honolulu: University of Hawaii Press, 1995.

———. *Representations of Childhood and Youth in Early China.* Stanford: Stanford University Press, 2004.

Kipnis, Andrew B. *Producing Guanxi: Sentiment, Self, and Subculture in a North China Village.* Durham: Duke University Press, 1997.

Kleeman, Terry. *Great Perfection: Religion and Ethnicity in a Chinese Millennial Kingdom.* Honolulu: University of Hawaii Press, 1998.

———. "Land Contracts and Related Documents." In *Chûgoku no Shûkyô Shisô to Kagaku.* Tokyo: Kokusho Kankôkai(中國の宗教·思想と科學. 東京: 國書刊行會), 1984, pp. 1-34.

Knapp, Ronald G. *China's Old Dwellings.* Honolulu: University of Hawaii Press, 2001.

Knechtges, David. "The Emperor and Literature: Emperor Wu of the Han." In *Imperial Rulership and Cultural Change.* Ed. Frederick P. Brandauer and Chun-chieh Huang. Seattle: University of Washington Press, 1994.

———. *The Han Rhapsody: A Study of the Fu of Yang Hsiung.* Cambridge: Cambridge University Press. 1976.

———. "Ssu-ma Hsiang-ju's 'Tall Gate Palace Rhapsody'." *Harvard Journal of Asiatic Studies* 41:1(1991): 47–64.

Knoblock John, tr. *Xunzi: A Translation and Study of the Complete Works,* Vol. 1. Stanford: Stanford University Press, 1988.

Ko, Dorothy. "Pursuing Talent and Virtue: Education and Women's Culture in Seventeenth- and Eighteenth-Century China." *Late Imperial China* 13:1(June 1992): 9–39.

Lattimore, Owen. *Inner Asian Frontiers of China*. New York: American Geographical Society, 1940.

Lawton, Thomas, ed. *New Perspectives on Chu Culture During the Eastern Zhou Period*. Washington, DC: Smithsonian Institution, 1991.

Lewis, Mark Edward. *The Construction of Space in Early China*. Albany: State University of New York Press, 2006.

———. "Custom and Human Nature in Early China." *Philosophy East and West* 53:3(July 2003): 308–322.

———. "Dicing and Divination in Early China." *Sino-Platonic Papers* 121(July 2002).

———. "The *Feng* and *Shan* Sacrifices of Emperor Wu of the Han." In *State and Court Ritual in China*. Ed. Joseph McDermott. Cambridge: Cambridge University Press, 1999.

———. "The Han Abolition of Universal Military Service." In *Warfare in Chinese History*. Ed. Hans van de Ven. Leiden: E. J. Brill, 2000.

———. *Sanctioned Violence in Early China*. Albany: State University of New York Press, 1990.

———. "Warring States Political History." In *The Cambridge History of Ancient China: From the Origins of Civilization to 221 B. C.* Ed. Michael Loewe and Edward Shaughnessy. Cambridge: Cambridge University Press, 1999.

———. *Writing and Authority in Early China*. Albany: State University of New York Press, 1999. → 최정섭 옮김,『고대 중국의 글과 권위』, 미토, 2006.

Li, Ling. "An Archaeological Study of Taiyi (Grand One) Worship." *Early Medieval China* 2(1995–1996): 1–39.

———. "Formulaic Structure in Chu Divinatory Bamboo Slips." Tr. William Boltz. *Early China* 15(1990): 71–86.

Li, Xueqin. *Eastern Zhou and Qin Civilizations*. Tr. K. C. Chang. New Haven: Yale University Press, 1985.

Lim, Lucy, ed. *Stories from China's Past: Han Dynasty Pictorial Reliefs and Archaeological Objects from Sichuan Province, People's Republic of China*. San Francisco: Chinese Culture Foundation, 1987.

Little, Stephen and Shawn, Eichman. *Taoism and the Arts of China*. Chicago: Art Institute of Chicago, 2000.

Liu, Cary, Michael Nylan and Anthony Barbieri-Low. *Recarving China's Past: Art, Archaeology, and Architecture of the "Wu Family Shrines."* New Haven: Yale University Press, 2005.

Liu, James J. Y. *The Chinese Knight Errant*. London: Routledge & Kegan Paul, 1967.

Loewe, Michael. *Chinese Ideas of Life and Death: Faith, Myth and Reason in the Han Period*. London: George Allen & Unwin, 1982. → 이성규 옮김, 『고대 중국인의 생사관』, 지식산업사, 1989.

―――. "The Concept of Sovereignty." In *The Cambridge History of China, Vol. 1: The Ch'in and Han Empires, 221 B. C.–A. D. 220*. Cambridge: Cambridge University Press, 1986.

―――. "The Conduct of Government and the Issues at Stake, A. D. 57–167." In *The Cambridge History of China, Vol. 1: The Ch'in and Han Empires, 221 B. C.–A. D. 220*. Cambridge: Cambridge University Press, 1986.

―――. *Divination, Mythology and Monarchy in Han China*. Cambridge: Cambridge University Press, 1994.

―――. "The Orders of Aristocratic Ranks of Han China." *T'oung Pao* 48:1–3(1960): 97–174.

―――. *Records of Han Administration*. 2 vols. Cambridge: Cambridge University Press, 1967.

―――. "The Structure and Practice of Government." In *The Cambridge History of China, Vol. 1: The Ch'in and Han Empires, 221 B. C.–A. D. 220*. Cambridge: Cambridge University Press, 1986.

―――. *Ways to Paradise: The Chinese Quest for Immortality*. London: George Allen & Unwin, 1979.

Loewe, Michael, ed. *The Cambridge History of China, Vol. 1: The Ch'in and Han Empires, 221 B. C.–A. D. 220*. Cambridge: Cambridge University Press, 1986.

Major, John. *Heaven and Earth in Early Han Thought: Chapters Three, Four, and Five of the Huainanzi*. Albany: State University of New York Press, 1993.

―――. "The Meaning of *Hsing-te* [*Xingde*]." In *Chinese Ideas about Nature and Society*. Ed. Charles Le Blanc and Susan Blader. Hong Kong: Hong Kong University, 1987.

Makeham, John. *Name and Actuality in Early Chinese Thought*. Albany: State University of New York Press, 1994.

Mallory, J. P., and Victor Mair. *The Tarim Mummies: Ancient China and the Mystery of the Earliest People from the West.* London: Thames and Hudson: 2000.

McKnight, Brian. *The Quality of Mercy: Amnesties and Traditional Chinese Justice.* Honolulu: University of Hawaii Press, 1981.

McLeod, Katrina, and Robin Yates. "Forms of Ch'in Law." *Harvard Journal of Asiatic Studies* 41:1 (1981): 111–163.

Moffett, J. C. P. "Prediction in the *Zuo-zhuan.*" Ph.D. diss. Edinburgh University, 1991.

Nishijima, Sadao. "The Economic and Social History of Former Han." In *The Cambridge History of China, Vol. 1: The Ch'in and Han Empires, 221 B. C.–A. D. 220.* Cambridge: Cambridge University Press, 1986.

Norman, Jerry. *Chinese.* Cambridge: Cambridge University Press, 1988.

Nylan, Michael. "The *Chin-wen/Ku-wen* Controversy in Han Times." *T'oung Pao* 80(1994): 82–144.

———. "Confucian Piety and Individualism in Han China." *Journal of the American Oriental Society* 116:1(1996): 1–27.

———. *The Five "Confucian" Classics.* New Haven: Yale University Press, 2001.

———. "Han Classicists Writing in Dialogue about their Own Tradition." *Philosophy East and West* 47:2(April 1997): 133–188.

———. "A Problematic Model: The Han 'Orthodox Synthesis' Then and Now." In *Imagining Boundaries: Changing Confucian Doctrines, Texts, and Hermeneutics.* Ed. Chow Kai-wing, Ng On-cho, and John B. Henderson. Albany: State University of New York Press, 1999.

Nylan, Michael, and Nathan Sivin. "The First Neo-Confucianism: An Introduction to Yang Hsiung's 'Canon of Supreme Mystery' (*T'ai hsün ching,* 4 A. D.)." In *Chinese Ideas about Nature and Society: Studies in Honour of Derk Bodde.* Hong Kong: Hong Kong University Press, 1987.

Ong, Roberto K. "Image and Meaning: The Hermeneutics of Traditional Dream Interpretation." In *Psycho-Sinology: The Universe of Dreams in Chinese Culture.* Ed. Carolyn T. Brown. Lanham, MD: University Press of America, 1988.

———. *The Interpretation of Dreams in Ancient China.* Bochum: Studienverlag Brochmeyer, 1985.

Owen, Stephen. *The Making of Early Chinese Classical Poetry.* Cambridge: Harvard University Press, 2006.

————. *Remembrances: The Experience of the Past in Classical Literature*. Cambridge: Harvard University Press, 1986.

Pines, Yuri. "Changing Views of *Tianxia* in Pre-Imperial Discourse." *Oriens Extremus* 43:1–2(2002): 101–116.

————. "Friends or Foes: Changing Concepts of Ruler-Minister Relations and the Notion of Loyalty in Pre-Imperial China." *Monumenta Serica* 50(2002): 35–74.

————. "The Question of Interpretation: Qin History in the Light of New Epigraphic Sources." *Early China* 29(2004): 1-44.

Poo, Mu-Chou. "Ideas Concerning Death and Burial in Pre-Han China." *Asia Major*, 3rd ser., 3:2(1990): 25–62.

————. *In Search of Personal Welfare: A View of Ancient Chinese Religion*. Albany: State University of New York Press, 1998.

Powers, Martin J. *Art and Political Expression in Early China*. New Haven: Yale University Press, 1991.

Qiu, Xigui. *Chinese Writing*. Tr. Gilbert Mattos and Jerry Norman. Berkeley: The Society for the Study of Early China, 2000.

Queen, Sarah. *From Chronicle to Canon: The Hermeneutics of the Spring and Autumn According to Tung Chung-shu*. Cambridge: Cambridge University Press, 1996.

Ramsey, S. Robert. *The Languages of China*. Rep. ed. Princeton: Princeton University Press, 1989.

Rashke, Manfred B. "New Studies in Roman Commerce with the East." In *Aufstieg und Niedergang der Römischen Welt, Geshichte und Kultur Roms im Spiegel der Neuren Forschung* II, 9. Ed. Hildegard Temporini and Wolfgang Haase. Berlin: Walter de Gruyter, 1978.

Rawson, Jessica. "Western Zhou Archaeology." In *The Cambridge History of Ancient China: From the Origins of Civilization to 221 A. D.* Ed. Michael Loewe and Edward Shaughnessy. Cambridge: Cambridge University Press, 1999.

Rawson, Jessica, ed. *Mysteries of Ancient China: New Discoveries from the Early Dynasties*. London: British Museum Press, 1996.

Riegel, Jeffrey K. "Kou-mang and Ju-shou." *Cahiers d'Extrêe-Asie: Special Issue, Taoist Studies II* 5(1989–1990): 55–83.

Rouzer, Paul. *Articulated Ladies: Gender and the Male Community in Early Chinese Texts*. Cambridge: Harvard University Press, 2001.

Sage, Steven F. *Ancient Sichuan and the Unification of China.* Albany: State University of New York Press, 1992.

Schelach, Gideon, and Yuri Pines. "Power, Identity and Ideology: Reflections on the Formation of the State of Qin." In *Asian Archaeology.* Ed. Miriam Stark. London: Blackwell, 2005.

Scott, James. *The Moral Economy of the Peasant.* New Haven: Yale University Press, 1976. → 김춘동 옮김,「농민의 도덕경제」, 아카넷, 2004.

Seidel, Anna. "Post-mortem Immortality—or the Taoist Resurrection of the Body." In *Gilgul: Essays on Transformation, Revolution and Permanence in the History of Religions.* Leiden: E. J. Brill, 1987.

———. "Traces of Han Religion in Funeral Texts Found in Tombs." in *Dōkyō to shūkyō bunka.* Ed. Akizuki Kan'ei. Tokyo: Hirakawa(「道教と宗教文化」, 秋月觀暎 篇, 東京: 河平出版社), 1987, pp. 21-57.

Shaughnessy, Edward L. "Military Histories of Early China: A Review Article." *Early China* 21(1996): 159–182.

Sivin, Nathan. *Medicine, Philosophy and Religion in Ancient China: Researches and Reflections.* Aldershot, Ashgate: Variorum Series, 1995.

Skinner, G. William. "Cities and the Hierarchy of Local Systems." In *The City in Late Imperial China.* Ed. G. William Skinner. Stanford: Stanford University, 1977, pp. 275–351.

———. "Marketing and Social Structures in Rural China," 3 parts. *Journal of Asian Studies* 24.1(1964): 3–44; 24.2(1964): 195–228; 24.3(1965): 363–399.

———. "Regional Urbanization in Nineteenth-Century China." In *The City in Late Imperial China.* Ed. G. William Skinner. Stanford: Stanford University Press, 1977, pp. 211–252.

Steinhardt, Nancy S. *Chinese Imperial City Planning.* Honolulu: University of Hawaii Press, 1990.

Strickmann, Michel. "Dreamwork of Psycho-Sinologists: Doctors, Taoists, Monks." In *Psycho-Sinology: The Universe of Dreams in Chinese Culture.* Ed. Carolyn T. Brown. Washington, D.C., Woodrow Wilson International Center for Scholars, 1988.

Sukhu, Gopal. "Monkeys, Shamans, Emperors, and Poets: The *Chuci* and Images of Chu during the Han Dynasty." In Constance Cook and John Major, eds., *Defining Chu.* Honolulu: University of Hawaii Press, 1999.

Teiser, Stephen. "Introduction: The Spirits of Chinese Religion." In *Religions of China in Practice*. Ed. Donald S. Lopez, Jr. Princeton: Princeton University Press, 1996.

Thorp, Robert L. "Origins of Chinese Architectural Style: The Earliest Plans and Building Types." *Archives of Asian Art* 36(1983): 22–39.

Twitchett, Denis. "The T'ang Market System." *Asia Major* 12:2(1966): 202–248.

Van Zoeren, Steven. *Poetry and Personality: Reading, Exegesis, and Hermeneutics in Traditional China*. Stanford: Stanford University Press, 1991.

von Falkenhausen, Lothar. "Issues in Western Zhou Studies: A Review Article." *Early China* 18(1993): 145–171.

──. "Mortuary Behavior in Pre-Imperial China: A Religious Interpretation." In *Religion in Ancient and Medieval China*. Ed. John Lagerwey. Hong Kong: Chinese University of Hong Kong Press, 2004.

──. "Sources of Taoism: Reflections on Archaeological Indicators of Religious Change in Eastern Zhou China." *Taoist Resources* 5:2(1994): 1–12.

──. *Suspended Music: Chime-Bells in the Culture of Bronze Age China*. Berkeley: University of California Press, 1993.

von Glahn, Richard. *The Sinister Way: The Divine and the Demonic in Chinese Religious Culture*. Berkeley: University of California Press, 2004.

Wakefield, David. *Fenjia: Household Division and Inheritance in Qing and Republican China*. Honolulu: University of Hawaii Press, 1998.

Waldron, Arthur. *The Great Wall of China: From History to Myth*. Cambridge: Cambridge University Press, 1990.

Waley, Arthur, tr. *The Nine Songs: A Study of Shamanism in Ancient China*. London: George Allen & Unwin, 1955.

Wallacker, Benjamin E. "Han Confucianism and Confucius in Han." In *Ancient China: Studies in Early Civilization*. Ed. David T. Roy and Tsien Tsuenhsuin. Hong Kong: The Chinese University Press, 1978.

Wang, Yü-ch'ün. "An Outline of the Central Government of the Former Han Dynasty." *Harvard Journal of Asiatic Studies* 12(1949): 134–187.

Wang, Zhongshu. *Han Civilization*. New Haven: Yale University, 1982.

Watson, Burton, tr. *Chinese Rhyme-Prose: Poems in the Fu Form from the Han and Six Dynasties Periods*. New York: Columbia University Press, 1971.

Wheatley, Paul. *The Pivot of the Four Quarters.* Edinburgh: Aldine, 1971.

White, James Boyd. *Heracles' Bow: Essays on the Rhetoric and Poetics of Law.* Madison: University of Wisconsin Press, 1985.

──. *Justice as Translation: An Essay in Cultural and Legal Criticism.* Chicago: University of Chicago Press, 1990.

──. *The Legal Imagination* (abridged ed.). Chicago: University of Chicago Press, 1973.

Wiens, Herold. *China's March to the Tropics.* Washington, D.C.: Office of Naval Research, U.S. Navy, 1952.

Wilbur, C. Martin. *Slavery in China during the Former Han Dynasty, 206 B. C.–A. D. 25.* New York: Russell and Russell, 1943.

Worster, Donald. *Rivers of Empire: Water, Aridity, and the Growth of the American West.* New York: Oxford University Press, 1985.

Wright, Arthur F. "The Cosmology of the Chinese City." In *The City in Late Imperial China.* Ed. G. William Skinner. Stanford: Stanford University Press, 1977, pp. 33–74.

Wu, Hung. "The Art and Architecture of the Warring States Period." In *The Cambridge History of Ancient China.* Ed. M. Loewe and E. L. Shaughnessy. Cambridge: Cambridge University Press, 1999.

──. "Art in Ritual Context: Rethinking Mawangdui." *Early China* 17(1992): 111–144.

──. "Beyond the 'Great Boundary': Funerary Narrative in the Cangshan Tomb." In *Boundaries in China.* Ed. John Hay. London: Reaktion Books, 1994.

──. "Mapping Early Taoist Art: The Visual Culture of Wudoumi Dao." In *Taoism and the Arts of China.* Ed. Stephen Little. Chicago: The Art Institute of Chicago, 2000.

──. *Monumentality in Early Chinese Art and Architecture.* Stanford: Stanford University Press, 1995.

──. "Private Love and Public Duty: Images of Children in Early Chinese Art." In *Chinese Views of Childhood.* Ed. Anne Behnke Kinney. Honolulu: University of Hawaii Press, 1995.

──. *The Wu Liang Shrine: The Ideology of Early Chinese Pictorial Art.* Stanford: Stanford University Press, 1989.

Xiong, Victor Cunrui. *Sui-Tang Chang'an: A Study in the Urban History of Medieval China.* Ann Arbor: Center for Chinese Studies, University of Michigan, 2000.

Xu, Yinong. *The Chinese City in Space and Time: The Development of Urban Form in Su-zhou.* Honolulu: University of Hawaii Press, 2000.

Yan, Yunxiang. *The Flow of Gifts: Reciprocity and Social Networks in a Chinese Village.* Stanford: Stanford University Press, 1996.

Yang, Hsüan-chih. *A Record of the Buddhist Monasteries in Lo-yang.* Tr. Yit'ung Wang. Princeton: Princeton University Press, 1984.

Yates, Robin. "New Light on Ancient Chinese Military Texts: Notes on Their Nature and Evolution, and the Development of Military Specialization in Warring States China." *T'oung Pao* 74(1988): 212–248.

———. "Some Notes on Ch'in Law." *Early China* 11–12(1985–87): 243–275.

———. "The Yin-Yang Texts from Yinqueshan: An Introduction and Partial Reconstruction with Notes on their Significance in Relation to Huang-Lao Taoism." *Early China* 19(1994): 75–144.

Yü, Ying-shih. "Han Foreign Relations." In *The Cambridge History of China, Vol. 1: The Ch'in and Han Empires, 221 B. C. –A. D. 220.* Cambridge: Cambridge University Press, 1986.

———. "Life and Immortality in the Mind of Han China." *Harvard Journal of Asiatic Studies* 25 (1964–65): 80–122.

———. *Trade and Expansion in Han China: A Study in the Structure of Sino-Barbarian Economic Relations.* Berkeley: University of California Press, 1967.

Zufferey, Nicolas. *To the Origins of Confucianism: The Ru in Pre-Qin Times and during the Early Han Dynasty.* Bern: Peter Lang, 2003.

중국어 일본어

『抱朴子內篇校釋』, 王明 校注, 北京: 中華書局, 1980.

『包山楚簡』, 北京: 文物出版社, 1991.

『白虎通疏證』, 吳則虞 注解, 北京: 中華書局, 1994.

蔡邕, 『蔡中郎文集』, 四部叢刊本.

─────, 「獨斷」, 『漢魏叢書』卷一 所收, 臺北: 大化書局, 1977.

常璩, 『華陽國志校注』, 成都: 巴蜀書社, 1984.

『春秋繁露義證』, 蘇輿 撰, 北京: 中華書局, 1992.

崔寔, 「四民月令」, 繆啓愉 輯釋, 萬國鼎 審訂. 北京: 農業出版社, 1981.

『大戴禮記解詁』, 北京: 中華書局, 1983.

『東觀漢記』, 吳樹平 校注, 北京: 中華書局, 1987.

高文, 『漢碑集釋』, 開封: 河南大學出版社, 1985.

『春秋公羊傳注疏』, 『十三經注疏』卷七 所收, 臺北: 藝文印書館, 1976.

『關中叢書』, 宋聯奎 纂, 臺北: 藝文印書館, 1970.

『管子校正』, 『新編諸子集成』卷五 所收, 臺北: 世界書局, 1974.

『春秋穀梁傳注疏』, 『十三經注疏』卷七 所收, 臺北: 藝文印書館, 1976.

『國語』, 上海: 古籍出版社, 1978.

『韓非子集釋』, 陳奇猷 校注, 上海: 人民出版社, 1974

『韓詩外傳集釋』, 許維遹校釋, 北京: 中華書局, 1980.

『漢書』, 北京: 中華書局, 1962.

林巳奈夫, 『中國古代の生活史』, 東京: 吉川弘文館, 1992. →이남규 옮김, 『고대 중국인 이야기』, 솔, 1998.

『後漢書』, 北京: 中華書局, 1965.

『淮南子』, 『新編諸子集成』卷七 所收, 臺北: 世界書局, 1974.

『黃帝內經素問校注語譯』, 郭靄春 編, 天津: 天津科學技術出版, 1989.

池田 溫, 「中國歷代墓券略考」, 東洋文化研究所紀要 86: 6(1981): 193-278.

「江蘇高郵邵家溝漢代遺址的淸理」, 考古 10(1960): 18-23.

『焦氏易林』, 叢書集成初編, 長沙: 商務印書館, 1937.

『賈子新書校釋』, 祁玉章 撰, 臺北: 祁玉章, 1974.

『晉書』, 北京: 中華書局, 1974.

『經法』, 北京: 文物出版社, 1976.

『居延新簡』, 北京: 中華書局, 1994.

『老子道德經注』, 王弼 注, 『新編諸子集成』卷三 所收, 臺北: 世界書局, 1974.

酈道元, 『水經注』, 臺北: 世界書局, 1974.

『李白集校注』, 上海: 古籍出版社, 1980.

『李賀詩集』, 上海: 人民文學出版社, 1984.

『禮記注疏』, 『十三經注疏』卷五 所收, 臺北: 藝文印書館, 1976.

『隸釋』, 『石刻史料叢書』卷一一三 所收, 臺北: 藝文印書館, 1966.

『隸續』, 『石刻史料叢書』卷三 所收, 臺北: 藝文印書館, 1966.

『兩漢金石記』, 『石刻史料叢書』卷四-五 所收, 臺北: 藝文印書館, 1966.

『梁江文通文集』, 四部叢刊本.

『列女傳轉注』, 四部備要本.

『列仙傳』, 『正統道藏』所收, 上海: 商務印書館, 1923-1926.

陸賈, 『新語注釋』, 王利器 校注, 北京: 中華書局, 1986.

『呂氏春秋校釋』, 陳奇猷 校釋. 上海: 學林出版社, 1984.

『論語正義』, 『新編諸子集成』卷一 所收, 臺北: 世界書局, 1974.

馬繼興, 『馬王堆古醫書考釋』, 長沙: 湖南科學技術出版社, 1992.

『毛詩正義』, 『十三經注疏』卷二 所收, 臺北: 藝文印書館, 1976.

『孟子正義』, 『新編諸子集成』卷一 所收, 臺北: 世界書局, 1974.

『墨子間詁』, 孫詒讓 注, 『新編諸子集成』卷六 所收, 臺北: 世界書局, 1974.

『全後漢文』, 嚴可均 編, 『全上古三代秦漢三國六朝文』所收, 北京: 中華書局, 1958.

『群書治要』, 四部叢刊本.

『三輔黃圖』, 臺北: 世界書局, 1974.

『三國志』, 北京: 中華書局, 1959.

サイデル アンナ, 「漢代の鎭墓券に見える民間信仰」, 『道教と宗教文化』, 秋月觀暎 篇, 東京: 河平出版社, 1987, pp. 21-57.

『商君書注譯』, 高亨 校釋, 北京: 中華書局, 1974.

『尙書正義』, 『十三經注疏』卷一 所收, 臺北: 藝文印書館, 1976.

『史記』, 北京: 中華書局, 1959.

『釋名疏證補』, 王先謙 撰, 上海: 古籍出版社, 1984.

『說苑』, 『漢魏叢書』卷一 所收, 臺北: 大化書局, 1977.

『睡虎地秦墓竹簡』, 北京: 文物出版社, 1978.

『說文解字』, 許愼 纂, 段玉裁 注, 臺北: 藝文印書館, 1974.

『司馬法直解』, 劉寅 撰, 『明本武經七書直解』卷一 所收, 臺北: 史地教育出版, 1972.

『搜神記』, 北京: 中華書局, 1974.

『[十一家注]孫子』, 上海: 古籍出版社, 1978.

『太平寰宇記』, 紅杏山房, 1803.

『太平御覽』, 臺北: 商務印書館, 1935.

王充, 『論衡集解』, 劉盼遂 注, 北京: 古籍出版社, 1957.

王符, 『潛夫論箋』, 汪繼培 箋, 北京: 中華書局, 1979.

『文選』, 香港: 商務印書館, 1978.

吳小强 編, 『秦簡日書集釋』, 長沙: 岳麓書社, 2000.

『吳越春秋』, 四部備要本.

『吳子直解』, 劉寅 撰, 『明本武經七書直解』卷一 所收, 臺北: 史地教育出版, 1972.

『先秦漢魏晉南北朝詩』, 逯欽立 輯校, 臺北: 學海出版社, 1993.

『孝經注疏』, 『十三經注疏』卷八 所收, 臺北: 藝文印書館, 1976.

『荀子集解』, 『新編諸子集成』卷二 所收, 臺北: 世界書局, 1974.

『顔氏家訓彙注』, 周法高 撰輯, 臺北: 中央硏究院歷史語言硏究所, 1960.

『鹽鐵論』, 上海: 人民出版社, 1974

揚雄, 『揚子法言』, 『新編諸子集成』卷二 所收, 臺北: 世界書局, 1974.

『晏子春秋』, 吳則虞 注解, 北京: 中華書局, 1979.

『儀禮注疏』, 『十三經注疏』 卷三 所收, 臺北: 藝文印書館, 1976.

應劭, 『風俗通義』, 吳樹平 注解, 天津: 天津人民出版社, 1980.

『越絶書』, 上海: 商務印書館, 1956.

『雲夢睡虎地秦墓』, 北京: 文物出版社, 1981.

『張家山漢墓竹簡』, 北京: 文物出版社, 2001.

『戰國策』, 上海: 古籍出版社, 1985.

『戰國縱橫家書』, 『馬王堆漢墓帛書』 卷三 所收, 北京: 文物出版社, 1983.

『周禮注疏』, 『十三經注疏』 卷三 所收, 臺北: 藝文印書館, 1976.

『莊子集釋』, 『新編諸子集成』 卷三 所收, 臺北: 世界書局, 1974.

『春秋左傳注』, 楊伯峻 注, 北京: 中華書局, 1981.

지은이의 말

이 역사서의 집필에 참고가 된 책과 논문을 쓴 모든 학자에게 감사를 표하는 바이다.

이들의 이름은 각주와 참고문헌에서 확인할 수 있다. 나는 또한 시리즈 편집자인 티모시 브룩, 하버드대 출판사를 위해 원고를 검토해 준 익명의 독자 1명, 그리고 수전 월리스 보이머에게 감사하고 싶다. 이들은 이 책의 내용을 개선하는 데 여러모로 도움을 주었다. 마지막으로 본서를 준비하는 과정에서 조언을 아끼지 않은 아내 크리스틴 잉그리드 프리크룬드에게도 고마운 마음을 전한다. 물론 남아 있는 오류는 모두 나의 탓이고, 한자로 된 원문의 번역은 따로 역자를 밝히지 않은 경우 내가 한 것이다.

찾아보기

마크 에드워드 루이스 Mark Edward Lewis

시카고대에서 학사, 석사, 박사를 취득하고 케임브리지대 교수를 거쳐 2002년부터 스탠포드대 사학과 교수로 재직 중이다. 박사학위 논문을 토대로 한 『Sanctioned Violence in Early China』(1990)와 『Writing and Authority in Early China』(2002), 『The Construction of Space in Early China』(2006)를 비롯하여 다수의 저서가 있으며, 『하버드 중국사 시리즈』(HISTORY OF IMPERIAL CHINA)의 진·한, 남북조, 당까지 세 권을 집필하였다. 신화, 종교, 철학 등 다양한 각도에서 중국 고대를 종합적으로 바라보는 개성 있는 연구를 하고 있다.

옮긴이 김우영

서울대 고고미술사학과를 졸업하고 동 대학원과 코넬대 대학원에서 인류학을 전공했다. 현재 번역가로 활동하면서 역사학과 인류학 분야의 책을 우리말로 옮기고 있다. 대표적인 역서로는 『조상의 눈 아래에서』,『전염병의 세계사』, 『세계의 역사 1, 2』,『중세의 사람들』,『멩켄의 편견집』,『문화의 숙명』,『인류학의 역사와 이론』 등이 있다.